rowohlt

Ulrich Hoffmann

1000 Ideen,
täglich die Welt zu verbessern

Herausgegeben von

Jan Hofer
Dieter Kronzucker
Shary Reeves

Rowohlt

Hinweis

Alle in diesem Buch gemachten Angaben sind von Herzen gut gemeint, aber dennoch ohne Gewähr und gänzlich unverbindlich.

Die nicht namentlich gekennzeichneten Beiträge in diesem Buch hat Ulrich Hoffmann geschrieben. Der Liedtext auf Seite 436 stammt von Eva Bartoschek-Rechlin (Bearb.: Dieter Trautwein).

1. Auflage März 2010

Illustrationen Lennart Andresen
Satz Thesis PostScript (InDesign)
bei KCS GmbH, Buchholz bei Hamburg
Druck und Bindung GGP Media GmbH, Pößneck
Printed in Germany
ISBN 978 3 498 02998 2

Inhalt

Vorwort Jan Hofer

Liebe Leserinnen und Leser,

vielleicht fragen Sie sich: «1000 Ideen, täglich die Welt zu verbessern» – warum nicht nur 100? Oder 200? Und warum gleich «täglich?» Sind uns da nicht von vornherein Grenzen gesetzt? Man kann schließlich nicht jeden Tag eine Hilfsorganisation gründen oder mit dem Schlauchboot vor Grönland Robbenbabys retten. Machen wir die Welt am Ende mit all unseren Bemühungen vielleicht gerade mal ein kleines bisschen besser?

Ja – und genau das ist das Ziel dieses Buches. Weil das Leben eine Politik der kleinen Schritte verlangt. Es wäre schön einfach, könnten wir mit ein paar dramatischen Umstellungen die Welt retten. Das aber gelingt leider nur in Spielfilmen. Viele Menschen, denen ich begegne, denken, dass ich als Chefsprecher der «tagesschau» fast automatisch der Meinung sein müsste, alles wäre ganz, ganz schrecklich. Und zugegeben: An manchen Tagen jagt auch wirklich eine schlechte Nachricht die andere. Doch ich sehe meine Aufgabe anders. Wir bemühen uns in der Nachrichtenredaktion, die Abläufe der Welt korrekt zu erfassen und nachvollziehbar darzustellen. Das heißt tatsächlich, dass wir häufig über Probleme oder dramatische Entwicklungen berichten – denn wenn etwas gut funktioniert, kann man es abhaken und muss sich nachrichtlich nicht weiter damit beschäftigen.

Aber kann man daraus schließen, die Welt sei schlecht oder gar zum Untergang verdammt? Nein, im Gegenteil. Denn wie groß die Probleme auch immer wurden, bisher hat die Menschheit doch immer einen Weg gefunden, dass das Gute obsiegt. Wir haben nicht nur das Rad erfunden, das Telefon, die Demokratie und das Internet. Wir haben auch die schrecklichsten Kriege überwunden, Diktaturen gestürzt, die Apartheid und die Sklaverei abgeschafft, Kinderarbeit geächtet und zu ökologischer Landwirtschaft zurückgefunden.

Veränderung, das zeigt mir mein Arbeitsalltag überdeutlich, ist nicht nur unvermeidbar, sie ist auch gezielt möglich. Noch vor hundert Jahren durften Frauen nicht wählen – heute haben wir eine Kanzlerin. Oder denken Sie an die Achtundsechziger-Bewegung, die eine Auseinandersetzung mit der unter den Teppich gekehrten Hitlerzeit verlangte und viele Freiheiten forderte, die uns heute selbstverständlich sind. Oder die Umweltschützer der siebziger Jahre – sie haben die aktuelle Politik aller Parteien maßgeblich beeinflusst, und einer von ihnen hat es sogar bis zum Außenminister und Vizekanzler gebracht. Wir haben den Kalten Krieg überstanden, und die europäischen Länder sind näher aneinandergerückt als je zuvor. Gruppen und Einzelne – denken Sie nur an Martin Luther King, John F. Kennedy, Michail Gorbatschow, Karlheinz Böhm, Mutter Teresa – haben die Welt geprägt und verändert.

Ich bin ein fortschrittsfreudiger und zukunftsgläubiger Mensch. Mein Auto beispielsweise habe ich nicht gekauft, sondern auf Zeit geleast. Nicht, weil das finanziell günstiger wäre, sondern weil die technische Entwicklung rasant vonstattengeht und ich in drei Jahren einen weit sparsameren, intelligenteren Wagen fürs gleiche Geld bekomme. Recyclingpapier ist bei uns im Haus der Standard, und gerade habe ich ein mit dem «Energy Star» ausgezeichnetes Drucker-/Scanner-/Faxgerät gekauft, statt einen ganzen Gerätepark Strom fressen zu lassen.

Wie sehr hat sich die Welt seit meiner Kindheit verändert. Wir waren vier Geschwister, die Familie nicht arm, doch die Möglichkeiten von heute gab es nicht. Auslandsstudium,

BAföG, Wunschberuf … Inzwischen ist vieles üblich, wovon wir damals noch nicht einmal geträumt hätten. Und doch ist die Entwicklung noch lange nicht zu Ende. Im Gegenteil: Je weiter wir als Menschheit gekommen sind, umso größer ist unsere Verantwortung gegenüber jenen, die auf dieser Reise auf der Strecke zu bleiben drohen, den Benachteiligten und Übersehenen – aber auch gegenüber dem Planeten insgesamt und allen seinen sonstigen Bewohnern.

Niemand hat je behauptet, es wäre einfach, die Welt zu verstehen. Jeden Tag bemühe ich mich mit meiner Redaktion aufs Neue darum, Informationen auch einzuordnen: Was ist wichtig und warum? Welche Konsequenzen haben die Vorhaben A und B, und warum ist C vielleicht gar nicht so schlecht, wie alle glauben? Keiner allein muss heute alles wissen, und niemand kann noch ein Universalgelehrter sein. Mehr denn je brauchen wir deshalb Quellen und Informationen, auf die wir uns verlassen können.

Deshalb hat das Team dieses Buches 1000 Ideen zusammengetragen, um die Welt besser zu machen – Ihre Welt, meine Welt, unsere Welt; im Großen, aber auch im Detail. Von handfest und wissenschaftlich bis zwischenmenschlich. Denn es gibt keine «One size fits all»-Lösungen mehr. Nicht alle Vorschläge sind von jedem immer umsetzbar. Aber wenn jeder von uns tut, was er oder sie kann, dann werden wir den Traum meiner Generation wahr machen können – und die Welt als einen besseren Ort hinterlassen, als wir sie vorgefunden haben.

Zugegeben, wir alle haben die Sache ein wenig schleifenlassen. Aber es ist nie der falsche Moment, etwas zu unternehmen, statt darauf zu warten, bis irgendwelche Weltverbesserungsgesetze erlassen werden und Vorschriften einem das freie Denken abnehmen. Zumal Regeln immer nur Schadensbegrenzung leisten können. Worauf es jetzt vor allem ankommt, sind konkrete Wege aus der Misere.

Meine Motivation, als Herausgeber von «1000 Ideen, täglich die Welt zu verbessern» tätig zu werden, bestand darin, mein Lebensgefühl zum Ausdruck zu bringen: die gerngetragene Verantwortung für mich und andere. Denn die Welt ist ein schöner und faszinierender Ort. Als Sonderbotschafter und Schirmherr für Ehrenamt und Qualität des Deutschen Roten Kreuzes ist mir sehr bewusst, wie wichtig das Engagement und die verbindliche Einbindung des Einzelnen ist – für unsere Gesellschaft, aber auch für die Zufriedenheit mit dem eigenen Sein.

Ich möchte Sie ermutigen, das Leben aktiv zu genießen. Mit allen Sinnen zu leben. Für andere da zu sein und sich dabei selbst immer besser kennenzulernen. Anstöße zu geben. Anregungen auszusprechen, ob im Job, in der Öffentlichkeit oder privat. Keine Handlung, keine Geste ist zu klein oder zu groß. Ich bin sicher, wenn wir alle unser Bestes geben, mit Kreativität, Mut, Intelligenz und Entschlossenheit, wird die Zukunft wundervoll. Meinen Teil zu tun ist mir ein höchst persönliches Anliegen, auch weil ich mir natürlich mit ganzem Herzen die schönste nur denkbare Zukunft wünsche für meine drei Kinder.

Machen Sie mit – machen auch Sie die Welt ein bisschen besser, in 1000 (manchmal gar nicht so) kleinen Schritten. Jeden Tag, jede Stunde, jeder von Ihnen.

Ich danke Ihnen dafür, auch im Namen meiner Familie,

Ihr
Jan Hofer

Mein Lieblingsvorschlag: Nr. 497
Besonders interessant: Nr. 301
Mache ich schon: Nr. 426

Vorwort Prof. Dr. Dieter Kronzucker

Warum dieses Buch – und warum jetzt?

Tortuguero ist ein unansehnlicher Ort im ärmlichen Süden Mexikos, gebaut auf den Trümmern einer alten Mayasiedlung. Eine der dort gefundenen Säulen, als Monument VI nummeriert, erregte das Aufsehen der Archäologen. Sie entdeckten in den Inschriften das Äquivalent der Jahreszahl 2012 – danach hatten sie im gesamten Mayareich zuvor vergeblich gesucht. Im Langzeitkalender der Maya dauert ein Weltzeitalter exakt 5126 Jahre; sein Anfang konnte auf das Jahr 3114 vor Christus unserer Zeitrechnung zurückdatiert werden. Aber ein Hinweis auf das angekündigte Ende 2012 fand sich erst auf Monument VI in den Trümmern von Tortuguero.

Konnten die altamerikanischen Sterndeuter wirklich in derartigen Dimensionen denken? Wussten sie, dass das Sonnensystem alle 28 500 Jahre genau auf die Mitte der Milchstraße zielt – das nächste Mal und für die Menschheit wohl das erste Mal zur Wintersonnenwende am 21. Dezember 2012? Zeitgleich mit dem Ende des Mayalangzeitkalenders!

Anlässlich des Spatenstichs für das neue Touristenzentrum von Cancún im Jahre 1970 reiste auch ich jene damals unwegsame Küste entlang, die heute Riviera Maya heißt. Von dem archäologischen Fund in Tortuguero war mir nichts bekannt. Aber in den wenigen Siedlungen, in denen noch reinblütige Nachkommen der Maya leben, erzählten die Curanderos, die Wunderheiler, von Ereignissen kosmischer Urgewalt, die jenseits des zweiten Jahrtausends stattfinden würden. Dann würde die Sonne das Loch in der Mitte der Galaxis ausfüllen, würde die Erde verändern und die Menschheit in eine neue Phase führen. Doch damals lagen diese Ereignisse in noch ferner Zukunft, und so produzierte der Fund von Tortuguero kaum Schlagzeilen in der Welt.

1970 machte Lateinamerika auf andere Weise von sich reden: geographisch und geopolitisch, sportlich und literarisch, ideologisch und musikalisch. In Montevideo sorgten die Tupamaros für Aufregung. Diese Stadtguerilla diente der Baader-Meinhof-Bande als Vorbild, die sich 1970 als Rote-Armee-Fraktion in Westdeutschland gebildet hatte. In Ostdeutschland übernahm Honecker im selben Jahr das Regime von Ulbricht und stürzte sich mit Feuereifer in die Entwicklungshilfe für Chile, das von einer Volksfront regiert wurde. Salvador Allende, ein auf demokratische Weise gewählter Marxist, faszinierte die politische Welt und verlockte Fidel Castro zu einem sechs Wochen langen Staatsbesuch in Chile. Noch gefangen vom Mythos um Che Guevara, der kurz zuvor in Bolivien den Tod gefunden hatte, entdeckte die europäische Jugend die revolutionäre Musik und die linke Literatur dieser neuen Welt. Der chilenische Kommunist Pablo Neruda erhielt den Nobelpreis für Literatur, die Straßenmusiker aus den Andenländern und der Bossa Nova aus Rio de Janeiro eroberten die Musikmärkte. In Argentinien entstand der Tango Nuevo, und man verehrte Evita Perón. In Brasilien entwickelte sich eine revolutionäre Sozialbewegung innerhalb der katholischen Kirche, die 1970 den Namen «Theologie der Befreiung» erhielt und auch auf die schwarzen Gemeinden in den USA stark ausstrahlte. In Peru erschütterte im gleichen Jahr ein Erdbeben das Hochland des Altiplano, bei dem 66 000 Menschen den Tod fanden. Diese Zeit hatte es in sich für einen Berichterstatter aus Lateinamerika!

Regisseur Werner Herzog begann 1971 damit, die Suche eines Trupps spanischer Konquistadoren nach dem sagenhaften

Eldorado zu verfilmen, in der Hauptrolle Klaus Kinski. Kameramann Thomas Mauch nannte das Unternehmen später die verrückteste Idee seiner Laufbahn. Der Fotograf und Forscher Loren McIntyre erforschte den Apurímac, den Quellfluss des Amazonas, bis zu seinem Ursprung auf sechstausend Meter Höhe. Seine Entdeckung verschaffte dem Amazonas noch einmal hundert Kilometer Verlängerung und machte ihn somit zum längsten Fluss der Welt. Diesen Rekord hatte bis dahin der Nil gehalten. Der Vorrat an Ideen und Entdeckungen in Lateinamerika schien unerschöpflich.

Die Nachrichten von den politischen Umwälzungen und den geographischen Entdeckungen reisten damals allerdings nicht sehr schnell. Ihre Geschwindigkeit richtete sich nach den Transportwegen, es konnte Tage dauern, auch nur das nächste Telefon zu erreichen. Bilder von Putschen und Katastrophen gelangten erst zwei bis drei Tage nach den jeweiligen Ereignissen in die Fernsehstudios, weil es kaum Direktübertragungen und keine Digitalkameras gab. Doch das Zeitalter der Mikrochips begann und sorgte für eine rasante Beschleunigung der Kommunikation. Ich habe das selbst erfahren. Im Juni 1970 gewann Brasilien die Fußballweltmeisterschaft in Mexiko. Wir filmten die Rückkehr der Stars um Pelé und die Begeisterung in Rio de Janeiro. Eine Guerillagruppe nutzte den Freudentaumel für die Entführung des deutschen Botschafters Ehrenfried von Holleben. Er wurde nach 124 Stunden wieder freigelassen im Austausch für 30 inhaftierte Guerilleros. Mein Team und ich verbrachten die Wartezeit vor den Toren der deutschen Botschaftsresidenz, und ich hatte mit dem Presseattaché ein erstes Interview unmittelbar nach der Rückkehr des Botschafters ausgehandelt. Damit rasten wir zum Flughafen, um den schnellstmöglichen Filmtransport nach Hamburg zur Tagesschau zu organisieren. Das sollte immerhin zwei Tage dauern. Leider führten die brasilianischen Kollegen gleich nach uns ein Gespräch mit Ehrenfried von Holleben ... und schickten es per Satellit nach Deutschland, zwar in Schwarzweiß und minderer technischer Qualität, aber es war das Ende der traditionellen Berichterstattung und der Anfang von «Instant-TV», der Direktübertragung.

Erst im Nachhinein erwies sich, dass Anfang der siebziger Jahre auch inhaltlich eine Epoche der Wahrnehmung zu Ende ging, nämlich die des Staunens über geographische und geopolitische Phänomene. Die Zahl der weißen Flecken auf der Erdkarte hatte sowieso schon rapide abgenommen, den Rest erledigte die Satellitenbeobachtung. Der technische Fortschritt siegte über die Faszination der Ferne und der Exotik. Überfluss und Überdruss bedrohten Phantasie und Wissbegier. Mit den technischen Möglichkeiten nahm auch das Tempo zu. Berichterstattung hatte vor allem schnell zu sein – die Sorgfalt blieb dabei manchmal auf der Strecke.

Es ist nicht genau auszumachen, wann das Rad sich wieder drehte, vielleicht mit dem Schrecken über den Anschlag auf Manhattan, vielleicht mit der ökonomischen Krise, ganz sicher mit der Angst vor dem Klimawandel. Jedenfalls sind die Fragen nach Sinn und Unsinn zurückgekehrt, Inhalt wird wieder wichtiger als Tempo, und die Wissensgesellschaft bekommt einen neuen Stellenwert. Davon zeugt nicht zuletzt der Boom hochkarätiger Wissenssendungen für Erwachsene, aber gerade auch für Kinder und Jugendliche im TV. Die nachfolgende Generation hat bereits verinnerlicht: Wer mehr weiß, kann mehr gestalten!

Übrigens sind wir jetzt viel näher dran als damals an der Wintersonnenwende 2012 und der angekündigten Umwälzung – vielleicht war das nicht nur eine fixe Idee? Der Erfolg von Roland Emmerichs Weltuntergangsdrama «2012» zeigt, wie sehr uns das Thema berührt. Denn einen millionenschweren Hollywood-Blockbuster kann man nicht auf der Basis wirrer Gefühle drehen. Hier wird zuvor so gut wie irgend möglich getestet, ob das Thema den Zeitgeist trifft. Die im Filmgeschäft übliche Übertreibung und Dramatisierung schadet dabei eher der Legende, zumal die Maya Zeitenwende meinten und nicht Untergang. Die Protagonisten des Films kommen zu dem Schluss, dass es im Leben nicht nur um Quantität geht, sondern (auch) um Qualität. Nicht nur um Geld, Karriere und Erfolg, sondern auch um Nähe, Weisheit und Nachhaltigkeit. Natürlich wissen wir nicht, ob die Prophezeiung der Maya eintreten wird oder nicht. Aber Jahrestage sind ein genauso guter Denkanstoß wie Daten und Fakten. Wir stehen heute einem Berg von Daten und Fakten gegenüber, denen wir uns nicht entziehen können. Es ist unser gesammeltes Wissen über die Welt und ihre Zusammenhänge. Es liegt bei jedem von uns, die Konsequenzen zu ziehen und umzusetzen. Sie ganz selbstverständlich zu leben, jeden Tag. Vielleicht haben wir ja wirklich nur bis 2012 Zeit, die Welt noch ein wenig zu verbessern? Vielleicht länger, ich hoffe es. Auf jeden Fall müssen wir die Zeit nutzen. Und dabei soll dieses Buch helfen!

Ihr
Dieter Kronzucker

Mein Lieblingsvorschlag: Nr. 890
Besonders interessant: Nr. 911
Mache ich schon: Nr. 924

Vorwort Shary Reeves

Hallo & herzlich willkommen!

Grün, sagt man, ist das neue Schwarz. Ich bin überzeugt, das stimmt – und mir soll's recht sein. ;-)

Die «New York Times» allerdings hat übermäßige Information über Umweltprobleme bereits als «grünes Rauschen» bezeichnet – eher störend als informativ. So weit sind wir schon. Dieses Buch ist eine Art «Spickzettel» für all diejenigen unter uns, die gern Gutes tun, aber ihre Doktorarbeit lieber über etwas anderes schreiben wollen. Wir wollen das «grüne Rauschen» nicht durch noch mehr Info-Gejammer vergrößern, sondern dicht gepackt konkrete Vorschläge liefern. Schließlich wissen wir alle inzwischen, wenn die Welt toll bleiben soll, muss jeder mitmachen. Bloß wollen wir uns dabei den Spaß nicht nehmen lassen!

Die Welt auch nur ein wenig besser zu machen, ist sowieso weit mehr als Umweltschutz. Die Welt wird besser, wenn ich sportlich bleibe (ich laufe regelmäßig Marathon), statt der Krankenkasse auf der Tasche zu liegen, die dann weniger Geld für echte Notfälle hätte. Die Welt wird besser, wenn ich morgens beim Brötchenholen lächle, statt muffig meine Münzen auf den Tresen zu knallen. Die Welt wird besser, wenn ich nach den Sternen greife und tue, was ich kann, in jedem Bereich. Und wenn ich mir auch mal eine Schwäche leisten darf, weil ich mich geborgen weiß in der Gemeinschaft.

Ganz ehrlich, vor dem Lesen hatte ich befürchtet, je mehr ich weiß, desto größer wird mein schlechtes Gewissen – und desto schwieriger würde es, wirklich einen vernünftigen Beitrag zu leisten. Das Gegenteil ist eingetreten, darüber bin ich sehr erleichtert. Mein schlechtes Gewissen ist kleiner, weil ich gemerkt habe, dass ich mehr tue, als ich dachte – und dass ich ohne allzu großen Stress noch weit mehr beitragen kann.

Die Welt besser zu machen heißt schon lange nicht mehr, kratzige Wollpullis zu tragen oder sich nackt an Bäume zu ketten (obwohl das ja auch ganz lustig sein kann). Die Welt besser zu machen heißt vor allem, genau hinzusehen, aufmerksam zu werden oder zu bleiben. Und dann natürlich entsprechend zu agieren. Dieses Buch ist knallvoll mit Ansatzpunkten, und darüber freue ich mich sehr. Jetzt kann keiner mehr sagen: Das habe ich nicht gewusst. Oder: Was kann ich schon ausrichten?!

Wir sind diejenige Generation, für die schon vieles auf dem Spiel steht – die es aber wie keine zuvor in der Hand hat, das Blatt zu wenden. Was wir tun, ist entscheidend, denn unser Handeln prägt die Welt. Wir sind Vorbilder für die nachfolgenden Generationen – aber auch (und das hat es so noch nie gegeben) für die Älteren. Stück für Stück und Schritt für Schritt können wir zeigen, was geht.

Die Welt wird besser, je mehr von uns mitmachen. Wir können die Helden unseres eigenen Alltags werden! In diesem Sinne ist vielleicht nicht mehr nur Grün das neue Schwarz, sondern Bunt. Auch das soll mir recht sein. ;-)

Im Fernsehen gelte ich bereits als «Klugscheißerin», weil wir in unserer Sendung «Wissen macht Ah!» immer alles ganz genau wissen wollen und nichts einfach so hinnehmen. Darf ich Ihnen mal was verraten? Klugscheißen macht oft richtig Spaß! Und, ehrlich gesagt, Bescheid zu wissen auch.

Nun kommt als nächstes Schlagwort noch «Weltverbesserer» dazu. Oder «Weltverbessererin»? Macht gute Grammatik die Welt auch besser? Wie auch immer: Das Etikett gefällt mir, ich trage es mit Stolz. Denn ich habe die unschätzbare

Gelegenheit, dabei mitzuhelfen, etwas zu erreichen, was wir uns doch alle wünschen: eine bessere Welt.

Sie müssen ja nicht gleich zum Klugscheißer werden – aber vielleicht zum Weltverbesserer? Wir freuen uns auf Sie!

Viel Spaß beim Lesen – und beim Mitmachen,

Ihre
Shary Reeves

Mein Lieblingsvorschlag: Nr. 103–107
Besonders interessant: Nr. 63
Mache ich schon: Nr. 840

In diesem Buch verwendete Symbole für besonders überzeugende oder überraschende Aspekte einer Idee:

Geistesblitz

spart Geld

spart Zeit

gut für die Umwelt

Zu Beginn

Was hat Sie dazu bewogen, dieses Buch in die Hand zu nehmen und zu kaufen?

Welchen Beitrag können oder wollen Sie leisten, um die Welt besser zu machen?

«Die Welt» – Ihre, meine, unsere – ist ganz schön groß. Welche Themenbereiche erwarten Sie in diesem Buch?

Dass es nötig ist, die Umwelt zu schützen, ist mittlerweile allgemein anerkannt. Aber was könnten wir noch tun, um die Welt besser zu machen?

Notieren Sie hier Ihre Ziele und Wünsche (am Ende des Buches haben Sie Gelegenheit, ein Fazit zu ziehen)!

Zum Gebrauch

«Wohltätigkeit beginnt daheim», so lautet eine unserer Anregungen (Nr. 514 auf Seite 261) – denn erst, wenn Sie sich wohlfühlen in Ihrem eigenen Leben, wenn Sie keine Not leiden und alles einigermaßen rund läuft, können Sie die Kraft und Motivation aufbringen, auch auf die Welt vor der eigenen Haustür nachdrücklich Einfluss zu nehmen. Es ist längst nachgewiesen: In Entwicklungsländern kümmern sich die Bürger erst um Umweltschutz und die sozial Schwachen, wenn ihre eigenen Grundbedürfnisse befriedigt sind.

Deshalb haben wir uns entschieden, in diesem Buch sozusagen von beiden Seiten aus vorzugehen: Jede der 1000 Ideen soll entweder Ihre eigene Welt besser machen (indem Sie Ihnen Zeit oder Geld spart, Freude bereitet, Probleme löst) oder die Welt dort draußen. Im Idealfall sogar beides auf einmal – zumindest aber sind wir überzeugt davon, dass diese beiden Welten untrennbar verzahnt sind und sich unmittelbar beeinflussen.

Die Redaktion

Spenden & Gutes tun

Vier Euro für ein Kinderleben

[1] «Wir klagen zu oft auf hohem Niveau – und dabei können wir die Welt mit ganz kleinen Mitteln verbessern. Kinder brauchen am meisten Schutz und Unterstützung. In Afrika stirbt alle 30 Sekunden ein Kind an Malaria. Es gibt keine Prophylaxe. Der einzige Schutz ist ein Moskitonetz, das mit einem für den Menschen ungefährlichen Insektizid imprägniert ist. Für nur vier Euro kann man so ein Netz bei UNICEF bestellen. Dies ist nur eine von vielen kleinen Möglichkeiten, um die Welt zu verbessern – man muss es nur tun.»

SABINE CHRISTIANSEN ist TV-Journalistin

UNICEF (www.unicef.de) ist das Kinderhilfswerk der Vereinten Nationen.

Schnellzugang zum Moskitonetz, das UNICEF direkt in Afrika ausliefert – https://unicef.de/4979.html

Sich nicht unterschätzen

[2] «Niemand sollte sich für zu gering halten, etwas zu verändern, das ihn stört. Und wenn er dabei eine noch so aberwitzige Vision verfolgte. Denn schließlich ist alles von Menschen Gemachte zunächst im Kopf einer Person entstanden: Sei es ein Bauwerk, die Gründung einer Stadt, einer Partei, einer Religion. Mit der richtigen Strategie, den richtigen Partnern, Geduld und einer Portion Glück sind Berge zu versetzen.

Ich spreche aus Erfahrung. 18 Jahre lang habe ich mit spektakulären Aktionen auf die drohende Vernichtung der Yanonami-Indianer in Brasilien durch eine Armee von Goldsuchern hingewiesen. Die Yanonami waren das letzte frei lebende Urvolk Südamerikas in einem Regenwaldgebiet von der Größe der Schweiz. Den 20 000 Indianern standen 65 000 illegale Goldsucher gegenüber, die von 120 Landepisten aus das verfassungsrechtlich geschützte Land der Yanonami niedermachten. Bürgerkrieg im Regenwald, von Brasilien geleugnet oder verharmlost.

RÜDIGER NEHBERG ist Survival-Experte und Menschenrechtsaktivist. Für sein Engagement erhielt er das Bundesverdienstkreuz 1. Klasse

Durch Filmbeweise (Verdingen als Goldsucher und Dokumentation mit versteckter Kamera; Herstellung und Versendung von 1000 Filmkopien – bezahlt von Greenpeace – an die TV-Redaktionen der Welt; Vorführung des Films bei UNO und Weltbank; Konsultation des Papstes) gelang es mir und Partnern, die proindianische Lobby immer größer werden zu lassen. Im Jahre 2000 war sie ausreichend groß und bewirkte, dass die brasilianische Regierung nachgeben musste und die Yanonami einen akzeptablen Frieden erhielten.

Dieser Erfolg ermutigte mich und meine Lebenspartnerin Annette Weber, uns nun einer ungleich größeren Herausforderung zu stellen. Das wurde der Kampf gegen das Verbrechen der weiblichen Genitalverstümmelung. Als niemand unserer Strategie, den Kampf in engster Partnerschaft mit dem Islam zu wagen, eine Chance gab (‹Der Islam ist nicht dialogfähig!›), gründeten wir kurzerhand unsere eigene Menschenrechtsorganisation TARGET (engl.: ZIEL). Damit waren wir unabhängig von Bedenkenträgern, Verallgemeinerern und Feiglingen.

Warum Islam? Die meisten Opfer sind Muslimas, und die meistgehörte und falsche Begründung für das Verbrechen lautet: ‹Es steht im Koran.›

Nach nur sechs Jahren erzielten wir mit dieser Strategie den Durchbruch. Die höchsten Gelehrten des Islam erklärten auf einer von uns in der ehrwürdigen Azhar-Universität in Kairo einberufenen Konferenz den Brauch zu einem schweren Verbrechen, das gegen höchste Werte des Islam verstößt, zur Sünde, zu Teufelswerk.

Diese historische Botschaft haben wir niedergeschrieben im ‹GOLDENEN BUCH›. Der Großmufti von Ägypten hat uns ein Vorwort geschrieben. Vier Millionen Mal soll es hergestellt und ausschließlich an Imame verteilt werden als Vorlage für Predigten. Längst haben Verteilung und Verkündung begonnen. Vorreiterländer sind Mauretanien, Äthiopien und Dschibuti. ‹Das Buch steht neben meinem Koran.› (Großmufti Hamden Ould Tah, Mauretanien); ‹Euer Projekt kommt einem Heiligen Krieg gleich.› (Cheikh Ould Zein, Sekretär des Großmufti von Mauretanien); ‹Ein Hamburger schreibt Religionsgeschichte.› (‹Hamburger Abendblatt›).

Wie schon gesagt: Niemand sollte sich unterschätzen.»

Menschenrechte einfordern

[3] «Wenn man in bestimmten Ländern auf der Welt offen seine Meinung vertritt und zum Beispiel sagt, dass alle Menschen gleich behandelt werden sollten – Stichwort Menschenrechte –, dann wird man ins Gefängnis gesteckt. Meist ohne faires Gerichtsverfahren und ohne Hoffnung darauf, jemals wieder freizukommen. Damit diese politischen Gefangenen (also Leute, die nach unseren Gesetzen keine Verbrechen begangen haben) nicht in Vergessenheit geraten, erheben beispielsweise die Unterstützer von Amnesty International ihre Stimme. Freundliche Briefe an die verantwortlichen Regierungen machen diesen klar, dass ihr Tun in der Welt nicht unbeobachtet bleibt und dass sie unbequeme Menschen nicht einfach unbemerkt verschwinden lassen können.»

RALPH CASPERS
ist Moderator u.a. von «Wissen macht Ah» und der «Sendung mit der Maus» in der ARD sowie Autor von Sachbüchern wie «Ich hab's dir ja gesagt» und «Scheiße sagt man nicht»

Als «Menschenrechte» bezeichnet man Rechte, die jedem Menschen gleichermaßen zustehen sollten, z.B. das Recht auf Leben und körperliche Unversehrtheit; Schutz vor Folter; Recht auf Freiheit, Eigentum, Sicherheit der Person; Meinungsfreiheit; Unschuldsvermutung; Gleichberechtigung. Amnesty International (www.amnesty.de) gehört zu den bekanntesten Menschenrechtsorganisationen. Der Jahresmitgliedsbeitrag beträgt 48 Euro, ermäßigt 24 Euro.

Organspendeausweis tatsächlich ausfüllen

[4] Wenn Sie tot wären, würden Sie wahrscheinlich Ihre Organe spenden, damit andere weiterleben können. Und käme im Büro oder abends beim Bier das Gespräch darauf, würden Sie zustimmend nicken. Aber haben Sie auch einen Organspendeausweis im Portemonnaie stecken? Oder sind Sie bisher noch nicht dazu gekommen, ihn auszufüllen? (Nur zwölf Prozent aller Deutschen besitzen einen Organspendeausweis.)

Erledigen Sie's sofort: Unter www.organspende-info.de/Organspendeausweis/bestellen/ können Sie Papp-Ausweise bestellen oder ein PDF-Formular sofort ausdrucken. Sie können angeben, welche Organe Sie spenden und welche Sie ausschließen wollen oder wer nach Ihrem Tod darüber zu entscheiden hat. Und Sie gehen keine Verpflichtung ein: Sollten Sie es sich anders überlegen, werfen Sie den Ausweis einfach weg, das war's. Deshalb können Sie auch völlig risikolos Ausweise für Freunde oder Kollegen mitdrucken. Wenn die nicht einverstanden sind, unterschreiben sie einfach nicht oder entsorgen den Ausweis später. Aber sie haben erst mal einen.

Blut spenden, bevor wir Blut brauchen

[5] Jeder kann einen Unfall haben oder lebensgefährlich erkranken. Dann retten uns womöglich Blutkonserven. Aber nur 2,3 Prozent derjenigen, die in Frage kommen (gesund, über 18, mindestens 50 Kilo Gewicht), spenden Blut. (In Deutschland und der Schweiz dürfen darüber hinaus z. B. Männer, die Sex mit Männern haben, kein Blut spenden; außerdem gilt ein Höchstalter von 68 Jahren. Eine ausführliche Übersicht auch zeitweiliger Ausschlusskriterien steht z. B. hier: de.wikipedia.org/wiki/Ausschlusskriterien_bei_der_Blutspende.)

Deshalb: Wenn Sie können, spenden Sie Blut und nehmen Sie Ihre Freunde mit. Unter www.drk-blutspende.de finden Sie Infos und Termine des Blutspendedienstes vom Deutschen Roten Kreuz. Kostenlose Hotline: 0800 11 94911. Sie können sich per SMS oder E-Mail an den nächsten Termin erinnern lassen.

[6] Wer noch mehr tun will: Die Buttons auf www.drk-blutspende.de/terminbuttons/ können Sie in Ihre eigene Website (oder z. B. auf Ihrem Blog) einbinden!

Ein Ehrenamt hilft beiden Seiten

[7] «32 Millionen Deutsche engagieren sich ehrenamtlich. Hätten Sie das gedacht? Nach einer Umfrage wollen 98 Prozent aller Menschen in diesem Lande zusätzlich zu ihren normalen Aufgaben etwas ‹Sinnvolles› tun. Packen Sie es an, kann ich Sie da nur ermutigen. Fangen Sie klein an, wenn Sie glauben, dass Ihre tägliche Zeit zu knapp ist.

Zum Beispiel in einer Nachbarschaftshilfe – die gibt es bei Ihnen um die Ecke, suchen Sie im Internet oder am Schwarzen Brett in Ihrem Einkaufscenter. Gehen Sie mit einer alten Dame, oder einem Herrn, der ein wenig wackelig auf den Beinen ist, einfach einmal die Woche einkaufen. Das können Sie mit Ihren eigenen Einkäufen verbinden. Oder helfen Sie

bei der ‹Tafel›, die einmal in der Woche auch in Ihrer Nähe kostenlos Lebensmittel an Hartz-IV-Empfänger verteilt. Vielleicht gibt es in Ihrer Umgebung einen Mittagstisch für all die Kinder, die zu Hause nach der Schule nichts Warmes zu essen bekommen. Da können Sie einmal in der Woche als Hausaufgabenbetreuung helfen, mit den Kindern basteln, sie an einem Nachmittag in eine Ausstellung oder den Zoo begleiten. Oder sammeln Sie alle drei Monate in Ihrer Familie alle Kleidungsstücke, die ein Jahr lang nicht getragen worden sind – ganz konsequent. Und bringen Sie diese Teile (wenn möglich frisch gereinigt oder gewaschen) zur Caritas oder zu einer Kleiderkammer für Hartz-IV-Empfänger oder Asylbewerber. Sie glauben gar nicht, wie viel da gebraucht wird. Und wie viel Unnützes wir in unseren Schränken und Schubladen haben. Wenn Sie gerne lesen – bieten Sie sich als Vorleser/-in an. Wenn Sie gerne

MARIA VON WELSER ist TV-Journalistin (u.a. 20 Jahre «ML Mona Lisa») und Direktorin des NDR-Landesfunkhauses Hamburg sowie Autorin (zuletzt «Leben im Teufelskreis – Kinderarmut in Deutschland»)

kochen – unterrichten Sie in einer nahe gelegenen Schule Jungen und Mädchen. Sie werden staunen, wie viele Möglichkeiten es gibt. Geben Sie sich einen Ruck – und fangen Sie schon morgen an mit der Suche nach einer ehrenamtlichen Tätigkeit. Sie werden erleben, wie sehr Sie das bereichert und Ihren Horizont weitet. Ehrenamt macht glücklich – das erlebe ich selbst, als stellvertretende UNICEF-Vorsitzende, bei SOLWODI (solidarity with women in distress), an der Hamburger Universität im Hochschulrat. Packen Sie es an!»

SOLWODI (www.solwodi.de) ist eine Anlaufstelle für ausländische Frauen, die durch Sextourismus, Menschenhandel oder Heiratsvermittlung nach Deutschland gekommen sind. Der Verein ist überparteilich und überkonfessionell.

Forscher haben übrigens ermittelt, dass Menschen, die sich ehrenamtlich engagieren, zwischen 24 und 100 Prozent zufriedener mit ihrem Leben sind!

Drei Wochen helfen

[8] «Das Wichtigste geben: Zeit. Einmal im Leben drei Wochen freinehmen vom Alltag. Und sich ganz einer Organisation widmen. Etwa in einer Suppenküche arbeiten. Kartoffeln schälen, Essen kochen. Anpacken, wo es nötig ist. – Ob es dabei bleibt oder das eigene Leben dauerhaft verändert: Menschen helfen. Denn organisierte Solidarität braucht Unterstützung. Wenn 82 Millionen Menschen einmal drei Wochen lang helfen, sind das rund 9,8 Milliarden Stunden ehrenamtliche Arbeit. Eine gute Aussicht – auf eine bessere Welt.»

MICHELLE MÜNTEFERING ist Mitglied des SPD-Landesvorstandes in NRW

Gehen Sie zu den Grünen

[9] «Grüne Damen» (oder Grüne Herren) sind ehrenamtlich in der Krankenhauspflege tätig. Keine Angst – Sie müssen nicht Verbände wechseln oder Urinbeutel leeren. Aber viele Patienten erhalten selten oder nie Besuch und freuen sich daher, wenn sie mal mit jemand reden können. Wenn Sie ihnen vorlesen oder kleinere Besorgungen erledigen.

Man weiß nie, was nächstes Mal gewünscht sein wird – auch darin liegt ein Teil der Befriedigung: Man tut unmittelbar etwas Gutes mit den Mitteln, die einem zur Verfügung stehen, ohne sich vorbereiten zu müssen oder zu können.

Dachverband ist die Evangelische Krankenhaus-Hilfe (EKH; www.ekh-deutschland.de). Sie müssen aber nicht evangelisch sein, um mitmachen zu können.

Es gibt keine zentrale Anlaufstelle, Infos über Hilfsmöglichkeiten erhalten Sie in den Krankenhäusern – einfach anrufen oder hingehen.

Phantasie im sozialen Brennpunkt anregen

[10] «Verpflichten Sie sich, ein- bis dreimal in der Woche in eine Grundschule zu gehen und dort den Erst- bis Viertklässlern vorzulesen. Vielleicht sogar an einer Schule in einem sozialen Brennpunkt.

Die Freude am Lesen beginnt mit dem Vergnügen, etwas vorgelesen zu bekommen. Unendlich viele Kinder lernen das niemals kennen. Anders als beim Fernsehen entstehen die Bilder beim Lesen nicht vorgefertigt auf dem Bildschirm, sondern sie entstehen in den Köpfen der Kinder. Wie viel Phantasie und wie viele Kenntnisse können auf diese Weise geweckt und erworben werden! Auch die Konzentration wird angeregt.

Wenn es gut läuft, dann entsteht Vertrauen zwischen Vorlesern und Zuhörern, und ‹die Großen› werden zu Personen, bei denen Kinder sich ohne Furcht aussprechen können. Die unumstößliche Grundlage ist allerdings Verlässlichkeit.»

CORNELIA SCHMALZ-JACOBSEN war von 1991 bis 1998 Ausländerbeauftragte der Bundesregierung und von 1995 bis 1998 stellvertretende Bundesvorsitzende der FDP

Tausche neue Nase gegen Scheidenfistel-OP

[11] Haben Sie schon mal überlegt, sich die Nase richten, die Lippen aufspritzen, den Busen (der Partnerin) vergrößern oder die Tränensäcke straffen zu lassen? Kostet viel Geld und ist nie ganz risikofrei. Gleichzeitig leiden zwei Millionen (!) Frauen in der Dritten Welt an Blasen-Scheiden-Fisteln, einer Verbindung zwischen Scheide und Harnröhre, die bei langwierigen Geburten durch Hautrisse entstehen kann. Es sickert dann ständig Harn aus der Scheide, die jungen Mütter werden häufig verstoßen. Das Problem ließe sich durch eine OP beheben – sie kostet 300 bis 400 Euro.

Lassen Sie also Ihre Nase, wie sie ist – und spenden Sie

wenigstens einen Teil des gesparten Geldes an den Fistula e. V. (www.fistula.de) oder (per Paypal) an die amerikanische Fistula Foundation (www.fistulafoundation.org/donatenow). Und falls Sie doch unbedingt alle paar Monate ein bisschen Botox brauchen – seien Sie dankbar, dass es bei Ihnen «nur» um Schönheit geht, und spenden Sie die Hälfte dessen, was Sie bei Ihrem Arzt auf den Tisch legen, für OPs, die Leben retten.

Paypal ist ein Tochterunternehmen von eBay, das bargeldlosen Zahlungsverkehr im Internet anbietet (www.paypal.de).

Lachen ist die beste Medizin

[12] Ihre Freunde sagen, Sie seien ein lustiger Typ? Dann werden Sie doch Krankenhaus-Clown! Vor allem für Kinder ist es schrecklich, allein im Krankenhaus zu liegen. Clowns bringen sie zum Lachen, lassen sie mögliche familiäre Probleme und vielleicht sogar die eigene Krankheit für eine Weile vergessen. Clowns helfen heilen.

Der «Dachverband Clowns für Kinder im Krankenhaus Deutschland» (www.dachverband-clowns.de) listet unter dem Punkt «Mitglieder» Klinik-Clown-Vereine in ganz Deutschland auf, bei denen auch Sie aktiv werden können.

Pfadfinderweisheit

[13] «Mein Vorschlag, den ich seit ein paar Jahren zu meinem Tagesmotto gemacht habe: jeden Tag eine gute Tat. Das kann ein kleines Gespräch mit einem Obdachlosen sein, bevor man ihm zwei Euro in die Hand drückt, oder man hilft einem Kollegen bei einem Problem, das ihn quält. Gerne kann man auch einer alten Frau

MILENA PRERADOVIC ist Journalistin und Moderatorin (u.a. auf N24)

über die Straße helfen – aber nur, wenn sie will :). Ich habe festgestellt: Wenn man sich die Pfadfinderweisheit zu Herzen nimmt, wird man generell offener gegenüber den Problemen anderer.»

Teilen macht reicher

[14] «Ich fände es ganz großartig, wenn man jeden Tag etwas für einen anderen Menschen täte – Fremde, Familie, Freunde. Ob man sie am eigenen Wissen oder den eigenen Fähigkeiten teilhaben lässt, oder z.B. etwas zu essen spendet – mehr zu geben würde uns alle bewusster leben lassen.»

TRISH MACGREGOR schreibt Krimis («Die kalte Haut der Toten») und astrologische Fachbücher

Unterstützen Sie ein Tierheim in der Nähe

[15] «Unterstützen Sie das Tierheim in Ihrer Nähe. Sie können mit einem der Hunde spazieren gehen oder sich um eine Katze, ein Kaninchen, ein Meerschweinchen kümmern. Sie können Futter spenden, Medikamente, Decken, Handtücher, Käfige, Körbe, Kratzbäume, Leinen, Halsbänder, Spielzeug und Geld. Sie können vorübergehend ein Haustier betreuen, wenn dessen Familie in Urlaub fährt oder der Besitzer krank wird. Sie können im Tierheim eine Patenschaft übernehmen. So oder so – treten Sie dem Tierschutzverein bei: allein, mit der Familie, mit der Firma. (Mitgliedsbeiträge und Spenden sind steuerlich absetzbar.)»

SUSANNE LÜTJE ist Kinder- und Jugendbuchautorin, u.a. «Radieschen & Co.»

Ingmar Ermold von der Website www.tierschutzvereine.de ergänzt: «Die meisten Tierschutzvereine verlangen zwischen 10 und 60 Euro im Jahr. Das ist aber von Verein zu Verein verschieden. Manchmal gibt es auch Rabatte für Jugendliche oder Rentner oder Familienmitgliedschaften – oder einen Mindestbetrag, den man nach Belieben aufstocken kann. Die Beiträge hängen sicher auch von der Gesamtsituation und von der Intention des Vereins ab. Für die Vereine ist nämlich nicht nur die Einnahmequelle wichtig, sondern es ist auch wichtig, möglichst viele Mitglieder zu haben. Denn je größer ein Verein ist, desto mehr Gewicht hat er z.B. auf politischer Ebene oder im deutschen Tierschutzbund.»

Obdachlosen Kindern und Müttern Vertrauen in die Zukunft schenken

[16] «‹Geben ist schöner als nehmen.› Dieser Satz hat für mich seit der Gründung von ‹HORIZONT e. V.› eine ganz besondere Bedeutung bekommen, denn ich habe erfahren, wie dankbar unsere Hilfe angenommen wird.

Bei allem schrecklichen Hunger und Elend in der Welt, das wir bekämpfen müssen, dürfen wir nicht die Probleme vor unserer eigenen Tür vergessen. Leider gibt es auch hier viele Menschen, die am untersten Rand der Gesellschaft leben. Ein obdachloses Kind ist für mich persönlich die unwürdigste Stufe einer Existenz. Diese Heimatlosigkeit ist grausam. So ein Kind fühlt sich einsam und verlassen, von der Gesellschaft ausgeschlossen. Ich wünsche mir, diesen Kindern und ihren Müttern wieder Hoffnung auf die Zukunft schenken zu können. Und ich glaube, dass fast jeder von uns etwas dazu beitragen kann, dass solch ein Elend in Deutschland nicht sein muss.»

JUTTA SPEIDEL ist Schauspielerin («Um Himmels Willen») und Gründerin des «Horizont e. V.» (www.horizont-ev.org) für obdachlose Kinder und deren Mütter

Kinderpatenschaft übernehmen

[17] «Kinder in der Dritten Welt leben in ärmsten Verhältnissen. Ihnen fehlt das Geld nicht nur für Nahrung und Kleidung, sie können es sich oft auch nicht leisten, zur Schule zu gehen. Deshalb haben sie auch keine Zukunft. Zum Glück gibt es Organisationen, die sich um solche Kinder kümmern und uns, die wir unter glücklicheren Umständen leben, die Möglichkeit bieten, uns für solche Kinder zu engagieren. Zum Beispiel durch eine Patenschaft. Wer eine Patenschaft für ein Kind in der Dritten Welt übernimmt, der kann mit sehr überschaubaren Mitteln sehr viel bewirken – und zwar für einen ganz bestimmten Menschen!

SKY DU MONT ist Schauspieler («Der Schuh des Manitu») und Autor («Unsere tägliche Krise gib uns heute»)

Ich zum Beispiel habe ein Patenkind in Mauretanien. Die Patenschaft habe ich über WorldVision übernommen. Das kostet mich wenig, aber es bewirkt, dass das Mädchen ein menschenwürdiges Leben führen kann, dass es nicht Hunger leidet, dass es zur Schule gehen kann, Kleider und andere Dinge des täglichen Bedarfs bekommt. Patenschaften haben den Vorteil, dass man wirklich erfährt, wofür man sein Geld gibt. Und manchmal entstehen daraus wunderbare Freundschaften. Ich wünschte, mehr Menschen würden eine solche Patenschaft übernehmen.»

Eine Patenschaft über WorldVision kostet 30 Euro im Monat.

Unterstützen Sie die SOS-Kinderdörfer

REBECCA GABLÉ schreibt historische Romane (u.a. «Die Siedler von Catan», «Die Hüter der Rose»)

[18] «Werden Sie Pate eines SOS-Kinderdorfes. Das ist keine Patenschaft für ein einzelnes Kind, sondern das Geld kommt dem geförderten Dorf zugute und wird dort nach Bedarf eingesetzt. Ich habe mich z.B. für Awassa Village in Äthiopien entschieden, und zwei-, dreimal im Jahr bekomme ich von Mrs. Alemu, der Leiterin des Dorfes, einen langen Brief, in dem sie mir erzählt, welche Kinder die Schule abgeschlossen haben und eine Ausbildung beginnen, was die neue Tagesstätte für die Kinder aus dem Umland macht und was sie sich sonst noch haben einfallen lassen, um den jungen Äthiopiern in ihrer Obhut – vor allem auch den Mädchen – die Chance auf ein selbstbestimmtes Leben zu eröffnen. Immer, wenn ich diese Briefe lese, habe ich das Gefühl, eine wirklich gute Sache zu unterstützen. Und dieses Stückchen bessere Welt ist ziemlich preiswert: Mit 26 Euro im Monat sind Sie dabei. Schauen Sie doch mal nach unter www.sos-kinderdoerfer.de.»

Die SOS-Kinderdörfer geben weltweit Waisenkindern ein Zuhause.

Regenwald retten

[19] «Engagiert euch für den Schutz des tropischen Regenwaldes. Dazu könnt ihr zum Beispiel eine Patenschaft für ein Stück Regenwald übernehmen. Damit helft ihr dem gefährdeten Wald, den vielen Tieren, die darin leben, dem weltweiten Klimaschutz und den Menschen in den tropischen Entwicklungsländern!»

DR. CHRISTIAN RUCK ist stellvertretender Vorsitzender der CDU/CSU-Bundestagsfraktion (zuständig für den Bereich Umwelt)

Herzwald in der Sahara

[20] «Tree Nation» will mit Unterstützung der UN mitten in der Sahara einen herzförmigen Wald aus 8 Millionen Bäumen pflanzen. Sinn der Sache: das Vordringen der Wüste und den Klimawandel aufhalten, die besonders arme Wüstenländer hart treffen. Dazu kann jeder einen Beitrag leisten – verschiedene Bäume stehen (zu unterschiedlichen Preisen) zur Wahl, ab 8 Euro geht's los. Zahlung per Kreditkarte oder Paypal. Man kann im Internet sogar aussuchen, wo der eigene Baum gepflanzt werden soll. Die Seite www.tree-nation.com ist auch auf Deutsch verfügbar, einfach die Flagge anklicken.

Sonnenenergie für Afrika

[21] «In der Sahara und in Subsahara-Afrika Solarenergie gewinnen, die Energie gewinnbringend exportieren und zugleich Elektropumpen betreiben und die Wüste urbar machen.»

DR. BARBARA HENDRICKS, SPD, ist Mitglied des Deutschen Bundestages

Sinn statt Geld

[22] «Gerade für Manager und andere Menschen, die es ‹zu etwas gebracht haben›, stellt sich heute die Frage, wie sie ihr Verhältnis zu der Gesellschaft, in der sie leben, definieren. Für viele stellt sich heraus, dass Geld nicht alles ist, sondern mehr und mehr die ‹Sinnfrage› in den Vordergrund rückt. Daher habe ich mich entschieden, einen beträchtlichen Teil meines Vermögens und ein Jahr meiner Arbeitszeit in den Aufbau einer Spendenplattform im Internet zu investieren. Wir wollen ‹die Welt besser machen›, indem wir gemeinnützigen Initiativen eine Plattform geben, auf der sie sich anschaulich präsentieren und um Unterstützung werben können.

Wer Projekte auf ‹betterplace.org› oder ‹spenden.de› unterstützt, soll erfahren, dass Geben nicht nur ‹seliger ist als Nehmen›, sondern auch Spaß macht und neue Kontakte schafft. Bereits heute präsentieren sich mehr als 1000 Initiativen und Projekte auf unseren Plattformen. Wir wollen die gegenseitige Hilfe an den Brennpunkten unserer Gesellschaft zu einer ‹Ehrensache› machen. Meine Mitstreiter und ich investieren ihre Zeit und ihr Geld in dieses gemeinnützige Ziel und erhalten als Rendite ‹Sinn statt Geld›!»

DR. BERND KUNDRUN war bis Ende 2008 Vorstandsvorsitzender des Verlagshauses Gruner & Jahr (u.a. «stern», «Brigitte», «Geo»). Er spendete 2009 aus seinem Privatvermögen eine Million Euro an Betterplace.org

Helfen aus der Portokasse

[23] «Reiche helfen Armen, d.h., jeder Reiche (es wäre noch zu bestimmen, ab welcher Vermögenshöhe man das ist) wird Pate für einen Armen (auch zu definieren). Dadurch ergäben sich z.B. 5000 Pärchen (und Sozialfälle weniger). So viele Reiche gibt es sicher, und Arme ebenfalls. Die ‹Durchleitung› erfolgt durch eine Stiftung (Schenkungssteuer vermeiden), die Abwicklung über eine Bank (Anonymisierung). Mindest-

Zahlung monatlich Euro 1000,–, d.h. 12 000,– p.a. (das ist für Reiche aus der Portokasse zahlbar). Priorität: sehr hoch; nach Test in der BRD in allen westeuropäischen Ländern machbar, natürlich auch internationalisierbar (z.B. reiche Deutsche helfen armen Indern).

[24] Dem Berechtigten zum Recht verhelfen. Recht haben und Recht bekommen ist, trotz unseres Rechtsstaates in der BRD, zweierlei. Problem: Viele, die recht hätten, können es mangels Anwaltsfinanzierung etc. nicht durchsetzen. Lösungsansatz: Reiche finanzieren eine Stiftung, die den ‹Armen› zum Recht verhilft, verbunden mit begleitender Öffentlichkeitsarbeit über die Stiftung, d.h. unabhängige, aber wahre Berichterstattung. Voraussetzung: hohes Stiftungskapital, damit aus Zinsen die Kosten, Anwälte, Prozesse, Öffentlichkeitsarbeit etc. bezahlt werden können. Ein bestimmter Anteil von Gewinnen aus gewonnenen Prozessen kommt in die Stiftungskasse.»

DR. H. C. HANS-DIETER CLEVEN ist, zusammen mit Boris Becker, Gründer der Cleven-Becker-Stiftung. Zuvor war er u.a. 35 Jahre für den Metro-Konzern tätig, zuletzt als Aufsichtsratsmitglied

Höchst persönlich Mikrokredite vergeben

[25] Bei «Kiva» (www.kiva.org; auf Englisch) können Sie sich aussuchen, welchen Kreditsuchenden weltweit Sie ganz persönlich 25 Dollar (oder mehr) leihen. Die Zahlung wird über Paypal abgewickelt. Solche Mikrokredite sind nachweislich eine der besten Möglichkeiten, Menschen in armen Ländern gezielt zu helfen. Man erhält Updates über die Erfolge (hoffentlich) und kann nach Rückzahlung entscheiden, ob man sein Geld zurückwill oder jemand Neuem leiht. Die jeweilige Organisation vor Ort berechnet dem Darlehensnehmer Zinsen, diese werden jedoch nicht an den Kreditgeber ausgeschüttet – man bekommt also maximal seine Einlage zurück.

Tag am Meer

[26] Einen Ausflug an die See wollten Sie doch bestimmt schon lange mal wieder machen. Tun Sie's im September – am «International Coastal Cleanup Day» (Datum und Infos unter www.oceanconservancy.org/icc; auf Englisch). Sammeln Sie eine Tüte Plastikmüll am Strand auf, stopfen Sie das Zeug in den Mülleimer an der Strandpromenade und genießen Sie den Rest des Tages. Oder machen Sie weiter, wenn Sie noch Lust haben. Sie können sich auch vorab registrieren lassen und mit anderen Freiwilligen an einem See, Fluss oder Meer treffen. 2008 haben immerhin 400 000 Menschen in 100 Ländern 3,5 Millionen Kilo Müll gesammelt – es war die größte derartige Aktion der Welt.

Dauerkarte fürs Paradies

[27] «Begegnet den Tieren und der Natur mit Respekt, dann werdet ihr auch nicht aus diesem wunderbaren Paradies rausgeworfen!»

SONJA ZIETLOW ist ausgebildete Lufthansa-Pilotin und TV-Moderatorin (u.a. «Ich bin ein Star – holt mich hier raus»)

Naturschutz in die Tasche stecken

[28] So lenkt man das Gespräch ganz organisch auf den Umweltschutz: Bei www.rareearthtones.org/ringtones können Sie die Rufe gefährdeter Tiere kostenlos als MP3-Klingeltöne herunterladen. Dann dröhnt ein Pazifik-Walross, wenn die nächste SMS kommt, die übereifrige Kollegin quakt als Grüner Baumfrosch, der Chef knurrt wie ein Alligator, und für die beste Freundin schnattert ein Belugawal.

Auf der deutschen Seite www.nature-rings.de können Sie ab einer Mindestspende von 15 Euro drei Natur-Klingeltöne herunterladen, vom «Vogel des Jahres» bis zu Goldfisch (ideal für die Stummschaltung), Laubfrosch, Biene und Elefant. Die Spende wird ungekürzt an Umweltschutzprojekte weitergeleitet.

Lustig, lehrreich und eine stete Erinnerung daran, was auf dem Spiel steht.

Ein-Klick-Hilfe leichtgemacht

[29] Helfen kann sehr einfach sein. Auf sogenannten «One Click Charity Donation»-Webseiten genügt ein Klick, und Sie haben geholfen. Die bekannteste dieser Seiten ist www.thehungersite.com – englisch, aber problemlos zu bedienen: Klicken Sie auf den Button oben in der Mitte der Seite, und die Firma, welche die Seite betreibt, stellt einem Hungernden eine Portion Essen zur Verfügung.

Wie geht das? Sponsoren unterstützen die Aktion und hoffen natürlich, dass die Besucher auch auf ihre Werbeanzeigen klicken.

Nach dem gleichen Prinzip (und vom gleichen Anbieter realisiert) funktionieren die [30] «Rain Forest Site» (www.therainforestsite.com), bei der jeder Klick einen Quadratmeter Regenwald rettet, die [31] «Animal Rescue Site» (www.theanimalrescuesite.com), die u.a. Futter für Tierheime zahlt, die [32] «Breast Cancer Site» (www.thebreastcancersite.com) zur Finanzierung von Mammographien, die [33] «Child Health Site» (www.TheChildHealthSite.com) zur Gesundheitsvorsorge vor allem in Entwicklungshilfegebieten und die [34] «Literacy Site» (www.TheLiteracySite.com), die Kindern aus armen US-Familien Bücher kauft.

Der Betreiber der Seiten ist keine Wohltätigkeitsorganisation, sondern eine Firma, die durchaus auch Geld verdienen will. Die gespendeten Summen sind jedoch sehr hoch (2008 über zwei Millionen Dollar aus Klicks und Shop-Einnahmen), sodass sich die Teilnahme auf jeden Fall lohnt.

Andere Anbieter, gleiches Prinzip: [35] Bhookh aus Indien (www.bhookh.com) finanziert ebenfalls eine Tasse voll Essen pro Klick; [36] «Care2» spendet für Kinder, Tiere, Krebsforschung, Regenwald (Sie entscheiden, wem Sie heute Gutes tun wollen, www.care2.com/click-to-donate). [37] «Free Rice» (www.freerice.com) bietet (englischsprachige) Vokabel-Spiele. Für jede richtige Antwort werden zehn Körner Reis an die Hungerhilfe der Vereinten Nationen gespendet – bislang immerhin 1700 Tonnen. Und man lernt auch noch was dabei. [38] Besonders leicht machen Sie es sich, wenn Sie die Spendenseite Ihrer Wahl als Homepage Ihres Internetbrowsers festlegen, dann wird Sie automatisch bei jedem Programmstart angezeigt. Sie müssen nur noch auf den Button klicken. Mit Firefox besuchen Sie dazu die entsprechende Seite und ziehen dann mit der Maus das Symbol links von der Adresszeile auf das kleine Häuschen-Symbol links daneben. Im Internet-Explorer rufen Sie ebenfalls die gewünschte Seite auf, klicken auf den Pfeil neben dem Häuschen in der Symbolzeile und wählen schließlich «Startseite hinzufügen oder ändern».
[39] Eigentlich können Sie nur einmal pro Tag per Klick spenden – wenn Sie aber z.B. sowohl privat als auch im Büro online gehen (also von verschiedenen Rechnern aus), dann können Sie natürlich auch

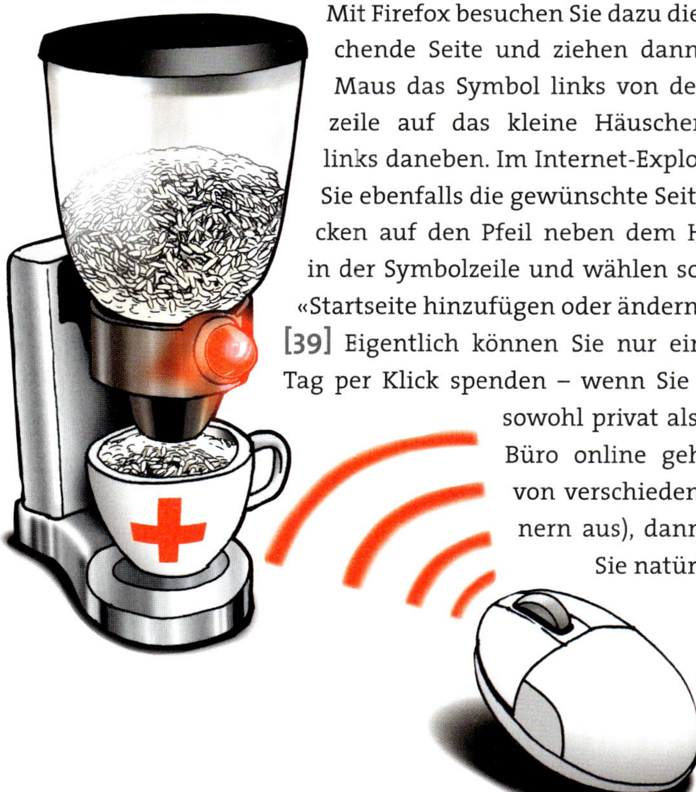

zweimal klicken und doppelt so viel Hunger lindern! Ausnahme: Bei «Free Rice» können Sie spielen und spenden, solange Sie lustig sind.

Die beste Kettenmail der Welt

[40] «Ein Schneeballsystem der guten Taten. Zehn Menschen aus unterschiedlichen Ländern verabreden sich, um Gutes zu tun. Das können einfache Dinge sein: Einer gibt zum Beispiel einem Obdachlosen Geld, der andere sammelt Müll auf der Straße auf, ein weiterer kümmert sich um die kranke Nachbarin – was auch immer. Nachdem alle ihre gute Tat vollbracht haben, schicken sie zehn Freunden eine E-Mail mit der Bitte, auch eine gute Tat zu vollbringen. Zu gewinnen gibt es jede Menge Glück und eine bessere Welt!»

INGE POSMYK ist Moderatorin und Redakteurin bei Kabel eins und N24

Hinterrücks loben

[41] Wenn jemand Sie sehr gut beraten oder bedient hat, loben Sie ihn bei seinem Chef.

Dreck plus eins

[42] «Kümmert euch um euren eigenen Dreck – plus eins.

Überall sieht man Müll, den andere fabriziert haben. Die Idee ist folgende: Anstatt die Augen zu verschließen, kümmert man sich jeden Tag nicht nur um seinen eigenen Sch***, sondern auch um einen kleinen Teil Fremd-Müll, den man wahrlich nicht verursacht hat. Verhältnis 99:1. Wenn das alle machen, müsste es eigentlich bald besser aussehen. Echter, handelsüblicher Müll ist hier durchaus auch gemeint.»

GEPA HINRICHSEN ist Werbetexterin und unterrichtet an der Miami Ad School of Europe

Nimm das Gummi wieder mit

[43] Es kostet 900 Millionen Euro pro Jahr, in Deutschland die Kaugummis von der Straße zu kratzen. Mit dem Geld könnte man Sinnvolleres anstellen, oder?

Einzahlen für die Ewigkeit

[44] «Sie machen sich Sorgen, dass wir immer mehr auf Kosten der nächsten Generationen leben? Sie können etwas dagegen tun – gründen Sie eine Stiftung! Was, eine Stiftung? Das ist doch viel zu aufwendig und nur etwas für ‹wirklich reiche Knöppe›!?

Aber nein: Tun Sie sich mit anderen zusammen und gründen Sie eine Bürgerstiftung. Oder, wenn es bei Ihnen schon eine gibt, stiften Sie in das Kapital dieser Bürgerstiftung.

JOHANNA VON HAMMERSTEIN ist Vorstandssprecherin der BürgerStiftung Hamburg (www.buergerstiftung-hamburg.de)

In Bürgerstiftungen schließen sich viele Bürger einer Region mit vergleichsweise wenig Geld zusammen und bringen so das notwendige Gründungskapital für eine Stiftung (in der Regel 50 000 Euro) zusammen. Wenn über die Jahre immer mehr Bürger zu Stiftern werden, verfügt die Bürgerstiftung bald über wirkungsvolle Mittel, die für gemeinnützige Zwecke eingesetzt werden können, z. B. für Bildungsprojekte mit Kindern. Außerdem tragen Bürgerstiftungen durch einen hohen Einsatz ehrenamtlich Aktiver häufig dazu bei, ihre Stadt oder Region kreativ zu gestalten.

Nehmen Sie sich einmal einen Apfel und teilen Sie ihn in zehn (oder auch 20) gleiche Teile. Entfernen Sie nun einen Teil. Schauen Sie sich den restlichen Apfel an. Hätten Sie's gemerkt, dass ein Teil fehlt? Genauso könnten Sie es mit Ihrem Einkommen oder Vermögen machen. Zehn Prozent geben Sie an eine Bürgerstiftung oder an einen anderen gemeinnützigen Zweck. Mit der Unterstützung einer Stiftung haben Sie ganz bestimmt etwas für die Entlastung der nächsten Generation getan, denn Stiftungen sind auf Ewigkeit angelegt und dürfen nur die Erträge, nicht das Kapital selbst ausgeben. Sie haben sozusagen eine eingebaute Schuldenbremse und können nicht auf Kosten anderer leben – im Gegenteil!»

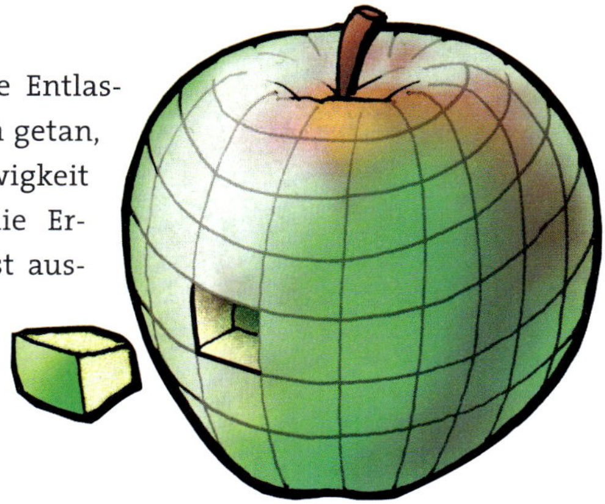

Gottes Gaben teilen

[45] «Zu teilen, was Gott uns gegeben hat, kann die Welt zu einem besseren Ort machen. Gott hat uns viel gegeben, und Er gibt uns immer noch mehr. Ich bin überzeugt: Wenn wir das alles teilen, vor allem mit denjenigen, denen es nicht so gut geht, können wir unseren Teil dazu tun, dass es allen Menschen auf der Welt bessergeht.»

ALEXIS BELONIO hat u.a. eine Methode erfunden, wie man aus Agrarabfällen wie Reishülsen Brennstoff erzeugt. Er ist Preisträger des Rolex Award 2008

Brasiliens Armut besiegen

[46] «Seit gut einem Jahr habe ich eine Patenschaft bei der Organisation ‹Projekte für arme Menschen e. V.›. Ich leiste so einen kleinen Beitrag zur Unterstützung der brasilianischen Partnerorganisation AFINK (www.afink.org). Alexander Fink hat es sich zur Aufgabe gesetzt, brasilianischen Dorfbewohnern eine Lebensgrundlage zu schaffen.»

SIMON HANNIBAL FISCHER ist Modedesigner (www.hannibal-collection.com)

Wer andern eine Freude macht … wird selbst glücklich!

NAZAN ECKES ist Moderatorin des RTL-Magazins «Explorer Weekend»

«Ich glaube fest daran, dass jeder Mensch so viel Gutes im Leben bekommt, wie er anderen gibt. [47] Manchmal reicht ein freundliches ‹Guten Tag› zu einem fremden Menschen, [48] ein anderes Mal drücke ich der Reinigungsdame einer Toilette 20 Euro in die Hand, [49] oder ich kaufe einem Rosenverkäufer alle Blumen auf einmal ab. Hauptsache, ich mache jemandem eine Freude. Und dann wiederum bin ich auch glücklich.»

Im eigenen Land helfen

CLAIRE FISHER ist Gründerin der Naturkosmetikserie «Claire Fisher»

[50] «Die Welt verbessern fängt bei uns selbst an: Schau in dich selbst und erkenne dich selbst. Mit etwas Glück findest du dein ‹CHI› – den Motor aller Lebenskraft. Dann kannst du auch anderen helfen. So sollte vielleicht auch mal unsere Regierung denken: mal nach innen schauen, statt an Staaten Milliarden ‹Entwicklungshilfe› zu geben, welche die Bedürftigen oftmals leider nicht oder nicht vollständig erreicht. Im eigenen Land gibt es genügend und leider immer mehr Menschen, die wirklich bedürftig sind.

[51] Ich selbst gebe, wenn ich einen Obdachlosen treffe, lieber ein ganzes Hähnchen zum Essen als ein paar Euro, die er dann doch für eine Flasche Schnaps ausgibt.»

Zweckbindung

[52] Wer fürchtet (und verhindern will), dass Bargeld bei Bettlern z.B. in Drogen umgesetzt wird: Gutschein im nächsten Restaurant oder McDonald's kaufen und weitergeben.

Pfand für einen guten Zweck

[53] Sie haben vielleicht keine Lust (oder Möglichkeit), Ihre Pfandflasche nach dem Austrinken zurückzugeben. Werfen Sie diese nicht in den Müll, sondern legen Sie sie gut sichtbar auf eine Bank oder stellen Sie sie notfalls neben den Mülleimer. Die Wahrscheinlichkeit ist groß, dass jemand sie mitnehmen (und recyceln) wird, der sich über das Pfandgeld freut, egal ob Schüler oder Bettler.

Freiwillig draufzahlen

[54] An fast jeder Supermarktkasse steht ein kleines Spendendöschen. Und fast jeder Supermarktpreis endet auf ,99. Wenn jeder nur einen Cent pro Woche spendete, kämen in Deutschland, Österreich und der Schweiz über 50 Millionen Euro im Jahr zusammen.

Weniger spenden ist mehr

[55] Oder, genauer gesagt: An weniger Organisationen zu spenden ist günstiger. Erstens können Sie dann leichter den Überblick behalten und prüfen, ob der Spendenempfänger wirklich seriös ist (z.B. auf der Internetseite des Deutschen Zentralinstituts für soziale Fragen, www.dzi.de). Zweitens reduziert es den Werbe- und Verwaltungsaufwand: Wer vielen Hilfswerken spendet, wird bei allen als aktiver Spender geführt und erhält gedruckte Infos, Werbepost, weitere Spendenaufforderungen. Kostet alles Geld.

Kein Zurück

[56] Es klingelt, und ein netter junger Mann überredet Sie, Fördermitglied einer Wohltätigkeitsorganisation zu werden. Sie unterschreiben – überlegen es sich dann aber anders. Kein Problem, denn bei sogenannten «Haustürgeschäften» haben Sie ein gesetzlich vorgeschriebenes Rücktrittsrecht von 14 Tagen, oder? Denkste! Bei Zeitungsabos ja, aber nicht bei solchen Mitgliedschaften! Deshalb: Helfen ist gut – spontane Beitritte an der Tür oder in der Fußgängerzone sollten Sie jedoch vermeiden. So ersparen Sie sich Frust, der letztlich sogar zu einer Anti-Spenden-Haltung führen kann. Und können selbst in einem ruhigen Moment gezielt entscheiden, wen Sie wirklich unterstützen wollen.

Buchhaltung spenden

[57] «Kleinere Honorare stelle ich oft nicht in Rechnung, sondern bitte die Kunden stattdessen um eine Spende zugunsten gemeinnütziger Einrichtungen wie Amnesty International oder die SOS-Kinderdörfer. Die meisten tragen dann gerne noch einen höheren Betrag auf der Überweisung ein. Das hilft Organisationen, die wichtige Dinge bewegen, bei ihrer Arbeit. Und verschlankt nebenbei auch noch die nicht zu meinen Lieblingsbeschäftigungen gehörende Buchhaltung.

[58] Um wie viel schöner wird eine Begegnung, wenn der andere dabei nicht ärgerlicher, ängstlicher oder geduckter wird, sondern ein bisschen freier, ermutigt, vielleicht sogar heiter. Denn kämpfen müssen wir sowieso alle dauernd. Daran versuche ich zu denken, bevor ich durch eine Tür gehe, egal wohin. Es ist eine kleine, aber sehr wirkungsvolle Übung.»

QUINT BUCHHOLZ ist Maler und Autor. Er zählt zu den wichtigsten Buchillustratoren Deutschlands («Schlaf gut, kleiner Bär»)

Hobbys für einen guten Zweck

[59] Sie können mehr Bier trinken als alle Ihre Freunde? Oder unheimlich gut auf den Händen gehen? Stellen Sie Ihr Hobby in den Dienst einer guten Sache! Auf der Website Helpedia (www.helpedia.de) können Sie sich von Freunden, Verwandten, Bekannten oder völlig Fremden sponsern lassen. Sie radeln z. B. quer durch Deutschland und kassieren von jedem Unterstützer pro gefahrenem Kilometer eine bestimmte Summe. Oder Sie bitten zum Geburtstag um Spenden statt Staubfänger. Oder eine Schulklasse nutzt Ihre Theateraufführung, um für einen guten Zweck zu sammeln, statt Eintritt zu kassieren. Auf dieser Site können Sie kostenlos Werbung für Ihr Projekt machen und Interessenten finden. 100 Prozent der Spenden werden weitergeleitet (die Anbieter verstehen die Website als Werbung für ihre Internetdienstleistungen).

Mit gestempelten Briefmarken und alten Telefonkarten die Not lindern

[60] Das Hungerhilfsprojekt «Terre des Hommes» nimmt gebrauchte Briefmarken und leere/abgelaufene Telefonkarten als Spende entgegen. Briefmarken bitte mit Stempel ausschneiden; auch Marken aus der Auflösung von Briefmarkensammlungen kommen in Frage. Marken und Karten werden sortiert und an Sammler verkauft, der Erlös fließt an das Hilfswerk.

Adresse:
terre des hommes
Arbeitsgruppe Hannover
Zentrale Briefmarkenstelle
c/o Uwe Diemert
Geveker Kamp 38
30455 Hannover

Auch Europas größte diakonische Einrichtung, Bethel, freut sich über Briefmarken. Sie werden hier ebenfalls sortiert und verkauft – auf diese Weise finden rund hundert Menschen mit Behinderung eine sinnvolle Beschäftigung, denn täglich kommen über 200 Pakete und Päckchen mit Marken aus aller Welt.

Adresse:
Briefmarkenstelle Bethel
Quellenhofweg 25
33617 Bethel
Tel. (0521) 1443591

Online volontieren

[61] Nicht jeder kann (oder will) um die halbe Welt reisen und wochenlang in Afrika oder Asien beim Aufbau eines Waisenhauses anpacken. Doch Sie können auch helfen, ohne den eigenen Schreibtisch zu verlassen: via Internet!

Unter der Schirmherrschaft der Vereinten Nationen suchen Wohltätigkeitsorganisationen auf der Webseite www.onlinevolunteering.org Menschen, die bereit sind, ein wenig Zeit und Wissen zur Verfügung zu stellen. Über 15 000 Personen sind bereits registriert!

Die Site lässt sich auf Englisch, Französisch und Spanisch darstellen; für die meisten Aufgaben sind Grundkenntnisse in Englisch notwendig. Zu den möglichen Aufgaben gehören Recherche, Übersetzungen, Verfassen von Texten, Beantwortung von E-Mails, EDV-Programmierung oder Graphikdesign – das Englisch muss also ggf. nur dazu reichen, die Vorgaben zu verstehen.

Ein weiterer Vorteil des Cyberfreiwilligendienstes: Sie können sich Ihre Zeit frei(er) einteilen. So können auch diejenigen helfen, die es anders nicht schaffen.

Kostenlose Kultur Korrektur lesen

[62] Das Urheberrecht erlischt (meist) 70 Jahre nach dem Tod eines Autors oder Übersetzers. Deswegen sind Werke von Shakespeare, Sigmund Freud, Paul Klee, Karl Marx und Karl May u.a. komplett und kostenlos im Internet abrufbar – im Rahmen des «Projekt Gutenberg-DE» unter http://gutenberg.spiegel.de. Insgesamt schon über 1500 Bücher.

Aber wie kommen die Texte ins Netz? Sie werden gescannt und durch eine automatische Texterkennung gejagt. Die ist ganz gut, macht aber trotzdem noch Fehler, zumal viele Texte in Frakturschrift gesetzt sind. Deshalb müssen die Texte vor der Veröffentlichung Korrektur gelesen werden. Das übernehmen Freiwillige. Aber keine Angst – man muss nicht gleich ein ganzes Buch durcharbeiten, die Werke werden in einzelne Seiten zerteilt. Unter www.gaga.net (GAGA steht für *G*emeinsam *a*n *G*utenberg *a*rbeiten) können Sie sich anmelden und Kulturgut für alle zugänglich machen.

Werden Sie Käferpate

[63] Für ein paar hundert Euro kann man einen mickrigen Stern nach sich benennen lassen, den man dann am Nachthimmel sowieso nie findet. Und für noch mehr Geld (oder wenn man so richtig berühmt ist) wird vielleicht eine neuentdeckte Milchlaus auf Ihren Namen getauft.

Das ist ja ganz lustig, aber sehr teuer und ziemlich nutzlos.

Konkret Bildung und Forschung unterstützen kann man hingegen mit einer «kleinen Patenschaft» am Museum für Naturkunde in Berlin. Für 35 Euro kauft das Museum einen Insektenkasten und schreibt den Namen des Sponsors drauf. «Mit etwa 30 Millionen Objekten gehören die Sammlungen des Museums für Naturkunde in Berlin international zu den umfangreichsten und bedeutendsten ihrer Art», erklärt das

Museum. «Sie sind ein wertvolles Archiv der Artenvielfalt der Erde und eine unverzichtbare Grundlage für die moderne Biodiversitätsforschung.»

Nach Absprache können Spender einen Blick hinter die Kulissen des Museums werfen und ihre sechsbeinigen Patenkinder besichtigen. Wenn Sie sich für eine Insektengruppe (Käfer, Schmetterlinge, Wespen und Bienen, Fliegen und Mücken, Wanzen, Zikaden, Köcherfliegen ...) besonders interessieren, wird dies bei der Auswahl der Kästen berücksichtigt. Eine Insektenkasten-Patenschaft mit Besichtigung ist natürlich auch ein schönes Geschenk für entsprechend interessierte Schulkinder (ggf. mit gemeinsamer Berlinreise).

Kontakt: Sven Marotzke, Museum für Naturkunde, «Insektenkastenpatenschaften», Invalidenstraße 43, 10115 Berlin, Tel.: (030) 2093-8503 oder 2093-8836, Fax (030) 2093-8914, E-Mail: sven.marotzke@mfn-berlin.de; Web: www2.hu-berlin.de/mein-museum/index.php?id=37.

UDO WALZ ist ein prominenter Friseur; zu seinen Kunden gehör(t)en u.a. Marlene Dietrich, Maria Callas, Twiggy, Sabine Christiansen, Désirée Nick, Sarah Connor, Claudia Schiffer, Heidi Klum, Julia Roberts, Naomi Campbell, Gerhard Schröder und Angela Merkel

Sich einsetzen für die vergessenen Charitys

[64] «Tue Gutes und sprich darüber! Ich bin seit neuestem Schirmherr des Tierheims ‹Verlorenwasser› und setze mich für weitere Charityprojekte (Kindernotdienst und Deutsche Aidshilfe) ein, die auf Spenden zurückgreifen müssen, weil keine staatlichen Gelder für sie übrig oder sie in Vergessenheit geraten sind.»

Tausche Tonerkartuschen gegen Schülerbibliothek

In Deutschland landen jährlich von über 100 Millionen Tintenpatronen und Tonerkartuschen für Drucker, Faxgeräte und Kopierer circa 80 Prozent im Müll. Obwohl sie wiederbefüllt werden könnten – sogar mehrfach!

[65] An manche Hersteller oder Händler kann man sie zurückschicken. Oder man bringt sie selbst auf den Recyclinghof.

[66] Sogar zweifach Gutes tut man aber mit Hilfe der «Aktion Sammeldrache» (www.sammeldrache.de): Firmen, Schulen oder Kindergärten stellen eine Sammelbox auf für Toner, Tintenkartuschen und kaputte Handys. Ist die Kiste voll, wird sie abgeholt und der Inhalt weiterverwendet. Im Gegenzug erhalten die Schule oder der Kindergarten z.B. Bücher, Spielsachen oder auch Lehrmittel. (Firmen können ihr auf diese Weise gesammeltes Recycling-Guthaben an eine Kindereinrichtung spenden.)

[67] Wenn es an der Schule oder im Kindergarten Ihrer Kinder noch keine solche Sammelbox gibt, bieten Sie an, eine zu bestellen. Ebenso, wenn bei Ihnen im Betrieb keine steht.

Keep it simple

[68] «Reise viel, mit offenen Augen und offenem Herzen.
[69] Lese viel.
[70] Lache viel.
[71] Liebe viel, auch dich selbst.
[72] Streite wenig, aber wenn, dann richtig.
[73] Iss wenig, aber gut.
[74] Trinke viel Wasser und wenig Alkohol, aber wenn, dann guten.
[75] Zeuge Kinder.
[76] Kauf dir ein gutes Fahrrad.
[77] Unterstütze das Hilfsprojekt meiner Frau Ouarda Saillo in Marokko: www.traenenmond.de»

MICHAEL KNEISSLER hat fünf Kinder, schreibt Artikel und Bücher («Papas kleine Monster») und kommentiert das Leben der Prominenten im Fernsehen («taff»/ProSieben)

Folgen Sie dem Hollywood-Trend

[78] Sieben Milliarden Menschen leben auf der Welt, und es werden immer mehr. Wenn Sie Platz und ein großes Herz haben, machen Sie's wie Brad und Angelina und adoptieren Sie ein paar Kinder. (Nur als Anstoß – die Infos dazu füllen sicher mehr als ein eigenes Buch.)

Deutsche Kinderpatenschaft ermöglichen

[79] «In einem Gespräch mit Kanzlerin Angela Merkel habe ich vor kurzem die Frage aufgeworfen, warum es so einfach ist, eine Patenschaft für ein Kind in der Dritten Welt zu übernehmen – aber so schwierig, ein Kind in Deutschland in ähnlicher Form zu unterstützen. Ehrlich gesagt hatte ich befürchtet, zustimmendes Gemurmel zu ernten, und das war's. Tatsächlich aber hörte Frau Merkel aufmerksam zu und vermittelte mir anschließend

GABY HAUPTMANN schreibt Bücher für Erwachsene («Suche impotenten Mann fürs Leben») und Jugendliche («Kaya»-Reihe). Die Gesamtauflage ihrer Titel allein in Deutschland beträgt 6 Millionen Exemplare

den Kontakt zum Familienministerium. Gemeinsam loten wir gerade die Möglichkeiten aus, wie man Kindern aus sozial schwachen Familien oder von Alleinerziehenden in Deutschland helfen kann, ohne dass es dann wiederum von der staatlichen Förderung abgezogen wird.

Dabei denke ich an eine echte Patenschaft, also ein Kind oder einen Jugendlichen aus der näheren Umgebung an die Hand zu nehmen und seine Begabungen zu fördern, sei es im sportlichen oder musischen Bereich und natürlich auch bei schulischen Belangen. Außerdem könnte man mit ihm zweimal im Jahr zu H&M gehen und Kleidung kaufen, kurz, es – wie ein echtes Patenkind – in allen Bereichen des Lebens unterstützen.

Die Lehrer in Grund- und Hauptschulen wissen sehr genau, wer ohne finanzielle Beihilfe nie mit auf Ausflüge und Klassenreisen könnte, weil das Geld nicht da ist. Sie könnten die Kinder benennen, die Hilfe am nötigsten brauchen. Denn das sind ja oft nicht diejenigen, die am lautesten schreien, sondern die stillen oder stummen.

Gerade alleinerziehende Mütter haben oft drei 400-Euro-Jobs, und trotzdem reicht es nicht.

Aber dies alles natürlich nur nach vorsichtiger Absprache mit den Eltern, denn oft verhindert ja auch die Scham eine entsprechende Hilfestellung von außen. Insgesamt wäre es der Versuch, den Kindern in unserem Land ebenso engagiert zu helfen wie Kindern in Afrika, Indien oder Südamerika.

Sollten wir einen geeigneten Weg finden, finden wir bestimmt auch einen Weg, um diese neue Patenschaft in die Öffentlichkeit zu tragen – damit sich viele Erwachsene individuell engagieren und ein bisschen von dem abgeben können, was ihnen das Leben geschenkt hat.»

Geld oder Knochenmark – beides rettet Leben

[80] «Die Deutsche Knochenmarkspenderdatei (kurz: DKMS) führt ein Verzeichnis, mit dessen Hilfe für Patienten, die an Leukämie oder einer anderen Erkrankung des blutbildenden Systems erkrankt sind, passende Spender gefunden werden können. Man kann auf verschiedene Weise helfen: Natürlich können Sie einfach spenden, entweder einmalig oder als Mitglied. Unabhängig davon können Sie sich als Knochenmarkspender registrieren lassen. Dazu fordern Sie unter www.dkms.de oder Tel. (07071) 943-0 das Typisierungsset an – Wattestäbchen für Wangenabstriche. Die Kosten für die anschließende Laborarbeit betragen 50 Euro. Die können Sie übernehmen, müssen es aber nicht.

MIRJA DU MONT studierte Psychologie und arbeitet als Model, Schauspielerin («7 Zwerge – Der Wald ist nicht genug») und Autorin

In der Vergangenheit haben sich viele Menschen nicht angemeldet, weil man dafür beim Arzt eine Blutprobe abgeben musste: keine Zeit! Das ist inzwischen anders, den Wangenabstrich macht man selbst zu Hause. Sie können auch gleich Sets für die ganze Familie oder alle Ihre Freundinnen mitbestellen.

Rührender als jeder Kitsch-Roman: die ‹Lebens-Geschichten› auf der Website.

Sie sehen, es gibt viele Möglichkeiten zu helfen und Leben zu retten, aber keine Ausreden mehr!»

Magazine zum Arzt schmuggeln

[81] Beim Arzt und im Krankenhaus muss man immer warten. Nehmen Sie Ihre alten Zeitschriften mit – und lassen Sie sie im Wartezimmer liegen, damit andere darin lesen können. (Ein oder zwei können Sie einfach reinschmuggeln und versehentlich «vergessen», wenn es mehr sind, sollten Sie vorher fragen.)

Über ausgelesene Kinder- oder Jugendbücher freut sich vielleicht eine Kinderarztpraxis oder die Kinderambulanz des nächsten Krankenhauses.

EKIN DELIGÖZ ist stellvertretende Vorsitzende der Bundestagsfraktion von Bündnis 90/Die Grünen

Für unter 100 Euro: eine Chance in Laos

[82] «Bei UNICEF Fördermitglied werden: Für einen Jahresbeitrag von 96 Euro kann ein Mädchen in Laos, das Opfer von Kinderhandel wurde, an einem Berufsbildungskurs teilnehmen und bekommt damit eine Chance im Leben.»

Altöl zu Brennstoff

HUBERTUS HAMM ist Fotograf (www.hubertushamm.de)

[83] «In vielen armen Ländern wird der Warenverkehr hauptsächlich durch riesige Kolonnen von LKWs bewegt. Große Mengen verbrauchten Motoren-Altöls von Tausenden LKW-Motoren entsorgt man oft einfach in der Erde, wie auch das Altöl der Landmaschinen und Geräte. Zugleich leiden gerade die Menschen in diesen Ländern oft unter dem Mangel an Brennstoff zum Kochen und Heizen, und in ihrer Not verbrennen sie ihre Wälder und Sträucher und veröden so unwiederbringlich die Natur ihrer Umgebung und sind dann gezwungen, immer weitere Wege zu gehen.

Die Idee: Es wird eine günstige Methode entwickelt, aus diesem Altöl einen brauchbaren Brennstoff zu filtern, durch kleine, leicht bedienbare Geräte. Vor Ort, wo das Altöl anfällt, wird diese Technik aufgestellt. Der gereinigte Brennstoff kann sehr günstig abgegeben werden, da es sich um einen Zweitnutzen handelt. Zur Nutzung des Brennstoffs muss ebenfalls eine kleine, günstige Kochstelle entwickelt und verteilt werden. Ein UN-Hilfsprogramm könnte das übernehmen.»

Spenden Sie antizyklisch

[84] «Spenden Sie antizyklisch! Viele wohltätige Einrichtungen leiden darunter, dass zum Jahresende hin viele Spendengelder hereinkommen, die restliche Zeit des Jahres aber allzu wenige Menschen ans Spenden denken. Jeder Euro, den Sie im Juni spenden, bringt effektiv mehr als ein Euro, der im Dezember bei einer Hilfsorganisation eintrifft. Auch vergessen viele Spender, dass es mit der akuten Katastrophenhilfe oft nicht getan ist, sondern dass gerade die Nachbetreuung betroffener Menschen, der Wiederaufbau nach einer Naturkatastrophe usw. Unmengen an Geld verschlingen. Spenden Sie also auch einmal, wenn es nicht gerade eben erst passiert ist.»

MARIETTA SLOMKA ist Frontfrau des ZDF-«heute journal» und Autorin des Jugendbuchs «Kanzler lieben Gummistiefel – so funktioniert Politik»

Spender erwarten ganz zu Recht, dass ihre Gelder offensiv eingesetzt werden und nicht bloß für später auf der Bank liegen. Deshalb herrscht im Sommer oft ein Cashflow-Problem. Spenden, wenn die anderen es nicht tun, hilft daher doppelt.

Zwecklos spenden

[85] Vermeiden Sie «zweckgebundene Spenden». Sie fühlen sich gut an, weil man viel konkreter weiß, was mit dem eigenen Geld geschieht, engen aber den Handlungs- und Entscheidungsspielraum der Hilfsorganisationen ein. Spenden Sie an ein Hilfswerk, bei dem Sie das Vertrauen haben, dass die Gelder ohnehin dem wichtigsten, besten, aktuell richtigen Zweck zugutekommen. Und überlassen Sie die genaue Verwendung den Profis. Zweckspenden sind nur gut als zusätzliches Mittel – und natürlich allemal besser als gar keine Gabe. (Z. B. ist es auf einem Schulbasar meist leichter, Gelder für ein bestimmtes Projekt zu sammeln, als ganz grundsätzlich.)

Geld ist besser als Gegenstände

[86] Geldspenden helfen mehr als Sachspenden. Denn Geld kann viel flexibler und gezielter eingesetzt werden. Transportkosten entfallen. Viele Gegenstände sind vor Ort deutlich billiger zu kaufen, d.h., mit dem gleichen Geld wird mehr geholfen. Das stärkt zudem die Wirtschaft in der Hilfsregion. Deshalb: nicht Neuware kaufen und spenden, sondern lieber Geld geben. Ausnahmen sind Spenden von Gegenständen, die Sie bereits besitzen (die Alternative wäre ja nur, sie wegzuwerfen) – und das Erfüllen von gezielten Wünschen nach bestimmten Sachspenden, z.B. Kuscheltiere für ein Kinderheim.

Alte Brille spenden

[87] Man kann viele Sachen spenden, von denen man das gar nicht erwartet. Zum Beispiel eine alte Brille. In Afrika stellt eine Brille den Gegenwert von 6 bis 8 Monatslöhnen dar, ist also für die meisten der dort lebenden Menschen unerschwinglich. Und die Kosten für die Reise zum nächsten Optiker, der gern mal 1000 Kilometer weit weg lebt, sind ebenfalls meist unbezahlbar.

Viele Optiker hierzulande nehmen Brillenspenden an, und wenn Ihrer es nicht tut, schicken Sie sie an die «Brillensammelaktion» (www.brillensammelaktion.de; Postanschrift: Gerhard Menje, Aktion «Lunettes sans Frontière», Wallbergstr. 6c, 85560 Ebersberg).

Mit Midashänden

[88] Sie würden gern etwas spenden, was Sie nicht mehr brauchen – wissen aber nicht recht, wem Sie es spenden könnten? Das ist womöglich ein Hinweis darauf, dass die Sache so

nicht den richtigen Adressaten findet. In dem Fall versteigern Sie es doch bei eBay (www.ebay.de) oder verkaufen Sie es auf dem Flohmarkt – verwandeln Sie Steine in Gold und spenden Sie, was Sie eingenommen haben.

Turnschuhe recyceln

[89] Nike nimmt in ausgewählten Großstadtshops (zu finden auf www.nikereuseashoe.com/deutsch) Turnschuhe aller Hersteller und Marken entgegen und fertigt daraus Sportböden, Spielplatzbeläge sowie natürlich neue Schuhe. Über 23 Millionen Paar Schuhe wurden seit 1990 weltweit recycelt, statt in die Müllverbrennungsanlage zu wandern. So benötigt die Produktion weniger neue Rohstoffe.

Beispielsweise fertigt Nike aus den Gummisohlen von etwa 75 000 Paar Schuhen den Belag für ein Fußballfeld, aus 2500 Paar einen Spielplatzbelag.

Die Beläge werden nicht kostenfrei abgegeben, Nike verdient also an den Produkten, die aus den kostenlos zurückgenommenen Schuhen entstehen. Für die Umwelt ist das aber trotzdem gut.

Give it Bag

[90] Recycling richtig cool (aber nicht ganz billig): limitierte Taschen – von Handtaschen bis Umhängetaschen – aus Ex-Reissäcken etc. Sieht sehr lässig aus, und jeweils 50 Prozent vom Gewinn tun eine gute Tat. www.give-it-bag.com.

Werden Sie Gute-Taten-Vermehrer

[91] Auf Anregung von John F. Kennedy wird am 22. April weltweit der «Tag der Erde» (Earth Day) begangen. Nutzen Sie die Gelegenheit, ein Gespräch mit Freunden oder Kollegen darüber zu beginnen, was jeder Einzelne tun kann, um die Welt ein wenig besser zu machen. Mit Sicherheit hat jeder seine eigene Meinung. Versuchen Sie, gute Argumente für Ihre Position zu googeln – oder lassen Sie sich überzeugen.

Als Multiplikator tätig zu werden heißt, jemand anders auf ein Thema oder Problem aufmerksam zu machen und im Idealfall zum Handeln zu bewegen. Das ist nützlicher, als an diesem Tag selbst das Licht früher auszumachen als sonst, denn: Je mehr mitmachen, desto besser!

Obdachlosenzeitschriften kaufen – und behalten

[92] In fast allen Großstädten gibt es Obdachlosenzeitschriften. Sie werden von professionellen Journalisten erstellt, beschäftigen sich meist (auch) mit sozialen Themen und werden von Obdachlosen verkauft, damit diese eine Einnahmequelle haben und nicht betteln (müssen). Weit verbreitet ist der gutgemeinte Ratschlag, ein Exemplar zu erwerben – und dem Verkäufer dann zurückzugeben, damit er es ein zweites Mal verkaufen kann. Das ist nett gemeint – aber letztlich nicht nett.

Jens Ade, Geschäftsführer des Hamburger Straßenmagazins «Hinz&Kunzt», erklärt: «Die Verkäufer sind zu Recht stolz darauf, dass sie nicht betteln, sondern Ihnen eine Ware verkaufen. Schenkt man ihnen jetzt Geld oder nimmt das Heft nicht mit, degradieren Sie den Verkäufer im Grunde wieder zum Bettler. Lesen Sie das Heft ruhig, Sie werden feststellen, dass es professionell gemacht ist und über Hamburg verdammt gute Sachen zu erfahren sind. Dinge, die Sie so nicht in den üblichen Hamburger Zeitungen lesen.

Wer schon ein Exemplar hat, kann gern noch mehr kaufen und sehr gern an interessierte Bekannte oder Verwandte weitergeben – das erhöht unsere Leserschaft und das soziale Denken in Hamburg. Last not least leben wir unter anderem von der verkauften Auflage – und ‹Hinz&Kunzt› muss sich ohne staatliche oder kirchliche Mittel selbst finanzieren. Und das passiert eben auch durch die verkaufte Auflage.»

Also: kaufen ja, aber nicht zurückgeben, sondern lesen und/oder weitergeben.

Alles auf einmal spenden

[93] Sie könnten den üblichen Überschuss aussortieren – Bekleidung, Bücher, CDs, Geschirr –, haben aber keine Zeit (oder Lust), die Sachen zu verkaufen oder einzeln zu spenden? Und zum Wegwerfen sind sie zu schade? Was in den USA und Großbritannien schon lange geht, ist mittlerweile auch bei uns möglich: Packen Sie alles ins Auto und spenden Sie die Sachen einem «Oxfam»-Shop (Liste auf www.oxfam.de). Auf der Website findet sich auch eine Übersicht der Gegenstände, die Shops annehmen – und welche nicht.

Geschäftsführerin Christel Kaestner erklärt: «Natürlich muss alles in sehr gutem Zustand und sauber sein, damit es auch noch gut verkauft werden kann. Wir setzen sehr auf Qualität der Ware und nicht so sehr auf Quantität. Unsere ehrenamtlichen Mitarbeiter/-innen sortieren und zeichnen die die Ware mit Preisen aus, bevor sie in die Shops zum Verkauf gebracht wird. Je weniger Ausschuss sie aussortieren müssen, desto mehr können sie sich auf den Verkauf konzentrieren. Die Annahme der Ware erfolgt während der Öffnungszeiten (Kernzeit Montag bis Freitag von 10 bis 18 Uhr, Samstag kürzer); allerdings ist es ratsam, vorher im Shop der Wahl anzurufen und nachzufragen, ob Bedarf besteht. Dies ist in den

Shops sehr unterschiedlich.» Der Verkaufserlös wird für entwicklungspolitische Projekte eingesetzt.

Eine Alternative stellen die in etlichen Städten gegründeten «Umsonstläden» dar, die jedoch keinen karitativen Zweck verfolgen, sondern das Ziel gegenseitiger Hilfe. Unbedingt vorher nachfragen, was benötigt wird! (Adressen in ganz Deutschland auf www.umsonstladen.de)

Gegen Hunger spenden, nicht für die Umwelt

[94] Der ehemalige US-Vizepräsident Al Gore fordert in seinem Film «Eine unbequeme Wahrheit», möglichst schnell möglichst viel gegen den Klimawandel zu unternehmen.

Bjørn Lomborg («Apocalypse No! Wie sich die menschlichen Lebensgrundlagen wirklich entwickeln»), ein dänischer Politikwissenschaftler, Dozent, Statistiker und Buchautor, und sein «Copenhagen Consensus Center» (besetzt mit Wissenschaftlern und einigen Nobelpreisträgern) haben jedoch errechnet, dass Klimaschutz nach der Methodik von Al Gore 800 Milliarden Dollar kosten würde – und die Erderwärmung bis 2100 nur um 0,3 Grad Fahrenheit mindert. Die Klimakatastrophe würde also trotz der immensen Investition nahezu ungebremst ihren Lauf nehmen. Und rein wirtschaftswissenschaftlich betrachtet betragen die Einnahmen pro ausgegebenem Dollar selbst unter den bestmöglichen Bedingungen höchstens 90 Cent – ein Verlustgeschäft.

Deswegen schlagen Lomborg & Co. vor, die Krisenbekämpfung genau andersherum anzugehen und lediglich einen Bruchteil dieses Geldes in die möglichst zügige Erforschung alternativer Energien zu stecken (die momentan einfach nicht kostengünstig genug sind, um die weltweite Industrialisierung mit Energie zu versorgen). Seine Logik: In Ländern der Dritten Welt interessieren sich die Menschen für das nackte

Überleben und die unmittelbare Verbesserung ihrer Lebensumstände – nicht für Umweltschutzmaßnahmen. Ist jedoch erst einmal ein gewisser Lebensstandard erreicht, sind die Kinder gesund und gehen zur Schule, dann kümmern sich die Bürger unweigerlich auch um die Erde, und die Verschmutzung nimmt ab.

Lomborg sagt keineswegs, dass wir weiter wie wild fossile Brennstoffe verfeuern und Treibhausgase in die Atmosphäre pumpen sollen. Er plädiert jedoch dafür, Gelder möglichst effektiv einzusetzen. Konkret heißt das: Staaten sollten vor allem in Forschung investieren statt in Vermeidung. Und Einzelpersonen spenden besser für Moskitonetze, einen Brunnen oder gegen Hunger als für einen Baum, um den Multiplikatoreffekt zu nutzen. Denn je mehr Menschen es gutgeht, desto mehr engagieren sich für das Überleben der Welt.

Selbermacher

[95] «Wir sollten immer genau das, was wir anderen sagen wollen, wie sie die Welt verbessern können, einfach selbst machen.»

TANIA KONNERTH ist Buchautorin («Leben kann so einfach sein») und betreibt die Internetseite www.zeitzuleben.de

Großzügigkeit vorbereiten

[96] «Ich nehme für Fahrten in der Stadt fast immer die U-Bahn. [97] Und wenn ich zu Fuß im Schanzenviertel unterwegs bin, habe ich immer ein paar Euros dabei für die Obdachlosen, die mir bei meinem Spaziergang begegnen werden.»

SMUDO ist Texter und Rapper der deutschen Hip-Hop-Gruppe «Die fantastischen Vier»

Wenig ist ein Anfang

[98] Tun Sie nicht nichts, weil Sie nur wenig tun können; tun Sie, was Sie können.

Kaufen & Verkaufen

Strategisch shoppen

[99] «Konsumiere strategisch! Begreife *jeden* Fünf-Euro-Schein, den du ausgibst, als Wahlzettel, mit dem du für oder gegen Gesundheit, eine intakte Umwelt, faire Arbeitsbedingungen und eine zukunftsfähige Gesellschaft stimmen kannst. Gute Alternativen gibt es heute in allen Bereichen.»

GREGOR WÖLTJE ist Gründer und Aufsichtsrat von Utopia.de sowie Gründer des Restaurants WakuWaku und Unternehmensberater für Nachhaltigkeit

Von Sklaverei frei kaufen

[100] «Informationen können die Welt verbessern. Wer weiß, welche Geschichte ein Produkt hat, der kann die Welt schon beim ganz normalen Einkauf verbessern. Gemüse und Obst aus fernen Ländern kann oft nur mittels massiver Bewässerung gezüchtet werden. Grundwasserspiegel senken sich dadurch ab, ganze Regionen versteppen. Die Produktion von Fleisch findet häufig unter miserablen Umständen für die Tiere statt. Darüber hinaus werden dabei große Mengen an natürlichen Ressourcen verbraucht. Die ganz normale Tafel Schokolade ist vielfach ein Produkt der Sklaverei. In Ländern wie z.B. der Elfenbeinküste leben und arbeiten zigtausend Kinder als Leibeigene auf Kakaoplantagen.

KLAS BÖMECKE ist Wissens-Reporter in der ARD-Sendung «Kopfball»

All diese Informationen sind nicht geheim. Es gibt sie im Internet, sauber recherchiert und präsentiert von seriösen Quellen. Niemand muss zum Hardcore-Ökofreak oder zum strikten Veganer werden. Aber jede Entscheidung am Supermarktregal beeinflusst die Welt. Und schon ein Kilo Gemüse aus der heimischen Region und eine Tafel Schokolade aus fairem Handel sind ein Schritt auf dem richtigen Weg. Jeder kann also die Welt ein bisschen besser machen. Jeden Tag. Und es kann sofort losgehen.»

Verbrauchermacht organisieren

[101] «Jeder, der ab und zu in einem Supermarkt einkauft, kann die Welt verbessern. Vorausgesetzt, die Verbraucher werden sich viel stärker der unglaublichen Macht bewusst, die sie in einer Marktwirtschaft besitzen – und nutzen sie für eine lebenswertere Welt für alle. Schlicht mit Kauf oder Nichtkauf von Produkten und Marken kann jeder Einzelne darüber bestimmen, wie Artikel produziert werden, wie Menschenrechte oder Tierschutz bei der Produktion berücksichtigt werden, ob politisch fragwürdige Eigentümer von Marken Erfolg haben oder nicht. Nie war es für Verbraucher so einfach wie heute, sich zu organisieren, sich auszutauschen, Transparenz zu erzeugen und dann Produkte und Marken zu boykottieren oder zu belohnen. Alles, was man dafür braucht, ist Interesse. Und einen Internetanschluss.»

RALF HEUEL ist Geschäftsführer Kreation und Partner der Werbeagentur Grabarz & Partner

Sparen Sie sich nicht arm

[102] Kaufen Sie nichts, was Sie nicht brauchen, nur weil es im Angebot ist.

Keine Plastiktüten mehr aus dem Supermarkt

Sie können mit dem Rad zum Supermarkt fahren und dort nur Bio-Food kaufen – wenn Sie an der Kasse noch ein oder zwei Plastiktüten aufs Band legen, um Ihre Einkäufe nach Hause zu schaffen, machen Sie alle Ihre Öko-Bemühungen zunichte.

Plastiktüten brauchen bis zu 1000 Jahre, um zu verrotten – selbst die bioverträglichen Alternativangebote benötigen immerhin 15 Jahre. Pro Jahr und Einwohner werden in Deutschland immer noch 65 Plastiktüten hergestellt und benutzt – im Schnitt 30 Minuten lang.

Plastiktüten stellen ein besonders großes Müll- und Umweltproblem dar, weil sie auf Müllhalden die Abbauprozesse behindern, die Luft- und Wasserzufuhr abschneiden und den übrigen Dreck praktisch konservieren. Und in der Verbrennungsanlage setzen sie Chemikalien frei.

Besonders tragisch ist es, wenn Tüten durch die Gegend wehen und von Tieren gefressen werden. Die können daran sterben – und das Aas wird (samt Tüten) dann wieder von anderen Tieren verspeist ... Die Meere sind mittlerweile voller Plastikmüll, der zu Kleinstteilen zerrieben und spätestens dann von Walen, Schildkröten und Fischen aufgenommen wird.

Deshalb: [103] In der Obst- und Gemüseabteilung Papiertüten wählen, sie hängen meist unter den dünnen Plastikbeuteln. [104] Bringen Sie ein paar Tüten, Körbe oder Ihre Fahrradtasche mit. [105] Wenn Sie die doch mal vergessen oder mehr gekauft haben, als Sie dachten, wählen Sie eine Papiertüte oder eine Leinentasche. [106] Und wann immer Sie nur eine Kleinigkeit kaufen: keine Tüte nehmen, sondern einfach in die Handtasche stecken.

Beim Einkaufen ist Plastik eigentlich nur an einer Stelle gut: zum Bezahlen.

[107] Bitte meiden Sie auch Einweg-Kugelschreiber und Einweg-Feuerzeuge – sie sind bloß Plastikdreck, der nie verrottet.

Lebensmittel in billigen Gegenden kaufen

[108] In verschiedenen Filialen derselben Supermarktkette finden Sie durchaus unterschiedliche Preise. Das liegt oft daran, dass z.B. Spar-Märkte zwar zentral einkaufen, aber individuell betrieben werden. Das heißt, jeder Laden gehört jemand anders. (Bei anderen Ketten ist das allerdings nicht so, trotzdem spiegeln Preise und Sortiment wider, was die jeweilige Kundschaft auszugeben bereit ist.) Kaufen Sie daher – zum Beispiel auf dem Weg zur Arbeit – in einer Gegend mit niedrigeren Preisen. Das ist gut für die Haushaltskasse – und für den Betreiber eines Supermarktes in einer einkommensschwachen Gegend.

Erstklassiges aus zweiter Hand

[109] Secondhandshops in gehobenen Vierteln haben meist bessere Ware.

Politisch korrekt shoppen (leider nicht) leichtgemacht

[110] Zum gleichen Preis wie konventionelle Ware im Supermarkt bekommt man Bio-Produkte beim Discounter. Sollte man lieber die nehmen? Diese Frage kann man leider nicht ganz einfach beantworten. Discounter haben ihre Vorteile, vor allem wenn das Hauhaltsbudget knapp ist. Sie behandeln aber Angestellte und Lieferanten nicht immer optimal. Die Moral sagt also: Im Zweifelsfall nicht beim Discounter kaufen. Bio andererseits ist Bio, und weil gerade die Billiganbieter sehr kritisch beäugt werden, achten sie besonders darauf, Qualitätsstandards einzuhalten. Das ist bei einem begrenzten Sortiment auch leichter zu bewerkstelligen.

Die meisten Supermärkte wiederum bieten inzwischen regionale Ware an, was aufgrund der kurzen Transportwege ebenfalls eine gute Wahl ist. Bio-Kartoffeln aus Ägypten haben eine deutlich schlechtere Öko-Bilanz als konventionelle

Kartoffeln aus der Region. Diese im Supermarkt zu kaufen ist sogar die bessere Entscheidung, als extra direkt zum Hofladen zu fahren – es sei denn, mit dem Rad.

Kurz gefasst: Qualitativ ist es egal, ob die Bioware vom Discounter stammt. Aber Wege (sowohl der Ware als auch eigene) zu vermeiden ist ökologisch sinnvoller, als jedes Einzelteil politisch korrekt einzukaufen.

Bio-Milch lohnt sich – moralisch

[111] Bei vielen Bio-Produkten ist die direkte Belastung mit Schadstoffen geringer als bei konventionell angebauten bzw. hergestellten Produkten. Das gilt vor allem für Obst und Gemüse. Wer also «Bio» in erster Linie aus unmittelbar gesundheitlichen Gründen kauft, bekommt hier am meisten Vorteil fürs Geld. Bei Bio-Milch beispielsweise ist das nicht so – im Qualitäts-Test schneidet sie nicht besser ab als gute herkömmliche Milch. Das Gleiche gilt (immer mit Ausnahmen nach oben und unten) für Bio-Eier und sogar für Bio-Fleisch (natürlich immer im Vergleich zu guter konventioneller Ware, nicht mit hormonprallem Gammelfleisch).

Dennoch gibt es gute Gründe, sich auch bei diesen Produkten für die Bio-Variante zu entscheiden:

1. In der Bio-Produktion werden viele Chemikalien und Arzneimittel gar nicht oder zumindest gezielt und daher in wesentlich geringerer Menge eingesetzt. Viele Tiere aus der Massenzucht bekommen z.B. Antibiotika (bei denen sich der Arzt immer ein wenig ziert, sie Menschen zu verschreiben) einfach «vorsichtshalber» ins Futter gemischt, ebenso wie Wachstumshormone. Ein Großteil dieser Stoffe endet in Kläranlagen und im Grundwasser, erreicht so letztlich, irgendwann, uns alle.

2. Tiere großzuziehen, um sie zu schlachten, ist sowieso «gemein» fürs Tier. Muss es dann vorher noch mehr leiden, weil es eng eingepfercht wird?
3. Massenproduktion konkurriert immer mit der Massenproduktion von nebenan – das heißt, es herrscht ständiger Preisdruck. Beim Bio-Anbau soll es auch den Bauern möglich sein, ein vernünftiges Auskommen zu finden.

Der Grund, z. B. zu Bio-Milch zu greifen, ist also eher moralisch, politisch, grundsätzlich, als unmittelbar durch die eigene Gesundheit motiviert.

Nicht jedes konventionell angebaute Produkt macht die Welt schlechter (so einfach ist es leider nicht). Aber jedes Bio-Produkt macht sie ein klein wenig besser, da oder dort.

Schritt für Schritt zum Biologen

[112] Steigen Sie bei einem Lebensmittel auf Bioproduktion um, z. B. bei Milch. Nachdem Sie sich an den Preissprung gewöhnt haben (kann mehrere Wochen dauern), kommt das nächste dran, z. B. Äpfel oder Käse. Schritt für Schritt vollziehen Sie so einen Wechsel, der auf einmal allzu heftig anmuten würde.

Auf den Vorteil kommt es an

[113] Alle Lebensmittel aus organischem Anbau zu kaufen ist nahezu unbezahlbar. Entscheiden Sie sich daher vor allem bei denen für die Bio-Variante, deren konventionelle Kollegen die meisten Schadstoffe aufweisen: Äpfel, Birnen, Erdbeeren, Kartoffeln, Kirschen, Nektarinen, Paprika, Pfirsiche, Salat, Sellerie, Spinat, Weintrauben.

Schön versiegelt

[114] Es gibt inzwischen alle möglichen Bio-Siegel, und wer ein ganz besonders mieses Produkt anpreisen will, knallt ein möglichst ähnliches Signet von einem Phantasie-Verband drauf, um Käufer zu narren. Achten Sie daher auf:

1. das Bio-Siegel des Bundesministeriums für Ernährung, Landwirtschaft und Verbraucherschutz
2. das Bioland-Siegel
3. das Demeter-Logo
4. das Biopark-Logo
5. Naturland
6. der Gäa-Verband
7. Biokreis
8. Biokreis
9. Fairtrade (gerechter Handel)
10. FSC (Holz)
11. MSC (Fisch)

Gutes tun beim Kaffeekränzchen

[115] Vor lauter «Öko», «Bio» und «Fairtrade» liegt schnell ein Hauch von Juteduft in der Luft – und nicht alles, was fair gehandelt oder biologisch angebaut wird, schmeckt gut. Die täglichen Tassen Kaffee sind dennoch die ideale Gelegenheit, mit geringem Aufwand viel Gutes zu tun. Es gibt inzwischen jede Menge politisch korrekte Sorten, die ausgezeichnet schmecken, umweltschonend angebaut wurden und es den Kaffeebauern ermöglichen, eine Existenz aufzubauen – denn das verspricht die Aufschrift «Fairtrade». Sie bescheinigt auch, dass das Produkt ohne den Einsatz von Kinderarbeit oder Sklavenarbeit hergestellt wurde.

Ein Pfund Kaffee reicht für etwa 50 Tassen. Wenn Sie zwei Euro mehr fürs Pfund bezahlen, sind das vier Cent pro Tasse. Für die Gesundheit, die Erde, die Moral. Das ist doch ein guter Deal! Die Kaffeehauskette Starbucks hat mittlerweile angefangen, in großem Umfang «Fair Trade»-Kaffee einzukaufen – weil es gut fürs Image ist. Irgendwie müssen sie sich ja von den zahllosen anderen Coffeeshopketten und den Kaffeetheken bei McDonald's abheben. (Im Normallfall kosten die Kaffeebohnen pro Getränk im Einkauf weit unter 20 Cent, der Kunde zahlt 1,50 Euro und mehr – beim Kaffeebauern kommen jedoch höchstens fünf Cent an.)

Alles hat seinen Preis

STEFAN KOLLE ist Geschäftsführer der Werbeagentur Kolle Rebbe

[116] «Für den nächsten Einkaufszettel: Überlege genau, wo du einkaufst und was du kaufst. Kaufe lieber bei kleinen, inhabergeführten Läden als bei großen Ketten und Konzernen ein und sorge so für Artenvielfalt in den Einkaufsstraßen. Kaufe kein Mineralwasser, das mehr als 100 Kilometer gereist ist. Und verzichte auf zu Billiges. Denn jedes extrem günstige Angebot von der Discount-

Bluse bis zum Billig-Brathahn finanzierst du durch extrem ungünstige Umstände für Schneider und Hahn.»

Genmanipulation aufhalten

TIM RAUE ist Küchendirektor bei der Adlon Holding GmbH sowie Küchenchef der Restaurants «MA Tim Raue» und «uma» in Berlin; er ist mit einem Michelin-Stern ausgezeichnet

[117] «Wenn wir als Verbraucher darauf achten, regionalen und saisonalen Produkten den Vorzug zu geben, und diese Entscheidung bei 80 Prozent unserer Lebensmittel einhalten, reduzieren wir das globale Versenden von Produkten. Und wir sind in der Lage, durch unsere Kaufentscheidung zu vermeiden, dass gentechnisch veränderte Lebensmittel sich weiter ausbreiten. Das würde die Welt in Zukunft besser machen.»

Pfandspenden im Supermarkt

[118] Im Supermarkt um die Ecke fragen, ob der Chef einverstanden ist, wenn Kunden ihre Pfand-Bons spenden. Wenn ja: kleine Plastikbox neben die Pfand-Automaten, daneben eine Erklärung des geförderten Projektes (z.B. eine Schulbibliothek). Einmal pro Woche (oder einmal im Monat) werden dann die gesammelten Pfandbons ausbezahlt. So kriegt man viel zusammen, weil die Kunden Geld nicht weggeben müssen, was ja keiner wirklich gern macht, sondern nur kein Geld zurückbekommen, was weniger wehtut.

Ab ins Körbchen

[119] Wenn Sie nur eine Kleinigkeit besorgen wollen – nehmen Sie im Supermarkt einen Tragekorb statt eines Wagens. Sie kaufen weniger, sind schneller fertig und verbrennen nebenbei noch ein paar Kalorien.

Frische ernten und mit der Zeit gehen

[120] «Kaufen Sie keine Lebensmittel, wo Sie wissen: Da liegt ein langer Transportweg vor – zum Beispiel argentinisches Rinderfleisch, exotische Südseefische usw. Je kürzer der Transportweg, je frischer kann das Produkt verkauft und letztlich verarbeitet werden. Und: Kochen Sie ‹mit der Saison›, das ist eine Profiküchenregel, und damit werden Sie auch zu Hause gut klarkommen. Soll heißen: Spargel zur Spargelzeit und nicht im Winter. Gleiches gilt natürlich für Erdbeeren usw. Und auch umgekehrt: Wirsinggemüse gehört nicht auf den Speiseplan im Sommer.»

MARIO KOTOSKA ist Küchenchef im «La Société», Köln; er wurde mit einem Michelin-Stern ausgezeichnet und gehörte zum Team der VOX-Dokusoap «Die Küchenchefs»

Kistenweise sich selbst Gutes tun

[121] In vielen Großstädten werden «grüne Kisten» angeboten: Jede Woche bringt ein Lieferant eine Holzkiste mit Bio-Obst und -Gemüse direkt ins Haus. Meist kann man aus verschiedenen Versionen und Größen wählen und Vorlieben/Abneigungen angeben. Der Anbieter kann so die Lieferwege optimieren, der Kunde erhält regionale und saisonale Produkte – und man lernt meist sogar noch Grünzeug kennen, das man sonst nie probiert hätte. Und wenn man alles isst, kommt man billiger weg als beim Einzelkauf im Biomarkt. Einfach «Bio Lieferservice» und die eigene Stadt in eine Suchmaschine eingeben.

Offline-Preisvergleich kann sich lohnen

[122] Gerade in Zeiten stagnierender oder gar sinkender Löhne und wackeliger Jobs vergleichen alle die Preise, und online gibt's vieles billiger (vor allem technische Geräte). Erstaunlicherweise aber nicht alles und nicht immer – vor allem

bei Werbeangeboten können Kaufhausketten oft trumpfen. Wenn Sie Preise vergleichen, fragen Sie daher auch vor Ort. Und kaufen Sie zumindest bei gleichen Kosten in einem «echten» Laden, denn der Service von Mensch zu Mensch ist meist größer (Sie kriegen also mehr fürs Geld).

Geld muss fließen

[123] Zahlen Sie Rechnungen pünktlich, das erwarten Sie doch auch von anderen.

Im Zweifelsfall «made in der Nähe»

[124] Kaufen Sie – zumindest im Zweifelsfall – «made in Germany» oder wenigstens «made in der Nähe» oder «made in the European Union». Nicht aus Qualitätsgründen, sondern damit die Menschen um uns herum weiter Arbeit haben und um absurde Transporte um die halbe Welt herum zu vermeiden (ein Frachter verbraucht etwa 216 292 Liter Diesel pro Tag).

Die Natur im Meer wieder Wunder wirken lassen

«Der Mensch betrachtet die Meere als alles schluckende Müllkippe und vergisst dabei, dass sie es sind, die das Weltklima im Gleichgewicht halten. Unter Wasser herrscht ein buntes, faszinierendes, unendlich vielfältiges Leben – die Natur wirkt dort Wunder! Das habe ich als Taucher oft erleben dürfen und bekomme nicht genug davon.

Deshalb kann ich auch nicht fassen, wie konsequent wir daran arbeiten, dieses empfindliche Netzwerk zu zerreißen. Was Umweltverschmutzung angeht, sind wir ja enorm einfallsreich, und früher oder später landet fast alles in den Meeren. Aber auch rücksichtslose Überfischung zerstört Nahrungsketten, an deren Ende wir selbst sitzen.

Also lasst uns mit zwei ganz simplen Dingen anfangen:

CHRISTOF LANG ist Redaktionsleiter und Moderator des «RTL Nachtjournal»

[125] nie was ins Wasser werfen, was dort nicht hingehört.

[126] Und sich einen Fisch-Einkaufsführer besorgen – er sagt, welche Fische man nicht kaufen sollte, weil ihr Bestand vor dem Kollaps steht. Es gibt ihn zum Beispiel beim WWF im Internet.»

«Mini-Einkaufsratgeber 2009: Fische & Meeresfrüchte» online beim WWF als PDF-Download im Brieftaschenformat: www.wwf.de/themen/meere-kuesten/ueberfischung/einkaufsratgeber-fische-meeresfruechte/; oder zu bestellen mit frankiertem Rückumschlag bei WWF Deutschland, Frau Sandra Martin, Rebstöcker Str. 55, 60326 Frankfurt.

Schluss mit Tropen-Shrimps

[127] Shrimps sind lecker. Leider schädigt ihre Aufzucht die Umwelt. Shrimp-Farmen boomen vor allem in Warmwasser-Regionen: Thailand, China, Indonesien, Ecuador, Indien, Vietnam, Bangladesch, Mexiko, Kolumbien und Honduras. Zunächst werden wilde Garnelen-Larven im Meer gefangen und fehlen in der Nahrungskette. Für die Zuchtbecken werden Wälder in Ufernähe abgeholzt (was bei Stürmen gefährlich werden kann). Außerdem brauchen die Shrimps viel Sauerstoff, deswegen ist der Frischwasserbedarf der Farmen hoch – der Wasserspiegel in der Umgebung sinkt. Und die Chemikalien aus dem Zuchtbecken verseuchen das Grundwasser.

Was tun? Ganz einfach: keine Garnelen aus den Tropen essen, sondern z.B. Eismeergarnelen, Bio-Garnelen (die dürfen dann auch aus den Tropen sein), Nordseekrabben.

Das Einfache leben

[128] «Auf Flohmärkten kaufen. Dort findet man die schönsten Dinge zu erstaunlich niedrigen Preisen: dänische Designerlampen (auch die Kopien sind schön), die Mode-Kollektionen der letzten Saisons, traumhafte Tischdecken und vielleicht auch bald dieses Buch. Man weiß vorher nie, womit man nach Hause kommt. Wenn man nichts findet, was einem gefällt, hat man immerhin einen interessanten Vormittag an der frischen Luft verbracht. Wenn man etwas kauft, dann kauft man auch ein kleines bisschen Lebensgeschichte mit. Das gute Stück wird vor einem unwürdigen Ende im Müll gerettet, und der

KIRSTEN RICK
ist Schriftstellerin («Schlüsselfertig»)

Verkäufer ist froh über den freien Platz im Schrank oder auf dem Dachboden. Die Sachen, die man nicht mehr braucht, verkauft man einfach auf dem nächsten Flohmarkt.

[129] Das Fahrrad als Transportmittel nutzen. Man braucht kein Auto, um sich zweimal im Jahr aus einem schwedischen Möbelhaus einen Hunderterpack Teelichter und ein paar neue Badezimmerteppiche zu holen, um den Wocheneinkauf im Supermarkt zu erledigen, Kinder in den Kindergarten zu bringen oder in Urlaub zu fahren. Das geht alles mit dem Fahrrad – wenn man die richtige Ausrüstung hat. Mit Satteltaschen, Kindersitzen oder einem Fahrradanhänger lösen Sie fast jedes Transportproblem. Falls das noch nicht reicht: Es gibt auch wunderbare Lastenfahrräder. Transporte mit dem Fahrrad sind gut für die Umwelt und für die Nerven: Ein Parkplatz ist leicht gefunden, Stau gibt es nicht.

[130] Leitungswasser trinken. Leitungswasser kommt, wie der Name vermuten lässt, direkt aus der Leitung. Es wird nicht in

Flaschen abgefüllt und mit Lastwagen durch die Gegend gefahren. Man muss es nicht vom Supermarkt nach Hause tragen und dann noch die Treppe hochschleppen. Es ist einfach da, zu einem sagenhaft günstigen Preis und in erstklassiger Qualität (zumindest in Deutschland). In einer schönen Karaffe macht es sich gut auf dem Tisch – und in der Ökobilanz. Ich mag es am liebsten als Hagebuttentee.»

Die Zeit ist gekommen

[131] Ihre nächste Armbanduhr sollte zum Aufziehen sein, statt mit Batterie betrieben zu werden – retro-chic und umweltschonend.

Wodka Marke Brita

[132] Billiger Wodka, viermal durch einen Brita-Filter (oder einen anderen Wasserfilter) gegossen, schmeckt wie teurer Wodka. Spart viel Geld, dauert aber ganz schön lange – ist also ungeeignet für Spontantrinker. Wer angeben will, füllt das Ergebnis in eine leere Flasche Edelwodka statt in das Ursprungsgefäß.

Saufen für eine bessere Welt

[133] Bio-Wodka (z.B. «Square One») schont die Umwelt (aber leider nicht auch noch die Leber). Organischer Landbau (Wodka wird aus Getreide gebrannt) pustet 60 Prozent weniger Treibhausgase in die Luft. (Gleiches gilt natürlich auch für Bio-Bier – ein Kasten davon steht für sieben Quadratmeter Acker ohne Agrarchemie.)

Prost!

Weinkorken für den Klimaschutz

[134] Echte Korken in Weinflaschen bergen das Risiko, dass der Wein «korkig» wird und einen muffigen oder holzigen Geschmack annimmt. Deshalb bevorzugen immer mehr Winzer Plastikkorken oder Schraubverschlüsse aus Metall. Das mag gut für den Wein sein – es ist aber nicht ideal für die Umwelt. Darum beim Kauf klassisch verkorkte Flaschen bevorzugen.

Kork wird aus der Rinde von Korkeichen gewonnen, die nach der Ernte wieder nachwächst. Korken (und auch Korkböden oder Pinnwände aus Kork) sorgen für Nachfrage – so bleiben die Wälder erhalten. Das ist gut, denn 13 000 weitere Pflanzenarten hängen von den Korkwäldern ab. Zudem bindet Kork viel Kohlendioxid, in einem einzigen Korken etwa acht Gramm. Eine Korkeiche, die regelmäßig geerntet wird, bindet insgesamt mehr als dreimal so viel CO_2 wie eine ungenutzte Korkeiche.

Korken können anschließend, zum Beispiel in den meisten Weinläden, in Sammelboxen gesteckt werden. Keine Angst, sie werden nicht für billigen Wein wiederverwendet – aus alten Korken kann jedoch beispielsweise Dämmgranulat für den Hausbau gefertigt werden. Oder legen Sie die Korken auf die Erde Ihrer Hauspflanzen: Sie zersetzen sich mit der Zeit und fungieren als Mulch.

Kurz vor Selbstversorger

[135] «Wir sollten statt der vielen Tierprodukte wieder mehr Obst und Gemüse verzehren und nur noch regionale Lebensmittel konsumieren. Das schützt Mensch, Tier und Umwelt. Und es ist lecker und gesund.»

JAN PHILIPP ALBRECHT, Bündnis 90/Die Grünen, war Sprecher der Grünen Jugend und gehört als jüngster deutscher Abgeordneter dem Europäischen Parlament der 7. Wahlperiode an

Das Neue Ökotum

[136] «Ich plädiere für einen Öko-Faktor im Lebensstil. Es geht dabei nicht um tugendhaftes Verhalten. Es geht auch nicht allein um Klimaschutz oder nur um CO_2-Minderung. Es geht um eine neue Kultur. Dazu braucht es eine individuelle Veränderung des Denkens. Oder manchmal auch nur eine Weiterentwicklung: Es geht darum, das kritische Denken und das Kaufen nicht als zwei unabhängig voneinander ablaufende Prozesse zu begreifen, sondern miteinander kurzzuschließen. Der Einstieg in ein Neues Ökotum ist der bewusste Konsum, aber er ist viel mehr als Kaufen. Er ist eine lebensverändernde Bewusstseinserweiterung, führt definitiv zu einem schöneren Leben und potenziell in der Allianz mit anderen durch Druck auf Wirtschaft und Politik zur Energiewende, also letztlich zur Bewahrung der Schöpfung.»

PETER UNFRIED ist Chefreporter der taz und Autor von «Öko. Al Gore, der neue Kühlschrank und ich»

Mehr kaufen spart Energie

NICOLE WILMS ist Geschäftsführerin der BWM Communications GmbH

[137] «Die Hälfte (!) der Abgase vom Lebensmitteltransport stammt von der Fahrt der Kunden zum Laden und zurück. Deshalb: lieber seltener mehr kaufen.»

Christkinds kleiner Helfer

[138] Weihnachts-Postkarten (statt Karten im Umschlag) sind billiger und sparen Papier.

Kräutertee von der Kollegin

[139] Versuchen Sie, einen Tag ohne Einkäufe auszukommen. Dabei geht es in erster Linie darum, sich selbst auf die Spur zu kommen. Also: am Tag vorher alles kaufen, was Sie brauchen. Und dann einen Tag lang: keine Zeitung, kein Caffè Latte, kein Mittagstisch, kein Hamsterkauf wegen Sonderangebot. Lunch von zu Hause mitbringen, Kaffee selber kochen oder mal den Kräutertee der Kollegin probieren. Interessante Erfahrung. Manches, was unentbehrlich erschien, kauft man danach nie wieder, anderes weiß man wieder zu schätzen.

Glas statt Fleece

[140] «Auch wenn es schwer ist und schwerfällt: auf Einweg-Pfandflaschen verzichten und lieber doch Glas hochschleppen. So viel PET/Fleece-Jacken braucht die Welt nicht.»

IRENE KUGELMANN
ist Creative Director

Geschenke für ein ganzes Jahr

[141] Sparen Sie Zeit und tun Sie zugleich etwas Gutes, indem Sie ein «grünes» Geburtstagsgeschenk pro Jahr auswählen – eine wiederbefüllbare Wasserflasche, edlen Bio-Kaffee plus Fairtrade-Schokolade, Stoffservietten oder eine großartige Einkaufstasche – und Sie gleich für alle kaufen, die auf Ihrer Geburtstagsliste stehen.

[142] Es sind noch 364 Tage bis Weihnachten … kaufen Sie die Geschenke rechtzeitig.

Statt Socken und Krawatten

[143] Statt ungeliebter Weihnachtsgeschenke für die Verwandtschaft: Bücheraustausch! Die Regeln: Das Buch muss gelesen sein, entweder von einem selbst, oder es wird gebraucht gekauft; man schreibt vorn hinein, von wem für wen es ist; nächstes Jahr wird das Buch erneut verschenkt und die Liste vorn erweitert.

Vorteile: spart Geld und Zeit für Einkäufe und Umtausch. Spart Polyester für hässliche Socken und Krawatten. Und man hat gleich ein Gesprächsthema mit allen, die das Buch schon kennen. Wer will, kann sogar das Geschenkpapier vom letzten Jahr wiederverwenden.

Mit Schokoladengeschenken überzeugen

[144] Weihnachten wird Schokolade für viele Millionen Euro mehr als in allen anderen Monaten gekauft. Wählen Sie «Fairtrade» und überzeugen Sie so zugleich die Beschenkten von der Qualität und Moral der gerecht gehandelten Produkte. Dann haben Sie unterm Weihnachtsbaum auch gleich ein Thema. Und Ostern dasselbe nochmal.

Immer fair bleiben

[145] «Wer sich beim Einkauf beispielsweise von Kaffee, Schokolade oder Kleidung für fair gehandelte und ökologische Produkte entscheidet, trägt damit dazu bei, dass die Herstellenden von ihrer Arbeit leben können, dass die natürlichen Ressourcen geschont werden und dass Menschen Zugang zu Bildung erhalten. Mein politisches Engagement begann in einem Eine-Welt-Laden als Verkäufer von fair gehandelten Produkten. Und noch heute bin ich überzeugt, dass regelmäßiger

DR. GERHARD SCHICK ist finanzpolitischer Sprecher der Fraktion Bündnis 90/Die Grünen im Deutschen Bundestag

fairer und ökologischer Einkauf – die sogenannte Politik mit dem Geldbeutel – eine der besten Ideen ist, mit der jede und jeder Einzelne wirklich etwas verändern kann. Denn so entsteht bei uns und in den Exportländern eine solidarische Ökonomie, die menschlich ist und ökologisch.»

Oben ohne – oben mit

[146] «Ein T-Shirt weniger pro Sommer. Für die Herstellung eines Baumwollshirts werden 2000 Liter Wasser verschwendet.

[147] Und immer den Deckel auf den Topf. Dadurch kann beim Kochen rund 30 Prozent Energie gespart werden.»

ANNETTE SABERSKY ist Ernährungswissenschaftlerin, Journalistin, Buchautorin (u. a. «Versteckte Dickmacher» und «Die Qualitätslüge»)

Chemiekeule Baumwolle entschärfen

[148] Auf kein anderes Gewächs wird derart viel Chemie gesprüht wie auf Baumwolle. Etwa 10 bis 20 Prozent der weltweit eingesetzten Pestizide sowie rund 25 Prozent der Insektenvernichtungsmittel landen auf Baumwollfeldern – etliche davon sind nachgewiesenermaßen krebserregend. Für ein einziges Baumwoll-T-Shirt werden 150 Gramm Pestizide verbraucht – das ist so viel wie eine Tasse Zucker! Ergebnis: In den USA können bereits 73 unterschiedliche Pestizide im Grundwasser nachgewiesen werden.

Baumwollstoffe statt Polyester (der sich, wie alle Kunststoffe, nie zersetzt) sind daher nicht uneingeschränkt die richtige Wahl. Immer mehr Hersteller bieten jedoch Öko-Baumwollkleidung an – die sollten Sie in Betracht ziehen. Immerhin tragen Sie die Sachen direkt auf der Haut. Und gleichzeitig tun Sie den Baumwollfarmern und den T-Shirt-Nähern auf der anderen Seite der Welt einen Gefallen. Das ist nicht nur individuell eine beruhigende Entscheidung, sondern die erhöhte Nachfrage sorgt zugleich für Konsumentendruck: Klamotten-Gigant H&M beispielsweise hat von 2006 bis 2009 die verwendete Menge ökologisch angebauter Baumwolle verhundertfacht.

Unbedenkliche Alternativen sind zudem: Sojastoffe (aus Resten der Tofuproduktion gefertigt), Bambusblusen, Hanf, Tencel/Lyocell und Funktions-Gewebe aus recycelten PET-Flaschen (z.B. von der Outdoor-Firma Patagonia).

Der neueste Look – von gestern

[149] Statt eine teure, z. T. mit Hilfe chemischer Prozesse aufwendig gealterte Jeans zu kaufen (möglichst noch mit ein paar schicken Löchern drin), kaufen Sie im Secondhandshop eine echte alte mit schicken Löchern drin. Überzeugt sogar Teenager, weil auf diese Weise mehr Geld für Klamotten da ist.

Lasst Leder weiterleben

[150] Lassen Sie Lederschuhe, -mäntel, -jacken oder -taschen reparieren, statt neue zu kaufen. Das hat zwei Vorteile: In der Lederherstellung kommen zahlreiche Chemikalien zum Einsatz – die bleiben der Umwelt so erspart. Und ein Schuhmacher oder Schneider bei Ihnen um die Ecke verdient Geld daran – statt einer Modefirma irgendwo am anderen Ende der Welt. Ein kleiner Beitrag zur Erhaltung der Infrastruktur.

eBay vor Ort

[151] Vor noch nicht allzu langer Zeit gab es in Großstädten dicke wöchentliche Kleinanzeigen-Zeitungen. Sie sind ein Opfer der eBayisierung der Welt geworden – ist der Markt grö-

ßer (und auf eBay ist er potenziell weltweit), steigt der Preis für die Ware. Deswegen sind zuerst die Verkäufer und im Anschluss die Käufer zu eBay abgewandert.

Die Auswahl dort ist riesig – aber die Versandkosten sind es oft auch; hinzu kommt die Umweltbelastung durch den Transport.

Aber eBay bietet eine Ausweichlösung: In der Suchfilterleiste links können Sie (recht weit unten) eine Entfernung zu Ihrem Standort definieren und auf diese Weise nur Angebote anzeigen lassen, die Sie wahrscheinlich selbst abholen können. Auch in der «Erweiterten Suche» ist dieses Kriterium wählbar. Bonus: Oft ist auch eine Vorabbesichtigung möglich, was manche Enttäuschung vermeidet.

Allerdings ist es vor allem bei Händlern nicht immer möglich, ersteigerte Waren selbst abzuholen – unbedingt Auktionsbedingungen lesen oder nachfragen!

OVP ist sehr okay

[152] Wenn Sie ein Gerät vermutlich irgendwann wieder verkaufen werden, bewahren Sie den Karton und alles Zubehör auf. Der Zusatz «OVP» (Originalverpackung) bringt z.B. auf eBay mehr Geld, weil es wirkt, als wäre man ein ordentlicher Mensch, der gut auf seine Sachen aufpasst (was ja auch stimmt). Außerdem haben Sie dann gleich eine Schachtel für den Versand.

Grüne Post

[153] Post-Tochter DHL ist laut ClimateCounts (www.climatecounts.org) das ökologischste Versandunternehmen der Welt. Zumindest bei gleichem Preis gilt also: mit DHL verschicken. Außerdem können Sie bei der Post und DHL im Rahmen der

Aktion «GoGreen» gegen einen Aufpreis Sendungen klimaneutral verschicken (d.h., es werden Klimaschutzinvestitionen getätigt, die den CO_2-Ausstoß ausgleichen).

Büroabfälle wiederverwenden

[154] Nutzen Sie geschreddertes Papier als Packmaterial, zum Beispiel für eBay-Verkäufe.

Sparen mit Online-Gutscheinen

[155] Öffnen Sie, bevor Sie Ihre Online-Bestellung abschicken, einen zweiten Tab oder ein neues Browserfenster und suchen Sie nach «Gutschein Coupon SHOPNAME» (wobei Sie anstelle von «Shopname» den Namen des jeweiligen Onlineshops einfügen). Gerade mittelgroße Anbieter haben oft Kampagnen laufen, mit denen Sie drei bis fünf Euro sparen können, wenn Sie den richtigen Code eingeben. Wenn die ersten zwei bis drei Treffer nichts bringen, beenden Sie die Suche als ergebnislos.

Umsonst-Versand ist nicht kostenlos

[156] Die meisten Online-Shops bieten kostenlosen Versand erst ab einer bestimmten Mindestsumme an, oft ab 20 oder 50 Euro. Fallen Sie nicht darauf rein, für acht oder zwölf Euro ein Teil extra zu kaufen, damit der Versand «umsonst» ist. Sie geben dann insgesamt mehr Geld aus für etwas, das Sie eigentlich gar nicht wollten und das dann bei Ihnen im Weg steht. Insofern ist der Versand auch keineswegs umsonst.

Vorschlag zur Güte: Speichern Sie Waren, die Sie grundsätzlich irgendwann mal kaufen wollen, in Online-Wunschlisten. Dann können Sie ggf. dort nachschauen und wenigstens etwas bestellen, was Sie interessiert, statt in die Versuchung zu geraten, irgendwas von den Sachen zu kaufen, die «andere Kunden, die diesen Gegenstand erwarben, auch interessierten».

Billig kann teuer zu stehen kommen

[157] Kosten-Nutzen-Rechnung: Das klingt verdammt unsexy. Ist aber ganz einfach und sehr nützlich. Das Fondueset, das Sie vor vier Jahren unbedingt für 55 Euro im Ausverkauf haben mussten – wie oft wurde es seitdem benutzt? Wenn Sie pro Jahr einmal Fondue gegessen haben, kommen Sie auf knapp 14 Euro pro Verwendung. Der Entsafter und die Brotbackmaschine ganz hinten im Schrank stehen wahrscheinlich noch schlechter da.

Die 100-Euro-Schuhe hingegen, die Sie seit einem Jahr jeden zweiten Tag anhaben, kosten Sie hingegen nur rund 55 Cent pro Nutzung – die Ausgabe hat sich gelohnt. 75-Euro-Schuhe, die nur ein halbes Jahr halten, wären der schlechtere Kauf gewesen.

Egal, wie hoch der Einstiegspreis ist: Was letztlich zählt, ist, wie oft Sie einen Gegenstand verwenden und wie lange er hält – was also die einzelne Nutzung kostet. Wenn Sie diese Sichtweise verinnerlichen, können Sie dem Lockruf von unnützen Schrottprodukten zu Schnäppchenpreisen leichter widerstehen, denn in der Kosten-Nutzen-Rechnung stehen die plötzlich ganz schlecht da.

Respekt vor der Kuh

[158] «Denken Sie darüber nach, was Sie kaufen. Ob es eine Jeans für 9,99 Euro ist, ein Steak für zwei Euro oder ein Liter Milch für 40 Cent: ‹Billig› heißt meist ‹schlecht›. Nicht unbedingt schlecht

MATHIAS JAHN ist Chief Creative Officer der Werbeagentur Draftfcb Deutschland

als Produkt, aber schlecht für jemanden. Zum Beispiel für denjenigen, der die Jeans näht, für das Rind, von dem das Fleisch stammt, oder für den Milchbauern. Umgekehrt ist aber oft auch ‹teuer› nicht ‹gut›. Darum bleibt uns das Nachdenken nicht erspart.»

OLAF OLDIGS ist Geschäftsführer Creation der Werbeagentur Kolle Rebbe

«Kauf keine billige Milch. Hab Respekt vor der Kuh.»

Form and Function

CHRISTIANE DIERKS ist Inhaberin des Image Institute, Hamburg (www.the-image-institute.de)

[159] «Wann immer ich mich für etwas entscheide – einen neuen Computer, einen Rucksack, ein Glas Marmelade oder was auch immer –, steht zwar zunächst die Funktion und die Erfüllung des Bedarfs im Vordergrund. Aber ich entscheide mich nie, ohne mir zusätzlich die Frage gestellt zu haben: Ist es auch ästhetisch? Sieht es schön aus? Wir Menschen sind Augentiere, der Großteil unserer Wahrnehmung läuft über das Sehen, und unsere Umgebung beeinflusst uns, das ist erwiesen.

‹Arbeit ist sichtbar gemachte Liebe›, hat der Philosoph Khalil Gibran einmal gesagt. So betrachte ich heute die Welt, auch wenn ich beim Bäcker stehe, und entscheide mich dann für etwas, das erkennbar liebevoll gestaltet ist. Blicke in ein liebevoll dekoriertes Fenster bei einem Friseurladen und weiß, hier wird man auch meine Haare liebevoll und achtsam behandeln. Dass dafür nicht immer mehr Geld eingesetzt werden muss, versteht sich von selbst.»

Kauft keinen Schrott

[160] «Ökonomisch wie ökologisch betrachtet ist eine der schlimmsten Plagen unserer Zeit die gezielte Unbrauchbarkeit von Dingen (dass also Sachen hergestellt werden, die einfach nach einer bestimmten und recht kurzen Zeit kaputtgehen). Das sollte man nicht als materielles Schwungrad sehen. Stattdessen wäre es wünschenswert, ökonomisch wie ökologisch weniger Müll zu produzieren.

ROBIN ARCURI ist Schauspielerin («Movin G») und Model («Sports Illustrated»)

Die Welt wäre ein besserer Ort, wenn Firmen sich auf Qualität und Haltbarkeit konzentrierten, statt bloß ihre Verkaufsvorgaben erreichen zu wollen.»

Licht im Spiegel der Zeit

[161] Im Inneren verspiegelte Leuchten – mit einem Reflektor hinter dem sogenannten «Leuchtmittel» – erhöhen die Lichtausbeute um bis zu 50 Prozent. Bei einer Deckenleuchte beispielsweise wird das Licht, das sonst nach oben strahlte und die Decke erwärmte, nun gespiegelt und nach unten gestrahlt. Das heißt, man erreicht mit geringerem Stromverbrauch die gleiche Helligkeit. Klingt logisch, setzt sich aber jetzt erst durch – bei Neukäufen bedenken!

Mehr Power für weniger Geld

[162] Wiederaufladbare Batterien hatten früher wenig Kraft und wurden schnell zu unbrauchbarem Sondermüll, weil sie nach wenigen Ladevorgängen den Geist aufgaben. Noch immer haftet ihnen daher ein schlechtes Image an – aber jeder, der ein Handy hat, weiß, wie gut Akkus inzwischen sind. Nur viermal aufladen, dann hat sich die Anschaffung der Akkus und des Ladegeräts bereits gerechnet. Für die Umwelt ist es

auch besser, weil viel weniger Chemikalien entsorgt werden müssen. (Qualitativ hochwertige Produkte sind teurer, refinanzieren sich aber noch schneller, weil sozusagen «mehr Strom in jede Batterie passt» und der Ladevorgang effizienter durchgeführt werden kann – im Elektromarkt beraten lassen.)

[163] Und wenn doch mal eine Batterie entsorgt werden muss oder ein Akku hinüber ist: Bitte nicht in den Hausmüll (ist auch verboten, aber daran halten sich viele nicht). Sondern in die Sammelboxen in Drogerien, Supermärkten oder Technik-Kaufhäusern. Giftige Bestandteile wie Quecksilber und Cadmium werden dann korrekt entsorgt, wiederverwertbare Stoffe wie Nickel und Zink werden recycelt. Das gilt nicht nur für herkömmliche Batterien, sondern auch für Knopfzellen.

Werbemüll reduzieren

[164] Tragen Sie sich auf der Robinsonliste (www.robinsonliste.de) ein. Seriöse Unternehmen werden Ihnen dann nicht mehr ungefragt Werbung schicken oder mailen oder Sie anrufen.

[165] Viele Unternehmen schicken Ihnen noch Jahre nach Ihrer einzigen Bestellung dicke Kataloge oder monatliche Werbebriefe. Statt die ungelesen ins Altpapier zu werfen, machen Sie sich die Mühe, dem Absender eine Mail zu schicken (oder dort anzurufen) und die Infos abzubestellen. Der Versender spart Geld und muss die Preise nicht erhöhen, und ein paar Bäume bleiben auch stehen. Nur die Post geht dabei leer aus.

[166] Wenn Sie manchmal Bestellungen ins Büro liefern lassen, kann es vorkommen, dass Sie Versandhauskataloge an alle Adressen geschickt bekommen, unter denen Sie je erreichbar waren. Aber niemand braucht zwei- oder gar dreimal denselben Winterkatalog. Per Telefon oder Mail abbestellen!

Tee tut gut

[167] Loser Tee – in einem wiederverwendbaren Tee-Ei oder einem Stofffilter aufgebrüht – vermeidet Müll: kein Teebeutel, keine Bändchen und Schildchen und vor allem keine übergroße, halbleere, buntbedruckte Umverpackung, die Platz beim Transport und im Regal belegt. Außerdem wird das Teekochen so wieder zum beruhigenden Ritual.

Süßer Generationssprung

[168] Man kann davon halten, was man will, aber die Süßwarenindustrie hat genug Werbemillionen, um Halloween auch hierzulande durchzusetzen. Nutzen Sie die Gelegenheit, um die nächste Generation an ethisch korrekte Naschwaren heranzuführen: Verteilen Sie Bonbons aus dem Reformhaus oder der Bio-Abteilung. Würden die jungen Leute ja sonst nie probieren.

Beim China-Imbiss Bäume retten

[169] Für China werden vor Ort über 45 Milliarden Einweg-Essstäbchen pro Jahr gefertigt – aus 25 Millionen Bäumen. Weitere 15 Milliarden Wegwerf-Essstäbchen werden nach Japan, Südkorea und in den Rest der Welt exportiert.

Selbst wenn Ihr China-Imbiss oder Sushi-Shop die Essstäbchen anderswo bezieht – sie sind trotzdem ein Umweltübel. Kaufen Sie sich ein schönes Paar Essstäbchen zum Waschen und Wiederbenutzen und weisen Sie bei Bringdiensten im Rahmen der Bestellung darauf hin, dass Sie keine Stäbchen benötigen.

Stäbchen stützen

[170] Überzählige Essstäbchen vom Chinabringdienst nicht wegwerfen, sondern als Mini-Stützen für Topfpflanzen verwenden. Oder einseitig unter frisch gewaschene (Wein-)Gläser stellen, damit diese schräg stehen und besser trocknen.

Schere, Stoff, Papier

[171] Gönnen Sie sich ein paar Stoffservietten, statt die aus Papier zu nutzen. Das spart nicht nur Holz, sondern vor allem auch Bleichmittel, Verpackung, Transport. Obwohl man Stoffservietten alle paar Tage waschen muss, stehen sie in der Ökobilanz weit besser da. Sie können sie auch selbst leicht aus Stoffresten nähen (wenn Ihnen so was Spaß macht). Und sollten Sie doch unbedingt mal Wegwerfservietten benötigen: Kaufen Sie wenigstens ungebleichte aus Recycling-Papier.

Frieden wie geölt

[172] Der Olivenzweig ist ein Symbol des Friedens. Olivenöl aus Palästina kann zum Frieden im Heiligen Land beitragen. Wenn Sie es kaufen, helfen Sie Familien in umkämpften Gebieten, friedlich ihren Lebensunterhalt zu bestreiten. Manche Kooperativen arbeiten sogar mit Israelis zusammen und leben ein freundliches Miteinander vor. Wenn Sie mit dem Öl irgendeine Aktion unterstützen, steht das auf der Rückseite der Flaschen – also schauen Sie ruhig mal, was neben Ihrem extrajungfräulichen Standardöl aus Italien noch so im Ladenregal steht.

Die andere Seite des Recyclings

[173] Recycling ist nur sinnvoll, wenn die entsprechenden Produkte auch gekauft werden. Aus Glas wird neues Glas, Plastikmüll wird eingeschmolzen zu neuem Plastik. In diesen Fällen bemerkt der Konsument den Recyclinganteil nicht. Bei Papierprodukten hingegen kann man es sehen, denn sie sind meist grau (um aggressive Bleichmittel zu vermeiden). Gewöhnen Sie sich daran und greifen Sie, wann immer möglich, zu Recycling-Papier, -Toilettenpapier, -Taschentüchern, -Schulheften, -Notizblöcken usw.

Qualität bringt Probleme mit sich

[174] Taschentücher werden z. T. damit beworben, «durchschnupfsicher» zu sein und, falls sie versehentlich in die Waschmaschine geraten, nicht in tausend kleine Fetzen zu zerfallen. Sie sind viel reißfester als noch vor ein paar Jahren – sehr praktisch. Das heißt aber auch: Wenn Sie ein Taschentuch unterwegs in die Hecke schmeißen, zersetzt es sich nicht, sondern hält und hält und hält. Darum Taschentücher immer mitnehmen bis zum nächsten Mülleimer.

Immer neu ist auch nicht korrekt

[175] Technische Geräte verbrauchen immer weniger Energie. Aber alle halbe Jahre eine neue Waschmaschine zu kaufen geht ins Geld und erzeugt viel Müll. Wann also ist es Zeit für eine Neuanschaffung? Faustregel: Altgeräte nutzen, bis sie kaputtgehen. Ist die Reparatur mindestens halb so teuer wie ein Neukauf, können Sie das Teil korrekt entsorgen und sich im Elektrofachmarkt einen schönen Tag machen.

Nicht mehr in die Röhre schauen

[176] Klassische Röhrenfernseher und -computerbildschirme enthalten «Kathoden», die hohe Stromspannungen benötigen und daher nicht nur Bilder ausstrahlen, sondern auch schädlichen Elektrosmog. Zugegeben, man bekommt die Dinger im Moment verdammt billig, weil Flachbildschirme den Markt dominieren. Aber die lohnen sich, denn sie sind nicht nur strahlungsfrei, sondern verbrauchen (bei gleicher Größe und Nutzung) auch weniger Strom.

Lesehilfe für die grüne Lunge

[177] Vor allem Viel-Leser können mit Hilfe eines E-Readers (gibt's u. a. von Sony und Amazon) Bäume retten: Wenn 1000 Personen je 10 Bücher auf dem kleinen tragbaren Gerät lesen, bleiben 85 Bäume stehen – und die Energie, Papier herzustellen und Bücher zu drucken und zu transportieren, wird auch gespart. (Zugegeben, das wird kurzfristig durch die Herstellung des E-Readers aufgefressen, aber die Bäume stehen trotzdem.) Das Gerät selbst ist teuer, die Bücher selbst sind dann aber meist preiswerter als die herkömmlichen Ausgaben (ob das so bleiben soll, ist aber sehr umstritten).

30-Tage-Liste gegen den Kaufwahn

[178] Weniger zu kaufen ist gut für Sie, weil es Platz und Geld spart, und gut für die Welt, weil langfristig nicht mehr jeder mögliche Mist produziert und um die halbe Erde verschifft würde. Aber wie soll man dem Impuls widerstehen, dem schönen Pulli, den tollen Schuhen oder der bunten Obstschale sofort ein liebevolles Heim zu bieten?

Shoppingexperten raten zur 30-Tage-Regel: Alles, was Sie nicht unmittelbar zum Überleben brauchen, schreiben Sie auf eine Liste. Das besänftigt den Kaufdrang vor Ort. Wenn Sie es nach 30 Tagen immer noch haben wollen, dürfen Sie es kaufen. Meist hat es sich dann erledigt. Bonus: Noch einfacher geht's, wenn Sie den Gegenstand mit Ihrem Handy fotografieren.

Alte Handys guten Gewissens schnell loswerden

[179] Statt Ihr altes Gurkenhandy mühsam auf eBay einzustellen und dann doch nur ein paar Euros dafür zu bekommen – oder es verboten und unökologisch in den Müll zu schmeißen –, können Sie das Teil mühelos an «GreenerSolutions» (www.handyverkaufen.de) verkaufen. Bringt auch nur wenig Kröten ein, aber das gute Stück wird entweder korrekt entsorgt oder in Entwicklungsländern weiterverwertet. Für ganz alte Dinger gibt's zwar kein Geld, man kann sie aber kostenlos einschicken und den Erlös an eine Wohltätigkeitsvereinigung spenden lassen.

Recycling per Post

[180] Wenn Handy oder iPod den Geist aufgeben, können Sie die Geräte kostenlos in jedem Apple-Shop zur ordnungsgemäßen Entsorgung abgeben, statt extra zum Recyclinghof zu fahren. Apple nimmt Mobiltelefone aller Hersteller entgegen, aber keine fremden MP3-Player.

Haben Sie keinen Laden in der Nähe, drucken Sie sich unter www.apple.com/de/recycling/ipod-cell-phone/ ein vorfrankiertes Versandetikett aus, d.h., sogar das Porto ist schon bezahlt.

Billiger ins Ausland

[181] Sie haben eine Festnetz-Flatrate vom Handy (oder können ausgewählte Nummern günstiger erreichen) und würden gern ein Auslands-Ferngespräch führen? Geht mit Sparruf (www.sparruf.de) preiswerter: anmelden, Handynummer registrieren und zehn Euro einzahlen, danach wählen Sie eine deutsche Festnetznummer und direkt anschließend die gewünschte Auslandsnummer. Ist meist deutlich billiger als im regulären Handytarif. Manchmal lohnt sich der Service auch für Gespräche zu anderen Handys.

Die im Schatten sieht man nicht

[182] U2, Bruce Springsteen oder auch Herbert Grönemeyer haben ja schon genug Geld – so lautet oft die Rechtfertigung für das Herunterladen von Raubkopien oder das ungenierte Brennen von CDs für jede Kneipenbekanntschaft. Gleiches sagt man über die Autoren von Hörbüchern und die Stars in Kinofilmen und DVDs, aber auch über die Großkonzerne, die sich an Computer- und Konsolenspielen dumm und dämlich verdienen.

Es mag sogar sein, dass die Genannten wirklich schon «genug» Geld haben. Aber erstens ist es ein Gebot der Fairness, für Leistung zu zahlen – und nicht einfach zu klauen, nur weil es so leicht geht. Und zweitens sind immer viel mehr Menschen an einer kulturellen Produktion beteiligt als die Stars im Rampenlicht: Produzenten und Toningenieure, Designer und Setzer, Lektoren und Promoter, Beleuchter und Kameraleute, Maskenbildner und Köche. Keiner von denen sieht von einer Raubkopie einen Cent.

Leider hilft dagegen auch nicht der Billigkauf von Gebrauchtwaren auf dem Flohmarkt, bei eBay oder einem Amazon-Marketplace-Händler. Das ist zwar urheberrechtlich legal. Aber die Urheber kriegen kein Geld dafür. Den einzigen möglichen Verdienst hat der Verkäufer.

Deshalb: Wer möchte, dass der Autor, Sänger, Komponist oder Schauspieler von seiner Kunst leben kann – ebenso wie alle anderen am Endprodukt Beteiligten –, sollte Neuware kaufen. Lieber aufs Taschenbuch warten, als die gebundene Ausgabe gebraucht kaufen. Besser selbst digitale Downloads bestellen als die CD aus zweiter Hand erwerben.

Außerdem kommt ein solches Verhalten nicht nur dem jeweiligen Urheber zugute, sondern es ermöglicht den Firmen auch, Vorschüsse und Garantiehonorare an neue, noch unbekannte Künstler zu zahlen (sozusagen als Quersubvention). Bonus-Grund: Wer sich moralisch korrekt verhält, ist statistisch gesehen doppelt so glücklich wie unmoralische Menschen.

Guten Gewissens Musik hören

[183] Viele Musiker unterstützen Umweltschutzinitiativen und nutzen z.B. Öko-Tourbusse. Wenn Sie überlegen, wessen CD Sie nicht raubkopieren, sondern kaufen, beginnen Sie bei

Sheryl Crow, Jack Johnson, Pearl Jam, Perry Farrell, Guster, Willie Nelson, Bonnie Raitt oder Neil Young.

Millionenschweres Öko-Kino

[184] Auch große Hollywoodstars engagieren sich für die Umwelt und leben dies auch vor. Eintrittskarten für ihre Filme sind genauso teuer wie für andere, aber man weiß, ein Teil kommt der Umwelt zugute. Zu den Öko-Stars gehören: Cate Blanchett, Pierce Brosnan, Rosario Dawson («Percy Jackson – Diebe im Olymp»), Leonardo DiCaprio, Julia Louis-Dreyfus («Seinfeld»), Will Ferrell («Austin Powers – Spion in geheimer Missionarsstellung»), Tom Hanks, Darryl Hannah, Edward Norton, Brad Pitt, Robert Redford und Julia Roberts.

Songs gleich downloaden

[185] MP3- oder iTunes-Dateien klingen schlechter als CDs. Aber wenn Sie CDs sowieso nur nutzen, um die Songs auf PC, iPod oder Handy zu übertragen – dann steigen Sie um auf digitale Downloads. Sie kommen damit einerseits billiger weg, denn ein MP3-Album ist meist günstiger als eine CD, und außerdem will man ja oft gar nicht alle Songs haben. Andererseits sparen Sie die fünf Pfund Plastik, die für die Herstellung einer CD benötigt werden. Aber nicht vergessen: Musikdateien sichern – sonst ist das Geld bei einem Computercrash weg.

Gute Sites: www.musicload.de, www.itunes.de (kostenloses Programm «iTunes» muss heruntergeladen werden), www.napster.de, www.7digital.de.

Teure DVDs sparen

[186] Auch Filme und Serien kann man immer häufiger «streamen» (während des Downloads bereits anschauen) oder herunterladen, statt DVDs zu kaufen oder zu leihen. Zu den größten «Video on Demand»-(VOD)-Anbietern zählen: www.arcor.de/vod, www.maxdome.de, www.videoload.de. Noch funktionieren die Abläufe nicht so geschmeidig wie bei Musikdownloads, aber das kommt schon noch. Auf alle Fälle kann man hier, wenn mal nichts im Fernsehen läuft, verpackungsmüllfrei fündig werden.

Hochglanz verschenken

[187] Schenken Sie den Stapel ungelesener Zeitschriften und Kataloge neben Ihrem Sofa einer Freundin oder dem Kindergarten (zum Basteln), statt einen Zweit-Zeitschriftenhalter zu ordern. Spätestens, wenn die neue Ausgabe kommt, muss die alte raus. [188] Wenn Sie ein Magazin dreimal ungelesen weggegeben haben, kündigen Sie das Abo.

Werbung täglich verbessern

[189] «Kaufe nur Produkte, deren Werbung dich nicht nervt. Kaufe auf gar keinen Fall Produkte, deren Werbung dich nervt. Das ist dann schon mal das Ende der nervigen Werbung.»

KAI FEHSE ist Vorstand der Werbeagentur For Sale

Pelze sind steinzeitlich

[190] Niemand sollte Pelz tragen. Pelzmäntel oder Jacken sind auch nicht wärmer als gute synthetische Kleidungsstücke – aber es müssen Tiere dafür sterben. Man darf sich auch nicht selber vorlügen, dass es ja ‹nur› Hasenfell sei und die Tiere

sowieso zum Essen geschlachtet würden. Denn das stimmt nicht: Die meisten Tiere, die für die Pelzproduktion getötet werden, werden anschließend nur zu Tierfutter verarbeitet oder ganz weggeworfen. Das ist grausam und unnötig. Wir leben nicht mehr in der Steinzeit. Deshalb brauchen wir auch kein Fell mehr. Jeder kann sich darüber hinaus für den Schutz der Tiere vor der Pelzindustrie einsetzen! Mehrere Organisationen kämpfen dafür, z.B. PETA (www.peta.de); Mindestjahresbeitrag 30 Euro.

Non-fat Latte-Quatschissimo mit Karamellsirup

[191] Eine komplizierte Kaffeebestellung beeindruckt absolut niemanden mehr.

Geld & Werte

Finanzielle Selbstbestimmung für Frauen

[192] «Kann Geld die Welt ein wenig besser machen? Ich bin der festen Überzeugung, dass ein finanziell nicht abhängiger Mensch, der seine Lebensentscheidungen frei treffen kann, in jedem Fall die Welt ein Stück besser macht. Nun sind natürlich die meisten von uns durch ihre Erwerbsarbeit abhängig. Das ist in der Regel nicht zu ändern. Auf jeden Fall zu ändern ist aber die Abhängigkeit in Beziehungen – und da haben gerade Frauen noch einiges zu tun.

Es darf einfach nicht sein, dass sich Frauen ohne jede Absicherung in existenzielle Risiken begeben: Das heißt, sie geben ihren Beruf auf, ziehen sich oft jahrelang auf Partnerschaft und Kinder zurück, sie verdienen also auf lange Sicht kein eigenes Geld, zahlen deshalb zu wenig in die gesetzliche Rentenversicherung ein. Dabei vergessen sie, dass heute jede zweite Ehe (nichteheliche Beziehungen gar nicht eingerechnet) scheitert. Kein Wunder, dass die durchschnittliche Frauenrente bei ca. 500 Euro liegt, die von Männern bei ca. 1000 Euro! Zwei Drittel der Sozialhilfeempfänger im Rentenalter sind Frauen!

Frauen müssen also eine finanzielle Lebensplanung entwerfen, sich Ziele stecken und rechtzeitig und ausreichend fürs Alter vorsorgen. Dazu gehört auch, mit dem Partner über einen finanziellen Ausgleich für Kindererziehungszeit und Rentenausfall zu sprechen, sich abzusichern für den Fall der Trennung. Denn in guten Beziehungszeiten ist es leichter, Vereinbarungen zu treffen, die in schlechten Zeiten mehr als hilfreich sind. Ist der Worst Case erst einmal eingetreten, besteht erfahrungsgemäß kaum mehr die Möglichkeit, faire Regelungen zu treffen.

HELMA SICK ist unabhängige Finanzberaterin für Frauen (www.frau-und-geld.com) und Kolumnistin in der «Brigitte»

Wenn das alles geregelt ist, dann kann eine Frau aus freien Stücken bei ihrem Partner bleiben und muss es nicht aus wirtschaftlichen Gründen. Und geht die Beziehung doch zu Ende, dann kommt so zur emotionalen Belastung nicht auch noch ein finanzielles Desaster.

Frauen haben zum ersten Mal in der Geschichte unseres Kulturkreises die Möglichkeit, selbstbestimmt und finanziell unabhängig zu leben, wenn sie sich von alten Rollenbildern und Abhängigkeiten lösen. Und wenn sie das tun, dann macht das, ganz sicher, die Welt ein Stückchen besser.»

Pølser für die Freundschaft

MICHEL BIRBÆK ist Schriftsteller («Beziehungswaise») und Comedian (www.birbaek.de)

[193] «Mein Vater zahlte manchmal beim Bäcker oder im Kino oder am Pølsevogn – einem dänischen Imbiss – für die Leute neben uns mit. Eine Familie, die wir auf diese Art kennenlernten, kam uns zehn Jahre lang jeden Sommer im Ferienhaus besuchen. So lernte ich u. a. meinen besten Freund kennen. Also, einfach mal die Rechnung für jemanden mit bezahlen. Das kreiert manchmal unglaublich schöne Momente. Und keine Angst vor den gelegentlich komischen Reaktionen! Auch die, die komisch reagieren, nehmen etwas von dem richtigen Karma mit ... Die Idee bleibt hängen und breitet sich aus.»

Sachlicher Optimismus

[194] «Wann immer ich ein Gegengift brauche zu den Untergangsvisionen, die regelmäßig über uns hereinbrechen, lehne ich mich zu Hause zurück und blättere in ‹brand eins›, einem Wirtschaftsmagazin aus Hamburg. Das monatlich erscheinende Heft hat es sich zur Aufgabe gemacht, von

Unternehmern und ihren Ideen zu erzählen: Worin liegt ihr Erfolgsgeheimnis? Woher nehmen sie ihren Glauben daran, mit ihrer Idee richtigzuliegen? Und warum verlieren sie auch nach einer Pleite nicht den Mut? Das Magazin ist nicht nur wegen solcher Einblicke ein ausgezeichneter Mutmacher, sondern auch wegen des Geistes, der sich dadurch vermittelt: Es ist die richtige Mischung aus sachlichem Optimismus und leidenschaftlicher Tatkraft.»

KAI SCHÄCHTELE ist freier Journalist und Vorsitzender des Berufsverbandes «Freischreiber»

Du sollst nicht stehlen

[195] «Umweltschutz beginnt auch mit Diebstahlsunterlassung: Innerhalb weniger Monate wurden mir vor der Haustür auf St. Pauli nacheinander vier Fahrräder geklaut. Wenn das so weitergeht, wird die Klima-Veränderung schnell zum Super-Gau. Also bitte, liebe Kleingangster, lasst es. Denn ohne Fahrrad muss ich häufiger ins Auto steigen …»

RAMON KRAMER ist Musikproduzent, Filmemacher und Autor («Ich weißer Mann, Du Indianer gut»); www.ramonkramer.de

E-Abrechnungen bevorzugen

[196] Banken, Kreditkartenanbieter und viele Firmen sind froh, wenn sie Kontoauszüge und Abrechnungen nicht per Post schicken müssen, sondern per E-Mail ausliefern können. Denn das spart eine Menge Geld. Nutzen Sie diesen Service. Wenn Sie die Unterlagen nur überprüfen und ggf. abspeichern, sparen Sie gute drei Kilo Papier pro Jahr (Umschläge und zusätzliche Werbeeinlagen mitgerechnet). Und selbst wenn Sie die Rechnungen fürs Finanzamt oder die Buchhaltung ausdrucken müssen, haben Sie Ihrem Geschäftspartner immer noch Porto gespart, sodass die Preise (hoffentlich) sinken können oder zumindest stabil bleiben.

Wann immer möglich, archivieren Sie Belege elektronisch statt im Aktenordner. Frisst weniger Platz, spart Papier, Toner und Material, und die Rechnungen lassen sich schneller wiederfinden.

Gegenseitig Wünsche erfüllen

CHRISTOPH KLINGLER ist Verwaltungsrat der Wishdom AG (www.wishdom.com)

[197] «Ich behaupte einmal, dass Geld eigentlich als bloßer Katalysator erfunden wurde. Es macht das Abgeben von geliebten Dingen an Menschen, die einem nicht sympathisch sind, leichter. Rückt man ergo den Faktor Sympathie, die menschliche Nähe, wieder in den Vordergrund, dann wird das Monetäre zweitrangig. Wir erleben es dieser Tage: In Zeiten der wirtschaftlichen Anspannung wird der zwischenmenschliche Faktor wichtiger. Und wenn Menschen wieder beginnen, sich gegenseitig ihre Wünsche zu erfüllen, und bemerken, dass ihnen die Dank-

[198]

barkeit der anderen mehr zurückgibt, als es eine finanzielle Gegenleistung tun würde, sind wir einer idealen Gesellschaft ein gutes Stück näher. Über unsere Webseite ‹Wishdom› passiert das schon, jeder zehnte Wunsch geht in Erfüllung. Nicht einfach so, sondern weil es die Menschen gerne tun.»

Regionalwährungen einführen oder nutzen

[198] «Die Welt erlebt eine Finanzkrise, die von Amerika ausging und den amerikanischen Bundesstaat Kalifornien besonders trifft. Eine allzu basisdemokratische Verfassung zwingt den Sonnenstaat zu ständigen Volksabstimmungen, die zu immer neuen Vergünstigungen führen, aber ohne Kostendeckung. Ein Verfahren, das den Staat fast in den Bankrott trieb und Gouverneur Schwarzenegger zu strikten Maßnahmen zwang. Zum Beispiel zur Ausgabe von Schuldscheinen

PROF. DR. DIETER KRONZUCKER ist TV-Journalist und Mitherausgeber dieses Buches

an die Staatsbeamten, in Englisch ‹IOU› genannt (für: ‹I owe You› = ‹Ich schulde dir›). Viele Banken waren aber nicht bereit, diese Schuldscheine anzunehmen, und ein Bundesstaat, auch ein so großer wie Kalifornien, hat nicht das Recht, eigene Münzen zu prägen oder Geld zu drucken. Besonders im Norden Kaliforniens, wo viele Althippies zu Hause sind und wenig Vertrauen gegenüber der Politik herrscht, gerät der Dollar als Währung in Misskredit.

Das brachte die Einwohner von Willits, einer kleinen Gemeinde am Rande der Redwoodreservate, auf eine Idee. Sie druckten Kreditscheine, die durch Lebensmittel gedeckt sind. Für einen Kreditschein im Werte von zehn Dollar kann man elf Pfund Bohnen oder Getreide oder Reis kaufen – übrigens alles Produkte aus eigener Herstellung oder aus dem unmittelbaren Umland. Diese Kreditscheine kann man im Farmers Market einlösen, aber auch im Café um die Ecke oder im Buchladen, ja sogar in einer lokalen Bank. Ob das Experiment von Willits Schule macht, hängt sicherlich auch von der Lösung der Finanzkrise ab. Die Politiker in Kaliforniens Hauptstadt Sacramento stimmt es jedenfalls nachdenklich.»

Initiativen in Ihrer Nähe und sogar Anregungen zur Einführung einer eigenen Währung finden Sie u.a. beim Verband der Regiogeld-Initiativen unter www.regiogeld.de.

Schönes Wochenende

[199] Öffnen Sie Rechnungen und Kreditkartenabrechnungen nicht am Freitag oder Samstag; legen Sie sie zurück in den Briefkasten und warten Sie bis Montag.

Geld «gut» anlegen

[200] Gier ist eine großartige Motivation. Sie treibt Menschen zu Höchstleistungen an. In der Theorie dient Gier so uns allen: Weil Manager viel Geld verdienen wollen, müssen sie Bestleistungen erbringen. Das führt dann zu tollen Produkten und niedrigen Preisen.

In der Theorie.

Ab Herbst 2008 konnte man jedoch weltweit miterleben, was passiert, wenn die Gier überhandnimmt. Um immer mehr Gewinn zu machen, hatten Banken immer gewagtere Geschäfte riskiert – und als die ganze Sache schließlich schiefging, waren Milliarden an Steuergeldern nötig, um den Zusammenbruch der Weltwirtschaft zu verhindern.

Zumindest theoretisch geht es auch anders. Man kann Geld ökologisch und sozial korrekt anlegen. Dann sind die Zinsen nicht ganz so hoch, aber man hat ein reines Gewissen.

Wer zum Beispiel 10 000 Euro für ein Jahr anlegt, bekam im Frühjahr 2009 bei normalen Banken maximal 3 Prozent Zinsen, z.B. bei der GLS Bank 1,75 Prozent. Unterschied: 125 Euro. Das ist der Jahrespreis dafür, genau zu wissen, was mit dem eigenen Geld zwischenzeitlich geschieht.

Da viele Anleger den Sicherheitsfonds und -versprechen nicht recht trauen, verteilen sie ihr Guthaben ohnehin auf mehrere Banken – da kann man dann doch auch eine Ökobank dazunehmen. Spareinlagen sind hier staatlich im gleichen Umfang garantiert wie bei allen anderen deutschen Banken. Auch Girokonten kann man bei GLS Bank und Ethikbank führen – zu ähnlichen Gebühren wie anderswo.

GLS Bank: www.gls.de; gesetzliche Einlagensicherung und zusätzlich Mitglied im Sicherungsfonds des Bundesverbandes der Deutschen Volksbanken und Raiffeisenbanken

Umweltbank: www.umweltbank.de; gesetzliche Einlagensicherung

Ethikbank: www.ethikbank.de; gesetzliche Einlagensicherung und zusätzlich Mitglied im Sicherungsfonds des Bundesverbandes der Deutschen Volksbanken und Raiffeisenbanken

Grüne Karte

[201] Auch bei Kreditkarten gibt es die ersten ökologisch korrekten Alternativen: Barclaycard spendet 0,5 Prozent des Kartenumsatzes der «Barclaycard Green» an Umweltschutzprojekte (www.barclaycard.de/green/) sowie ab 1200 Euro Jahresumsatz noch 19 Euro Kartengebühr.

Das Onlinemagazin Utopia bietet gemeinsam mit der GLS Bank eine Mastercard an (www.utopia.de/kreditkarte); 30 Prozent der Erlöse gehen an die Aktion «Plant for the Planet», weitere 30 Prozent unterstützen Utopia selbst (30 Euro Jahresgebühr).

Auch das Kinderhilfswerk terre des hommes arbeitet mit der GLS Bank zusammen und gibt zugunsten von Mädchen-Bildungsprojekten eine Mastercard heraus (www.tdh.de/content/spenden/tdh_mastercard/).

Auf die Kreditkarte aus Recyclingpappe müssen wir allerdings wohl noch warten.

Second-Hand-Schmuck

[202] Kaufen Sie gebrauchten Schmuck – oder neuen, der z. B. aus eingeschmolzenem Altgold gefertigt wurde. Warum? Für einen durchschnittlich großen Ehering aus 18-karätigem Gold entstehen 20 Tonnen Müll beim Schürfen. Sie müssen ja nicht gleich den alten Ring von der letzten Hochzeit weiterverwenden …

Lass Geld sprechen

[203] Sind Sie sauer über irgendetwas? Haben Sie etwas Erschreckendes oder Erstaunliches in Erfahrung gebracht und hätten gern, dass die ganze Welt davon erfährt? Menschen achten auf Geld. Und auf rote Schrift. Also schreiben Sie in Rot auf den Rand eines Scheins, was Sie zu sagen haben!

Zum Beispiel:

- Über eine Milliarde Menschen lebt von unter 1 Dollar pro Tag.
- Jede fünfte Frau wird Opfer einer (versuchten) Vergewaltigung.
- Kondome schützen – täglich stecken sich 14 000 Menschen mit HIV/AIDS an.
- Bitte schenken Sie diesen Schein jemandem, der ihn nötiger hat!
- Bitte lächeln!
- Wählen ist ein Privileg!
- www.deine-stimme-gegen-armut.de

Kritzeln Sie nicht den ganzen Schein voll, bleiben Sie kurz und präzise. Schreiben Sie so, dass es die Menschen anspricht, neugierig macht, fasziniert. Sie können auch eine eigene Website angeben, aber Vorsicht: Theoretisch sind die Scheine Eigentum der Deutschen Bundesbank, und Ihre Beschriftung stellt eine Sachbeschädigung dar. Entscheidend wichtig (auch um den nächsten Nutzer nicht zu nerven) ist, nicht an den Ziffern oder der laufenden Nummer rumzukrakeln, sondern nur auf dem Rand.

Bonus-Tipp: Holen Sie sich Ihr Wochenbudget in Fünfern, dann haben Sie mehr Scheine fürs gleiche Geld. Nebeneffekt: Weil man alles bar zahlt, hat man einen besseren finanziellen Überblick und gibt nicht versehentlich per Kreditkarte zu viel aus.

Sich Gehör erkaufen

[204] Mit Aktien kann man nicht nur Geld verdienen (oder verlieren). Man kann sich auch Gehör verschaffen.

Denn jeder Aktionär ist Mitbesitzer der Firma und hat somit das Recht, zur Aktionärsversammlung zu kommen und dort unerwünschte Fragen zu stellen (muss man meist vorher einreichen – steht in der jeweiligen Einladung zur Versammlung). Gerade wenn Ihnen das Geschäftsgebaren eines Unternehmens nicht gefällt, sollten Sie also eine Aktie kaufen und sich zu Wort melden.

Auf diese Weise hat z.B. die Umweltschutzorganisation «Friends of the Earth» die Baufirma Balfour Beatty daran gehindert, einen umstrittenen Damm in der Türkei zu errichten, der eine Stadt aus biblischer Zeit überflutet, 78 000 Menschen obdachlos gemacht und einen andauernden Streit über den Zugang zum Wasser zwischen Syrien und dem Irak verursacht hätte.

[204]

Bereiten Sie sich vor! Je knapper, pointierter, fundierter und nachvollziehbarer Ihr Wortbeitrag gerät, desto eher wird er erst andere Aktionäre und dann vielleicht sogar Geschäftsführer zum Nach- oder gar Umdenken bringen. (Wenn das gar nichts bringt, bleibt immer noch Aktien-Option Nummer zwei: alle Aktien kaufen und als Alleineigner die Mistbude dichtmachen. Ist allerdings teuer.)

Meckern Sie per Briefpost

[205] Wenn Sie mit einem Produkt oder dem Verhalten einer Firma nicht einverstanden sind, schreiben Sie einen Brief. Keine E-Mail an info@sowieso.de, sondern einen Brief. Kostet mehr, wird aber auch nicht von irgendeinem Praktikanten, der nicht der Überbringer schlechter Nachrichten sein will, voreilig gelöscht. Gerade Großfirmen funktionieren immer noch recht traditionell, was heißt, ein Brief wird gelesen und

bearbeitet. Er macht somit mehr Arbeit als eine E-Mail und zugleich mehr Eindruck.

Erwarten Sie keine Antwort. Sie können aber sicher sein: Firmen wollen verkaufen, und wenn genügend Kunden über irgendetwas meckern, wird das berücksichtigt. Achten Sie darauf, sachlich zu bleiben und Ihre Position möglichst knapp zu schildern – alles über eine Seite ist zu lang!

Schatzkarte zum Letzten Willen

[206] Verfassen Sie Ihr Testament (komplett handschriftlich, sonst müssen Sie zum Notar – nur zu unterschreiben reicht nicht), um Streit unter Ihren Erben zu vermeiden. Es ist schließlich schon blöd genug, wenn einer stirbt. Und sagen Sie Ihrer Familie, wo das Ding liegt!

Die eigene Grabrede schreiben

DR. TANJA KINKEL ist Schriftstellerin («Säulen der Ewigkeit», «Die Puppenspieler»)

[207] «Ich habe bei keiner Grabrede gehört, dass dort an das erinnert wurde, was die Verstorbenen nur für sich selbst getan haben. Wie kommt es dann aber trotzdem zu so viel seelischer und materieller Not in unserer unmittelbaren Umgebung? Zu so großer Not bei Milliarden Menschen auf unserer Welt, wo doch alle Verstorbenen offenbar so selbstlos gewesen sind? Mein Vorschlag: Lasst die Menschen ihre eigenen Grabreden schreiben. Ich bin sicher, sie werden sich rechtzeitig mehr mit der Not der ‹anderen› beschäftigen.»

Geben Sie großzügig Trinkgeld

[208] «Geben Sie großzügig Trinkgeld (es sei denn, der Service war wirklich grauenhaft). Damit leisten Sie nicht nur einen Beitrag zum Einkommen der Mitarbeiter in der Dienstleistungsindustrie. Es ist auch eine ganz persönliche Geste der Freundlichkeit und Dankbarkeit.»

JOHN LUTZ schrieb u.a. «Weiblich, ledig, jung sucht ...»

In den USA erhalten z.B. Kellner und Mitarbeiter in Hotels deutlich weniger Gehalt als in Europa. Sie sind auf Trinkgelder angewiesen. Aber auch hierzulande sind Mitarbeiter in Dienstleistungsberufen gering bezahlt – ein gutes Trinkgeld ist für sie vielleicht nicht derart notwendig wie anderswo, tut aber trotzdem gut!

Keine Kreditkartenschulden

[209] Bis vor kurzem wurden bei uns Kreditkartenrechnungen automatisch in voller Höhe fällig und meist sogar abgebucht. Mittlerweile bieten immer mehr Banken an, dass man monatlich nur einen Mindestbetrag zahlt. Das lohnt sich nicht! Die Zinsen sind sehr hoch, wenn Sie wirklich Geld brauchen, wählen Sie einen Dispo- oder Ratenkredit.

Bei einer geringen monatlichen Tilgung brauchen Sie sonst Jahre, um Ihre Schulden wieder loszuwerden. Wenn Sie das Geld hingegen haben, dann zahlen Sie ruhig mit Kreditkarte – bis zur Rechnungsfälligkeit ein paar Wochen später bekommen Sie hoffentlich auf Ihrem Girokonto wenigstens geringe Zinsen, oder Sie können das Geld zwischenzeitlich auf einem Tagesgeldkonto parken.

Frieren Sie Ihre Kreditlinie ein

[210] Wenn Sie Ihre Kreditkarte (oder ec-Karte) vorsichtshalber nicht benutzen wollen, um Schulden zu vermeiden, aber auch nicht zurückgeben wollen, um die Kreditlinie für Notfälle zu behalten, frieren Sie das gute Stück ein. Füllen Sie dazu ein wenig Wasser in einen flachen Behälter, stellen Sie das Gefäß ins Tiefkühlfach und lassen Sie das Wasser gefrieren. Legen Sie die Karte darauf, füllen Sie noch etwas Wasser nach und stellen Sie das Ganze zurück ins Tiefkühlfach. Die Karte hält das aus, und bei Bedarf taut sie schnell auf, aber für Spontankäufe ist sie jetzt nicht mehr zu verwenden.

Bargeld senkt die Preise

[211] Plastikgeld ist praktisch, keine Frage. Aber der Einsatz von ec- und vor allem Kreditkarten erhöht die Preise für alle. Denn für eine bargeldlose Transaktion muss der Händler knapp 0,5 Prozent (ec-Karte) bzw. bis zu vier Prozent (Kreditkarte) Gebühr an den Kartenaussteller abführen – darf diese aber dem einzelnen Kunden nicht berechnen. Also werden die Kosten auf den Warenpreis umgelegt. Je mehr Menschen mit Karte zahlen, desto höher steigen die Preise. Je mehr Menschen bar zahlen, desto niedriger könnten die Preise bleiben. Und Sie behalten Ihre Ausgaben besser im Blick, statt beim Kontoauszugholen und Kreditkartenrechnungöffnen immer Herzrasen zu bekommen.

Gründen Sie einen Fünf-Euro-Club

[212] Für fünf Euro kriegen Sie zwei Kaffee (von den schicken Sorten sogar nur die kleinen Größen). Wenn Sie ein paar Freundinnen oder Kollegen überreden, darauf zu verzichten, haben Sie schnell 30 oder 50 Euro im Monat zusammen – und können überlegen, wem Sie das Geld diesen Monat spenden. Ist zugleich ein netter Anlass, darüber zu sprechen, wie man die Welt besser machen kann, und sich gegenseitig zu motivieren. Zudem können Sie sicher sein, dass 100 Prozent der Spendengelder ankommen, denn Sie nehmen ja kein Honorar.

Bonus: Sie müssen das Geld nicht jedes Mal an Organisationen spenden, sondern können z.B. auch Menschen, die Sie kennen, direkt helfen – wenn das Geld für die Klassenreise fehlt oder unvorhergesehene Kosten drücken.

Mehr Kunst!

[213] «Wir sollten uns bemühen, weltweit die Entstehung von und den Zugang zur Kunst (Malerei, Musik, Literatur, Tanz, Theater, Kino etc.) zu verbessern. Kunst ist das Lebenselixier unserer Spezies, die Aktivität, die uns von allen anderen Lebewesen abhebt. Meiner Ansicht nach sollte Kunst zur neuen und universalen ‹Religion› der Menschheit werden, einer ‹Religion›, an die jeder glauben und an der jeder teilhaben kann. Kunst macht die Welt besser, und je mehr Kunst wir in unserem Leben zulassen, desto besser werden unser Leben und die Welt werden.»

WILLIAM BAYER
schrieb u.a. «Unternehmen Felsendom»

Werden Sie Kultur-Mäzen

[214] Kunst tut gut. Sie ist schön – oder verstörend. Sie inspiriert und zeigt uns die Welt aus einem anderen Blickwinkel. Menschen, die regelmäßig mit Kunst zu tun haben – egal, ob sie selbst kreativ sind oder ins Museum gehen –, sind sieben Prozent zufriedener mit ihrem Leben. Unterstützen Sie Kunst und Künstler, wenn Sie können. Durch eine Spende, eine Eintrittskarte, Beifall, eine Online-Kritik. Kaufen Sie Bilder aus der Abi-Jahrgangs-Ausstellung oder in der Eisdiele, wenn sie Ihnen gefallen oder Sie berühren. Sie müssen nicht viel Geld ausgeben, um einen Künstler in Ihrer Nähe zu stärken.

THORSTEN WETTCKE
ist einer der Chefautoren des «Tatort» Hamburg sowie der TV-Serie «Der Kriminalist»

Gier macht arm

[215] «Kill your inner Heuschrecke!!»

Hart und zart

«Die ganz ernste und nüchterne Seite:

[216] Den Banken und Unternehmen verbieten, mit fiktiven Werten zu handeln und sie zu bilanzieren.

[217] Die Vermischung von Staat und Religion verbieten.

Die auch ernste, aber gefühlvolle Seite:

[218] Jeder Mutter ermöglichen, ihr Kind bis zur Einschulung in Ruhe zu erziehen und zu ernähren.

[219] Jeder Luftverschmutzer soll in gleichem Maße Ausgleich schaffen, wie er Dreck verschleudert: Pflanzt Bäume, schafft Lebensräume für Tiere und Menschen!

MARCUS LOEBER
ist Komponist und Musikproduzent (www.marcusloeber.com)

[220] Wir müssen verhindern, dass Tierarten aussterben. Jedes Lebewesen ist wichtig für das Gleichgewicht der Welt. Außer Mücken, Zecken und Wespen. Sagen meine Töchter!»

Keine Werbelügen mehr

[221] «Wir sollten uns dafür einsetzen, dass Lügen in der Werbung verboten werden. Im Moment werden Lügen nicht nur geduldet, sie sind die Norm. Handyanbieter versprechen ‹39,95 im Monat!›, aber die versteckten Kosten lassen den Endpreis deutlich darüber hinaus steigen. Hautcremes versprechen, Falten verschwinden zu lassen, obwohl sie das nicht können. Investment-Betrüger preisen grundlos Riesenrenditen an. Politische Parteien erheben unwahre Vorwürfe gegen die anderen.

LEE GRUENFELD ist u.a. Co-Autor der Biographie des Boxers Evander Holyfield

Wenn in der Werbung nicht mehr gelogen würde, gäbe es keine homöopathischen Arzneimittel, keine sinnlosen Lebensmittelergänzungsstoffe, weit weniger Betrüger, die sich als Geschäftsleute ausgeben, und weniger enttäuschte Erwartungen und gebrochene Versprechen. Hunderte von Milliarden würden gespart statt verschwendet, und die Welt wäre ein glücklicherer, gesünderer Ort.»

Poesie der Moderne

[222] «Ich bin der Überzeugung, dass wir in einer gänzlich anderen Welt leben könnten – einer Welt, die voller zeitgemäßer, anregender Gegenstände wäre, Orte, Räume, Welten, Erfahrungen und Gedanken. Design hat unsere Welt von Anbeginn geprägt und geformt. Wir haben Systeme entworfen, Städte, Konsumgüter. Wir haben uns den Problemen der Welt zugewandt. Doch Design ist nicht dazu da, Probleme zu lösen, sondern unsere Umgebung zu verschönern. Beim Design geht es um die Verbesserung unserer Umwelt im poetischen, ästhetischen, empirischen, sensorischen und emotionalen Sinne. Ich wünsche mir sehnlichst, die Menschen in unserer Zeit leben zu sehen, dass sie teilhaben an der

KARIM RASHID ist Designer; seine Werke stehen u.a. im Museum of Modern Art in New York und im San Francisco Museum of Modern Art modernen Welt, und sich lossagen von Nostalgie, antiquierten Traditionen, alten Ritualen, Kitsch und Belanglosigkeiten. Wir sollten uns ganz bewusst auf die Welt zum gegenwärtigen Zeitpunkt einstellen. Und wenn es zur Natur des Menschen gehören sollte, in der Vergangenheit zu leben – müssen wir den Mensch ändern, um die Welt zu verändern!»

Glück & gute Laune

Das Glück der anderen

[223] «Weniger an das eigene Glück denken, mehr an das Glück der anderen, hier und überall. Sich bewusstmachen, dass jede Handlung und jedes Verhalten – im Großen wie im Kleinen – Folgen hat für das Glück oder Unglück der anderen – im Großen wie im Kleinen. Oder, um es mit Bertolt Brecht zu sagen: ‹Keinen verderben zu lassen, auch nicht sich selber / Jeden mit Glück zu erfüllen, auch sich / das ist gut.›»

FRANZISKA REICHENBACHER moderiert u.a. die «Ziehung der Lottozahlen» in der ARD, außerdem veröffentlichte sie die CD «Glück und auf einmal steht es neben dir»

Geteilter Schirm ist doppelter Schirm

[224] Teilen Sie im Regen Ihren Regenschirm.

Großer Löffel

[225] «Als Schauspieler wird man in Interviews immer wieder nach einem Lebensmotto gefragt, was ich lange Zeit wahnsinnig öde fand. Aber eines Tages las ich etwas, das perfekt passte: ‹Das Leben mit dem großen Löffel essen!› Als ich 2007 meinen Vater viel zu früh durch Krebs verlor, wurde mir bewusst, dass ich nichts bereuen möchte, und deshalb versuche ich, es ihm gleichzutun und das Leben zu genießen!»

JOCHEN SCHROPP ist Schauspieler («Polizeiruf 110») und Moderator

Geh deine eigenen Wege

[226] «Sei ein Revoluzzer, sei ein Rebell! Sei ein kreativer Querdenker, gehe neue Wege. Mit dieser Maxime entstehen zukunftsfähige Innovationen, die beispielsweise in sozialen Bereichen, bei umweltpolitischen Themen oder auch in jedermanns Alltag spürbare Verbesserungen bewirken können.»

NIELS STOLBERG ist geschäftsführender Gesellschafter der Projekt- und Schwergutreederei Beluga Shipping GmbH

Die neue Lust auf Langsamkeit

[227] «Glück ist nicht schnell, sondern langsam. Und Glück beweist: Schneller ist nicht immer auch besser – im Gegenteil. Kein Wunder also, dass der Ruf nach Langsamkeit, Entschleunigung, Besinnung immer lauter wird. Wir haben mittlerweile eine große ‹Slow Food›-Bewegung mit mehr als 80 000 Anhängern, wir haben einen ‹Verein zur Verzögerung der Zeit› mit einem Statut, das zum Innehalten verpflichtet. Der japanische ‹Club der Faultiere› und die weltweite Städtebewegung ‹cittaslow› kämpfen darum, dass jeder sein Tempo selbst bestimmen darf.

PROF. DR. LOTHAR SEIWERT ist Europas führender und bekanntester Experte für das neue Zeit- und Lebensmanagement («Simplify Your Life», mit Werner Tiki Küstenmacher)

Wer in unserer High-Speed-Gesellschaft auf Dauer bestehen will, muss nicht schneller und härter arbeiten, sondern besser mit seinen Kräften haushalten. Menschliche Arbeitskraft lässt sich weder unendlich beschleunigen noch beliebig steigern. Die eigenen Reserven sind sehr sorgfältig einzuteilen und mit Bedacht zu nutzen.

Die neue Lust auf Langsamkeit ist nicht mit Faulheit zu verwechseln. Es geht nicht um Arbeitsunlust oder Ineffizienz. Denn auf lange Sicht gewinnt nur der, der seine Leistungsfähigkeit erhält und dem es gelingt, eine gesunde Balance zwischen Leistung und Müßiggang zu bewahren.

Und das Gute ist: Die neue Lust auf Langsamkeit dient nicht

nur dem Einzelnen. Sie hilft wirklich, die Welt zu verbessern. Im Falle von ‹Slow Food› hilft sie, den Genuss zu steigern und sich mit Ernährung und ökologischen Ressourcen auseinanderzusetzen. Im Falle der ‹cittaslow›, unsere Städte wieder lebenswerter zu machen, Infrastrukturen, urbane Qualität und Werte wie Gastfreundschaft zu überdenken. Wenn wir uns alle an der Lust zur Langsamkeit beteiligen, finden wir vielleicht auch etwas mehr Zeit, mit unseren Freunden und Familien zu sprechen, gegen Missstände in der Welt vorzugehen, uns sozial oder kulturell zu engagieren oder jenen, denen das Schicksal nicht so gut mitgespielt hat, unter die Arme zu greifen und eine hilfreiche Stütze zu sein. Also, verringern Sie Ihre Drehzahl und genießen Sie jeden Augenblick. Für sich, für andere und für eine bessere Welt!»

Slow Food: www.slowfood.de
Verein zur Verzögerung der Zeit: www.zeitverein.com
cittaslow: www.cittaslow.info

Glück geht durch den Magen

[228] Lassen Sie dem Koch Ihre Begeisterung ausrichten.

Barfuß gegen die Zeit

[229] «Das Unglück in der Welt wird durch Angst verursacht. Tue weniger. Konsumiere weniger, gib weniger Geld aus, versteck deine Kreditkarten, lass den Wagen in der Garage stehen, meide Kirchen und Weltanschauungen. Geh barfuß, wenn irgend möglich, damit die Zehen die Erde berühren.»

ROBERT WESTBROOK schrieb u.a. das Buch zum Film «Insomnia» mit Al Pacino und Robin Williams; seine Mutter war die letzte Lebensgefährtin von F. Scott Fitzgerald

Wochenend' und Sonnenschein

[230] Feiern Sie gutes Wetter mit einem Picknick – notfalls einfach im Garten, auf dem Balkon oder dem Wohnzimmerteppich eine Decke ausbreiten und ein paar Kleinigkeiten aus der Küche holen. Zaubert gute Laune.

Den Planeten festhalten

[231] «Unter einen alten Baum im Park legen, die Arme ausstrecken (Hände nach unten) und den gesamten Planeten gut festhalten, während die Wolken vorbeiziehen. Hilft!»

THOMAS WALMRATH ist freiberuflicher Creative Director

The best things in life are zumindest kostengünstig

[232] Tanzen, gärtnern, eine Komödie gucken – *the best things in life are* oft *free* oder zumindest kostengünstig. Gönnen Sie sich innerhalb der nächsten 24 Stunden etwas wundervoll Befriedigendes – ohne Reue.

Lokalfußball macht happy

[233] Glücksforscher haben ermittelt, dass diejenigen, die Lokal- oder Regionalsportler anfeuern, vier Prozent glücklicher sind. Grund: Sie stellen ein gemeinsames Interesse mit anderen Personen aus der unmittelbaren Umgebung fest – das gibt Halt und hilft bei der Kontaktanbahnung.

GUNDULA GAUSE
ist Redakteurin und Moderatorin beim ZDF (u.a. «heute journal») und Herausgeberin des Ratgebers «Die Eltern-Uni»

Innehalten und das Beste aus dem Tag machen

[234] «Tempus fugit – carpe diem! Durch digitale Medien und das Internet wird das Leben immer schneller. Innehalten, Prioritäten setzen und Nachdenken werden zunehmend wichtiger, um das Beste aus dem Tag zu machen.»

Immer dabei

[235] Verwenden Sie das Foto eines geliebten Menschen als Lesezeichen.

Schluss mit dem Weltverbessern!

[236] «Da ich denke, dass den Menschen am meisten geholfen wäre, wenn nicht Horden von Gutmenschen dauernd versuchten, die Welt zu verbessern, war das – obschon wohl nicht in die Praxis umsetzbar – mein Statement.»

REINHOLD WEBER ist Kreativdirektor und Geschäftsführer der Reinhold Werbeagentur in Zürich

Akustischer Freiraum für alle

[237] Nicht (endlos) in der S-Bahn telefonieren. Kaum einer will hören, dass Sie gerade in der Bahn sind: «Und ich bring auch Brot mit!»

Kein gut, kein schlecht

BERND MONITOR ist Vorstand des Business Angels Club Berlin-Brandenburg e. V.

[238] «Warum wollen Sie denn die Welt verbessern? Ist sie schlecht? Mein Vorschlag: aufhören, in den Kategorien von ‹gut› und ‹schlecht› zu denken. Die Welt ist, wie die Welt ist. Oder: Es ist darin, was darin ist *(fihi ma fihi)*, sagt Dschalaluddin Rumi.»

Kein Zwang zum Glück

JENS JOHANNES KRAMER schrieb u. a. «Die Stadt unter den Steinen»

[239] «Eine der größten Unsitten unserer Zeit ist der Zwang zum Glück. Wehe, du bist nicht glücklich! Dann hast du etwas falsch gemacht – und schon geht es ab zum Therapeuten. Alle Welt tut so, als wenn es nicht nur ein Recht auf Glück gäbe, sondern sogar eine Pflicht dazu. Stimmt aber nicht. Wenn ein Mensch sein Leben so lebt, dass es ihn unglücklich macht, ist das verdammt nochmal seine eigene Entscheidung. Jeder Mensch hat das Recht auf sein eigenes Unglück.»

Zwischen Sternenhimmel und Duschkabine

ANDREAS LEBERT ist einer der Chefredakteure des Magazins «Brigitte»

[240] «Nachts den Sternenhimmel beobachten, mit Auge, Fernglas oder Teleskop. Das öffnet den Kopf und macht einem Größenordnungen klar. Die Probleme bei der Renovierung der eigenen Duschkabine scheinen plötzlich nicht mehr ganz so groß.»

Billig und gut

[241] Tagträumen.

Früher frühstücken

[242] «Das größte Geschenk, das jeder von uns bekommen hat, ist die Zeit. Dieses Geschenk können wir weitergeben und auch anderen Menschen Zeit schenken. Zeit ist jene Erscheinungsweise von Ewigkeit, die der Mensch am ehesten versteht und am seltensten erkennt. Wahrscheinlich erkennt man im Laufe des Lebens immer mehr die Kostbarkeit der Zeit, weil man denkt, dass die Zeit abläuft oder weniger wird – ähnlich dem Sand, der durch eine Eieruhr rieselt. Aber die Zeit läuft nicht ab, sie läuft mit. Zeit ist nämlich nicht nur eine Maßeinheit, sondern eine Qualität.

Lebenspraktisch gewendet würde ich raten: Fragen Sie im Hotel nicht, bis wann, sondern ab wann es Frühstück gibt!»

PATER DR. DR. HERMANN-JOSEF ZOCHE ist Leiter der Seelsorgeeinheit Maria Bronnen, Redner und Buchautor (u.a. «Das Bibel-Brevier für Manager»)

Keiner ist eine Insel

[243] «Wir können die Welt nur besser machen, wenn wir bei uns persönlich beginnen. Denn der Schlüssel zu einem erfüllten und glücklichen Leben befindet sich in jedem selbst. Wir müssen nur anfangen, unser Leben aktiv und bewusst zu gestalten, offen sein für andere und Neues und dabei Lebensfreude in vollen Zügen genießen. Mit jedem Einzelnen wird sich die Welt ein Stück verändern, zufriedener und glücklicher werden.»

SILKE KAYADELEN ist Fitness- und Motivationscoach (www.active4fun.de)

Positiv verstrahlt

[244] Stellen Sie sich vor, wie Sie sonnenhelle Lebensenergie einatmen.

Brennende Leidenschaft

[245] «Wenn du einen Furz anzünden kannst, mach das vor deinen Freunden. Die darauf folgenden Lacher fegen jeden Frust und jede Depression hinweg.

THIMOTEUS WAGNER ist Creative Director bei Jung von Matt/Alster

[246] Überlege dir, wen du wirklich hasst. Und dann überlege dir, welche Eigenschaft du an ihm gar nicht so schlecht findest. Und das sag ihm mal.»

Das Leben ist bunt

[247] «Zeit ist Geld? Das stimmt nicht, Zeit ist viel wertvoller als Geld! Und außerdem ist Zeit das schönste Geschenk überhaupt:

- für einen selbst; wenn man sich öfter mal Zeit für sich nimmt, hat man viel mehr vom Leben;
- und für andere: Freunde, Eltern, Großeltern, Kinder, Nachbarn, die alte Dame, die man im Supermarkt trifft, den umständlichen Schalterbeamten, die Kollegen.

SABINE RAHN ist Jugendbuchautorin, sie schrieb u.a. «Die Prinzessin im Supermarkt» und «Die Kinderbibel zum Vorlesen»

[248] Ich plädiere für mehr Mut zur Farbe: Zwischen bunten Wänden kommen einem keine trüben Gedanken!

[249] Außerdem bin ich dafür, dass alle Politiker zwangsweise Mitglied in einem Lachclub werden: Wer mehr lacht, braucht weniger Bomben!»

Eine Liste von Lachclubs (nicht nur für Politiker) finden Sie z. B. unter www.lachbewegung.de.

Wünsche erfüllen

[250] «Macht euch selber glücklich!!! Wenn alle Menschen auf dieser Welt begännen, sich selber glücklich zu machen, dann gäbe es mit einem Mal keine Scheidungen, Streitereien, Machtkämpfe, Kriege, Morde mehr. Denn alle Menschen wären voller Glück und hätten gar keinen Anlass, sich gegenseitig das Leben schwerzumachen. Jeder Mensch sollte sich seine Wünsche erfüllen und seine Träume verfolgen können. Das würde das friedliche Zusammenleben aller Kulturen dieser Welt sichern. Und das würde schon im Kleinen, im Alltäglichen beginnen ...»

ALEXANDRA POLZIN ist Moderatorin bei Sky und Mediencoach

Liebe und Toleranz

«Ganz einfach. [251] Seien Sie freundlich. [252] Großzügig. [253] Bringen Sie jemandem etwas bei. [254] Lesen Sie einem Kind vor. [255] Zeigen Sie Liebe und Toleranz in allem, was Sie tun.»

SUSAN WIGGS ist eine amerikanische Bestsellerautorin («Das Haus am Strand»)

Meine Zeit gehört mir

[256] Gehen Sie nicht ans Telefon, nur weil es klingelt.

Tiere gegen Stress

[257] Menschen, die zahlreichen Konflikten ausgesetzt sind, empfinden ihre Situation um 22 Prozent hoffnungsvoller, wenn sie ein Haustier haben, haben Forscher der Universität San Francisco ermittelt. Und wer von uns ist nicht «zahlreichen Konflikten» ausgesetzt? Deshalb: Überlegen Sie, ob Sie mal im Tierheim vorbeischauen und sich einen gefiederten oder vierbeinigen Freund ins Haus holen wollen. Gut fürs Tier, gut für Sie.

Rockin' all over the world

[258] Endlich ein Instrument lernen, statt nur davon zu träumen. Schüler, die mit Unterricht ein bisschen was dazuverdienen wollen, gibt's überall. Musik macht glücklich. Üben verlangt vollkommene Konzentration auf eine Sache, was zu innerer Ruhe führt. Und Lernen hält fit im Kopf. Das ist letztlich nicht nur gut für einen selbst, sondern für alle (vor allem, wenn man irgendwann toll spielen kann).

Die eigene Wahrnehmung bewusst verändern

[259] Was beeinflusst uns mehr – die Gegebenheiten oder wie wir mit ihnen umgehen? Manchmal weiß man jetzt schon: In fünf Jahren wird man über diese Sache lachen. Warum dann nicht gleich? Und warum reagieren Menschen unterschiedlich auf dieselbe Situation? Wenn die Bahn Verspätung hat, tigern die einen ungeduldig auf dem Bahnsteig umher und bellen wütend in ihr Smartphone, die anderen sitzen auf der Bank in der Sonne und lesen noch ein wenig oder hören in Ruhe Musik. Das soll nicht heißen, dass Gegebenheiten nicht unangenehm sein können. Armut, kalter Regen, fiese Kollegen, Krankheiten – vieles ist richtig doof. Der umstrittene US-Bestsellerautor und NLP-Trainer Anthony Robbins behauptet: «Unsere Entscheidungen – nicht die Gegebenheiten unseres Lebens – bestimmen unser Schicksal.» Doch selbst wenn man nicht so weit geht, bleibt uns dennoch meist mehr Bewegungsspielraum, die Angelegenheit so oder so zu sehen, als wir meinen.

Sich das klarzumachen bringt bereits Erleichterung.

Man muss noch verlieren können

[260] «Ich lebe nach dem Motto: Wer kämpft, kann verlieren, wer nicht kämpft, hat schon verloren. Gebe jedem Tag die Chance, dass er dein schönster wird. Besonders nach meinen Schlaganfällen hat dies mir sehr geholfen.»

ALEXANDER LEIPOLD ist einundzwanzigfacher deutscher Meister, vierfacher Europameister, zweifacher Weltmeister und dreifacher Weltcupsieger im Freistilringen; seit 2009 ist er Freistil-Bundestrainer

Lachen hilft

[261] «Da ich im Rheinland lebe und arbeite, liegt mein Tipp, um die Welt ein wenig besser zu machen, sozusagen auf der Hand: mit Humor. Denn durch ein Lachen wird nicht nur vieles einfacher, sondern manche Konflikte lösbarer – oder entstehen erst gar nicht.»

ALEXANDER WÜERST ist Vorstandsvorsitzender der Kreissparkasse Köln

«Die Welt würde besser werden, wenn alle jeden Morgen einen Witz erzählen würden. Ich habe heute Morgen folgenden im Büro zum Besten gegeben: ‹Geht ein Zyklop zum Auge-Arzt.›

Ein Riesen-Ankommer. Fast überall gute Laune. Aber auch Kopfschütteln. An diesen Leuten muss man hart dranbleiben. Aber man kann sie kriegen. Und dann wird alles gut.»

KESTER SCHLENZ ist Journalist («Stern») und Autor («Mensch, Papa!»)

«Lachen ist der Schlüssel zum ultimativen Glück. Ich empfehle jedem, sich 1 x am Tag kräftig durchkitzeln zu lassen. Von der Freundin, der Tochter oder dem Chef.»

SASCHA HANKE ist Geschäftsführer Kreation der Werbeagentur Jung von Matt/Elbe

WERNER KNOPF ist Geschäftsführer der Werbeagentur KNSK

«Jeder, der dafür sorgt, dass mehr gelacht wird, hilft.»

Twittern gegen schlechte Laune

PATRICK BRIGGER ist Mit-Gründer und CTO der Firma getAbstract (www.getabstract.com)

[262] «Wenn Sie zu Hause schlechte Laune haben – stellen Sie sich vor, wie ein Fremder Ihr Benehmen auf Twitter beschreiben würde.»

Bei Twitter (www.twitter.com) dürfen die pointierten Mitteilungen max. 140 Zeichen lang sein.

Très chic!

[263] Ziehen Sie sich schön an, es bessert die Laune.

Klein ist groß

SUSANA SANTINA ist Journalistin und Moderatorin (u.a. «heute» im ZDF)

[264] «Versuch das Glück in vielen Kleinigkeiten zu finden; entdecke die kleinen, aber doch so großen Dinge dieses Lebens. Und gib dieses Glück an andere weiter. Es wird so immer wieder an dich zurückfallen.»

Gruß unbekannterweise

[265] Hinterlassen Sie einen Zettel mit einer fröhlichen Botschaft für den nächsten Leser in einem Bücherhallenbuch.

Abstand halten

[266] «DON'T TAKE YOURSELF TOO SERIOUS. Das Leben ist nicht ein einziger Notfall, und aus einiger Distanz – zeitlich oder räumlich – sieht alles ganz klein aus.»

CHRISTOPHER THOMAS ist Fotograf (www.christopher-thomas.de)

Zufrieden verdienen

[267] Legen Sie einen Block und einen Stift auf Ihren Nachttisch. Und auch an alle anderen Stellen, wo Sie gute Einfälle haben könnten. Ideen kommen und gehen. Eine gute Idee vergessen zu haben ist derart frustrierend, dass es uns 37 Prozent unzufriedener macht. Das gilt es zu verhindern. Plus: Wenn Sie gute Ideen aufschreiben, steigt die Chance, sie umzusetzen – im eigenen Leben, aber vielleicht sogar in einen Song, ein Patent, ein Produkt, eine Dienstleistung. Und damit vielleicht auch noch reich zu werden.

Wasser auf die Ideen-Mühle

[268] «Um die Welt zu verändern, muss man nicht erst Präsident der Vereinigten Staaten werden. Man braucht keinen Milliardenhaushalt und auch kein Militär. Alles, was man benötigt, ist eine Idee. Und eine Vorstellung davon, was sich aus einem einzigen klugen Gedanken entwickeln kann. Hier ein aktuelles Beispiel: das TAP Project. Auf Deutsch: Leitungswasser-Projekt.

PHILIPP BARTH ist Kreativdirektor bei der Werbeagentur Jung von Matt

Laut UNICEF haben über eine Milliarde Menschen weltweit keinen oder nur eingeschränkten Zugang zu sauberem Wasser. Alle 15 Sekunden stirbt ein Kind an verschmutztem Wasser. Ein Kreativer der New Yorker Werbeagentur drogafive kam auf eine Idee, wie jeder Einzelne das ändern könnte. Jedes größere Restaurant der Stadt bat seine

Gäste um einen Dollar, sobald ein Glas Tap Water serviert wurde. Etwas, das in den USA eigentlich umsonst ist. Für jeden Dollar konnte UNICEF ein Kind 40 Tage lang mit sauberem Wasser versorgen.

‹The biggest idea of the year›, urteilte die New York Times. Das war 2007. Inzwischen gibt es das TAP Project in ganz Amerika. 2009 wurde die Bewegung auch in anderen Ländern gestartet. Was im Kopf eines Einzelnen begann, führte zu einem weltweiten Feldzug gegen verschmutztes Wasser und rettete Millionen Kindern das Leben.

Deshalb mein Rat und meine Bitte: Wenn Ihnen eine Idee durch den Kopf geht, gehen Sie mit! Man kann nie wissen, wohin sie führt. Glauben Sie an die Kraft von Ideen. Jeder kann sie haben. Ganz gleich, ob man im Beruf einen Bus lenkt oder einen Konzern. Ideen sind überall. Sie umgeben uns. Halten Sie die Augen offen. Gehen Sie bewusst durchs Leben. Sie werden überrascht sein, wozu Ihr Kopf fähig ist.»

The TAP Project: www.tapproject.org

Digitalbilder tatsächlich dem Fotografierten zumailen

[269] Dank Digitaltechnik können wir Fotos ganz leicht mit anderen teilen. Und versprechen das auch dauernd. Auf jeder Party und bei jedem Ausflug sagen wir: «Ich schick dir das Bild per Mail!» Tun Sie's auch! Sie wissen selbst, wie frustriert Sie sind, wenn Sie das Foto dann doch nie zu Gesicht bekommen. Also am Tag nach dem Event: Speicherkarte in den Rechner stecken oder Kamera anschließen und ganz einfach die unbearbeiteten Originaldaten rausmailen. Pfeifen Sie auf rote Augen oder einen nicht ganz optimalen Bildausschnitt. Das können die Empfänger immer noch selbst retuschieren, wenn sie wollen. Falls Sie ein Fotohandy mit Datenflatrate

haben, schicken Sie die Bilder sofort – so vergessen Sie's nicht, und Ihr Gegenüber ist beeindruckt.

Versenden Sie, wenn möglich, die Bilder in voller Größe, dann können die Empfänger Abzüge machen lassen. Faustregel: Bis zu fünf MB pro Mail nimmt mittlerweile fast jedes E-Mail-Postfach klaglos entgegen. Nur wenn Sie wissen, dass der Empfänger noch per Modem online geht (z.B. auf einer Urlaubsreise oder aus Kostengründen), sollten Sie die Bilder vorab minimieren. Das bieten viele Mail- oder Bildanzeigeprogramme beim Versand automatisch an (600 x 480 Pixel ist die kleinste sinnvolle Größe).

Galerie glücklicher Erinnerungen

[270] «Jeder hat Fotos zu Hause, die an schöne Erlebnisse oder an liebe Menschen erinnern. Doch wo sind diese Fotos meistens: eingeklebt in Alben oder abgelegt auf Festplatten. Was wäre also, wenn man sich vornimmt, jede Woche ein solches Foto rauszukramen und aufzuhängen. Zum Beispiel an einem Ort, an dem man sich regelmäßig aufhält. So stellt man seine eigene kleine Galerie an großartigen Erinnerungen zusammen, und jeder Blick auf diese Fotos macht einen ein bisschen glücklicher.»

WILLI WEITZEL ist TV-Reporter (u.a. «Willi will's wissen»), www.williweitzel.com

Ein Hobby macht sechs Prozent

[271] Sammeln Sie etwas. Kronkorken, Enterprise-Devotionalien, Obst-Aufkleber, Tangaslips. Egal, was es ist – wer ein Hobby hat, sieht sein Leben sechs Prozent positiver, haben US-Forscher herausgefunden. Es muss noch nicht mal eine Sammlung sein, aber die ist der einfachste Einstieg in die Hobbywelt.

Freddys Weihnachtsgeschichte

[272] «Es geschah am 23. Dezember 1982. Ich hatte gerade eine ausgedehnte Tournee durch die USA und Kanada hinter mir und freute mich, nach vielen Jahren das Weihnachtsfest wieder zu Hause verbringen zu können. Mein Flugzeug sollte den Flughafen O'Haire in Chicago um 17 Uhr 55 in Richtung Frankfurt verlassen, um dort den Anschluss nach Hamburg zu bekommen. Die Maschine war natürlich total ausgebucht; denn die meisten Passagiere wollten die Festtage mit ihren Familien verbringen.

Was man allerdings in der Abflughalle nicht wissen konnte: Die bis dahin trockene Startbahn hatte sich in eine Schneelandschaft verwandelt; man sah nur noch Weiß. Und wenn es in Chicago schneit, dann kann man sicher sein, dass es so schnell nicht wieder aufhört! Ich ahnte Schlimmes und sollte mit meiner Vorahnung recht behalten: An einen Start war vorläufig nicht zu denken. Da saßen wir nun in der riesigen

Halle, eine international zusammengewürfelte Gesellschaft. Frauen, Kinder, Geschäftsleute, Touristen, traurig, verzweifelt, deprimiert, böse – und niemand wusste, wie es weitergehen sollte. Natürlich wurden wir von der Lufthansa bestens betreut; es fehlte an nichts. Essen, Trinken, Decken; doch an Schlaf war nicht zu denken.

FREDDY QUINN ist Sänger («Heimweh») und Schauspieler («Freddy, die Gitarre und das Meer»)

In dieser bedrückten Stimmung – es war inzwischen ein Uhr morgens, also der 24. Dezember – stand ich auf (ich weiß bis heute nicht, woher ich den Mut nahm) und sagte laut: ‹Ladies and Gentlemen, it's Christmas Eve, der Heilige Abend, I wish you all a Merry Christmas!› Ich stimmte a cappella das wunderschöne Lied ‹Stille Nacht, heilige Nacht› an. Da wurde es ganz still, und nach und nach sangen einige, dann alle Passagiere in den verschiedensten Sprachen mit. Ja, selbst die, die das Weihnachtsfest nicht auf unsere Art feiern, blickten ganz verträumt ins Leere, und in manchen dieser Augen glaubte ich, einen feuchten Glanz zu bemerken. Es herrschte eine Stimmung, die man nur sehr schwer beschreiben kann.

Einige Stunden später hörte es auf zu schneien, die Startbahn wurde geräumt, und der große blau-gelbe Kranich brachte uns sicher zurück in die Heimat.

Dieses Weihnachtsfest wird mir immer in Erinnerung bleiben! Mit einigen der netten Menschen, die ich in dieser Nacht in der Abflughalle kennengelernt habe, stehe ich noch heute in Kontakt, und darüber bin ich sehr glücklich. Ich bin froh, dass ich den Mut hatte, auf die Menschen zuzugehen, und ihnen für einen kleinen Augenblick Freude bereiten konnte.»

Glückliche Menschen tun nichts Böses

JOEY GRIT WINKLER
moderiert u.a. «Schau dich schlau» auf RTL II

[273] «Be happy! Versuchen Sie jeden Tag, sich selbst ein bisschen glücklich zu machen. Genießen Sie die Sonne, verschenken Sie ein Lächeln auf der Straße oder Komplimente an die Kollegen – und Sie bekommen alles und viel mehr zurück. Freuen Sie sich auf etwas, denn Vorfreude macht auch unglaublich glücklich … Glückliche Menschen tun nichts Böses. Im Gegenteil, sie wollen ihr eigenes Glück mit anderen teilen und machen so ganz automatisch mit Freude auch andere Menschen glücklich. [274] Versuchen Sie, sich einen Kindheitstraum zu erfüllen – am besten fangen Sie noch heute damit an! [275] Pflanzen Sie mindestens einmal in Ihrem Leben einen Baum.»

Zu den Wolken hochschauen

[276] «Um die Welt besser zu machen, sollte man sich ihr und ihrer Schönheit erst mal wieder bewusst werden. Nach oben zu den Wolken schauen statt immer nur stur geradeaus. Einen

Baum im Wald umarmen, statt einfach nur vorbeizuflanieren. Nach den Vögeln Ausschau halten, statt ihnen nur nebenbei zu lauschen. Und dann handeln: Pflanzen, auch außerhalb des Balkons, gießen, wenn es zu heiß ist. Vögeln eine Hütte zimmern für den Winter. Und dem Obdachlosen, der den Blick für das Schöne im Leben schlimmstenfalls verloren hat, ein Butterbrot und heißen Tee vorbeibringen.»

KATTY SALIÉ ist TV-Moderatorin («Hin&Weg», «west.art»)

Von Fischen lernen

[277] «Wissen Sie, was ich tue, wenn ich meinen Kopf frei kriegen will? Ich stecke ihn unter Wasser. Ich tauche. Nirgendwo sonst auf dieser Welt habe ich jemals wieder einen Ort gefunden, an dem so viele Lebewesen auf einem einzigen Quadratmeter so selbstverständlich miteinander klarkommen wie an einem Korallenriff. Klar wird da auch gedrängelt, geschubst und hin und wieder der Nachbar verputzt. Aber es gibt einen bedeutenden Unterschied zu uns Menschen: Die Bewohner eines Korallenriffs nehmen sich nur das, was sie unbedingt zum Leben brauchen. Selbst große Räuber wie Muränen verteidigen höchstens ihre eigene Höhle. Die überfallen keine anderen und bauen danach einen Zaun drum herum. Tieren fehlt nämlich eine entscheidende menschliche Eigenschaft: Habgier und Neid! Und ich habe mal von einem sehr klugen Menschen gelernt: Neid ist der schnellste Weg zum Unglücklichsein. Ich finde, er hat recht … Je mehr wir uns mit dem, was wir haben und was wir sind, zufriedengeben, desto entspannter lebt es sich, finden Sie nicht?»

FLORIAN WEISS ist Moderator bei Antenne Bayern

Die Pracht vor der Haustür lieben lernen

[278] «Man schützt nur das, was man liebt, und man liebt nur das, was man kennt. Also lasst uns dafür sorgen, dass die Menschen die Natur- und Kulturschätze unseres Planeten kennenlernen! Das müssen nicht immer die Schluchten des Grand Canyon, die Tiere der Serengeti oder die Tempel Asiens sein. Nehmt eure Freunde/Kinder/Bekannte an die Hand und zeigt ihnen die Pracht vor der Haustür: die unvermutete Großartigkeit unserer Nationalparks, die vor dem Verfall geretteten historischen Kostbarkeiten Ostdeutschlands – oder auch nur die Artenvielfalt auf einer klassischen Streuobstwiese vor den Toren der Stadt. Die Freude daran wird ansteckend wirken.»

KLAUS LIEDTKE ist Gründungschefredakteur der deutschen Ausgabe von «National Geographic», die er von 1999 bis 2009 leitete

Machen Sie sich ein Bild von der Welt

[279] «Schützen kann man nur, was wahrgenommen wird. Wahrgenommen wird nur, was man sichtbar macht. Die Fotografie ist dafür ein gutes Medium.»

ESTHER HAASE ist Fotografin (www.estherhaase.de)

Good news are good news

[280] «Unsere Welt wäre viel besser, wenn keine schlechten Nachrichten mehr die TV-Kanäle beherrschen würden. Doch leider ist die Sensationsgier der Zuschauer auf Unheil geprägt. Deshalb gilt heute in den Redaktionen ‹bad news are good news›, weil Mord, Totschlag und Katastrophen die Einschaltquoten steigern. Damit wird unsere Welt aber keinesfalls besser! Also, liebe Zuschauer, schaltet den Fernseher nur noch bei guten Nachrichten ein! Ich als Journalistin würde mich freuen, endlich mal mit positiven Meldungen ‹Quote zu machen›.»

UTA GEORGI moderiert den «Sachsenspiegel» im MDR

Darüber freut sich jeder

[281] Lassen Sie ein Zehn-Cent-Stück liegen, wo es jemand findet.

Doppelte Kraft einsetzen

[282] «Kurz stehen bleiben und SICH FREUEN! Mindestens dreimal am Tag. Am besten den Alarm am Handy stellen. Wenn es klingelt, ganz egal, was man gerade tut, innehalten, herumsehen, wahrnehmen und sich freuen. Es gibt IMMER einen Grund zur Freude. IMMER! Und wenn es eine Blume ist, die zwischen den Pflastersteinen ihren Kopf herausbohrt (was für ein großartiges Vorbild für uns!). FREUDE ist ansteckend. Das Gefühl tief drinnen spüren, aus ganzem Herzen, und dann lächeln. So wird die Freude weitergegeben.

THOMAS BREZINA hat über 400 Kinder- und Jugendbücher geschrieben, darunter die Serie «Ein Fall für dich und das Tiger-Team»

Übrigens hilft es auch, sich zum Lächeln zu zwingen. Ist nur die ersten paar Male krampfhaft, dann aber lacht man über sich selbst. Und wer lacht, der hat Freude.

Und wenn rundherum alle Leute muffig sind? Wenn es regnet und kalt ist? Wenn alle Aktien gefallen sind? Wenn eine schlechte Neuigkeit eingetroffen ist? Die doppelte Kraft einsetzen, um etwas zu finden, das FREUDE bedeutet. Denn FREUDE heilt. Und sie hilft allen rundherum. Gegen das Wetter kann man sowieso nichts machen, als sich zu freuen, dass hinter den Wolken die Sonne scheint.

Zu optimistisch?

Es ist eine ENTSCHEIDUNG, die jeder jede Minute des Tages treffen kann. Automatisch springen wir leichter auf muffig und missmutig. Aber FREUDE zu entdecken und zu spüren kann trainiert werden, wie alles andere auch. Zuerst braucht

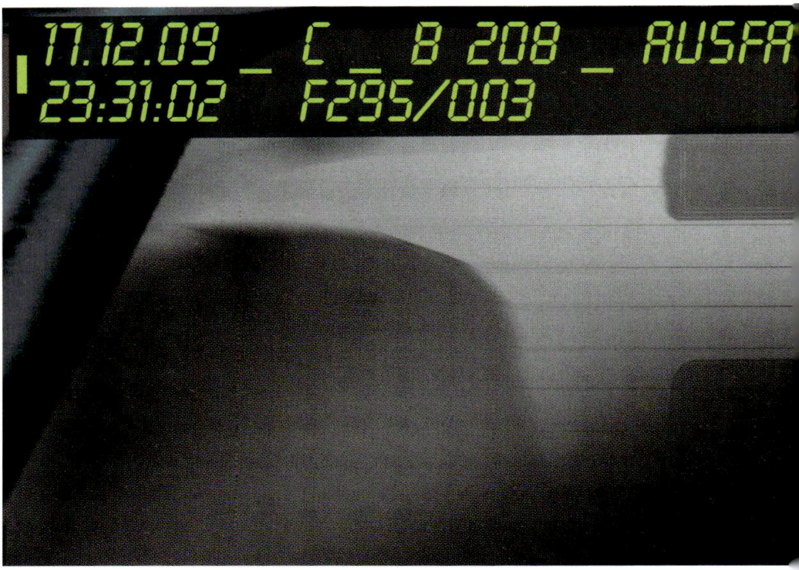

es Disziplin, dann wird es zu einem Lebensstil, dann zur Gewohnheit, und eines Tages ist es ganz natürlich und selbstverständlich.

Also: aufschauen, lächeln und SICH FREUEN! Jetzt auf der Stelle!»

Dankbar essen

[283] Sie können den Hunger in der Dritten Welt nicht lindern, indem Sie nur die halbe Tiefkühlpizza essen und den Rest nach Äthiopien schicken. Sie können aber Ihre Weltsicht ändern, wenn Sie vor dem Essen kurz innehalten. Manche Menschen sprechen ein kurzes Gebet, aber auch, wenn Sie das nicht tun (oder gar nicht gläubig sind), gibt es doch für die meisten von uns Gründe und Anlässe genug, um dankbar zu sein. Sie können ruhig auch sich selbst dankbar sein, das Geld für diese Mahlzeit verdient und/oder sie gekocht zu haben.

Daraus kann der Impuls erwachsen, weniger zu essen, langsamer, genussvoller. Oder an «Brot für die Welt» zu spenden. Oder einfach nur besser gelaunt den Rest des Tages zu meistern. Alles kleine Bausteine, die vielleicht doch eines Tages mithelfen, den Hunger in der Dritten Welt zu lindern.

Mitarbeiterzufriedenheit fördern bringt Kundschaft

[284] Setzen Sie alles daran, dass Ihre Angestellten zufrieden sind – die Kunden merken es genau, und sie kehren mit einer 70 Prozent höheren Wahrscheinlichkeit in einen Laden zurück, in dem die Angestellten sich wohlfühlen. Weil sie dort willkommen sind, sich gut aufgehoben fühlen und kompetent beraten werden. (Ganz abgesehen davon, dass zufriedene Mitarbeiter bessere Arbeit abliefern.)

Entscheiden Sie sich gegen Stress

[285] Wenn jemand viel Stress aushält, bewundern wir ihn (oder sie) dafür. Dabei sollten wir lieber versuchen, weniger Stress auszuhalten, statt immer mehr.

Und was mache ich jetzt daraus?

[286] «Nicht hadern mit dem, was ist! Auch wenn's merkwürdig anmuten mag: Probieren Sie's einmal, einfach DANKE zu sagen, für alles, was Ihnen passiert. ‹Danke, dass ich an dieser roten Ampel stehe.› ‹Danke, dass mein Kollege mich eben angemuffelt hat.› ‹Danke für den Dauerregen.› Und dann wachsen Sie schnell mal über sich hinaus, indem Sie sich fragen: ‹Und was mache ich jetzt daraus?›

NINA RUGE ist TV-Moderatorin (u.a. bis 2007 «Leute heute») und Autorin («Alles wird gut»)

An der roten Ampel können Sie zum Beispiel Entspannen üben. Hände weg vom Steuer. Ausatmen. Ganz bewusst die Welt anschauen und merkwürdige, lustige, schräge Kleinigkeiten entdecken. Mit dem Muffel-Kollegen können Sie üben, immun zu werden. Nicht infizierbar von miesen Schwingungen. Souverän über Tricks und Spielchen hinwegzusehen. Und Dauerregen? Super Gelegenheit, viele, viele Dinge zu tun, die Sie sowieso schon immer machen wollten! Großartig! Alles wird gut!

[287] Sind Sie häufiger mit einem Menschen zusammen, den Sie mögen – der aber ständig nörgelt, meckert, unzufrieden ist? Überraschen Sie ihn immer mal wieder mit unwiderstehlicher Heiterkeit. Unterstützen können Sie Ihre Charme-Offensive zum Beispiel wie folgt: Sie schreiben sich – BEVOR Sie diesen Menschen treffen – mit rotem Filzstift ‹HUMOR!› auf die Innenfläche Ihrer Hand. Und wenn Ihr Gegenüber ganz besonders grantelt, dann strahlen Sie es an, heben Sie die Hand und drehen Sie die Innenfläche so, dass es sie sehen kann … Bingo! Oder – falls Sie Hemd oder Hemdbluse tragen:

Schneiden Sie aus Papier einen schmalen Streifen, der in einem Kreis endet – wie das Schild einer Eisenbahnweiche sieht das aus. Auf den Kreis malen Sie ein wunderschönes Smiley. Und auf den Streifen malen Sie einen Pfeil, der in die entgegengesetzte Richtung des Smileys weist. Jetzt stecken Sie das Ganze so in den Zwischenraum zwischen zwei Hemdknöpfen, dass nur der Pfeil herauszeigt. Wird das Meckern Ihres Gegenübers ganz arg schlimm, dann bitten Sie es, in Pfeilrichtung zu ziehen, und das Smiley grinst es an. Funktioniert auch mehrmals – wenn's überraschend kommt! [288] Das Folgende ist aufwendiger – aber auch nachhaltiger: Engagieren Sie sich in einem Ehrenamt! Das ist ein großartiger Weg zum Glück. Nicht nur für diejenigen, um die Sie sich kümmern. Sondern ganz besonders für Sie selbst. Weil geben – sich verschenken – nachweisbar glücklich macht. Glücklicher als konsumieren! ‹Nicht VON etwas – FÜR etwas leben!› (Robert Walser)»

Nur Mitgefühl macht glücklich

[289] «Menschen wie Hitler oder Mao Tse-tung verfügten zwar über ein starkes Selbstbewusstsein, aber sie waren voller Argwohn und Hass. Sie konnten selbst nahestehenden Menschen nur mit Misstrauen begegnen. Ein misstrauischer und hasserfüllter Mensch jedoch kann nicht glücklich sein. Deshalb ist Mitgefühl mit unseren Mitmenschen so wichtig, denn letztlich wollen wir alle glücklich sein.»

DALAI LAMA nennt man das religiöse Oberhaupt der Tibeter. Der gegenwärtige 14. Dalai Lama ist der buddhistische Mönch Tenzin Gyatso (www.dalailama.com)

Immer flexibel bleiben

[290] Zufriedenheit erscheint uns oft als erreichbar dadurch, allen alles recht zu machen, alles zu schaffen, alle (selbstgestellten) Erwartungen zu erfüllen. Das ist aber gar nicht nötig, haben Forscher ermittelt – man muss bloß offen sein für eine neue Sicht der Dinge. 82% aller Frauen, die mit ihrem Leben «sehr zufrieden» waren, haben nämlich ihre Ansprüche den jeweils aktuellen Lebensumständen angepasst, statt zu versuchen, den bisherigen Ansprüchen gerecht zu werden. Bei Ehekrächen lässt sich sogar nachweisen: Wenn einer von beiden stur auf seiner Meinung beharrt und sich keinesfalls vorstellen kann, diese zu ändern, dauert der Konflikt dreimal (!) so lange. Weit schneller gehen die Friedensverhandlungen, wenn *beide* der Meinung sind, man könnte die Sache auch anders sehen. Gleiches wurde bei Senioren nachgewiesen: Mehr als Geld oder Beziehungen wurde ihre Zufriedenheit beeinflusst durch ihre Fähigkeit, Gewohnheiten und Erwartungen zu ändern. Kurz: Je flexibler wir unser Leben leben, je eleganter wir Veränderungen annehmen, desto besser geht es uns an allen Fronten.

Musik macht munter

[291] «Kann Musik die Welt besser machen? Sie tut es jeden Tag, zumindest in meiner Wohnung. Niemand verlangt von einem dreiminütigen Popsong, die Probleme der Welt zu lösen oder die drängenden Fragen unserer Zeit zu beantworten, und es ist inzwischen weitgehend gesichert, dass Musiker auch nicht mehr von den Geheimnissen des Universums verstehen als der Rest der Menschheit – vermutlich sogar deutlich weniger, wenn man ganz ehrlich ist. Aber komischerweise hören wir trotzdem weiter Musik, denn die Musik selbst

ROB SHEFFIELD ist US-Musikjournalist und Buchautor («Love is a Mix Tape: Eine Geschichte von Liebe, Leid und lauter Musik»)

scheint die Welt besser zu verstehen, als es den Musikern oder den Zuhörern gelingt – Musik gehört zu den Sachen, von denen ich immer wieder etwas lerne, manchmal sogar gegen meinen Willen. Und die grundlegende Sehnsucht nach Musik gehört zu den Gefühlen, die uns alle aufrecht halten.

Hier sind zwölf Songs, die jeden Raum, in dem sie zu hören sind, zu einem besseren Ort machen. Vor allem, wenn sie ein bisschen zu laut aufgedreht werden.

Al Green, Look What You Done For Me (1973)

Der großzügigste und offenherzigste Lovesong, in dem Prediger Al der Welt erklärt, wie das mit der Freundschaft so läuft. Bester Anfang aller Songs überhaupt: ‹Now that you're here with me / I want to keep you free.› Ich wäre gern Al Green, wenn ich erwachsen bin.

New Order, Temptation (1982)

Eine beängstigende Platte über totales Entsetzen, auf der vier britische Post-Punk-Kids davon singen, zum Tanzen auszugehen, als wäre es das erste Mal, dass sie auch nur darüber nachdenken, das Haus zu verlassen. Aber die Freude und Entschlossenheit der Musik bringt sie bis auf die Party und lässt sie bis zum Morgengrauen bleiben. Ich habe diesen Song geliebt, seit er rausgekommen ist, und kann noch immer nicht aufhören, ihn zu spielen – der Song lässt mich wünschen, ich wäre so tapfer wie die Kids, die ihn spielen.

Barry White, It's Ecstasy When You Lay Down Next To Me (1977)

Ein Disco-Jam aus den Siebzigern, in dem Mr. Barry White, der kugelrunde Soundbär, höchstselbst ein Seminar über die Tanzschritte des Herzens abhält. Als ich klein war, habe ich ihn das Stück live im Nachmittags-TV singen sehen. Er trug einen grünen Samtanzug, trat zwischen die Zuschauer und fragte: Wovon handelt dieses Lied? Ich habe gefragt: *WOVON* handelt dieses Lied? Geht es um eine Person? Geht es um drei Personen? Es geht um *ZWEI* Personen! Ich habe eine Menge von Barry White gelernt.

Blind Blake, Georgia Bound (1926)

Letzten Winter habe ich diesen Song in einem Coffeeshop bei mir um die Ecke gehört – an einem Tag, an dem ich wütend auf die Welt war und mir eigentlich auch alles andere stank. Dank der Wunder moderner Technik wusste ich nach ungefähr zehn Sekunden an meinem Laptop, wer da sang und wo ich das Stück kaufen konnte. Es ist ein Country-Blues aus den Zwanzigern, bloß ein einsamer Typ mit seiner Gitarre, der sich von einer Stadt verabschiedet, die es nicht gut mit ihm gemeint hat, und wenn wir alle uns immer so anständig verabschieden könnten, dann müssten wir vermutlich weit weniger Kaffee trinken. Wie auch immer, ‹Georgia Bound› hat mir den Tag gerettet.

Gladys Knight & The Pips, Midnight Train To Georgia (1973)

Alle kosmischen Wirren der Romantik, zusammengefasst in vier Minuten *choo-choo*s und *woo-woo*s.

James Brown, I'm A Greedy Man (1971)

Das bin ich auch, Mr. Brown! Die Soul-Power auf dem Höhepunkt, führt JB seine Band hier durch sieben Minuten kaltblütigen, heißherzigen Funk, bis sich die Welt ein wenig schneller dreht.

Bruce Springsteen, Prove It All Night (1978)

Neulich habe ich ihn live, im Giants Stadium in New Jersey, gesehen, wo er das gesamte Album ‹Darkness On The Edge Of Town› spielte, und obwohl er 60 ist und satte drei Stunden auf der Bühne stand, ließ er alle jüngeren Musiker ein bisschen angestaubt wirken.

Leonard Cohen, Tower Of Song (1988)

Ich habe dieses Jahr auch Leonard Cohen eine Drei-Stunden-Show spielen sehen, und er huschte auf der Bühne umher, als hätte er Flügel an den Fersen. Wenn man einen alten Mann mit so viel Elan sieht, kann man davon ausgehen, dass er ein leidenschaftlicher Musikliebhaber sein muss.

The Clash, Up In Heaven (Not Only Here) (1981)

Die Vorstellung, dass Rock&Roll für eine Neugier auf die Welt steht und für Leidenschaft nach dem Leben, hat keine Band derart begeistert verinnerlicht wie The Clash, und sie sind auch nicht vor den unlösbaren Gegensätzen zurückgeschreckt, die sich daraus ergaben. Neulich war ich in einem Secondhandshop im East Village, und sie spielten das Clash-Album von 1981, ‹Sandinista!›, allerdings liefen die Songs in alphabetischer Reihenfolge von irgendjemandes iPod. Es war eigenartig, all diese bekannten Songs derart neu geordnet zu hören und zu versuchen, zu erraten, was als Nächstes kommt. Ich fand, wonach ich gesucht hatte, zwischen ‹Somebody Got Murdered› und ‹Something About England›, aber ich musste unbedingt noch bleiben, bis dieser Song lief.

The Dream, Mr. Yeah (2009)

Ein R&B-Hit von Anfang 2009, bei dem der Producer/Singer/Songwriter seine Phantasie auslebt, der ultimative Lover zu sein; er hat die Macht, gebrochene Herzen zu heilen und alle schlechten Erinnerungen seiner Freundin verschwinden zu lassen.

Aretha Franklin, My Way (1970)

Die Frank-Sinatra-Version hat mich nie besonders interessiert – die war einfach immer schon da –, deshalb hat mir der Song nichts bedeutet, bis ich ihn von Aretha hörte. Es ist ein Outtake vom Album ‹Spirit In The Dark› aus dem Jahr 1970, veröffentlicht 2008 in einer total obskuren Raritätensammlung. Aber sie holt alles raus aus der Melodie. Ich schätze, näher ran werden wir nie kommen an meinen Traum, dass Aretha David Bowies ‹Life On Mars?› singt.

The Hold Steady, Killer Parties (2004)

Diese Bar-Band aus Brooklyn ist spezialisiert auf Songs über nette Mädchen und nette Jungs, die zusammen eine scheiß Zeit haben. In dieser Gitarren-Hymne hat das nette Mädchen total viel Pech, bis ihr nichts mehr bleibt außer einem schlimmen Kater und irgendwelchen wirren Erinnerungen – und meilenweise Highway, bevor sie endlich den Ort erreichen wird, der ihr Zuhause ist. Aber solange dieser Song aus ihrem Autoradio dröhnt, wird sie's schaffen.»

Haushalt & Küche

Einfach genießen

[292] «Die Weltverbesserungs-Gazpacho

ZUTATEN

60 g Olivenöl
6 mittelgroße reife Tomaten
eine Gartengurke, geschält
eine rote Paprika, entkernt
eine kleine Zwiebel, geschält
eine Knoblauchzehe
eine Scheibe Weißbrot
8 Basilikumblätter
Salz, Pfeffer
2 El Essig

Zubereitung: Gemüse in grobe Stücke schneiden und mit den restlichen Zutaten vermischen. Mit Klarsichtfolie abgedeckt am besten in der Sonne zwei Stunden ziehen lassen. Dann fein aufmixen, abschmecken und schön kalt in einer Schale servieren.

Kaviar, Hummer und Trüffeln sind geil – wer was anderes behauptet, hat keine Ahnung. Bloß: Kein Mensch kann damit die Welt verbessern. Dafür braucht es nämlich viel mehr: die einfachen, guten Dinge des Lebens. Die schon deswegen glücklich machen, weil sie so simpel sind. Knackiges Gemüse, ein, zwei frische Gewürze, Olivenöl. Und, wenn möglich, Sonnenschein. In natura und im Herzen – dann klappt das garantiert mit der besseren Welt …

Hören Sie nie auf zu genießen!»

ROLAND TRETTL ist Executive Chef im Restaurant «Ikarus» im Hangar-7 in Salzburg, wo jeden Monat ein neuer Starkoch am Herd steht (www.hangar-7.com)

Beim Umzug auf die Orientierung achten

[293] Man kann ein Haus oder eine Wohnung nicht drehen. Aber beim nächsten Umzug können Sie darauf achten, ein sinnvoll in der Welt ausgerichtetes Objekt zu wählen. Das führt zu einem natürlichen Lebensgefühl und spart Energie:

- Die Sonne scheint auf die Südseite, deswegen ist es dort automatisch wärmer. Hier sind die Wohnbereiche gut aufgehoben.
- Im Westen geht die Sonne unter, hier bringen Sie am besten Nutzflächen unter: Bäder, Garagen, Waschküche.
- Die kühle, schattige Nordseite ist optimal für Gästezimmer.
- Im Osten, wo die Sonne aufgeht, sind Küchen und Schlafzimmer ideal platziert.

Behalten Sie nicht nur die unmittelbare Lage auf dem Grundstück im Blick, sondern darüber hinaus auch die Entfernung zu Schulen (wenn nötig), zum Arbeitsplatz, zu den Einkaufsmöglichkeiten, zum öffentlichen Nahverkehr – so können Sie mit der richtigen Wohnwahl massiv Umweltschutz betreiben (und jede Menge Zeit sparen, die Sie dann zum eigenen Wohl und/oder für einen guten Zweck einsetzen können).

Endlich weniger Platz

[294] Wenn Sie umziehen wollen oder müssen, denken Sie eine Nummer kleiner. Ein Zimmer weniger (oder kleinere Zimmer) spart Energie und Geld: beim Bau, aber auch beim Heizen (und ggf. Kühlen, wenn Sie eine Klimaanlage haben), beim Möbelkauf und beim Stromverbrauch (Stichwort: Licht). Außerdem spart man Zeit bei der Haushaltsarbeit und ist ggf. der Familie näher.

Stromausfall für Profis

[295] Kaufen Sie eine kleine Taschenlampe mit Magnet und kleben Sie sie an Ihren Sicherungskasten.

Warm ist zu warm

[296] Wenn Ihre Warmwassertherme sich von außen warm anfühlt, ist sie nicht gut genug isoliert. Lassen Sie sich vom Heizungsinstallateur beraten.

Klimatische Abgrenzung

[297] Offene Grundrisse sind «in» und fördern das soziale Miteinander. Aber sie verschwenden Energie, vor allem, falls Sie (später) Teile der Wohnung oder des Hauses nicht nutzen, aber dennoch heizen. Wenn Sie umbauen, sehen Sie Möglichkeiten vor, in Zukunft wieder Türen einzubauen oder einzuhängen. Insbesondere Flure, in die frische kalte Luft kommt, sollten zum Wohnungsinneren durch eine weitere Tür abgeschirmt sein.

Rechnen hilft beim Malen

[298] Messen Sie vor dem Streichen Wände, Decken – und Fenster. Berechnen Sie die Fläche: Höhe mal Breite (für Wände) bzw. Länge mal Breite (Decke) minus die Fläche der Fenster (Höhe mal Breite). Kaufen Sie dann im Baumarkt oder Farbfachhandel die richtige Menge Farbe, und Sie haben nicht nach ein paar Jahren im Keller oder in der Garage lauter halbvolle Farbeimer im Weg rumstehen, die Sie umständlich in den Sondermüll entsorgen müssten.

Teebeutel entgiften

[299] Bei der nächsten Renovierung oder dem bevorstehenden Wohnungsanstrich: Verteilen Sie reichlich trockene Teebeutel im Zimmer. Giftige Chemikalien (vor allem Formaldehyd) sorgen oft für Halsschmerzen, Übelkeit und Kopfschmerzen – das Tannin im Tee absorbiert 90 Prozent der Toxine, fanden Forscher der Verbraucherzentrale Tokio heraus. Schwarzer oder grüner Tee funktioniert am besten.

Hinterher aber bitte nicht genussvoll aufbrühen!

Schneller als der Rauch

[300] Bringen Sie bei sich zu Hause Rauchmelder an. Etwa 600 Menschen sterben jährlich allein in Deutschland an Bränden, die meisten davon nachts bei sich zu Hause. Gefährlicher als das Feuer ist dabei der Rauch: 95 % aller Brandtoten erliegen den Folgen einer Rauchvergiftung. Ein Rauchmelder fiept einen rechtzeitig aus dem Schlaf.

Ein Aufkleber macht Schluss mit unadressierten Werbewurfsendungen

[301] Jedes Jahr landen ca. 33 Kilo unadressierte Werbewurfsendungen in einem durchschnittlichen deutschen Briefkasten. Kleben Sie einen Zettel drauf: «Bitte keine Werbung!»

Oder, wenn Ihnen das nicht chic genug ist, bestellen Sie sich einen kostenlosen Anti-Werbe-Aufkleber unter www.kaufda.de/umwelt/bitte-keine-werbung-aufkleber (kommt per Post, was die Umwelt aber immer noch weniger belastet als der Werbeberg, der dadurch abnimmt).

Anfangs wandert die nicht ausgelieferte Werbepost natürlich in den Müll (oder, hoffentlich, ins Altpapier). Auf die Dauer aber wird die Anzahl der gedruckten und verschickten

Sendungen abnehmen. Und man muss die Dinger nicht wegwerfen oder gar lesen und sich in Versuchung führen lassen.

Billige Luft

[302] Preiswerter als jeder noch dazu stromfressende Luftreiniger: Pflanzen im Haus. Faustregel, um den gleichen Effekt zu erzielen: in jedem Zimmer mindestens eine.

Nickende, künstliche Zimmerpflanzen

[303] «Manchmal rufen Besucher mit dem bitteren Schmerz plötzlicher Erkenntnis aus: ‹Mein Gott, du hast ja gar keine Pflanzen in der Wohnung!› Der Tonfall legt nahe, dass sie denken, mir Pflanzenignorant fehle das Herz für die Natur. ‹Im Gegenteil!›, rufe ich dann zurück. ‹Ich möchte Pflanzen nur nicht meine unregelmäßigen Abwesenheiten zumuten, ich würde auch nicht neben ihnen rauchen oder laute Musik spielen wollen.›

‹Du könntest ja jemanden bitten, sie zu gießen›, höre ich dann, ‹wie kannst du überhaupt atmen in diesem Raum? Pflanzen erfüllen doch auch medizinische Zwecke, weil sie Sauerstoff liefern.› Ich antworte, dass ich den Ausdruck ‹Ärzte im Blumentopf› selbstverständlich kenne, dass ich aber erfahren habe, dass Pflanzen ihre Fotosynthese nur tagsüber machen, in der Nacht aber selbst Sauerstoff einatmen, dass sich in ihrer Erde Pilzsporen bilden und so weiter. Je mehr Argumente ich bringe, desto klarer wird mir, dass mich meine Pflanzenlosigkeit als Unmensch entlarvt. Ungerecht! Denn ich glaube nun einmal, dass man in der Stadt ganz leicht ohne Pflanzen leben kann.

Eine interessante Alternative für das Zimmerpflanzenproblem sind die Pekoppa, künstliche nickende Topfpflanzen

MARTIN AMANSHAUSER ist Autor und Reisejournalist («Viel Genuss für wenig Geld»); www.amanshauser.at

aus Japan, die immer frisch aussehen und auf die menschliche Stimme reagieren. Sie nicken. Ich kann ihnen Süßes zuflüstern oder sie wüst beschimpfen, sie werden mir immer freundlich beipflichten. Nickende Topfpflanzen kosten so viel wie eine CD. Ist man eines Tages des servilen Genickes überdrüssig, kann man sie immer noch entfernen.»

Ein Hirn, ein Hörer

[304] Schalten Sie die «Anklopf»-Funktion bei Telefon und Handy aus. Das Piepsen stört Ihr laufendes Gespräch, und wenn Sie auf die andere Leitung wechseln, hat Ihr aktueller Gesprächspartner das Gefühl, er sei nicht sonderlich wichtig. Und all das nur, um dem zweiten Anrufer zu sagen: «Ich telefoniere gerade und rufe gleich zurück.»

Leiten Sie Anrufe bei besetzt auf die Mailbox oder den Anrufbeantworter weiter.

Bonus-Tipp: Beantragen Sie privat ISDN (hat zwei Leitungen) und besorgen Sie sich zwei Schnurlostelefone, dann können zwei Personen gleichzeitig telefonieren. Und wenn Sie allein sind, können Sie auf dem Display des zweiten Telefons sehen, wer anruft. Aber nicht rangehen, solange es kein Notfall ist (z.B. das Schulsekretariat).

Alles ganz ordnerlich

[305] Führen Sie einen Ordner pro Person oder Haustier mit allen wichtigen Daten, Zeugnissen, Arztberichten.

Videodokument gegen Versicherungszweifel

[306] Gehen Sie mit der Videokamera durchs Haus und filmen Sie alle Wertgegenstände, inklusive Schmuck. Ziehen Sie Schubladen heraus und filmen Sie, was drin ist. Sie wollen damit keinen Oscar gewinnen, sondern für die Versicherung den Stand der Dinge dokumentieren. Brennen Sie eine DVD der Filmdatei und legen Sie diese in den Safe (oder deponieren Sie sie bei Freunden oder Verwandten). Dann haben Sie es bei Einbrüchen und Wasser- oder Feuerschäden viel leichter.

Anleitung zur Anleitungsaufbewahrung

[307] Sammeln Sie alle wichtigen Anleitungen in einer Box oder einem Ordner. Oder laden Sie die Anleitungen von der Herstellerwebsite herunter und speichern Sie sie in einem Anleitungsordner, dann können Sie das Original ins Altpapier entsorgen.

Können wir das schaffen? Yo, wir schaffen das!

[308] Teilen Sie teure Werkzeuge mit Ihren Nachbarn. Wie oft braucht man schon den Schlagbohrer, den Akkuschrauber, den Dampfreiniger ... Die Bereitschaft, sich abzusprechen und notfalls mal eine Stunde zu warten, spart viel Geld, Platz, Ressourcen.

Machen Sie Fernbedienungen zu Nahbedienungen

[309] Suchen Sie auch immer nach den Fernbedienungen für TV, DVD-Player, Musikanlage usw.? Stellen Sie eine Schachtel auf den Couchtisch, z.B. aus Korb, oder eine alte Vase, mit möglichst großer Öffnung. Stecken Sie die kleinen Helfer wie Blumen hinein – so sind sie immer in der Nähe, wenn Sie eine

brauchen. (Aber bitte nicht vergessen: Geräte bei längeren Auszeiten richtig abschalten, nicht nur in Stand-by. Immerhin verschwenden wir in der Bundesrepublik aufgrund von Leerlaufverlusten elektrische Energie in einer Größenordnung von vier Milliarden Euro jährlich – das entspricht dem Stromverbrauch einer Großstadt wie Berlin.)

Lichterkettenbotschaften

[310] Natürlich wollen wir Energie sparen. Aber es ist doch Weihnachten. Also hängen wir ein paar Lichterketten in die Fenster. Außerdem: Was würden sonst die Nachbarn denken?

Wenn Sie schon nicht anders können, dann nutzen Sie Mini-Lichter, um für einen guten Zweck zu werben. Formen Sie Schlagworte in Ihrem Fenster:

F-r-i-e-d-e-n

Z-u-F-u-s-s-z-u-r-A-r-b-e-i-t

F-a-i-r-T-r-a-d-e

K-o-n-d-o-m-e-s-c-h-u-e-t-z-e-n

Schöne Weihnachten!

Ei, Ei, Ei: natürliche Ostern

[311] Kolorieren Sie Ihre Ostereier mit natürlichen Farbstoffen – zum Beispiel mit Rote Beete, Blaubeeren, Zwiebelschalen, Spinat oder Gewürzen. Im Internet gibt's haufenweise Anleitungen, z. B. beim Deutschen Grünen Kreuz auf http://dgk.de/gesundheit/umwelt-gesundheit/informationen/produkte/

natuerlich-unbedenklich-ostereier-faerben-mit-naturfarben.html.

Macht Kindern Spaß, weil man endlich mal mit Essen spielen darf, man spart Chemie und lernt noch was nebenbei. (Als schnelle Alternative gibt es in Drogeriemärkten auch Öko-Farben.)

52 x umweltfreundlicher

[312] Nehmen Sie pro Woche eine Veränderung vor, die Ihr Leben umweltfreundlicher gestaltet. Klingt nach wenig? Ergibt aber satte 52 Schritte in die richtige Richtung im Jahr!

Keine Extras mehr

[313] Wenn Sie einen Lieblingsstift haben, wissen Sie immer, wo der ist. Haben Sie zwei Dutzend Wegwerfkugelschreiber überall rumliegen, dann finden Sie trotzdem nichts zum Schreiben, wenn Sie eine Nummer notieren wollen. Von vielen Dingen brauchen wir nur ein Exemplar (Nagelfeilen, Uhren, Sonnenbrillen, Regenschirme, Taschenmesser, Schraubenzieher, sogar Computer). Verkaufen, verschenken, recyceln oder entsorgen Sie den Rest. Ihr Leben wird übersichtlicher, Sie sparen Ressourcen, benötigen weniger Stauraum und werden weniger Zeit mit der Suche nach irgendwelchen Gegenständen verbringen – und Sie können in Zukunft das gesparte Geld anderweitig verwenden.

Andere arbeiten lassen

[314] Wir leben in einer Dienstleistungsgesellschaft. Wenn Ihnen etwas nicht leichtfällt, lassen Sie's … jemand anders machen. Manche Menschen können sich beim Bügeln wun-

derbar entspannen, andere lassen die Wäscheberge wachsen, bis sie nichts mehr zum Anziehen haben. Gleiches gilt für Näharbeiten und Reparaturen, aber auch für die Buchhaltung oder Akquise-Anrufe. Fast alles lässt sich heutzutage «outsourcen». Und sofern Sie in der gewonnenen Zeit Geld verdienen können, rechnet sich das oft sogar, denn was man nicht gern macht, darin ist man auch langsam (oder macht viele Fehler). Konzentrieren Sie sich auf Ihre Stärken, statt unter Ihren Schwächen zu leiden.

Wenn Sie privat Hilfe suchen, versuchen Sie es über die Internetplattform www.machdudas.de.

Aus den Augen, aus dem Sinn

[315] Wenn Sie etwas auf den Dachboden oder in den Keller stellen wollen – «für später», für jemand anders, nur vorsichtshalber –, verkaufen Sie's, verschenken Sie's, oder schmeißen Sie es weg. Die Sachen in den Lagerräumen vergisst man, bis man sie nicht mehr braucht, die Enkel sind schon zu groß, das befreundete Pärchen hat doch ein Mädchen bekommen, keinen Jungen ... oder Sie sterben selbst, bevor Sie die Sachen weitergeben, und Ihre Erben müssen sich drum kümmern. Es klappt nie. Sparen Sie sich den Aufwand und den Platz. Führen Sie die Dinge gleich einem guten Zweck zu.

Entrümpeln für Hasenfüße

[316] Wenn Sie beim Entrümpeln auf etwas stoßen, von dem Sie sich nicht trennen können, packen Sie es in eine Kiste, stellen Sie es weg, und warten Sie ab, ob Sie es vermissen.

Den Vorschlag kennt man. Doch wenn Sie ein halbes Jahr oder ein Jahr später die Kisten durchsehen, werden Sie sich von denselben Sachen immer noch nicht trennen können. Versuchen Sie die knallharte Variante, um sich selbst auszutricksen: Schreiben Sie auf die Kisten ein Datum in zwei Jahren, aber keine Inhaltsangabe. Wenn Sie sich zwischenzeitlich nicht aktiv auf die Suche nach dem Zeug gemacht haben, werfen Sie nach zwei Jahren die ganze Kiste ungeöffnet weg.

Noch mehr Gründe, Klarschiff zu machen:

- Statistisch gesehen verbringt jeder von uns 55 Minuten täglich (!) mit der Suche nach irgendwas.
- 80 Prozent dessen, was wir besitzen, benutzen wir (fast) nie.
- Ordnung reduziert die Hausarbeit um 40 Prozent!
- US-Aufräumspezialist Peter Walsh («Die Gerümpel-Diät») ist überzeugt: Wer ausmistet, nimmt ab. Wer nicht aufräumt, hält auch am Übergewicht fest.

Mehr Platz im Haus = mehr Platz im Kopf

[317] Sammeln Sie auch Zeitschriften? Und finden dann doch nicht dieses tolle Rezept, den Reiseführer oder die Dekovorschläge? Sortieren Sie die Hefte nach Monaten ein, nicht nach Titeln oder Jahrgängen. Dann stehen alle Weihnachtshefte beisammen, egal ob Frauenzeitschrift, Kochheft oder Dekomagazin. Und alle Sommertipps sind ebenfalls gebündelt.

Wenn Sie nicht die ganzen Hefte aufheben wollen, archivieren Sie die Artikel nach dem gleichen Prinzip: sortiert nach Ereignissen, Jahreszeiten, Anlässen, Themen.

[318] Noch platzsparender: Scannen Sie die Seiten mit mindestens 300 dpi (mit dieser Auflösung können Sie später bei Bedarf Ausdrucke machen) und speichern Sie die Dateien in Themenordner.

Macht zufrieden, weil Sie finden können, was Sie suchen.

Und Ihr Haus wird schöner, weil Sie all die tollen Dekoideen endlich umsetzen!

Zentrale: Kühlschrank

[319] Hat Ihr Kühlschrank eine ebene Front (im Gegensatz zu einer leichten Rundung) oder handelt es sich um ein Einbaugerät, dann können Sie z. B. mit Kleber auf der Front oder der Verkleidung eine Holzplatte befestigen und diese mit Tafelfarbe streichen – fertig ist Ihre ganz private Nachrichtenzentrale. So können Sie sicher sein, dass jede News den Empfänger erreicht, denn in die Küche gehen immer alle.

Sauber ist cool

[320] Stauben Sie die Kühlschlangen hinter Ihrem Kühlschrank regelmäßig ab, spart 30 Prozent Strom.

Ausgangs-Tür

[321] Bringen Sie an der Innenseite Ihrer Haustür ein kleines «Whiteboard» an (das sind die Tafeln, auf die bei Präsentationen mit abwischbaren Filzstiften geschrieben wird) und notieren Sie darauf, was Sie im Gehen nicht vergessen dürfen.

Erwachsen werden

Diese sechs Sachen hat man schnell erledigt – aber im Alltag sind wir meistens doch zu faul und verschieben sie auf «morgen». Gewöhnen Sie sich an, die folgenden Dinge jeden Tag zu tun – es kostet Sie zehn Minuten und bringt nicht nur Ordnung ins Haus, sondern auch das Gefühl, sein Leben im Griff zu haben:

[322] Machen Sie Ihr Bett. Warten Sie nicht darauf, dass Ihre Mutter es macht. Sie sind erwachsen. Es sieht schöner aus, Sie werden sich am Abend darüber freuen, und Ordnung sorgt

für mehr Ordnung: Wenn Sie das Bett gemacht haben, ist die Wahrscheinlichkeit geringer, dass Sie den Rest Ihres Schlafzimmers als Abwurfort für Altpapier oder als Lagerplatz für Wäsche und Spielzeug nutzen.

[323] Wenn Sie einen Raum verlassen, werfen Sie einen Blick zurück. Herrscht keine Ordnung, räumen Sie auf – und nehmen Sie allen Müll gleich mit und entsorgen Sie ihn.

[324] Öffnen und sortieren Sie jeden Tag Ihre Post, sobald Sie sie ins Haus holen. Werfen Sie unerwünschte Werbung wenn möglich noch vor dem Haus ins Altpapier.

[325] Statt dreckige Töpfe und Teller in der Spüle zu stapeln: Stellen Sie sie gleich in die Spülmaschine (wenn vorhanden), oder waschen Sie sie ab, während das Essen kocht. Auch wenn Sie keine Lust dazu haben: Räumen Sie nach dem Kochen/Essen die Küche auf – sonst ärgern Sie sich das nächste Mal, wenn Sie eine Mahlzeit zubereiten wollen.

[326] Kleckereien gleich wegwischen, ob in der Küche, im Bad oder im Kinderzimmer. Fast alle Flecken lassen sich vermeiden, solange Farbe, Ketchup oder Make-up noch frisch sind.

[327] Fegen (oder saugen) Sie abends einmal durch die Küche (den meistgenutzten Raum in fast jedem Zuhause). Spart langfristig viel Arbeit, denn dann wird der Dreck nicht am nächsten Tag durchs ganze Haus getragen.

Spannbettlaken ordentlich zusammenlegen

[328] Beliebter Frust für Hausfrauen und -männer: Spannbettlaken falten und im Schrank verstauen. Man versucht es jedes Mal wieder, gibt dann aber entnervt auf, knüllt das Ding wütend zusammen und stopft es in den Schrank. Doch, Wunder über Wunder, es geht – auch Spannbettlaken lassen sich flach und rechteckig falten und ordentlich verstauen. (Anlei-

tung für Rechtshänder – Linkshänder tauschen die Angaben entsprechend.)

Mit der Unterseite des Lakens nach außen fassen Sie mit je einer Hand zwei der näher beieinanderliegenden Ecken. Rechte Hand zur linken führen, Ecke aus der rechten Hand über die in der linken stülpen, sodass die Oberseite des Lakens nach außen zeigt. Nach unten langen und die Ecke hochheben, die auf der Längsseite an die grenzt, die Sie in der rechten Hand halten (die vordere), und über die beiden anderen stülpen (Unterseite des Lakens zeigt nach außen). Letzte Ecke hochnehmen und über die anderen stülpen, diesmal ist wieder die Oberseite außen. Laken auf eine flache Oberfläche legen und die Seiten mit den Gummizügen so nach innen falten, dass ein langgezogenes Rechteck entsteht. Nun klein falten, bis die gewünschte Größe erreicht ist.

Klingt kompliziert, aber nachdem Sie es das erste Mal hinbekommen haben, ist es einfach.

Tierbabys vermeiden

[329] Jedes Jahr werden viele tausend Haustiere ausgesetzt oder eingeschläfert. Allein über drei Millionen Katzen streunen heimatlos durch Deutschland. Das wollen Sie dem potenziellen Nachwuchs Ihres Tiers doch hoffentlich ersparen. Aber selbst wenn Sie sicher sind, dass Sie die Jungen in gute Hände abgeben könnten – bekommt Ihr Tier keinen Nachwuchs, finden dort vielleicht andere Jungtiere von weniger achtsamen Tierhaltern ein Zuhause. Deshalb: Lassen Sie Ihr Haustier kastrieren bzw. sterilisieren.

Hinzu kommt: Sterilisierte Tiere erkranken deutlich seltener z. B. an Gebärmutter- oder Milchdrüsenkrebs.

Und weil der Geschlechtstrieb abnimmt, geht automatisch auch die Verbreitung von Infektionskrankheiten wie «Katzen-Aids» (offiziell: «Feline Acquired Immune Deficiency Syndrome», kurz FAIDS) zurück. Das ist nicht nur für die Tiere gut, sondern kann auch uns nicht schaden, denn wie man bei Schweinegrippe, Vogelgrippe oder Rinderwahnsinn gesehen hat, kann man nie ganz sicher sein, wann solche Viren mutieren und auf Menschen überspringen.

Schuhe aus

[330] Ziehen Sie Ihre Schuhe an der Tür aus. So lässt sich vermeiden, dass sich in Teppichböden Schadstoffe ansammeln, die mit dem Staubsauger nicht mehr entfernt werden können. Bis zu 50-mal mehr Pestizide als in Erdproben aus der unmittelbaren Umgebung wurden im Teppichstaub gemessen und 30 verschiedene Gifte.

Klingt spießig, macht das Leben aber deutlich besser. Das Haus bleibt so insgesamt sauberer – und Sie können all Ihre Alltagssorgen gleich mit abstreifen und Ihr Haus zu einem Ort der inneren Ruhe werden lassen.

Sparen Sie sich die Reinigung

[331] Kleidung chemisch reinigen zu lassen ist teuer und belastet die Umwelt. Viele Kleidungsstücke kriegen Sie auch selbst in der Waschmaschine sauber, z.B. einfarbige Wolle und Viskose als Feinwäsche mit Wollwaschmittel. Eine besonders zarte Alternative ist auch Babyshampoo in handwarmem Wasser in Waschbecken oder Badewanne.

Tennisbälle trocknen schneller

[332] Zwei oder drei Trocknerbälle aus Plastik sorgen tatsächlich dafür, dass die Wäsche schneller trocknet, das spart Strom. Aber sie sind ganz schön laut – und eben leider aus Plastik. Zwei alte Tennisbälle funktionieren fast genauso gut, kosten nichts und wurden sowieso schon produziert.

Saubere Sache

[333] Das deutsche Umweltbundesamt (UBA) hat ermittelt: In Privathaushalten mit gesunden Personen genügt es, die Waschmaschine auf 30 Grad zu stellen, auch für Handtücher, Bettwäsche (die oft als «Kochwäsche» mit 60 oder mehr Grad gewaschen wird) usw. Der Energieverbrauch und damit auch die CO_2-Belastung sowie die Stromkosten sinken durch das geringere Aufheizen des Wassers deutlich. Die Hygiene ist bei dieser Waschtemperatur ausreichend gewährleistet.

UBA-Waschmittelexperte Marcus Gast sagt: «Wir befinden uns in einem Desinfektionswahn. Häufig wird suggeriert, dass Wohnungen mit Keimen schlechte Haushalte sind und Wäsche deshalb gekocht werden muss. Eine gesunde Bakterienflora im privaten Umfeld stärkt jedoch das Immunsystem, steht doch die Verwendung von Desinfektionsmitteln in engem Zusammenhang mit der Häufigkeit von Allergien.»

Er betont: «Vollwaschmittel mit Bleiche desinfizieren bereits bei niedrigen Waschtemperaturen durch die Umwandlung von Wasserstoffperoxid mit dem Bleichverstärker TAED zu Peressigsäure.» Nur wenn jemand krank ist, sollte man Vorsicht walten lassen und z.B. Bettwäsche gesondert und heißer waschen. (Wobei die meisten Infektionen ohnehin durch direkten Kontakt erfolgen.)

Durch eine niedrige Waschtemperatur ist die Umweltbelastung reduzierbar, ganz zu vermeiden ist sie nicht. Jähr-

lich gelangen allein in Deutschland 630 000 Tonnen Waschmittel und 200 000 Tonnen Weichspüler in die Abwässer. Der UBA-Experte rät, Flüssigwaschmittel zu meiden, weil deren organische Inhaltsstoffe die Kläranlagen besonders stark belasten. «Baukastensysteme oder Superkompaktwaschmittel im Tandemsystem erlauben es, mit geringerem Einsatz die gleiche oder sogar eine bessere Waschleistung zu erzielen.»

Besonders schädlich für die Umwelt sind Weichspüler. Sie tragen nicht zur Reinigung der Wäsche bei und sind daher für den Waschvorgang unnötig. «Wer seine Wäsche gerne kuschelig weich hat, sollte wenigstens wissen, dass er dafür eine hohe Umweltbelastung in Kauf nimmt, was bedauerlich ist», erklärt Gast. Auch der Einsatz von Wasserenthärtern ist meist unnötig: «Weiches Wasser braucht keine Enthärtung, für hartes Wasser reicht in vielen Fällen der Enthärter, der ohnehin bereits im Waschpulver enthalten ist.» Mehr: www.umweltbundesamt.de/chemikalien/waschmittel/.

[333]

Seltener waschen

[334] Hosen und Röcke müssen nicht nach einmal Tragen in die Wäsche, sogar T-Shirts kann man oft zwei Tage tragen (es muss ja nicht in Folge sein, dann merkt's kein Mensch).

Handtücher können Sie ebenfalls mehrmals verwenden. Wenn sie nicht schnell genug trocknen, benutzen Sie zwei im täglichen Wechsel. Bettwäsche können Sie durchaus zwei Wochen (oder länger) drauflassen – haben Sie als Teenager bestimmt auch so gemacht, und das war nicht die schlechteste Zeit im Leben. Spart mindestens eine Waschmaschinenladung pro Woche – inklusive Strom und Waschmittel. Die Klamotten leben länger und die Waschmaschine auch.

Kein Müll für Staub

[335] Wenn Sie ohnehin einen neuen Staubsauger kaufen, schauen Sie sich einmal die beutellosen Varianten an – erspart der Umwelt Hunderte von Filtertüten, die Sie sonst kaufen müssten.

Verzicht statt Recycling

[336] Mit einer Kaffeepresse (die bekannteste ist von der Firma Bodum) sparen Sie sich und dem Mülleimer das Filterpapier. (Das ist noch besser, als ungebleichte Recyclingfilter zu kaufen.)

Reinigungs-Konzentrate bevorzugen

[337] Weniger Reinigungsmittel ist mehr: Nutzen Sie Konzentrate – wenn die Packung halb so groß ist, müssen auch nur halb so viele Laster aus der Fabrik zur Drogerie fahren. Aber dann bitte auch halb so viel Reinigungsmittel in den Wischeimer oder halb so viel Waschmittel in die Maschine!

[338] Und nicht vergessen: Vor hundert oder gar zweihundert Jahren wurde auch schon sauber gemacht – mit weniger Duft und Chemikalien. Das war deutlich billiger und ging auch. Beispiele:

- Mit Essigwasser wischen Sie den Boden.
- Mischen Sie Zitronensaft und Olivenöl, um damit Möbel zu polieren.
- Mit Natron und einem feuchten Schwamm kriegen Sie Edelstahl, Eisen oder Kupfer blank. Vorsicht: Nicht für Aluminium verwenden (Natron greift Alu an)!
- Reiner Essig, 1:1 gemischt mit destilliertem Wasser, ist ein nahezu allmächtiges Reinigungsmittel, dazu preiswert und

ökologisch vollkommen unbedenklich (und somit auch empfehlenswerter als Öko-Reiniger). Sogar Fenster lassen sich damit streifenfrei putzen. Und keine Sorge, der Geruch verfliegt beim Trocknen.

Besser halb als gar nicht

[339] Falls es Ihnen zu aufwendig ist, Reinigungsmittel selbst zu mixen, und Sie ohnehin welche kaufen – wählen Sie wenigstens die ökologisch unbedenklichsten Varianten, z.B. von «Frosch» oder «terra».

Servietten archivieren

[340] Wenn Sie Ihre Papierserviette im Restaurant oder vom Schnellimbiss nicht benutzt haben, stecken Sie sie ruhigen Gewissens ein. Zurücklegen ist unhygienisch, also würde sie ohnehin weggeworfen. Sie können Sie später noch als Taschentuch verwenden oder sich die Brille putzen. (Das ist natürlich keine Aufforderung, sich mit dem Tagesgericht 1000 Servietten aufs Tablett zu packen.)

Mikrowellen gegen Bakterien

[341] In der Spülmaschine werden Schwamm und Abwaschbürste sauber – aber nicht rein. Zwei Minuten in der Mikrowelle hingegen töten 99 Prozent aller Bakterien und Viren auf und in den Putzhelfern. Achtung: Schwamm oder Bürste müssen nass sein und dürfen keine Metallbestandteile haben. Hinterher nicht sofort rausnehmen und sich die Finger verbrennen, sondern abkühlen lassen. Je nach Intensität der Küchennutzung raten Ärzte zur Desinfektion alle zwei bis drei Tage.

Haushalt übersichtlicher gestalten

[342] Wenn Sie sich jeden Tag eine bestimmte Haushaltsaufgabe vornehmen, dann wissen Sie stets, was schon getan ist und was noch drankommt. Sie brauchen nicht mehr darüber nachzudenken, wann Sie das letzte Mal gewischt oder die Betten bezogen haben. Außerdem wird so alles erledigt, aber Sie müssen nicht alles auf einmal machen.

Ein Beispielplan:

Montag	Mülleimer und Papierkörbe leeren, Müll an die Straße stellen; Wäsche waschen
Dienstag	Aufräumen und Saubermachen im ersten Stock und im Keller; Einkaufsliste
Mittwoch	ehrenamtliche Arbeit; Großeinkauf auf dem Nachhauseweg
Donnerstag	Badezimmer
Freitag	Teppichböden saugen, übrige Böden wischen; Wochenende planen
Samstag	Familienzeit
Sonntag	Gartenarbeit mit der Familie; Reparaturarbeiten

Schöner saugen

[343] Spart Schlepperei und macht die Hausarbeit viel einfacher: je ein Staubsauger pro Stockwerk. Aber kaufen Sie dafür möglichst keinen neuen, sondern warten Sie auf ein Erbstück oder den nächsten Garagenflohmarkt in Ihrer Nähe.

Gerechtigkeit für Putzteufel

[344] Empfinden wir die Hausarbeit als gerecht geteilt (und das muss nicht heißen: hälftig), steigt die persönliche Zufriedenheit um 21 Prozent und die Zufriedenheit mit dem Fami-

lienleben sogar um 32 Prozent. Wenn Sie mehr im Haushalt tun, bessern Sie also das Klima daheim – und können zugleich jede Menge Umwelttipps umsetzen!

Pinkeln Sie in die Dusche

[345] Morgens ist die Blase voll. Die meisten Menschen gehen daher nach dem Aufstehen direkt auf die Toilette, pinkeln, spülen – und duschen danach. Wenn Sie gleich duschen und dabei Wasser lassen, sparen Sie täglich sechs bis neun Liter Trinkwasser (das sonst in die Kanalisation läuft und erneut aufbereitet werden muss). Macht bei täglicher Durchführung gut 4000 Liter Wasser im Jahr. Sinnvoll natürlich nur, wenn Sie sowieso duschen wollen. Klappt auch in der Badewanne (und ist hygienisch unbedenklich), mag aber nicht jeder.

Mittlerweile fordert sogar die brasilianische Umweltorganisation SOS Mata Atlantica, auf diese Weise Wasser zu sparen, um den Atlantischen Regenwald zu retten: «Xixi no Banho.» (www.xixinobanho.org.br)

Wasser sparen aus den richtigen Gründen

Im Haushalt Wasser zu sparen lindert leider nicht den Durst in der Sahelzone. Dennoch gibt es gute Gründe, Wasser zu «sparen» – eigentlich müsste man sagen: Wasser sparsamer zu nutzen. Denn egal, wofür man das Wasser verwendet, die gut 1,4 Milliarden Kubikkilometer Wasser, die es ungefähr auf unserem Planeten gibt, werden weder mehr noch weniger. Und selbst, wenn wir hier Wasser sparen, hat ein durstiges Kind in Äthiopien nichts davon, denn wie soll das unbenutzte Wasser von hier dorthin? Nein, das Wasser, das wir heute nicht verbrauchen, kommt einfach morgen aus unserem Hahn (denn es steht ja schon abrufbereit in der Leitung).

Die Wasserwerke empfehlen einen sparsamen Verbrauch, weil sich dadurch Kosten reduzieren lassen. Man muss weniger bezahlen, und zwar gleich zweimal – denn beim Wasser zahlt man einen Preis für das frische Wasser, das aus dem Hahn kommt, und dann bezahlt man noch die «Abwassergebühr» dafür, dass das (möglicherweise schmutzige) Wasser abläuft und wieder gereinigt und zu Trinkwasser aufbereitet wird. Denn diese Aufbereitung kostet Energie, und wenn sauberes Wasser in die Kanalisation gelangt, vermischt es sich mit Abwasser und muss ebenfalls gereinigt werden.

Wer sich beispielsweise drei Minuten lang die Zähne schrubbt und dabei den Hahn voll aufgedreht lässt, jubelt knapp 40 Liter Wasser in die Kanalisation. Spart man hingegen jeden Tag morgens, mittags und abends tatsächlich jeweils 40 Liter, sind das an einem Tag 120 Liter und in einem Jahr 43 800 Liter bzw. 43,8 Kubikmeter, die zum Beispiel in Hamburg inklusive Sielnutzungsgebühr rund 150 Euro kosten – pro Person!

Und mit dieser Einsparung lässt sich dann doch noch der Durst in der Dritten Welt lindern (denn ein Brunnen kostet «nur» 300 Euro; Direktspende z.B. bei www.sodi.de/project.php?proj_id=72).

Und wie spart man nun am einfachsten?

[346] Wasser nicht laufen lassen beim Zähneputzen (s. o.), möglichst auch nicht (oder nicht die ganze Zeit) beim Rasieren.

[347] Feuchten Sie Ihre Zahnbürste vor dem Putzen nicht an – im Mund wird sie ohnehin nass. Klingt fast lächerlich, aber warum nicht auch einen Mini-Beitrag leisten. Nehmen wir mal an, Sie putzen Ihre Zähne zweimal täglich (hoffentlich!), und beim Anfeuchten der Bürste verbrauchen Sie jeweils auch nur ein halbes kleines Glas Wasser (also 0,05 Liter – wahr-

scheinlich ist es eher mehr). Das ergibt 36,5 Liter im Jahr pro Person. Bei 82 Millionen Deutschen sind das weitere knapp 3 Milliarden Liter sauberes Wasser jährlich, die sinnlos durch den Abfluss strudeln (in etwa das Volumen der Hamburger Binnenalster).

[348] Wenn eine neue Armatur fällig ist, eine mit Sparstellung wählen; dann läuft im Normalfall weniger Wasser durch, man kann aber auch «Vollgas» geben.

[349] Wasserzulauf unterm Becken ein wenig zudrehen; merkt man kaum und bringt viel.

Weniger Wasser schneller kochen

[350] Ein Wasserkocher erhitzt das Wasser nicht nur schneller als die Elektroplatte, sondern spart auch rund 40 Prozent Strom. [351] Wichtig: Nur so viel Wasser einfüllen und erhitzen, wie Sie auch tatsächlich benötigen.

Heiß geliebt und sinnlos gekühlt

[352] Stellen Sie die Temperatur Ihrer Heiztherme und/oder Ihrer Heißwassertherme niedriger. Experimentieren Sie so lange, bis das Duschwasser zu kalt wird (oder nicht lange genug reicht) bzw. bis die Heizung nicht mehr ausreichend heizt. Sonst heizen Sie das Wasser in der Therme nämlich nur auf, um es anschließend durch die Beimischung von kaltem Wasser auf die gewünschte Temperatur zu bringen.

[353] Und wenn Sie in den Urlaub fahren, schalten Sie das Gerät ganz ab (oder drehen Sie es wenigstens auf die Minimaltemperatur). Es dauert nur maximal eine Stunde, bis es nach Ihrer Rückkehr wieder voll aufgeheizt hat.

Geschirrspüler statt Handwäsche – entspannend und sparsam

[354] Ein vollständig gefüllter Geschirrspüler verbraucht weniger Wasser und Strom, als das Geschirr von Hand zu waschen. Vorspülen ist nicht nötig (und verschwendet bis zu 75 Liter Wasser pro Waschgang), und bei normaler Verschmutzung reicht der sparsamste Waschgang. Man muss also kein schlechtes Gewissen haben, wenn man nicht am Spülbecken schuftet – im Gegenteil, sogar die Neuanschaffung einer Maschine kann sich rechnen: Moderne, effiziente Geräte benötigen in ihren Energiesparprogrammen nur noch rund 1 Kilowattstunde Strom und 13 Liter Wasser pro Spülvorgang.

Die Universität Bonn hat ermittelt, dass man für den Abwasch von 12 Gedecken beim Spülen von Hand durchschnittlich 46 Liter Wasser benötigt. Um diese Menge zu erwärmen, werden etwa 2 Kilowattstunden Energie benötigt. Wird das Wasser mit Strom erhitzt, liegen die Strom- und Wasserkosten für den Handabwasch bei 60 Cent. Die gleiche Menge Geschirr lässt sich in einer stromeffizient arbeitenden Spülmaschine für nur 26 Cent säubern. Bei vier Anwendungen pro Woche bedeutet das eine jährliche Einsparung von bis zu 70 Euro. (Wird das Wasser für den Handabwasch mit Gas oder Öl erhitzt, fällt die Kostenersparnis geringer aus und liegt bei nur rund 10 Euro im Jahr.)

Inhalt trumpft Aufdruck

[355] Verpackungen mit dem «grünen Punkt» kommen in den «gelben Sack» (oder die «gelbe Tonne»)? Denkste!

In Wahrheit ist es komplizierter (aber auch sinnvoller): Der «grüne Punkt» ist ein Zeichen dafür, dass der Hersteller eine Gebühr für die korrekte Entsorgung bzw. das Recycling der Wertstoffe gezahlt hat. Sortiert werden müssen die Wertstoffe aber vom Verbraucher (also von uns). Und zwar so: Glas kommt in den Altglascontainer, Papier und Pappe in die «blaue Tonne» oder den Altpapiercontainer – beides gilt, egal ob ein «grüner Punkt» darauf ist oder nicht. Alle übrigen Verkaufsverpackungen aus Kunststoff, Metall oder Verbundmaterialien (z.B. Milch-, Saft- und Weinkartons, Vakuumverpackungen für Kaffee, Styroporverpackungen) kommen in den «gelben Sack» oder die «gelbe Tonne». Gegenstände aus den gleichen Materialien, die kein Verpackungsmaterial sind und keinen «grünen Punkt» tragen, dürfen nicht in die Tonnen bzw. Säcke, sondern kommen in den Hausmüll.

Bonus: Mittlerweile gibt es außer dem «grünen Punkt» noch andere sogenannte «duale Systeme», beispielsweise benutzt die Firma «Landbell» ein kleines Bäumchen als Symbol. Die können ebenfalls in die «gelbe Tonne».

In der Übersicht:

Papier und Pappe (mit oder ohne Entsorgungssymbol)
→ Altpapiertonne oder -container

Glas (mit oder ohne Entsorgungssymbol)
→ Altglascontainer

Verpackungsmaterial (mit Entsorgungssymbol)
→ gelber Sack bzw. gelbe Tonne.

Tonne statt Sack

[356] Wenn Ihr Haushalt mehrere Personen umfasst – oder Sie gern einkaufen –, sind Sie wahrscheinlich auch ganz schön genervt von den «gelben Säcken». Werfen Sie deswegen den Verpackungsmüll einfach in die normale Tonne, können die Wertstoffe nicht wiederverwertet werden – und Sie benötigen eine größere Mülltonne, die mehr Gebühren kostet.

Erkundigen Sie sich bei der Stadtreinigung nach den Voraussetzungen für die Bereitstellung einer (kostenlosen)

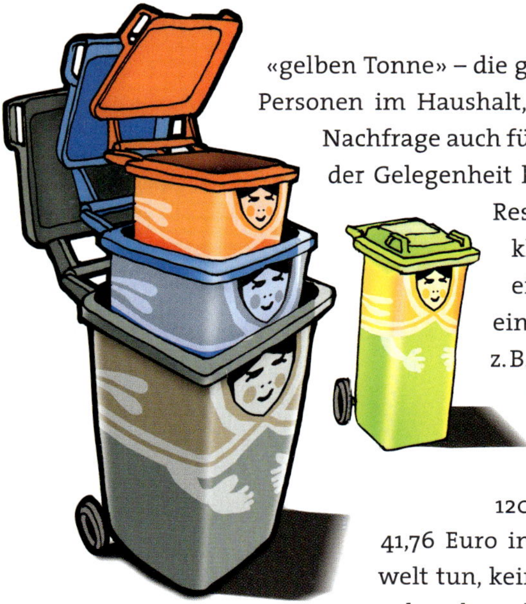

«gelben Tonne» – die gibt es oft ab vier oder fünf Personen im Haushalt, in manchen Städten auf Nachfrage auch für jede Haushaltsgröße. Bei der Gelegenheit können Sie sich gleich die Restmülltonne gegen eine kleinere tauschen lassen – eine 60-Liter-Tonne statt einer 80-Liter-Tonne kostet z.B. in Hamburg 1,40 Euro weniger im Monat, macht 16,80 Euro im Jahr. Hatten Sie zuvor eine 120-Liter-Tonne, sparen Sie 41,76 Euro im Jahr. Gutes für die Umwelt tun, kein Generve mit den Säcken und auch noch mehr Geld in der Tasche – viel besser wird's nicht.

Tolle Party? Kein Problem!

[357] Bierflaschen mit einem Limonenschnitz darin können trotzdem ins Altglas. Ebenso die, in denen nach Partys ein paar Zigarettenkippen schwimmen. Verbrennt alles in der Glasschmelze.

Recycling lohnt sich doch

[358] Immer wieder hört man, Recycling würde sich gar nicht lohnen. Falsch! Ein Marmeladenglas zu recyceln spart Energie (im Vergleich zur Neuherstellung eines neuen Glases für 8 Stunden Betrieb einer 50-Watt-Energiesparlampe. Eine Tonne (1000 Kilo) Papier zu recyceln rettet 17 Bäume, spart 26000 Liter Wasser, knapp 1500 Liter Öl, 270 Kilo CO_2, 4077

Kilowatt Strom. Eine Aludose spart den Strom für drei Stunden Fernsehen. Nicht, dass ausgerechnet drei Stunden vor der Glotze die Belohnung für den unermüdlichen Umwelteinsatz sein sollten …

Sixpack-Plastikringe aufschneiden

[359] Mancher kennt die Szene aus dem Trickfilm «Happy Feet»: Der dicke Pinguin-Guru erstickt am Ende fast, weil sein Hals im Plastikring eines Sixpack-Halters feststeckt.

Die Plastikhalterungen waren in Deutschland lange unüblich, in den letzten Jahren hat man sie wieder öfter gesehen. In vielen Urlaubsländern sind sie weit verbreitet.

Das Problem: Die Sechser-Ringe landen auf Müllkippen, und weil sie so leicht sind, wehen sie weg oder werden von neugierigen Vögeln davongeschleppt. Dann enden sie im Meer – und die Tiere dort verheddern sich darin.

Die Lösung: vor dem Wegwerfen Ringe aufschneiden (oder, ganz männlich und passend zu den sechs auf der Stirn zerdrückten Bierdosen: aufreißen).

Vertraue auf die anderen

[360] «Die Problematik der Erderwärmung ist ähnlich gelagert wie das atomare Wettrüsten im Kalten Krieg: Nur durch eine Abkehr vom globalen Misstrauen kann das Weltklima bewahrt werden. Deshalb gilt eine Art Kant'scher Imperativ des Klimaschutzes für Individuen wie für Gemeinwesen: Reduziere deine Treibhausgas-Emissionen, so gut du kannst, in der festen Annahme, dass alle anderen ebenso handeln werden.»

PROF. HANS JOACHIM SCHELLNHUBER ist Direktor des Potsdam-Instituts für Klimafolgenforschung (PIK) sowie Vorsitzender des Wissenschaftlichen Beirats der Bundesregierung Globale Umweltveränderungen

Energie muss teurer werden

[361] «150 Jahre lang sind die Bruttolöhne und die Arbeitsproduktivität Hand in Hand angestiegen, rund um einen Faktor 20. Ganz toll. Kläglich zurückgeblieben ist die Energieproduktivität. Kein Wunder: Die Energie ist im Vergleich zur Kaufkraft immer billiger geworden, und jetzt haben wir den Ärger mit dem Klima, den versiegenden Ölquellen, dem Atommüll usw. Was tun? Ich schlage vor, die Energiepreise jedes Jahr um so viel anzuheben, wie die Energieproduktivität im Vorjahr angestiegen ist. Das tut nicht weh, aber es ist ein klares Signal für Erfinder, Produzenten und Verbraucher: Wer jetzt noch Energie verschwendet, zahlt drauf, und wer immer effizienter wird, gewinnt! Wenn dann in 50 Jahren so etwa eine Verfünffachung erreicht ist, sind die meisten Klima- und Umweltprobleme wie weggefegt.»

PROF. DR. DR. H.C. ERNST ULRICH VON WEIZSÄCKER ist Naturwissenschaftler; 2008 bekam er den Deutschen Umweltpreis

Ein kleiner Schritt in die Zukunft

[362] «Wir Menschen sind wunderbar, aber auch verblüffend. Wir können zum Mond fliegen, aber unendlich viele Menschen leben auf unserem eigenen Planeten in Armut. Wir streben nach den Sternen, wo doch Ikarus mit tönernen Füßen zur Erde fiel. Vielleicht das beeindruckendste Beispiel ist der Klimawandel: Er ist ein direktes Nebenprodukt unseres modernen Lebenswandels, verfügt aber über das möglicherweise unumkehrbare Potenzial, in wenigen Jahrzehnten ein Gleichgewicht ins Wanken zu bringen, das sich in 4,6 Billionen Erdjahren eingestellt hat. Und dennoch tun wir weitgehend so, als wäre das einfach nicht wahr. Dabei übersehen wir, dass die Erderwärmung, wenn wir ihr nicht Einhalt gebieten, zu politischen und sozialen Verwerfungen führen

wird, die am Ende sogar die gegenwärtige Finanzkrise in den Schatten stellen werden.

Um die Welt besser zu machen, auch im Dienste unserer Kinder und Enkelkinder und derer, die wir lieben, bedarf es daher unbedingt und unverzüglich eines neuen weltweiten ökonomischen Verantwortungsgefühls, in dessen Rahmen der Klimawandel zu den entscheidenden politischen Fragen zählt. Dafür müssen alle Länder ihren Kohlendioxidausstoß verringern und den Mythos begraben, dass es das höchste Ziel eines Staates sei, ein größeres wirtschaftliches Wachstum aufzuweisen als die anderen.

Wir müssen einen Kampf gewinnen, wie es ihn noch nie zuvor gegeben hat: nicht gegen verfeindete Nationen oder um Bodenschätze, sondern wir müssen gemeinsam kämpfen, um unser aller Zukunft sicherzustellen, selbst wenn das bedeutet, dass jeder von uns Kompromisse einzugehen hat. Eine unsichtbare Macht wurde erweckt und gibt Warnschüsse ab. Die Temperaturen steigen schon, die verwundbarsten Ortschaften sind bereits von Überflutungen und dem steigenden Meeresspiegel betroffen. Wir können diesen Kampf nur gewinnen, wenn wir schnellstmöglich den Kohlendioxidausstoß reduzieren. Sobald wir den Klimawandel wirklich selbst zu spüren bekommen, ist der Konflikt bereits verloren, die Kraft der Erderwärmung wäre dann auch durch schnelles Handeln nicht mehr aufzuhalten.

DR. ANDREW MCGONIGLE ist ein schottischer Physiker (Universität Sheffield; Arbeitsschwerpunkt Vulkane) und Preisträger des «Rolex Award 2008»

Wie aber können wir – die Bürger – Position beziehen? Welche konkreten Schritte können wir tun? Ein entscheidender Akt bestünde darin, zu einem Stromanbieter zu wechseln, der statt fossiler Brennstoffe (einer der größten Quellen von CO_2-Ausstoß) erneuerbare Energien einsetzt – und das ist mit einem kurzen Anruf getan. Als Konsumenten haben wir eine weit größere Macht, durch unsere Entscheidungen am Markt die Regierungen zu beeinflussen, als wir uns je träumen lassen würden. Wenn alle diesen Wechsel durchführten, würden die zahllosen kleinen Schritte für eine massive Reduktion des Kohlendioxidausstoßes sorgen, und ein donnernder Tsunami unserer Meinung erreichte unsere Politiker und würde sie wissen lassen, dass wir neue Energien und eine neue Umweltpolitik brauchen, und zwar sofort!»

Im Internet gibt es zahlreiche Strom/Ökostrom-Vergleichsrechner, u.a. www.verivox.de/power/ (einziger bei Stiftung Warentest mit dem Urteil sehr gut; 2008), www.stromeffi zienz.de.

Energie-Konkurrenz senkt die Preise

[363] «Energiesparen! Das kann jeder: Auf energieeffiziente Elektrogeräte umsteigen, Stand-by-Modus ausschalten, Energiesparlampen kaufen, Gas- und Stromanbieter wechseln, mit Verstand kochen, öffentliche Verkehrsmittel nutzen, vorausschauend und überlegt Auto fahren, Energieverbrauch durch intelligente Stromzähler optimieren … All das schont Umwelt und Geldbeutel. Nebenbei fördert es den Wettbewerb auf dem Energiemarkt, und Konkurrenz belebt bekanntlich das Geschäft und führt zu günstigeren Preisen.»

DR. JOACHIM PFEIFFER, CDU, ist Mitglied des Deutschen Bundestages

Klick dich reich

[364] «Alle wollen Gutes tun, doch reden die meisten nur darüber, weil es anstrengend ist, überhaupt etwas zu tun. Der Mensch ist bequem, also sollten wir nur etwas Bequemes verlangen. Z.B. kann man relativ bequem die Welt ein wenig besser machen, indem man seine Geräte zu Hause nicht im

Stand-by-Modus lässt. Eine schaltbare 3er-Steckdose für TV, Video und CD-Player, die man nur zum Betrieb anschaltet, spart ganz easy viel Energie und Geld. Man muss sich nur bequemen, sie wieder auszuschalten!

ARNO LINDEMANN ist Geschäftsführer Kreation der Werbeagentur Lukas Lindemann Rosinski

(Pro Haushalt und Jahr addieren sich die durch Stand-by verursachten Gesamtkosten je nach Geräteausstattung auf 65 bis 130 Euro pro Gerät. Quelle: www.bmwi.de; Bundesministerium für Wirtschaft und Technologie.)»

Die Kraft der Sonne nutzen

[365] «Die Sonne hat das größte Potenzial unter allen erneuerbaren Energieträgern. Schon eine 300 mal 300 Quadratkilometer große Fläche in der Sahara, bestückt mit Sonnen-Spiegelkraftwerken, würde genügen, um den gesamten Energiebedarf der Weltbevölkerung zu decken. Diese Parabolrinnen-Kraftwerke bündeln die Sonnenstrahlen und nutzen ihre Wärme zur Stromerzeugung.

Jeder kann im Kleinen dazu beitragen, die Kraft der Sonne zur Energiegewinnung einzusetzen – bei sich zu Hause: Fotovoltaikanlagen produzieren Strom, und solarthermische Anlagen erwärmen unser Wasser. Im Großen müssen wir uns dafür starkmachen, dass Kraftwerke durch saubere Sonnenstrahlen und nicht durch CO_2-haltige Kohle oder radioaktives Uran angetrieben werden. Die Technologie ist ausgereift und einsatzbereit, es mangelt nur am politischen Willen, sie großflächig anzuwenden.»

PROF. DR.-ING. UDO UNGEHEUER ist Vorstandsvorsitzender der Schott AG

Die Firma Schott ist spezialisiert auf Glasprodukte und produziert u.a. Fotovoltaik-Anlagen.

Vor dem Durchbrennen bewahren

[366] Ihre Kinder (oder Ihr Mann/Ihre Frau) «können» das Licht im Flur, im Bad, im Keller oder in der Küche nicht ausmachen, wenn sie gehen? Installieren Sie in nur zeitweilig genutzten Räumen Zeitschalter oder Präsenzmelder (die einen schalten sich nach einer bestimmten Zeit ab, die anderen, wenn keiner mehr da ist). Beratung in jedem Baumarkt, Einbau ist oft anstelle des bisherigen Schalters und somit ohne Dreck möglich. Spart Frust, Leuchtmittel, Strom.

Schaltfeste Energiesparlampen bei viel An und Aus

[367] Energiesparlampen werden nicht gern dauernd an- und ausgeschaltet. Was soll man also z. B. im Bad tun – brennen lassen oder Strom sparen? Ausmachen, sobald man den Raum verlässt! Aber schrauben Sie eine spezielle Leuchte mit Vorheizfunktion und hoher «Schaltfestigkeit» rein (steht auf der Packung), sonst erzeugen Sie bloß extraschnell Sondermüll. Denn weil Energiesparlampen Quecksilber enthalten, dürfen sie nicht in den Hausmüll, sondern müssen zum Wertstoffhof oder entsprechenden Sammelstellen gebracht werden. Dennoch stehen sie in der Öko-Bilanz, die alle Vor- und Nachteile eines Produktes oder Verhaltens zusammenrechnet, weit besser da als herkömmliche Glühlampen (die es ja ohnehin bald nicht mehr gibt).

Coole Sache

[368] Stellen Sie Ihren Kühlschrank auf sieben Grad Celsius ein (legen Sie zur Kontrolle für einige Zeit ein Thermometer hinein), das reicht und spart gegenüber den üblichen fünf Grad etwa zehn Prozent Strom – ohne dass man je wieder darüber nachdenken muss.

[373] Nach dem Backen den Ofen auflassen und Haus damit wärmen (statt die Wärme langsam nach hinten in die Außenwand der Küche sickern zu lassen).

Wie ätzend: Backofenreiniger

[374] Schauen Sie mal auf die Rückseite Ihres Backofenreinigers. Auf den meisten ist ein oranges Warnsymbol – eine Flüssigkeit frisst sich in Oberflächen und Hände. Denn die Reiniger sind oft reizend oder ätzend, sie enthalten Laugen und Tenside, und meist soll man die Dämpfe nicht einatmen. Wunder darf man von ihnen leider trotzdem nicht erwarten. Das ist viel Chemie für wenig Nutzen.

Umweltfreundlicher reinigen Sie Ihren Backofen so:

- direkt nach der Nutzung, solange er noch warm ist, mit Wasser und Spülmittel.
- Wenn der Ofen bereits erkaltet ist, stellen Sie eine Metallschale mit Wasser hinein und stellen das Gerät auf mittlere Hitze, ca. 125 Grad. Wenn das Wasser halb verdunstet ist, können Sie auch hartnäckigen Schmutz mit Backpulver oder Küchennatron abreiben (Vorsicht: Der Ofen ist immer noch heiß!).
- Selbstreinigende Öfen werden auf 500 Grad erhitzt, sodass Dreck zu Asche zerfällt und hinterher einfach weggewischt werden kann. Das klingt dramatisch, verbraucht aber wegen der guten Isolierung moderner Herde nur zwischen 2,3 und 4,7 Kilowattstunden – und die sparen Sie locker wieder ein, weil auch normale Backvorgänge weniger Strom fressen. Für Vielbäcker eine gute Wahl!

Milch für schicken Kaffee ohne Strom erhitzen

[375] Restwärme bei klassischen E-Herden nutzen: Platte ca. zwei Minuten nach dem Einfüllen der Nudeln in das Kochwasser abschalten und dafür bei geschlossenem Deckel ein bis zwei Minuten länger garen. Auch gut: Wenn Sie eine Espressomaschine für den Herd benutzen, können Sie die Milch für Latte macchiato mühelos nach dem Kaffeekochen auf der ausgeschalteten Platte erwärmen.

Meiner ist kleiner

[376] Töpfe und Pfannen auf eine Platte im richtigen (passenden) Durchmesser stellen. Ist die Herdplatte nur ein bis zwei Zentimeter größer als der Topf, verglühen bis zu 30 Prozent Strom ziellos. Ausnahme: Induktionsherde, hier wird nicht die Platte heiß, sondern der Topfboden.

Ganz platt

[377] Unebene oder verbeulte Böden von Töpfen und Pfannen verursachen eine Kochzeitverlängerung von bis zu 40 Prozent. Ein neuer Topf mit ebenem Boden rechnet sich also schnell.

Schnell gekocht ist halb gespart

[378] Schnellkochtöpfe sparen gegenüber normalen Kochtöpfen bei größeren Mengen (ab etwa zwei Kilogramm) und Speisen mit langer Kochzeit bis zu 50 Prozent Strom.

Pastazubereitung neu lernen

[379] Pasta, haben wir brav gelernt, kommt in den großen Topf, mit ganz viel Wasser. Genauso gut schmecken die Nudeln jedoch, wenn Sie weniger Wasser nehmen – oft reicht die Hälfte der gewohnten Menge –, Sie müssen dann nur ab und zu umrühren. Das Wasser ist schneller heiß, und Sie sparen Wasser, Strom und (wenn Sie einen kleineren Topf nehmen) Platz in der Spülmaschine. Lohnt sich vor allem, weil es bei den meisten Menschen oft Nudeln gibt.

Doppelt gekocht spart schneller

[380] Wasser für Nudeln (oder zum Gemüsekochen) im Wasserkocher erhitzen, dann in den Topf umfüllen. Es kocht doppelt so schnell, und Sie haben dabei 40 Prozent Energie gespart.

Stromspar-Essig

[381] Statt die Dunstabzugshaube stundenlang auf Vollgas Strom ziehen zu lassen – stellen Sie eine Schale Essig neben den Herd. Der absorbiert die unangenehmen Gerüche still, leise, kostenlos und umweltfreundlich.

TK-Gerichte optimal zubereiten

[382] Tiefkühlgerichte bis zu einem halben Liter, wenn möglich, in der Mikrowelle zubereiten (geht nur mit Pizza nicht so gut) – das ist wirtschaftlicher. Bei größeren Mengen eine Pfanne oder einen Topf nehmen. Die Zubereitung im Backofen verbraucht am meisten Energie. (Schon die Essensauswahl im Supermarkt beeinflusst also die häusliche Energiebilanz.) Außerdem TK-Gerichte im Kühlschrank auftauen lassen, statt

sie gefroren zu erhitzen. Die Kälte bleibt im Gerät, sodass man sogar noch Strom spart.

Essen im Dunkeln

[383] Wenn Ihnen die Kinder (oder Sie selbst) konstant den Kühlschrank leer fressen, schrauben Sie die Birne raus. Wer wirklich hungrig ist, findet sich trotzdem zurecht oder holt eine Taschenlampe. Langeweile-Snacker aber klappen die Tür gleich wieder zu, weil es weniger einladend aussieht.

Nützt der Haushaltskasse und macht schlank.

Öl sparen

[384] Das Olivenöl, in das getrocknete Tomaten eingelegt sind, ist meist ganz gut. Also kippen Sie es nicht weg, sondern nutzen Sie es z.B. für das Dressing in dem Salat, in dem auch die Tomaten landen.

Wöchentlicher Lieblings-Speiseplan

[385] Stehen Sie wirklich gern jeden Tag eine Stunde (oder mehr) in der Küche? Dann ist ja alles bestens. Falls nicht: Überlegen Sie sich eine Handvoll einfache Standard-Gerichte, die schnell auf dem Tisch stehen. Meist sind die Familienfavoriten oder die eigenen Lieblingsgerichte ohnehin nicht die raffinierten Sternerezepte, sondern Nudeln mit Tomatensoße. Kleinen Salat dazu, schon ist's gesund. Spart Zeit, Geld, Nerven. Und wenn Sie dadurch auf Fertig- und Halbfertigprodukte verzichten können, eliminieren Sie auch noch jede Menge Verpackungsmüll.

[386] Noch schneller geht's mit einem Lieblingsessen-Plan: Salat mit Putenbrust, Spaghetti mit Tomatensoße, Spiegeleier

mit Spinat und Kartoffeln ... Erstellen Sie einen Essensplan für eine oder (maximal) zwei Wochen. Danach wiederholt er sich. Vorteil eins: Ab sofort gibt es ausschließlich Lieblingsgerichte, die meist auch noch schnell zubereitet sind. Vorteil zwei: Wenn Sie geschickt planen, kommen genug gesunde Sachen auf den Tisch, ohne dass Sie dafür extra Aufwand betreiben müssen.

Vorteil drei: Sie sparen die Zeit fürs Planen, das Erstellen der Einkaufsliste geht schneller, der Einkauf selbst ist zügiger erledigt und meist günstiger. Sie kaufen auch nichts mehr «auf Verdacht» und werfen es hinterher weg.

Bei der Erstellung des Speiseplans kann man, wenn man etwas geübt ist, auch für den nächsten Tag vorarbeiten. Ganz einfaches Beispiel: Montag – Pellkartoffeln, Quark, Salat; Dienstag – Bratkartoffeln (aus den Pellkartoffeln vom Vortag), Spinat, Spiegeleier. Und: Ein voller Kühlschrank verbraucht weniger Energie, weil beim Öffnen nicht so viel warme Luft eindringt, die runtergekühlt werden muss.

Wichtig: Spätestens nach ein paar Monaten müssen Sie den Plan variieren, sonst ertragen Sie irgendwann diese Gerichte nicht mehr.

Glas statt Plastik

[387] Verwenden Sie im Haushalt Glasschalen (oder Porzellan) statt Plastikschüsseln, um Reste aufzubewahren. Plastik hält inzwischen zwar länger als früher und ist nicht mehr so giftig – aber es lässt sich nicht gut wiederverwerten und wird letztlich aus Öl gefertigt. Glas hingegen kann man einfach einschmelzen und recyceln. Außerdem halten Glasschalen oft ein Leben lang, lohnen sich also auch finanziell.

Freiheit von der Folie

[388] Statt Speisereste mit Frischhalte- oder Alufolie abzudecken, stülpen Sie einen umgedrehten Suppenteller darüber.

Butterbrottüten sparen

[389] Die Plastiktüten, in denen Sie z. B. abgepacktes Brot bekommen oder in denen Sie die vier Äpfel aus dem Frischebereich zur Kasse getragen haben, können Sie wunderbar weiterverwenden für Ihr Lunch-Sandwich oder das Pausenbrot Ihrer Kinder. Das ist nicht peinlich, sondern fortschrittlich – und wird u. a. empfohlen von «National Geographic», USA.

Wichtig ist, was hinten rauskommt

[390] Ein Blatt Klopapier weniger tut's meistens auch. Nehmen wir mal an, Sie gehen auch nur zweimal täglich auf die Toilette, einmal klein (1 x wischen) und einmal groß (5 x wischen). So können Sie mühelos sechs Blatt sparen – macht im Monat eine ganze Rolle pro Person, die nicht hergestellt, transportiert und bezahlt werden muss.

Eine Woche gibt's nur Reste

[391] Zwei- bis viermal im Jahr können Sie «Reste-Wochen» einlegen, in denen Sie das Ziel verfolgen, Ihre Vorräte zu essen. Was soll sonst aus den halbleeren Gewürzdosen, den angefangenen Reispackungen und dem im Gesundheitswahn zusammengerafften Tiefkühlgemüse werden? Holen Sie hervor, was Sie alle machen wollen, dann suchen Sie dafür Rezepte heraus. Das geht online am einfachsten, z. B. auf www.chefkoch.de/rezept-reste.php. Spart Geld, Sie lernen neue Gerichte kennen und müssen die Lebensmittel nicht wegwerfen.

Balkon & Garten

Eierzünder

[392] Sparen Sie sich teure und meist auch umweltschädliche Grillanzünder. Legen Sie je ein Grillbrikett in die Mulden eines Eierkartons und klappen Sie ihn zu. Stellen Sie den Karton im Grill auf einige Bögen zusammengeknülltes Zeitungspapier und zünden Sie dieses an.

[393] Alternativ als Grillanzünder keine Chemiebomben nehmen, sondern mit Wachs getränkte Holzfasern (gibt's im Baumarkt und vielen Supermärkten).

Gesünder grillen

Dass es ungesund ist, wenn irgendetwas in den Grill tropft und Stichflammen auflodern, wissen wir inzwischen. Und auch, dass man die gänzlich verkohlten Würstchen noch nicht mal an den Hund verfüttern soll, egal, wie liebestoll der guckt. Ewig diskutiert wird allerdings darüber, ob Grillen darüber hinaus umweltschädlich ist, weil das Verbrennen von Kohle immerhin das CO_2 freisetzt, das der Baum, aus dem die Kohle ist, einst aus der Atmosphäre filterte. Das stimmt schon – aber alternativ würde man ja kochen, und das verbraucht auch Energie und erzeugt Kohlendioxid. Ist also egal. [394] Der World Wildlife Fund (WWF) rät aber, beim Kohlekauf auf das FSC-Siegel zu achten. Es gewährleistet, dass die Rohstoffe aus nachhaltiger Forstwirtschaft stammen – und nicht aus Regenwald-Raubbau. Guten Appetit!

Wirf. Mich. Weg!

[395] Wenn schon Wegwerfbesteck, dann aus Holz (ist biologisch abbaubar) statt Plastik.

Alles im Eimer – und das ist gut so

[396] Jedes Frühjahr der gleiche Frust: Die Gartenwerkzeuge sind rostig und dreckig – zumindest einige müssen ersetzt werden. Schluss damit. Füllen Sie einen billigen Eimer zu drei Vierteln mit Sand. Fügen Sie ein wenig frisches Motoröl (kein Altöl!) hinzu, bis es den Sand gerade zu färben beginnt. Wenn Sie mit der Gartenarbeit fertig sind, ob für den Tag oder das Jahr, stecken Sie Ihre Werkzeuge in den Sandeimer. Beim nächsten Mal sind sie sauber und frisch geölt.

Salz auf unseren Möbeln

[397] Verlängern Sie die Lebenszeit Ihrer Rattanmöbel, speziell auf der Terrasse oder dem Balkon: Schrubben Sie sie mit warmem Salzwasser ab und lassen Sie sie in der Sonne trocknen. Verhindert das Vergilben, und Sie müssen nicht so schnell eine neue Outdoorgarnitur kaufen.

Einheimische Pflanzen bevorzugen

[398] Bei Garten- und Balkonpflanzen einheimische und ungefüllte Sorten bevorzugen – mit vielen der Exoten und extrem dicht gefüllten Blüten kann unsere Tierwelt nämlich nichts anfangen. Und widerstandsfähiger sind die standortgerechten Pflanzen auch, weil evolutionsbiologisch abgehärtet. Daher sind weniger Pflanzenschutzmaßnahmen nötig.

Haufenweise Vorteile

[399] Kompostieren. Spart Müll und Müllgebühren, ergibt guten Dünger.

Alles so schön wasserdicht

Asphaltstraßen, aber auch Bürgersteige, Terrassen und die meisten Auffahrten sind wasserdicht. Wenn es regnet, sickert das Wasser daher meist nicht in den Boden ein, sondern fließt – zusammen mit dem Regen, der auf unser Dach prasselt – direkt in die Kanalisation. Sauberer Regen mischt sich dort mit Abwasser und füllt die Wiederaufbereitungsanlage, statt Pflanzen zu bewässern und durch die Erde gefiltert ins Grundwasser zu gelangen. So geht pro Grundstück mehr Wasser verloren, als man das ganze Jahr über zur Bewässerung benötigt.

[400] Streuen Sie daher Kies auf Ihre nächste Auffahrt oder lassen Sie beim Verlegen von Platten Spalten frei, durch die das Wasser in den Boden gelangen kann. [401] Und sammeln Sie Ihr Regenrinnenwasser (oder zumindest einen Teil davon, die meisten Häuser haben mehrere Regenrinnen) in einer Regentonne und gießen Sie damit. (Unbedingt eine Tonne mit Deckel nehmen, damit keine Kinder oder Kleintiere darin ertrinken.)

Unschädliches Unkrautvernichtungsmittel

[402] Wasser im Wasserkocher sprudelnd kochen lassen. Mit nach draußen nehmen. Auf Unkraut gießen. Dabei Ausguss dicht über den Boden halten und Wasser langsam fließen lassen, um präzise arbeiten zu können und sich nicht selbst anzuspritzen. Billig und völlig chemiefrei.

Unkraut mit tiefsitzenden Wurzeln wächst manchmal

nach, dann ausstechen und kochendes Wasser in das Loch gießen, sodass die verbliebenen Wurzeln absterben.

Hilft auch gegen Ameisen.

Giftfrei Ameisen loswerden

[403] Die Ameisen auf der Terrasse stören Sie – oder haben gar ihren Weg ins Haus gefunden (was die kleinen Biester meistens schaffen)? Sie wollen sie loswerden, aber kein Gift versprühen (Kinder, Tiere, Öko-Gründe)? Schütten Sie kleine Häufchen Maismehl (auch «Polenta» genannt, gibt's billig im Supermarkt) auf die Ameisenstraße. Die Tiere fressen es und tippeln wieder in den Bau, können es dann aber nicht verdauen und sterben daran. Dauert ein paar Tage, dann sind sie die Plage los.

Nicht schön, aber wichtig

[404] Sammeln Sie den Kot Ihres Hundes auf. In Hundekot befinden sich manchmal Eier des Rundwurms, die dann in die Erde übergehen und dort bis zu zwei Jahre überleben können.

Das wäre ja noch nicht so schlimm. Dummerweise können die Biester jedoch im menschlichen Körper schlüpfen und dann Leber, Lunge und Augen schädigen und bis zur Blindheit führen. Kinder, die in Parks spielen, sind logischerweise besonders gefährdet. Außerdem ist es eklig, in einen Hundehaufen zu treten. Also: Kot ins Tütchen, zuknoten, in den nächsten Mülleimer schmeißen.

Keine Blumenfolie auf dem Friedhof

[405] Legen Sie keine Blumen in Zellophanfolie auf Gräber. Die Blumen vertrocknen, die Folie weht davon – und flattert eine Ewigkeit über die Erde, denn sie zersetzt sich nicht.

Sand statt Salz

[406] Bei Glatteis Sand statt Salz streuen. Salz sammelt sich im Boden und verschlechtert die Wachstumsbedingungen für Pflanzen. Spezielles Streusalz enthält zudem chemische Taumittel, die ebenfalls in den Boden und z. T. ins Grundwasser gelangen.

Zeigen Sie den Nachbarn Ihre Unterwäsche

[407] Trocknen Sie Ihre Wäsche auf der Leine statt im Trockner. Am besten an einem sonnigen, leicht windigen Ort. Stellen Sie dazu einen Wäscheständer auf den Balkon (oder vor das geöffnete Fenster auf der Sonnenseite), spannen Sie eine Wäscheleine im Garten, nutzen Sie eine Wäschespinne. Konventionell erzeugter Strom für vier Trocknerladungen pro Woche (und das ist nicht viel für eine Familie) hinterlässt 200 Kilo Kohlendioxid – die können Sie ebenso sparen wie das Geld für den Strom.

[408] Und wenn Sie doch mal den Trockner anwerfen müssen: Reinigen Sie vorher das Flusensieb – sonst steigt der Energieverbrauch um satte 30 Prozent!

Leise Fitness

[409] Jeden Sonnabend das gleiche Spiel. Die Maschine wird ins Freie geschoben und donnernd angeworfen. Bei den Nachbarn ebenfalls. Die eine ist größer, die zweite lauter, die

dritte hat am meisten Power. Stunden später ist das grausige Schauspiel vorbei. Der Rasen ist gekürzt, der Komposthaufen gewachsen. Der Traum vom eigenen Aufsitzmäher verblasst; Stille kehrt ein. Großartige Alternative voll lässigem Understatement: der gute alte Handrasenmäher. Ist leise, braucht weder Strom noch Benzin, wirkt retro-cool und hält tatsächlich fit – beim Mähen wie beim Grasrechen danach.
[410] Und Laubbläser sind für Warmduscher; echte Männer greifen zum Rechen, statt die Blätter energieaufwendig zum Nachbarn zu pusten.

Signalspaten

[411] Tauchen Sie das obere Ende Ihrer Gartengeräte in grellen Neonlack. Sie können sie dann im eigenen Garten leichter wiederfinden, und wenn Sie woanders bei der Gartenarbeit helfen, wissen Sie immer, welche Harke Ihre ist.

Schlauch mit Loch ist gut

[412] Ein «Gartenschlauch mit kleinen Löchern» (offiziell «Perl-Regner» genannt) wässert gründlicher und sparsamer als reguläre Bewässerer, weil weniger Wasser verdunstet. Kostet keine 20 Euro in Beetlänge. Abdrehen nicht vergessen (oder Zeitschaltuhr für den Außenhahn anschaffen)!

Schön kuschelig

[413] Pullover statt Heizstrahlern auf Balkon oder Terrasse. Die heizen vor allem die Luft.

Bomben zum Blühen

[414] Brachliegende Grundstücke oder Industrieruinen lassen sich mit «Samenbomben» verschönern: fünf Teile rote Tonerde mit drei Teilen Erde oder Kompost und einem Teil

Blumensamen mischen. Einen Teil Wasser hinzufügen und zu kleinen Kügelchen formen. Ein bis zwei Tage trocknen lassen. (Bald soll man unter www.samenbomben.de auch welche bestellen können.) Über Zäune geworfen oder in kleine Ritzen im Asphalt gedrückt, fangen sie nach dem nächsten Regen an zu sprießen. Aber Achtung: Das ist natürlich illegal – es sei denn, das Grundstück gehört einem selbst. Zählt daher zum sogenannten «Guerilla-Gärtnern». Macht aber Spaß – und wenn man rücksichtsvoll vorgeht, dann greift ohnehin das Prinzip: Wo kein Kläger, da kein Richter.

Selbstbild & Alltag

Verstehen statt verbessern

[415] «Wenn du die Welt verbessern willst, höre als Erstes auf, die Welt verbessern zu wollen. Versuche zuerst, die Welt zu verstehen. Denn wenn du die Schöpfung wirklich verstehst, wirst du aufhören, gegen sie Widerstand zu haben. Du wirst aufhören, sie verbessern zu wollen, denn dann verstehst du Gott und dass nirgends ein Fehler ist.

Und wenn der Widerstand und Kampf in dir gegen bestimmte Zustände in der Welt verschwunden ist, dann ist Frieden in dir. Dann bist du selbst der Frieden, und alle um dich herum werden davon berührt. Und das verbessert die Welt dann doch und sogar mehr, als du zuvor zu hoffen wagtest.»

RÜDIGER SCHACHE
ist Autor («Die 7 Schleier vor der Wahrheit», «Das Geheimnis des Herzmagneten»)

Klaglos lernen

[416] Sie müssen Ihre Lebenslektionen ohnehin lernen; sträuben Sie sich nicht.

Freiheit unterm Sternenzelt

[417] «Wenigstens eine Nacht pro Monat sollte man draußen schlafen. Nichts befreit die eigene Seele so schnell von Arroganz und Eitelkeit wie der direkte Kontakt mit der Natur.»

RODRIGO MEDELLIN
ist Tierschützer, sein Spezialgebiet sind vom Aussterben bedrohte Fledermäuse in Mexiko

meinfehler.com

[418] «Die Welt wäre wohl besser und friedlicher, wenn wir akzeptieren würden, dass wir selbst Fehler machen. Dann könnten wir auch die Fehler der anderen leichter akzeptieren. Das Ergebnis: ein bisschen weniger Mord und Totschlag auf dieser Welt. Weniger Streit. Weniger Missmut. Mehr Mut und Rückgrat. Durch Stolz auf die eigene Aufrichtigkeit. Mehr positive Energie. Und dadurch noch mehr gute Taten. Deshalb mein Vorschlag: Gesteht eure Fehler. Z.B. auf meinfehler.com (ist noch frei). Eine Website, auf der Menschen jeden Tag loswerden können, was sie falsch gemacht haben – und dadurch lesen und begreifen können, dass sie nicht allein sind in ihrer Fehlbarkeit (das nimmt die Aggression und lockert den Lachmuskel). Vielleicht mit einer Bestenliste der häufigsten menschlichen Fehler? Einer Top Ten von Lug und Trug? Ganz im Sinne des Sprichwortes ‹Einsicht ist der beste Weg zur Besserung›. Vielleicht sogar zur Verbesserung der Welt.»

JAN OKUSLUK ist Creative Director bei der Werbeagentur Heye & Partner

(Man kann gar nicht) Zu freundlich sein

[419] Seien Sie immer ein wenig freundlicher als angemessen.

In der Sache aufgehen

[420] «Nehmt euch nicht so wichtig! Anstatt einen Götzenkult um die eigene Person aufzubauen (um damit von Unzulänglichkeiten abzulenken), sollten wir uns den Aufgaben des Alltäglichen mit Hingabe widmen – wer ganz in einer Sache aufgeht, vergisst den Trubel um das eigene Ich und konzentriert sich auf das Wesentliche.

[421] Und lernt endlich, euch gegenseitig zuzuhören! Der

Respekt vor dem Gegenüber ist ein wesentlicher Bestandteil für ein friedliches Miteinander in der Zukunft.»

HEINRICH SCHMIEDER ist Schauspieler («Männer häppchenweise»)

Verzeihen lernen

[422] «Ich empfinde die Kraft der Nacht als sehr schöpferisch. Deshalb erarbeite ich nachts z. B. Texte für meine Songs. Dazu steht ein sogenannter Ghettoblaster bei mir zu Hause, der auch ein Radioempfangsteil besitzt. Vor nicht allzu langer Zeit habe ich aus Lust und Laune willkürlich Radiosender abgespeichert, die grade empfangbar waren, u. a. auch den kirchlichen Sender Radio Horeb. Das meditative ruhige Predigen der Pfarrer und Priester sowie der Inhalt ihrer Vorträge haben mich tief beeindruckt. So entstand ein direkter Zugang von biblischen Inhalten zu meinem Leben. Mit 53 Jahren hat man viel erlebt, man hat Menschen Ungerechtigkeiten zugefügt, und einem selbst geschah das Gleiche. Wie soll man ohne Glaubensausrichtung mit diesen Ereignissen klarkommen?

Um was es bei Glaubensfragen sehr zentral geht, ist der Begriff Aussöhnung, Verzeihen – eben Gottes Barmherzigkeit zulassen und spüren. Ich komme, seit ich beginne, wirklich zu verzeihen, sehr viel besser mit meiner Vergangenheit und Schuldgefühlen klar. Ohne Geschehenes gutzuheißen, denke ich über die Strukturen, die Verhaltensmuster der Menschen nach, die ich oder die mich verletzt oder ungerecht behandelt haben. Das erleichtert, entspannt, entlastet, ja: entschuldet mich. Der so gewonnene Zugang zum Glauben hat mein Urvertrauen gefördert und gefestigt. Dafür bin ich sehr dankbar!»

PETER SCHILLING wurde bekannt durch seinen Hit «Major Tom»; www.peter-schilling.com

Ich bin der König der Welt

[423] Sie sind der Regierungspräsident Ihrer Welt – verhalten Sie sich entsprechend anständig.

Die Unvollendeten

[424] «Es ist nicht gut, einen negativen Gedanken zur Vollendung zu bringen – er könnte Wahrheit werden. Nutze die Kraft deiner Gedanken im positiven Sinn für dein Leben.»

UWE KERKAU betreibt eine Agentur für Öffentlichkeit und Publicity (www.uk-promotion.de)

Wunschzettel

[425] «Ich wünsche mir, dass der Linke dem Rechten über die Straße hilft. Ich wünsche mir, dass der Rechte sein Kind nicht mehr unterdrückt. Ich wünsche mir, dass das unterdrückte Kind seine Aggressionen nicht an anderen Menschen auslässt. Ich wünsche mir, dass die anderen Menschen einander die Türen aufhalten. Ich wünsche mir, dass die Türen keinem mehr verschlossen bleiben. Ich wünsche mir, dass sich die Verschlossenen öffnen, um in den Arm genommen zu werden. Ich wünsche mir, dass Arme eine Zukunft haben. Ich wünsche mir, dass die Zukunft eine sein wird, von der wir immer geträumt haben. Ich wünsche mir, dass Träume wahr werden.»

PATRICK HINZ ist Schriftsteller («Die liebe Familie»)

Wissen ist besser als meinen

[426] Glauben Sie nicht immer den anderen, holen Sie Ihre eigenen Informationen ein.

Ein gutes Herz und feste Vorsätze

[427] «Folgendes habe ich bei der Arbeit an und den Veranstaltungen zu meinem Buch ‹365 Nächte: Ein intimer Erfahrungsbericht› gelernt: Am Ende ist nichts wichtiger als ein fester Vorsatz und ein gutes Herz. In der Ehe, bei der Arbeit, unter Freunden, im Leben.

Der Vorsatz: Ich habe gelernt, dass man sich alles wirklich Wichtige vornehmen muss. Glauben Sie, eine glückliche Ehe ergibt sich einfach so? Wirklich? Glauben Sie, eine tolle Karriere basiert auf nichts als harter Arbeit? Vergessen Sie's. Glauben Sie, irgendetwas Wichtiges geschieht von allein? Nicht wirklich. Ich habe gelernt, dass jeder etwas verändern kann. Der Schlüssel ist – wie sorgt man dafür, dass *das Richtige* geschieht?

Ein gutes Herz: Authentizität ist – im Job ebenso wie in der Ehe – nicht einfach. Sie funktioniert nur in beide Richtungen. Dafür sind Vertrauen, gemeinsame Ziele und eine selten erwähnte Qualität nötig – ein gutes Herz. Ich habe gelernt, dass Menschen gemein sein können, einfach so. Ich habe gelernt, dass nicht alle das Leben so betrachten wie ich. Ich habe gelernt, um in Frieden mit meinen Entscheidungen leben zu können, muss ich auch meinen Frieden mit den Entscheidungen anderer treffen. Ich sage meinen Kindern stets: ‹Ihr müsst nicht jeden mögen, aber ihr müsst nett zu jedem sein.› Das ist harte Arbeit, die man sich fest vornehmen muss.»

CHARLA MULLER ist PR-Referentin und Autorin des Sex-Ratgebers «365 Nächte: Ein intimer Erfahrungsbericht»

Ausschließlich gute Erinnerungen

[428] Heben Sie nur Fotos von sich (und anderen) auf, die schmeichelhaft sind.

Vertraue aufs Vertrauen

MIRIAM PEDE ist Journalistin und Moderatorin (u. a. «MM – das Männermagazin», «N24 – Objektiv», «N24 – Wetter»)

[429] «Vertrauen ist das Wichtigste für mich.
Vertrauen in die eigenen Fähigkeiten,
Vertrauen, dass mein Gegenüber meint,
was er sagt,
Vertrauen ins Leben.
Bin ich damit schon auf die Schnauze gefallen?
Absolut!
Hat es wehgetan?
Sehr!
Würde ich es wieder tun?
Jedes Mal!
Denn insgesamt betrachtet bin ich so prima
gefahren.
Vertrauen ist immer der Anfang,
und ich möchte ein Mensch sein,
auf den man sich verlassen kann.»

R.E.S.P.E.C.T.

[430] Jeder respektiert Menschen, die Position beziehen, selbst wenn wir anderer Meinung sind.

Tun oder lassen, das ist hier die Frage

PROF. DR. DANIEL PERRIN leitet das IAM Institut für Angewandte Medienwissenschaft der Zürcher Hochschule für Angewandte Wissenschaften

[431] «Was immer du tust: Verantworte es. Was du nicht verantworten kannst: Lass es.»

Sei kein Weltverbesserer

[432] «‹Die Friedhöfe sind voller Menschen, die sich für unersetzlich hielten›, hat mein Vater immer gesagt. Und ich glaube, er hat recht. Daher mein Rat für eine bessere Welt: Nimm dich nicht so wichtig, lache auch mal über dich selbst. Und vor allem: Sei niemals ein selbsterklärter Weltverbesserer! Denn fast alle, die ihren Zeitgenossen eine bessere Welt versprachen, haben sie meist doch nur schlechter gemacht.»

ANDREAS KLINNER ist Moderator des Nachrichtenmagazins «heute – in Europa» im ZDF

Maßhalten beim Weltverbessern

[433] «Große Ideen und große Entwürfe sind schön, auch notwendig. Ich glaube aber, dass es mehr bringt, wenn jeder für sich im Kleinen beginnt, an drei Punkten zu arbeiten. Ich übe,

- dankbar zu sein. Dafür, dass ich zwei gesunde Beine habe, um zu gehen, dass ich die Natur genießen kann, dass ich ausreichend zu essen und zu trinken habe, dass ich genügend sauberes Wasser zur Verfügung habe, dass ich lieben kann. Dankbar zu sein ist die Voraussetzung dafür, geben zu können und geben zu wollen.
- das richtige Maß zu halten. Vermessenheit schadet. Sie bedeutet Raubbau an Rohstoffen, Gesundheit, Umwelt. Das Zuvielwollen ist an vielen Leiden und Problemen schuld, auch was den Umgang mit Geld und Macht betrifft.
- mit Zeit umgehen zu lernen. Geduld und Gelassenheit machen uns behutsamer, achtsamer, aufmerksamer. Das Bewusstsein der eigenen Endlichkeit befreit uns von der Gier. Wer über Zeit nachdenkt, wird außerdem humorvoll.»

GABRIELE STREHLE ist eine der wichtigsten deutschen Modeschöpferinnen («Strenesse»); sie ist Trägerin des Bundesverdienstkreuzes

Die kleinen Dinge

[434] «Für mich fängt es schon bei den kleinen Dingen an, die helfen, unsere Welt ein Stückchen besser zu machen. Verzichtet auf Plastiktüten und nutzt Energiesparlampen. Dreht den Wasserhahn beim Zähneputzen ab und schaut weniger fern. Geht raus in die Natur und genießt den Sonnenuntergang. Verschenkt jeden Tag ein Lächeln und verbringt die freie Zeit mit Familie und Freunden. Das sind die Dinge, die die Welt und das Leben für mich schön machen.»

NELA PANGHY-LEE ist Moderatorin bei Pro7 («taff») und Nick

Unaufhörlich große Wirkung

[435] «Es sind drei Dinge, die meine Familie schon nicht mehr hören kann, weil ich sie unaufhörlich predige. Aber sie sind so mühelos zu realisieren und würden in der Masse so große Wirkung erzielen.

BARBARA HAHLWEG ist Moderatorin der Nachrichtensendung «heute»

- Fernseher, Radio, Computer immer ganz ausmachen – der Stand-by-Modus kostet viel zu viel Energie – für nix.
- Wasserhahn zudrehen während des Zähneputzens – spart verblüffend viel Wasser.
- Plastiktüten nur im Notfall mitgeben lassen – zu Hause hat man ohnehin immer viel zu viele davon.»

Toll ist, was du draus machst

[436] Heute wird ein großartiger Tag – weil Sie ihn dazu werden lassen!

Ich bin ich, und du bist du

[437] «Ich versuche, zwei Regeln zu beachten, damit meine kleine Welt bzw. mein kleiner Kosmos besser funktioniert.

- Projiziere deine eignen Erwartungen nicht auf dein Gegenüber.
- Was du nicht willst, dass man dir tu, das füge auch keinem anderen zu – und zwar bezogen auf Handlungen UND Aussagen.»

DUNJA HAYALI ist Moderatorin der Nachrichtensendung «heute» und Co-Moderatorin des «heute journal» im ZDF

Demütig gegen die Mauer boxen

[438] «Man sollte nicht immer nur auf sein eigenes kleines Wohl bedacht sein. Sondern sich vielmehr in Demut üben. Im Kleinen könnte das bedeuten: dem Autofahrer die Zeit zum Ausparken lassen; dem Kellner auch Fehler zu erlauben; den Kindern zuzuhören. Und vielleicht sollte man einmal am Tag gegen eine Mauer boxen.»

MARC TASCHOWSKY ist Künstler (www.marc-taschowsky.de)

All together now

[439] «Ich glaube, dass es die vielen kleinen alltäglichen Dinge sind, die am Ende das Große ausmachen. Das doch oft anstrengende Trennen von Müll, der Austausch der alten 60-Watt-Glühbirne gegen eine umweltfreundliche Energiesparlampe … die Anschaffung einer Regentonne zum Bewässern des Gartens und … und … und. Wenn wir alle mitmachen, wäre diese Welt ein Stück weit besser. Und zu guter Letzt: nie den Glauben und den Mut verlieren, dass wir es schaffen.»

PATRICK BACH ist Schauspieler und Synchronsprecher

Kleiner ist besser

[440] Rein rechnerisch hätte jeder Mensch weltweit 1,8 Hektar Produktivfläche zur Verfügung (also nutzbaren Boden, keine Wüste und kein ewiges Eis). Der «ökologische Fußabdruck» zeigt, wie viel Platz wir aufgrund unseres Konsums brauchen – im Schnitt belegt ein Deutscher 4,5 Hektar. Das heißt: Wir verbrauchen Ressourcen, die anderen dann nicht mehr zur Verfügung stehen.

Wenn Sie wissen wollen, ob Sie persönlich eher auf großem Fuße leben, ermitteln Sie Ihren individuellen Wert auf dem sehr präzisen Rechner www.mein-fussabdruck.at. Erschreckend – und hoffentlich motivierend – oder?

[432]

Hinterlassenschaften aller Art

[441] In vielen Flugzeugtoiletten klebt ein Hinweisschild, dass man die Toilette bitte – dem nächsten Gast zuliebe – in ordentlichem Zustand hinterlassen möge. Das gilt eigentlich immer und für alles. Hinterlassen Sie es möglichst sogar ein bisschen ordentlicher, schöner, besser, als Sie es vorgefunden haben.

Religion für alle

[442] «... da das Verlangen nach Spiritualität dem Homo sapiens angeboren zu sein scheint, wäre es doch schön, eine allumfassende Natur-Religion zu haben, an die alle glauben.»

TOBSHA LEARNER schrieb u.a. den erotischen historischen Roman «Die Hexe von Köln»

Stärken stärken

[443] Jeder Mensch ist einzigartig – und doch gehören wir zu vielen Stämmen: Nachteulen oder Frühaufsteher, Perfektionist oder locker drauf, Sammler oder Jäger. Wenn wir ausleben dürfen, wie wir in Wahrheit sind, spielen wir unsere Stärken aus, und unsere Schwächen stören nicht so. Kommen Sie sich und Ihrem Rhythmus auf die Spur, realisieren Sie so viel von sich wie irgend möglich.

Guten Abend, gut' Nacht

[444] Immer der gleiche Trott: Abendessen, Fernsehen, vielleicht noch ein paar Seiten lesen, schon ist der Abend wieder rum. Wenn Sie das ein bisschen zu langweilig finden, machen Sie vorher Pläne (auch wenn die gar nicht komplex oder ambitioniert sein müssen): Yogakurs besuchen, endlich mal in Ruhe Musik hören, für morgen vorkochen, nach dem Essen ei-

nen Spaziergang machen, Fotos ins Album kleben. Nichts davon geschieht, wenn Sie erschöpft am Abendbrottisch sitzen. Planen Sie Ihren Abend im Geiste aber schon mittags, dann wird meist was draus.

Schluss mit der Versicherungs-Gesellschaft

[445] Probieren Sie es selbst aus. Was fürchten Sie mehr: 10 000 Euro zu verlieren, die Sie bereits besitzen – oder 10 000 Euro nicht zu bekommen, die Sie noch verdienen müssen? Wofür würden Sie mehr Kraft, Zeit und Energie aufwenden? Um zu schützen, was Sie haben – oder um neuen Besitz zu erwerben?

Die meisten Menschen engagieren sich intensiver für den Erhalt des Status quo als für eine mögliche Verbesserung der Situation. Mit anderen Worten: Wir leben in einer Versicherungs-Gesellschaft, in der wir schützen, was wir haben, statt zu überlegen, wie es weitergeht im Leben. Dabei können Sie die Vergangenheit nicht mehr beeinflussen, die Zukunft aber schon. Allein deswegen empfiehlt es sich, weniger Besitzstandswahrung zu betreiben und mehr Lebensplanung.

Wechseln Sie Perspektive und Sichtweise

[446] Betrachten Sie das Leben – gerade in Krisenzeiten – wie ein Fotograf. Nutzen Sie alle Objektive und Linsen, wechseln Sie den Standort. Gehen Sie nah ran, oder greifen Sie zum Weitwinkel, machen Sie Luftbilder oder Röntgenaufnahmen. Zoomen Sie auf Details und genießen Sie die Panoramaansicht. Rücken Sie das weniger Offensichtliche ins Bild.

Entscheidungshilfe

NORMAN STÖRL ist geschäftsführender Gesellschafter der Werbeagentur santamaria

[447] «Bumsen vor dem Aufstehen wirkt Wunder. Man trifft ganz andere Entscheidungen.»

Eine Zukunft mit Zukunft

[448] «Tauscht öfter die rosarote gegen die kindliche Brille. Uns ist mehr geholfen, Dinge mit kindlichen Augen zu sehen und zu verstehen, als uns weiterhin in kostspielige Scheinwelten zu begeben. Wenn wir vom Betrachter zum Entdecker, vom Verklausulierer zum Erklärer werden – dann lässt sich Zukunft gestalten, die auch in Zukunft Bestand hat.»

MARK DANIELS ist Creative Director bei facts+fiction

Drunter statt drüber

[449] Wenn wir so richtig wütend sind, neigen wir zur Übertreibung. Die Kollegin ist «dümmer, als die Polizei erlaubt», und wenn der Lebenspartner so weitermacht, «lasse ich mich scheiden». Unlösbare Konflikte müssen natürlich geklärt werden. Aber wenn es in Wahrheit gar nicht so schlimm ist, hilft es, die Sache von vornherein kleiner zu reden. Ab sofort sind Sie nicht mehr «wütend», sondern «ein wenig verärgert». Statt «Du kotzt mich an» sagen Sie: «Ich beginne, ein wenig angenervt zu sein.»

Gewöhnen Sie sich an, negative Gefühle nicht zu übertreiben, sondern zu untertreiben. Das macht es Ihnen und Ihrem Gegenüber leichter, die Sache konstruktiv zu klären. Und die Minimierung des Dramas senkt zugleich Ihren negativen Stress in der Situation, denn mit der Wortwahl legen wir den Grundstein für die eigene emotionale Erfahrung.

Gold fürs Ego

[450] «Sich bemühen, jede Minute sein Ego zu vergolden, denn was du säst, das erntest du.»

MARIKA KILIUS ist eine der erfolgreichsten deutschen Eiskunstläuferinnen (u.a. Silber im Paarlauf bei den Olympischen Spielen 1960 und 1964)

Ein paar Hirsche

[451] «Laut Familienerzählungen soll meine Großmutter immer gesagt haben: ‹Der Herrgott hat einen großen Tiergarten – es sind auch ein paar Hirsche dabei.› Will heißen: Idioten gibt es überall, konzentriere dich auf die anderen.»

MONIKA AICHELE ist Illustratorin (www.monikaaichele.com)

Ehrlich geht am besten

ANNE GESTHUYSEN ist Moderatorin des «ARD-Morgenmagazins»

[452] «Ich glaube, die Welt könnte ein bisschen besser sein, wenn jeder Mensch ehrlich zu sich selbst wäre. Denn nur, wenn man zu seinen Schwächen, Fehlern, Ängsten, zu seinem Ehrgeiz und sogar Vorurteilen steht, hat man eine Chance, sie zu bekämpfen oder zumindest so gut damit umzugehen, dass niemand Schaden nimmt.»

Sowieso unnötig

MARK BENECKE ist Kriminalbiologe und war Kommentator der TV-Serie «Medical Detectives»

[453] «Aufhören zu lügen. Kostet nix, bringt viel, macht das Leben extrem leichter und ist sowieso unnötig.»

Phantasie-Lachanfall

MALTE ARKONA ist TV-Moderator (bis 2008: «Tigerenten Club», seit 2009 u.a. «Die beste Klasse Deutschlands»)

[454] «Ich habe schon als Kind einen ganz simplen, aber wirkungsvollen Trick angewendet, um mich zum Schmunzeln zu bringen. Wenn zum Beispiel in einer vollen, muffigen U-Bahn wieder alle vor sich hin gebrummelt haben, stellte ich mir die einzelnen Gesichter einfach vor, wie diese wohl bei einem herzlichen Lachanfall aussehen würden. Ich habe sie in meiner Phantasie die Münder aufreißen und sich lauthals lachend am Boden kugeln lassen ... Egal, ob die Leute ursprünglich freundlich oder grimmig schauten, es hat immer funktioniert: Ich musste schmunzeln. Wenn wir also die Welt verbessern wollen, geht das mit einem inneren (oder gerne auch äußeren) Lächeln sicher leichter. Dieser Trick klappt – am besten gleich mal ausprobieren!»

Gesungene Selbsterkenntnis

[455] «Jeden Morgen nach dem Frühstück stelle ich mich vor meinen Spiegel und singe mich eine Viertelstunde in den Tag. Dabei beobachte ich mein Gesicht, kontrolliere meine Körperhaltung und achte auf meine Atmung. So lerne ich mich besser kennen – und das freut alle, die mich gerne haben. Denn es macht aus mir einen freundlicheren und ausgeglicheneren Menschen.»

SARGON YOUKHANA ist Schriftsteller («Die Affäre Königsmarck»)

Tief in den Bauch zu atmen erhöht den Blutfluss im Hirn und reduziert Stress um 65 Prozent.

Langer Atem

[456] «… beginne bei dir selbst! Verlangsame deinen Atem, kontrolliere Ein- und Ausatmen.

VOLKER HARTMANN ist Geschäftsführer des Einrichtungshauses Scala (www.scala-wohnen.de)

Kurzer Atem führt zu Beschleunigung, Nervosität, Gereiztsein, unkontrolliertem Handeln, zu Aggression und letztlich Gewalt.

Mit ‹langem Atem› gelingen Dinge besser, sind Begegnungen entspannter, bleibt Zeit für neue, andere Gedanken, Überlegungen, Handlungen, empfindet man Erlebnisse, andere Menschen intensiver. Setze dich auf die Wiese, ans Wasser, gehe durch den Wald, freue dich über das frische Grün, den ersten Schnee im Jahr – verliebe dich immer wieder neu –, mehr entSPANNUNG geht nicht. Damit wird für mich die Welt ein wenig besser!»

[457] Empfehlenswert ist z.B. auch die Viereratmung gegen Stress: beim Einatmen bis vier zählen, Luft halten und bis vier zählen, beim Ausatmen bis vier zählen, vor dem nächsten Einatmen bis vier zählen; wiederholen, bis Ruhe einkehrt.

Singen, pfeifen, staunen

KEITH DONNELLY ist Musiker (www.keithdonnelly.com)

[458] «Die Welt wäre ein besserer Ort, wenn wir alle lächeln, singen, tanzen, pfeifen, staunen, umherstreifen, küssen, kuscheln, lachen, lieben, zuhören, rennen, springen, schwimmen und den Menschen, die uns wichtig sind, sagen würden, wie wichtig sie uns sind. (Und das Beste ist – man muss das gar nicht alles auf einmal machen. Fangen Sie mit ein oder zwei von diesen Vorschlägen an, mal sehen, wie es läuft.)»

Kostbarer Moment

TOM BUHROW ist Erster Moderator bei den «Tagesthemen» in der ARD

[459] «Jeden Tag kurz innehalten und dreimal tief durchatmen. Dabei denken: ‹Was für ein kostbarer Moment!› Ich garantiere: Sie werden für Ihre Umwelt ein verträglicherer Zeitgenosse.»

Möglichst wenig Schlipse

TINO MEWES ist Schauspieler («Zweier ohne», «Die Welle», «Der rote Baron»)

[460] «Mein Paps hat mir mal gesagt, dass ihm schon bewusst ist, dass man es nicht allen Menschen recht machen kann, aber dass er versucht, durchs Leben zu gehen und dabei so wenig Menschen wie möglich auf den Schlips zu treten.»

LAWRENCE BLOCK gehört zu den US-Krimiautoren mit den meisten Preisen und Auszeichnungen. Seine «Matthew-Scudder»-Romane gelten als Klassiker, viele von ihnen wurden in den letzten Jahren neu aufgelegt.

Nett sein, selbst wenn man's nicht gut kann

[461] «Ehrlich gesagt, ich glaube nicht, dass irgendetwas, was ich tue, das Leben besser oder schlechter macht. Manchmal habe ich das Gefühl, die Welt ist schrecklich und wird immer schlimmer, an anderen Tagen erscheint sie mir wundervoll und als werde sie von Tag zu Tag schöner. All

das, schätze ich, sagt mehr über mich als über die Welt. Das Einzige, was ich tatsächlich in dieser Hinsicht zu tun versuche, ist, freundlich zu Leuten zu sein. Und selbst das kann ich weder besonders gut, noch bin ich einigermaßen verlässlich darin.»

Die eigene Nase

[462] «Man sollte sich einfach öfter an die eigene Nase fassen und schauen, was man selbst besser machen kann, anstatt nur rundum zu kritisieren.»

REVOLVERHELD sind eine deutsche Rockband («Freunde bleiben», «Mit dir chill'n»)

Respekt vor Träumen

[463] «Behandelt die Natur und eure Mitmenschen mit Respekt – und bewahrt euch immer die Fähigkeit zum Träumen!»

MARLIESE AROLD ist Kinder- und Jugendbuchautorin (u.a. «Einfach nur Liebe», «Die Piratenprinzessin»)

Liebe, was du siehst

[464] «Schau täglich in der Früh lächelnd in den Spiegel, und liebe, was du siehst, dann wirst du auch von anderen geliebt.

[465] Die Körpersprache ist der Handschuh der Seele. Lerne unsere Primärsprache, damit du deine Mitmenschen viel besser verstehen kannst.»

PROF. SAMY MOLCHO ist Pantomime, Buchautor und Fachmann für Körpersprache

Selbstbild erhalten

[466] Lassen Sie Nacktfotos von sich machen, auch wenn Sie das Gefühl haben, nicht gut genug dafür auszusehen. In zehn Jahren werden Sie sich wundern, wie gut Sie ausgesehen ha-

ben. Wenn es Ihnen peinlich ist, sich vor jemand anders auszuziehen, machen Sie die Fotos per Selbstauslöser.

Schneller Schluss machen

[467] Ob am Büfett oder im Kaufhaus, wenn Sie eine Nachricht auf einem Anrufbeantworter hinterlassen oder im Meeting Ihre Position darstellen – hören Sie auf, kurz bevor Sie meinen, dass Sie aufhören sollten. Dann ist es nie zu viel.

Should I Stay or Should I Go?

[468] Wenn Sie sich zwischen zwei Optionen nicht entscheiden können, werfen Sie eine Münze. Kaum fliegt sie durch die Luft, spüren Sie ganz genau, auf welches Ergebnis Sie hoffen.

Offensichtliches sichtbar werden lassen

[469] Die Probleme anderer Menschen könnte man meist leicht lösen, weil das notwendige Vorgehen geradezu offensichtlich ist. Wenn Sie selbst vor einem schier unlösbaren Problem stehen, fragen Sie also jemand anders, oder stellen Sie sich vor, was Sie einem anderen in Ihrer Lage raten würden. Und dann halten Sie sich daran, statt lang und breit zu argumentieren, warum das aber nicht geht. Das notwendige Vorgehen war offensichtlich!

Kopf aus dem Sand

[470] Wenn es sich wie ein Problem anfühlt, ist es auch eins. Setzen Sie sich damit auseinander und holen Sie sich, wenn nötig, Hilfe.

Kleine Ziele machen zufriedener

[471] Ein großes Ziel – die Welt retten, einen Bestseller zu schreiben, Krebs heilen – ist eine tolle Sache. Macht aber unzufrieden, weil man selten bis nie Erfolgserlebnisse verzeichnen kann. Um 22 Prozent zufriedener mit dem Leben sind diejenigen, die einen steten Strom kleiner Erfolge erleben. Setzen Sie sich also zumindest Zwischenziele, oder achten Sie vielleicht einfach mal darauf, was heute geklappt hat.

Zu viel Veränderung frustriert

[472] Die Entscheidung, etwas zu ändern (zum Beispiel endlich abzunehmen), führt zu dem wunderbaren Gefühl von Kontrolle und Optimismus, stellten Forscher fest. Leider ebben die positiven Emotionen sehr schnell ab, wenn sich kein Erfolg einstellt. Wer mehrere Anläufe nimmt und möglichst schnell Ergebnisse sehen will, fühlt sich hinterher bis zu 40 Prozent schlechter als am Anfang (und die Problembereiche sind immer noch da). Sich komplett ändern zu wollen ist somit frustrierender, als zu versuchen, die Lage so zu akzeptieren, wie sie ist.

Nicht das Richtige richtig falsch machen

[473] Dass Sie ein Buch wie dieses lesen, zeigt, dass Sie sich Mühe geben. Das ist gut! Aber Vorsicht: Wer versucht, mehr richtig zu machen, lebt schnell mit dem Eindruck, die anderen machten alles falsch. Erstens ist das nicht so, denn es gibt viele «Richtigs». Und zweitens mag keiner die Leute, die immer alles besser wissen. Tun Sie, was Sie für richtig halten, und beobachten Sie andere interessiert, statt auf sie herabzusehen. Das lässt Ihre Haltung viel liebenswerter erscheinen und dient dadurch der Sache deutlich mehr.

Keine Angst vor niemand

[474] Wovor fürchten Sie sich? Terroranschläge? Amokläufer? Flugzeugabsturz? Einbrecher? Jeder hat sein ganz eigenes Horrorszenario im Kopf, das ihm manchmal den Schlaf raubt. Doch Wissenschaftler der Universität Kentucky haben ermittelt: Die Beziehung zwischen der Angst vor einem gewalttätigen Ereignis und dessen tatsächlichem Eintreten ist negativ. Das heißt: Wir fürchten uns am meisten vor Sachen, die uns mit größter Wahrscheinlichkeit nie zustoßen werden. Was umgekehrt heißt (und das hilft durchaus manchmal gegen das Überborden der Furcht): Wenn wir diese schreckliche, irrational allumfassende Angst verspüren, können wir sicher sein, dass wir sicher sind.

Immer besser

[475] «Wer aufhört, besser zu sein, hört bald auf, gut zu sein.»

EUGEN BLOCK ist Unternehmer («Block House», «Elysee Hotel»)

Komplimente ohne Hintergedanken

[476] «Spontan fällt mir da ein: Jeden Tag einer wildfremden Person auf der Straße, oder wo auch immer, unvermittelt einfach und überraschend ‹einen schönen Tag› wünschen oder ein kleines persönliches Kompliment machen. Z.B. ‹schöner Hut› oder ‹schöne Frisur›. Ohne weiteren Hintergedanken. Das macht irgendwie Spaß, weil die Leute oft überrascht sind und sich ein wenig freuen.»

TIMM HANEBECK ist Creative Director

Selbsterkenntnis statt Gutmenschentum

[477] «Wenn Sie die Welt verbessern möchten, fangen Sie zuerst bei sich selbst an, denn hier haben Sie den größten Einfluss. Ihre Liebe, Freundlichkeit, Loyalität, Wertschätzung, Zuverlässigkeit oder Ihr Mut wird in Ihrer Umgebung Kreise ziehen wie ein ins Wasser geworfener Stein. Dabei geht es allerdings nicht darum, den idealen Gutmenschen zu geben, sondern Sie sollten sich um eine echte positive Veränderung bemühen. Das erfordert – oft schmerzhafte – Selbsterkenntnis und viel Geduld, doch es lohnt sich!»

DR. EVA WLODAREK ist Psychologin, Buchautorin («Wunscherfüllung für Selbstabholer») und Coach

Ich bin dann mal da

[478] «Die Welt besser machen – selbst wenn es nur ein bisschen sein soll, ist das ein so großer Plan, dass man leicht vor ihm kapituliert. ABER – längst bekannt – der Anfang eines langen Weges ist stets der erste Schritt. In diesem Sinne schlage ich vor, viel, sehr viel mehr zu gehen. Auf den eigenen Füßen mit gutem Schuhwerk, vielleicht zuerst nur quer durch den nächsten Park, dann alltägliche Wege, dann immer öfter und weiter, mal einen ganzen Tag, ein Wochenende gar, irgendwann Schritt vor Schritt vor Schritt einen ganzen Urlaub lang. Woche um Woche. Nur im Gehen, dieser dem Menschen gemäßen Fortbewegungsart, sehe, rieche und atme ich die Welt, wie sie wirklich ist.

Was mühsam klingt, wird bald immer besser, gibt neue, nämlich klare Blicke auf ‹die Natur› wie auf die Städte, auf die Menschen, sogar auf die Wolken. Auf das Schöne wie auf das Hässliche, Bedrückende, Bedrohliche. Und zeigt, wie viel noch da ist von der wunderbaren Welt und wie entschieden wir uns für unseren Lebensraum einsetzen müssen.

PETRA OELKER schreibt u.a. historische («Mit dem Teufel im Bunde») und zeitgenössische Romane («Tod auf dem Jakobsweg»)

So weit zum moralischen Appell. Zuerst und vor allem aber bedeutet das Gehen im eigenen Rhythmus und ohne Hast und Ehrgeiz, diese vermeintliche Mühe, Frieden und weiten Raum, das Erleben des eigenen Körpers, der eigenen Energie. Und endlich – wenn es nicht gerade alle Tage regnet – allerspätestens am Ziel ein frohes und friedliches Gemüt.

Und was kann eine bessere Quelle sein, die Welt zu verbessern, als ein frohes und friedliches Gemüt!»

Man nimmt sich immer mit

[479] Wäre nur endlich Urlaub. Wären wir nur endlich da. Wäre es nur nicht so heiß am Strand. Hätte ich nur einen anderen Partner. Einen besseren Job. Würde ich doch bloß in einem anderen Land leben. Oft hoffen wir, wenn alles anders wäre, würde es besser. Doch wer es ausprobiert, merkt schnell: Der entscheidende Faktor sind wir selbst. Und uns nehmen wir überallhin mit.

Wenn Sie etwas ändern wollen, ändern Sie es. Aber erwarten Sie nicht, dass die Veränderung äußerer Umstände *wirklich* etwas ändert. Sie ändert nur die Umstände. Schauen Sie nach innen, statt nach außen, machen Sie sich auf die Suche nach den Ursachen Ihrer Unzufriedenheit – *dann* handeln Sie.

Nichts bereuen

[480] 80 Prozent aller Menschen bereuen nicht etwa Dinge, die sie getan haben, ermittelten Forscher der Universität Nebraska, sondern Dinge, die sie *nicht* getan haben. Fassen Sie sich also ein Herz und tun Sie, was Sie nicht lassen sollten.

Befreiung von den Elternregeln

[481] Je strenger Sie erzogen wurden, desto weniger Wahlmöglichkeiten bei der Lebensgestaltung sehen Sie als Erwachsener, haben Wissenschaftler herausbekommen. Das Tolle ist jedoch: Wir können uns frei machen von den (un)ausgesprochenen Regeln und Grenzen unserer Kindheit! Wenn Sie zu denjenigen gehören, die wenig Bewegungsspielraum empfinden, überprüfen Sie, welchen inneren Gesetzen Sie folgen. Und ob Sie das noch immer tun wollen. Gehen Sie davon aus, dass Ihre Eltern es gut gemeint und ihr Bestes gegeben haben. Es steht Ihnen aber heute frei, sich auch gegen die strikten Vorschriften Ihrer Kindheit zu entscheiden. (Und es steht Ihnen natürlich ganz besonders frei, die eigenen Kinder ganz anders großzuziehen.)

Hirnlos großartig

[482] Als der US-Basketballer Larry Bird für einen Werbespot den Ball *nicht* in den Korb werfen sollte, brauchte er neun Versuche, bevor er das erste Mal danebentraf. Er hatte so viele tausend Mal geübt, *in* den Korb zu werfen, dass er es nicht schaffte, anders zu handeln.

Gewohnheiten lassen sich trainieren. Ob Sie im Beruf die «Extrameile» gehen wollen, um Spitzenleistungen zu bringen, oder ob Sie privat etwas ändern wollen – Übung macht den Meister.

Auch wie schnell und gezielt man auf bestimmte Emotionen zurückgreifen kann, hängt davon ab, wie beständig man diese Fähigkeit trainiert. Was die meisten von uns kennen (wenn nicht aus dem eigenen Leben, dann vom Zusehen): Ewig auf Ärger, Wut und Trauer rumzukauen, verstärkt diese Gefühle.

Es geht auch umgekehrt: Wir können gute Laune, Vergebung, Gelassenheit etc. einüben und stärken. Wenn Sie jeden Tag einen Liegestütz mehr machen, sind Sie nach 50 Tagen bei 50 Stück, nach 100 Tagen bei 100 Stück. Klingt machbar (und ist es auch). Wenn Sie jeden Tag einen Moment länger oder einmal öfter positiv denken … genau!

Wiederholen Sie das gewünschte Verhalten immer und immer und immer wieder, bis Sie gar nicht mehr anders können, als den Ball instinktiv jedes Mal im Korb zu versenken.

Kontrolliert wüten

[483] Wenn Sie merken, dass Sie wütend werden (oder wütend sind, es funktioniert auch mittendrin), stoppen Sie, holen Sie Luft und sagen Sie stumm *eins*. Zählen Sie mindestens bis zehn, wenn Sie sehr wütend sind, bis zwanzig.

Schuldgefühle auf dem Egotrip

[484] Schuldgefühle sind selbstsüchtig. Solange Sie an der Schuld leiden, müssen Sie nicht in Ordnung bringen, was Sie falsch gemacht haben. Korrigieren Sie Fehler und/oder bitten Sie um Verzeihung. Dann sprechen Sie sich frei. Wenn das nicht nötig ist, gibt es auch keinen Grund für Schuldgefühle.

Weg mit dem absurden Gedankenballast

[485] «Mitglied im Golfclub sein, obwohl es keinen Spaß macht, da aber wichtige Geschäftspartner spielen! Eine sauteure Jeans kaufen, für die man eigentlich zu knapp bei Kasse ist, aber die trägt man jetzt halt! Auf andere neidisch sein – aus irgendeinem Grund, obwohl man selbst der glücklichste und dankbarste Mensch der Welt sein sollte, weil man gesund ist. All dieser

JANINE STEEGER ist Moderatorin von «Explosiv – Das Magazin» auf RTL

absurde Gedankenballast muss weg. Ich versuche jeden Tag, mich auf das Wesentliche zu konzentrieren. Ich glaube fest daran, dass dadurch viele zwischenmenschliche Spannungen verschwinden und die Welt damit besser wird.»

Gedanken lenken

[486] «Unsere Gedanken lenken unser eigenes Leben, zum Guten und zum Schlechten. Schenken wir uns also selbst mehr Zufriedenheit statt Neid und Missgunst! Wir machen vor allem uns selbst damit glücklich und haben dazu noch so viel mehr Energie, anderen herzlicher und liebevoller entgegenzutreten.»

MARLENE LUFEN ist Moderatorin (Sat.1, WDR)

Bohnen gegen düstere Gedankenmuster

[487] Wir alle sind es gewohnt, viel mehr negative und kritische Gedanken zu hegen als positive und konstruktive. Wenn Ihnen das auf die Nerven geht (oder Sie es gar nicht glauben können), kaufen Sie sich eine Tüte getrocknete Bohnen in einer möglichst dunklen Farbe. Füllen Sie eine Tasse mit Bohnen und stellen Sie diese und eine leere Tasse auf Ihren Schreibtisch (oder Küchentisch). Wann immer ein dunkler Gedanke auch nur um die Ecke lugt, legen Sie eine dunkle Bohne in die leere Tasse (und verscheuchen die Negativität). Am Abend können Sie sehen, wie dunkel es in Ihrem Geist aussieht. Zugleich vergegenwärtigen Sie sich Ihre Denkmuster, während sie ablaufen – der erste Schritt zur Änderung.

Überwiegend nett

[488] «Einfach mehr aufeinander zugehen – vor allem auf fremde Menschen. Denn nur so merkt man, dass 99,9 Prozent der Menschen eigentlich ziemlich nett sind.»

MATTHIAS SPAETGENS ist Geschäftsführer Kreation von Scholz & Friends Berlin

Auch wenn man jemand nicht mag

ANJA GOCKEL ist Modedesignerin (www.anja-gockel.com). Sie stattete u. a. die letzten drei Final-Sendungen «Germany's Next Topmodel» aus

[489] «Wir senden jeden Tag bewusst und unbewusst Signale an unsere Mitmenschen aus. Deshalb müssen wir lernen, in jedem Menschen das Positive zu sehen – egal, ob wir ihn mögen oder nicht. Es ist erstaunlich, wie viel Positives dann zurückfließt.»

Denken Sie jeden Tag ans Sterben

DAVID SCHALKO ist Regisseur («Das Wunder von Wien: Wir sind Europameister») und Autor («Weiße Nacht»)

[490] «Lesen Sie J. G. Balard, kaufen Sie keine Waffen und glauben Sie keinem Messias. Sonst empfehle ich Ihnen, sich die Tatsache, dass auch Sie sterben werden, täglich vor Augen zu halten, dann werden Geld, Gier und Neid zu vernachlässigenden Größen. Ficken Sie viel. Dann wird alles gut.»

Gute Gäste

HANNELORE HOGER ist Schauspielerin (u. a. «Bella Block»)

[491] «Die Welt ist unser Gastgeber – nicht umgekehrt!»

Aufgepasst!

[492] «Lebe jeden Moment so, als wäre es dein erster.»

ACHIM SZYMANSKI ist Autor und Werbetexter; er war u. a. Ghostwriter für Thomas Gottschalks Late Night Show

Zeit zum Träumen

[493] Trennen Sie sich nie von Ihren Träumen, weil es so lange dauern würde, sie zu realisieren – die Zeit vergeht so oder so.

Liebe & Familie

Wir brauchen Tonnen

[494] «Liebe

Schickt all eure Liebe
In Päckchen und Briefen
Wir brauchen Tonnen davon
Schickt all eure Liebe
Bevor wir erfrieren
Als hätte man uns die Sonne genommen»

(Auszug von «Liebe» aus dem Album «Sabs» von Sabrina Setlur)

SABRINA SETLUR ist – mit zwei Millionen verkauften Tonträgern – die erfolgreichste deutsche Rapperin

Schnelle Frische

[495] Wenn Ihnen jemand ein Minzbonbon für frischen Atem anbietet – nehmen Sie's.

Dominoeffekt der Liebe

[496] «Wenn jemand, den du liebst, die Geduld mit dir verliert, schrei nicht zurück. Hör aufmerksam zu. Dann verpass demjenigen eine richtige Bärenumarmung. Halt ihn oder sie fest, als wäre es das letzte Mal. Das Leben ist zu kurz, um sich zu verteidigen und noch mehr Öl ins Feuer zu gießen. Gefühle sind ansteckend, und so entsteht ein Dominoeffekt der Liebe …»

ALANNA UBACH ist eine amerikanische Schauspielerin («Meine Frau, ihre Schwiegereltern und ich», «Natürlich blond!»)

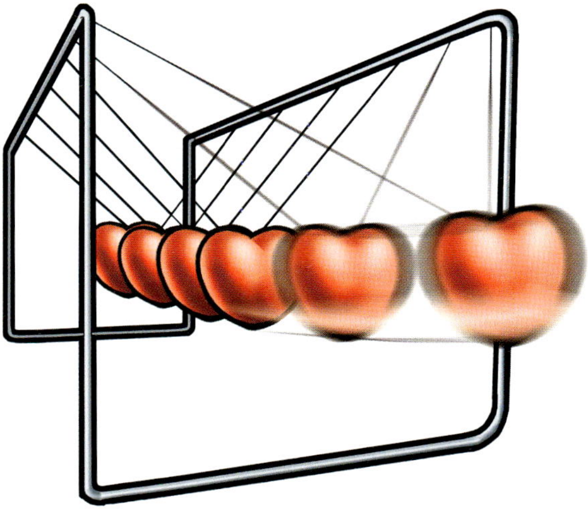

Hand in Hand ins Wunderland

[497] Halten Sie Händchen. Mit Ihren Kindern, Ihrem Partner, Ihrem Haustier. Tut gut.

Seine Lieben glücklich machen

[498] «Fragt euch jeden Morgen, ob ihr die Menschen, die ihr liebt und die euch lieben, glücklich macht, und tut etwas dafür, dieses zu erreichen. Kurz: Seid einfach ein feiner Mensch!»

JOHANNES VOGEL
ist Bundesvorsitzender der Jungen Liberalen

Liebespost

[499] Schreiben Sie einen Liebesbrief. Aber so richtig. Seien Sie mutig. Schicken Sie ihn ab!

Das Beste zum Anfang

[500] Partner, die Probleme miteinander haben, neigen dazu, über diese Probleme zu sprechen – weil sie versuchen wollen, sie zu lösen. Gute Idee, funktioniert aber nicht.

Wissenschaftler haben festgestellt: Bei Krisenpaaren, die über die besten Seiten ihrer Beziehung sprechen sollten, nahm der Stresslevel um 15 Prozent ab. Bei Paaren, die über die negativen Aspekte sprachen, nahm der Stresslevel um 48 Prozent zu.

Gerade wenn Sie unzufrieden miteinander sind, hilft es also nachweislich, sich darüber auszutauschen, was gut läuft oder gelaufen ist. Und erst danach Probleme zu wälzen. Denn Paare, die sich beim Streiten dennoch miteinander verbunden fühlten, haben 34 Prozent weniger Meinungsverschiedenheiten, und diese sind 59 Prozent kürzer (d.h., sie streiten insgesamt nur etwa ein Drittel so lang).

Aber lassen Sie den Kopf nicht hängen: Paare, die nie streiten, lassen sich 35 Prozent öfter innerhalb von vier Jahren scheiden als Paare, die regelmäßig Meinungsverschiedenheiten austragen.

Bei Niederlagen: einfach zuhören

[501] Acht von zehn Personen (80 Prozent der Bevölkerung!) haben Angst, ihrer Familie schlechte Nachrichten zu überbringen – weil sie die Reaktion der Eltern oder des Partners fürchten. (Denen es übrigens ihrerseits auch oft so geht.) Durchbrechen Sie den Teufelskreis: Wenn ein Familienmitglied eine Enttäuschung erlebt hat, schimpfen und missbilligen Sie nicht.

Niemand verlangt, dass Sie vor Freude herumtanzen. Hören Sie einfach bis zu Ende zu. Falls wirklich Handeln erforderlich ist (Nachhilfe, Arbeitssuche), überlegen Sie hinterher gemeinsam und in Ruhe. Denn wenigstens zu Hause angstfrei zu leben, ist genial.

Der Vergangenheit lauschen

[502] «Es wäre ganz wundervoll und faszinierend für die Familien und das gemeinsame kulturelle Erbe gleichermaßen, wenn jüngere Generationen sich die Zeit nähmen, ausführlich mit den ältesten Mitgliedern der Familie zu sprechen und ihre Berichte und Erfahrungen aufnehmen/aufzeichnen. Wir Jüngere finden es oft recht langweilig, uns Geschichten aus der großartigen Jugend alter Leute anzuhören – aber man kann daraus viel lernen, wieso diese Zeit eigentlich so ‹großartig› war. Ich will damit sagen, dass es Lehren und Ideale gibt, die zu erinnern oder neu zu erlernen oder auch nur anzuerkennen gut wäre. Dann könnten wir diese Erinnerungen besser einordnen, mehr mit ihnen anfangen und sie ein wenig länger bewahren.

Ein kleines Beispiel: Vor kurzem entdeckte ich bei einem Buchverkauf einen kleinen Text von circa 1920. Ein Pfarrer hatte über ‹Gute Manieren für eine harsche Welt› geschrieben. Alles, was das Buch tat, war, sehr freundlich und deutlich darzustellen, welche guten Manieren die Jungen und Mädchen, die Männer und Frauen jener Ära an den Tag legen sollten. Es war eine wahre Erleuchtung! Wir haben wirklich völlig aus den Augen verloren, uns um die Gefühle anderer Leute zu scheren – und dabei unsere eigene Würde zu wahren und zugleich die der anderen. Ich habe diese Regeln in der fünften Klasse aus einem Buch namens ‹Kleiner Gentleman› gelernt und nie vergessen! Aber wie steht es heute?

DR. VENERO ARMANNO ist ein australischer Autor («Feuerkopf», «Am anderen Ende der Welt»). Er unterrichtet an der University of Queensland

Dies war der goldene Standard, an den unsere Eltern und Großeltern und Urgroßeltern sich zu halten versuchten, während sie Kriege, Missernten, Wirtschaftskrisen und alle möglichen öffentlichen und sozialen Schwierigkeiten durchstanden, die wir uns heute gar nicht mehr vorstellen können. Derartige Berichte und Erfahrungen der Großeltern zu sammeln, um nachfolgenden Generationen zu dienen (oder diese schlicht zu amüsieren), rettet vielleicht nicht die Welt. Aber schaden kann es sicher auch nicht.»

Gruß und Kuss

[503] Wenn Sie nach Hause kommen, begrüßen Sie die Anwesenden liebevoll. Erst danach erzählen Sie einander von Ihrem Tag oder klären, was noch zu tun ist. Sonst erschlägt man sich gegenseitig mit Wortschwällen.

Für dich soll's rote Rosen regnen

[504] Schon wieder einen Geburtstag oder (schlimmer noch) Jahrestag/Hochzeitstag vergessen? Ab jetzt nicht mehr! SimplyAnnual (www.simplyannual.com) verschickt kostenlos E-Mails am gewünschten Datum, also z. B. jährlich eine Woche und dann nochmal einen Tag vor einem wichtigen Ereignis.

Regel-mäßig besonders freundlich sein

[505] Finden Sie heraus – durch Fragen oder Beobachten –, wann Ihre Frau/Freundin/Partnerin ihre Regel hat. Machen Sie sich ein kleines Bleistiftkreuzchen in den Kalender. Seien Sie gnädiger, freundlicher, gelassener. Bieten Sie an, ihr eine Wärmflasche zu holen. Wenn Sie selbst eine Frau sind: Tun Sie das Gleiche – Bleistiftkreuz, Kalender, gnädiger, Wärmflasche.

Geben Sie sich weniger Mühe

[506] «Dabeisein ist alles» heißt es so schön. Solange man sein Bestes gibt, ist alles bestens. Aber das stimmt gar nicht. Wissenschaftler der State University of New York in Albany haben herausgefunden: Wie viel Mühe jemand sich gibt, wird zwar als wichtigster Erfolgsfaktor angesehen – gehört aber in Wahrheit zu den unwichtigsten.

Das liegt daran, dass viel Aufwand, falsch eingesetzt, wenig bringt und dann zu Frustration führt – bis man selbst und alle anderen schließlich glauben, man sei komplett unfähig. Besser ist es, mehr Zeit für strategische Überlegungen aufzuwenden, um anschließend die richtige Sache zur richtigen Zeit am richtigen Ort zu tun.

Damit entfällt eines der häufigsten Argumente gegen selbstloses Handeln – zu wenig Zeit. Denn mit mehr Überlegung und weniger Mühsal kommen Sie in kürzerer Zeit weiter – egal, ob im Job, privat oder bei anderweitigen Ver-

pflichtungen. Gezielt ist besser als viel, und Schweiß allein führt leider nicht ans Ziel.

Ähnliches gilt auch im Privatleben: Diejenigen, die sich «sehr intensiv» bemühten, ihre Beziehung zu verbessern, waren 33 Prozent unzufriedener als diejenigen, die sich nur «mäßig» engagierten.

Alles bleibt, wie es ist

[507] Heiraten Sie nicht in der Hoffnung, er oder sie würde sich noch ändern.

Unperfekt ist perfekt

[508] Perfektionisten legen an ihren Partner dieselben überwältigend hohen Maßstäbe an wie bei sich selbst – und scheitern. Sie sind mit ihren Beziehungen 33 Prozent unzufriedener

als der Durchschnitt. Und im Job hilft Perfektionismus auch nicht weiter.

Bleibt nur, ihn sich abzugewöhnen. Jetzt, hier, sofort und für immer!

Zeigen Sie Gefühl

[509] Wir fühlen uns 47 Prozent mehr zu Familienmitgliedern hingezogen, die «oft» ihre Zuneigung zum Ausdruck bringen. (Eigentlich logisch, oder?) Geben Sie Ihren Kindern einen tollen Start ins Leben und Ihrem Partner einen tollen Start in den Tag: Zeigen Sie Ihr(e) Gefühl(e)!

Nein heißt nein

[510] Zeugen Sie keine Kinder mit jemand, der keine will.

Tagwerk

[511] Fragen Sie Ihre Kinder und/oder Ihren Partner, wie deren Tag war, was sie getan haben. Und dann hören Sie auch wirklich zu und schnetzeln nicht nebenbei Möhren.

Stress für andere reduzieren

[512] Wenn es Ihnen in Krisenzeiten (und wer kennt die nicht) gelingt, einigermaßen positiv in die Zukunft zu schauen, sinkt der Stress der *anderen* Familienmitglieder um bis zu 60 Prozent. Sprich: Wenn *Sie* sich auf einen möglichen guten Ausgang der Sache konzentrieren, geht es nicht nur Ihnen selbst besser, sondern auch denen, die Ihnen am nächsten stehen.

Nicht schöntrinken

[513] Ein Glas Wein am Tag mag dem Herzen guttun – der Liebe förderlich ist es nicht. Bei einer Langzeituntersuchung stellten US-Forscher fest, dass geringer Alkoholkonsum zu fast 60 Prozent besseren dauerhaften Beziehungen führt als häufiges Trinken. Man kann sich die Ehe also nicht «schöntrinken», im Gegenteil: Je seltener die Partner Alkohol zu sich nahmen, desto glücklicher waren sie miteinander.

Wohltätigkeit beginnt daheim

[514] Wohltätigkeit beginnt daheim. Ihre wichtigste Aufgabe besteht darin, sich, Ihr Haus und Ihr Leben in Schuss zu halten (oder zu bringen). Zeit für Ihren Partner, Ihre Kinder, Ihre Familie und Freunde zu haben. Allein damit machen Sie die Welt so viel besser, wie Sie es sich (weil Sie zu nah dran sind) kaum vorstellen können.

Danach erst können Sie – von Herzen – damit beginnen, allen anderen zu helfen und die Erde zu retten.

Täglicher Höhepunkt

[515] (Endlich) lernen, einen Orgasmus zu haben (egal, ob allein oder zu zweit)! Wer weiß, was ihm/ihr gut tut, kann sich das Leben verschönern und/oder anderen zeigen, wie's geht.

Entschieden entscheiden

[516] Geben Sie Ihrem Partner nicht mehr die Schuld an Ihrer Unzufriedenheit, Ihren Eltern nicht mehr die Schuld an Ihrer Motivationslosigkeit, der Wirtschaft nicht mehr die Schuld an Ihrem sozialen Status, der Bäckerei nicht mehr die Schuld an Ihrem Übergewicht. Stellen Sie sich der Wahrheit: Sie sind das

Ergebnis der Entscheidungen, die Sie im Laufe Ihres Lebens getroffen haben.

Wenn Ihnen das nicht passt, korrigieren Sie Ihre Entscheidungen. Noch ist Zeit.

Keine Angst mehr

[517] «Wir müssen aufhören, Angst davor zu haben, das zu sein, was nicht geliebt wird. Wir werden immer geliebt. Die Angst in unserem Bewusstsein, dass es nicht so sein könnte, nimmt uns so viel Kraft, Lebensfreude und Mut. Mut, den wir brauchen, um Entscheidungen zu treffen. Kraft, die wir brauchen, diese Entscheidungen nicht aus Angst zu treffen. Lebensfreude, damit wir andere damit anstecken können. Seht mit dem Herzen und hört auf, Angst zu haben.»

EVELYN REINA war erfolgreich als Rapperin Alina («Nur für dich»), heute arbeitet sie als Marketing-Managerin

Ja, Schatz … sicher, Schatz

[518] Der amerikanische Psychiater und Bestsellerautor David Burns («Feeling Good Together: Sich miteinander wohlfühlen. Wie selbst schwierige Beziehungen gelingen können») macht einen revolutionären Vorschlag: Wann immer jemand Ihnen einen Vorwurf macht, nicken Sie anerkennend, nehmen die Schuld auf sich und entschuldigen sich. Sonst nichts. Das klingt bizarr und verlogen, aber es ist etwas dran. Burns' Kernthese lautet: Egal, wie weit hergeholt Ihnen ein Vorwurf erscheinen mag – der andere hat sich etwas dabei gedacht. Und die Wahrscheinlichkeit ist groß, dass zumindest ein Körnchen Wahrheit dran ist. Burns' Vorschlag umzusetzen ist nicht ganz einfach und funktioniert nur, wenn man es ernst meint. Wirkt dann aber Wunder, weil der andere sich gehört fühlt – und die Situation sich schnell entspannt.

Kein Ehe-Druck

[519] Sagen Sie nicht «Ja, ich will!», wenn Sie sich (noch) nicht sicher sind.

Scheiden tut gut

[520] Immer noch bleiben zahllose Eltern lediglich aus finanziellen Gründen und «wegen der Kinder» zusammen. Doch für den Nachwuchs ist das eine Tragödie: 80 Prozent aller Kinder und Jugendlichen, die Ehekrisen miterleben, leiden an Angstattacken und geringem Selbstwertgefühl. Diese Problematik nimmt um fast die Hälfte ab, wenn sich die Eltern wieder vertragen (soll ja auch vorkommen) – oder sich endlich trennen: besser ein Ende mit Schrecken als Schrecken ohne Ende.

Jedes Mal könnte das letzte Mal sein

[521] «Jeder sollte die Kultur, die Ideale und die Überzeugungen jedes anderen respektieren. Die Erde ist unsere Mutter, wir dürfen sie nicht aus Profitgier zerstören. Hass ist ein Krebsgeschwür, das unsere Seele frisst; Vergebung hingegen heilt. Wir dürfen nicht vergessen, dass der Körper endlich ist, die Seele jedoch unendlich. Geld und Macht gehören zum Körper. Sie sind leicht verloren. Liebe und Leidenschaft gehören zur Seele. Sie überdauern. Wir sollten unsere Zeit auf der Erde nutzen, um allen Lebewesen Freundlichkeit zuteilwerden zu lassen, und die Welt ein wenig besser hinterlassen, als wir sie vorgefunden haben. Und vor allem: Sagen Sie den Menschen, die Ihnen wichtig sind, jedes Mal, wenn Sie auseinandergehen, dass Sie sie lieben – falls es das letzte Mal ist, dass Sie einander sehen. Geben Sie nie die Hoff-

DIANA PALMER hat über 150 Bücher geschrieben (u. a. «Wenn es Nacht wird in Manhattan», «Süßer Rausch der Sinnlichkeit»)

nung auf. Gott, wie auch immer man ihn nennen mag, wohnt jedem von uns inne.»

Jährlich Dankbarkeit zeigen

[522] Bieder, bedeutet Eltern aber viel: Schreiben Sie eine kitschige Karte zum Muttertag (und rufen Sie am Vatertag wenigstens an).

Mit den Augen der Liebe

[523] «Hört mehr auf eure Herzen und weniger auf das, was andere Menschen sagen. Denn wer erkennt, dass die Liebe der eigentliche Sinn des Lebens ist, muss ihr nur den nötigen Platz bieten, um das Leben zu verstehen und es voller Glück leben zu können. Mit den Augen der Liebe gesehen, kann unsere ganz eigene Welt die schönste von allen sein, und wenn jeder Mensch in seiner schönsten Welt lebt, so ist das gemeinsame Glück das Ergebnis von allem.»

ANDREA KOSSMANN ist Dichterin («Wunderland der Liebe») und Autorin («Männertaxi»)

Gründe gibt's (hoffentlich) genug

[524] Schreiben Sie Ihrem Partner einen Dankesbrief. Keinen Liebesbrief, diesmal, sondern einen Dankesbrief.

Kinder & Erziehung

Gefühlter Reichtum

[525] «Setzt Kinder in die Welt! Nicht, weil sie eure Rente bezahlen, ihr Taschengeld in unseren Einkaufszentren lassen und sie die morgen dringend gesuchten ‹High Potentials› sind. Sondern weil sie (fast) jeden Tag unglaublich viel Freude machen. Ja, es stimmt: Kinder kosten sehr viel Kraft, Zeit, Geld und Liebe. Manchmal mehr, als man zur Verfügung hat. Aber sie sind der größte Reichtum, den es gibt!»

ALEXANDER OTTO ist Vorsitzender der Geschäftsführung von ECE, dem europäischen Marktführer im Bereich Shopping-Center, und Gründer der Alexander Otto Sportstiftung

Eltern verbessern die Welt

«Wer ein Kind hat, für den hört die Welt nicht mit seinem Tod auf. Und das zwingt ihn dazu, sie besser zu machen. Jeden Tag.»

MARIE-LUISE LEWICKI ist Chefredakteurin der Magazine «Eltern» und «Eltern for family»

Das Beste sind die Kinder

«Kinder in Liebe aufziehen und ihnen von der Welt erzählen, wie sie sein sollte und wie sie nicht sein sollte.

Und hoffen, in ihnen die Wurzeln gelegt zu haben, eigene Kinder zu wollen und all das von Generation zu Generation weiterzugeben. Das ist nicht vom Familienministerium gesponsert, sondern meine eigene Erfahrung mit dem Leben. Ein paar Dinge, die ich mir mit sechzehn vom Leben gewünscht habe, sind in Erfüllung gegangen. Ich bin Redakteurin beim ‹Stern› geworden (Ende der sechziger Jahre wollte man das noch dringend), habe Romane geschrieben und zwei Kinder

CARMEN KORN ist Krimiautorin («Tod eines Heimkehrers») und lebt in Hamburg

bekommen. Das Beste, was mir widerfahren ist, sind die Kinder.»

Kinder sind Zukunft

«Was gibt es Schöneres, als wenn in Kinderaugen die Sonne scheint? Es muss alles getan werden, um Kindern eine glückliche, gesunde und erfolgreiche Zukunft zu sichern. Kinder sind unsere Zukunft, und genau so sollten wir sie behandeln.»

PETRA BINDL ist Moderatorin beim ZDF

Beste Freunde

[526] Eltern sind dann die besten Freunde ihrer Kinder, wenn sie nicht die besten Freunde ihrer Kinder sind, sondern Eltern.

Baumhaus bauen

[527] «Ich freue mich jedes Mal, wenn es mir gelingt, meine Kinder für die Natur zu begeistern. Das bedeutet auch, dass sie weniger Zeit vorm Fernseher und vor dem Computer verbringen. Nicht, dass das grundsätzlich etwas Böses wäre, aber wahrscheinlich werden sie noch ohnehin viel mehr Lebenszeit vor einem Monitor verbringen, als wir uns das je haben vorstellen können. So ist das große Projekt dieser Sommerferien, ein Baumhaus im Wald zu bauen. Das erfordert von mir ganz schön Vorbereitung, aber der Moment, wenn wir drei ein paar Meter über dem Boden in unserer selbstgebauten Hütte stehen, wird für alles entschädigen.»

REINHARD HUNGER ist Fotograf (www.reinhard-hunger.de)

Ein menschenwürdiges Leben

[528] «Jedem Menschenkind ein Zuhause, Grundversorgung, Bildung und Liebe!»

DR. FLORIAN LANGENSCHEIDT ist Verleger, Buchautor, Investor und Gründer sowie Vorstandsvorsitzender von «Children for a better world» (www.children.de)

Muttermilch ist gut für alle

[529] Stillen Sie Ihr Baby, und/oder machen Sie es Müttern leichter, in der Öffentlichkeit zu stillen (z.B. in einem Café), statt vorwurfsvoll zu starren. Denn Muttermilch ist gesünder – die Kinder sind später weniger anfällig für Allergien, was den Krankenkassen Geld spart; Stillen befriedigt das Bedürfnis nach Nähe und Hautkontakt und begünstigt die Ausformung des Kiefers. Bei der Mutter wird die Rückbildung der Gebärmutter angeregt, auch erreichen stillende Mütter leichter wieder ihr Ausgangsgewicht. Sie erkranken im weiteren Lebensverlauf mit geringerer Wahrscheinlichkeit an Brust- oder Ovarialkrebs, beugen Osteoporose vor, sparen Zeit und Geld.

Milchpulver wird hochindustriell gefertigt und durch die Gegend gefahren, außerdem müssen die Fläschchen ausgekocht oder chemisch gereinigt werden – das ist, abgesehen von allen anderen Unterschieden, nicht sonderlich umweltfreundlich. Bei Problemen: über die Hebamme eine Stillberaterin kontaktieren. Und damit Sie auch mal Babypause machen können: Milch abpumpen und einfrieren.

JÖRN WUNDERLICH, Die Linke, ist Mitglied des Deutschen Bundestages

Spielen erlaubt

[530] «Mein Vorschlag ist, Schilder abzuschaffen, die das Ballspielen auf einer Wiese verbieten.»

Sei deine eigene Marke

[531] Im Leben gibt es Wichtigeres als Markenklamotten.

Kein Helm beim Spielen

[532] Nie mit Helm auf den Spielplatz: Beim Klettern und Spielen können Kinder hängen bleiben, sich verletzen und sogar ersticken, betont die «Hannelore Kohl Stiftung für Verletzte mit Schäden des Zentralen Nervensystems».

[533] Und bei der Gelegenheit: Schutzhelme mögen doof aussehen und sind auch nicht sonderlich bequem. Aber wenn man sie nun schon aufhat, dann auch richtig – sonst bringen sie nämlich gar nichts. Oft werden Helme (wie Schirmmützen) viel zu weit nach oben geschoben oder sitzen zu locker. Dann lösen sie sich bei einem Unfall, und die Verschlussbänder können sogar noch Schaden anrichten.

Zudem sollte man die für den jeweiligen Sport geeigneten Helme verwenden. Fahrradhelme sind vorne rund und hinten spitz, sie schützen vor allem Stirn und Schläfen, der Hinterkopf ist fast frei. Helme für Inlineskater sind hinten rund und reichen viel tiefer, sodass der gesamte Hinterkopf bedeckt ist.

Die Teenager von morgen

[534] Wenn Sie vernünftige Gespräche mit Ihrem Teenager führen wollen, fangen Sie gut zehn Jahre früher damit an. Sonst wird es nichts.

Das Leben der anderen

[535] Fahren Sie Ihre Kinder mitsamt deren Freunden ins Kino, zum Konzert, zum Sport. Selbst wenn Sie nicht dableiben. So lernen Sie die Freunde kennen und erfahren ganz nebenbei vieles über Ihr Kind und seinen Alltag. Klappt besonders gut mit Teenager-Mädchen, funktioniert aber auch bei Terminen Ihres Lebenspartners.

Buchclub-Interna

[536] Gründen Sie einen Mutter-Tochter-Buchclub. (Oder, wenn Sie Glück haben, einen Vater-Sohn-Leseverein.) Suchen Sie abwechselnd die Lektüre aus – ja, Sie müssen auch lesen, was Ihr Nachwuchs sich wünscht. Genau darum geht es ja. Bonus-Tipp: Wenn's mit dem familieninternen Buchclub gar nicht klappt, probieren Sie mal Filme, Serien, CDs oder Sportereignisse.

Kindern Schwimmen beibringen

[537] Die Zahl der Nichtschwimmer in Deutschland steigt. Ein Viertel aller Kinder und Jugendlichen sind Nichtschwimmer, über 30 Prozent können sich nicht sicher im Wasser bewegen, und auch jeder fünfte Erwachsene kann nicht oder nur schlecht schwimmen, ermittelte die Deutsche Lebens-Rettungs-Gesellschaft (DLRG). Fast jedes fünfte Kind kann keine 25 Meter (eine normale Schwimmbadbahn) zurücklegen; na-

hezu 40 Prozent (knapp die Hälfte!!) aller Achtjährigen sind immer noch Nichtschwimmer.

Bringen Sie diese Statistik ins Wanken! Vorteil eins: Es wird unwahrscheinlicher, dass Sie oder Ihre Kinder ertrinken. Vorteil zwei: Schwimmen erhält und fördert die Beweglichkeit – ist also gut für die Gesundheit, nachdem man nicht ertrunken ist.

Vorteil drei: Für Jung wie Alt sind Freibäder und Badeseen ausgezeichnete Kontaktbörsen, sogar gemäß dem neuzeitlichen Motto WYSIWYG (what you see is what you get – man sieht, was man kriegt).

Also: Hürden aus dem Weg räumen und helfen, dass mehr Menschen über Wasser bleiben. Mit den eigenen Kindern, Neffen, Nichten ins Schwimmbad gehen und ihnen Schwimmen beibringen – oder einen Kurs buchen. Befreundeten Eltern anbieten, mit ins Bad zu kommen, denn Schwimmbadbesuche sind für Familien mit Kleinkindern Stress. Oder mal eine Schwimmbadkarte verschenken, denn schwimmen gehen ist auch unerfreulich teuer. Gegen die Streichung des Schwimmunterrichts an Schulen stimmen.

Nach Hause telefonieren

[538] Wenn Sie fürchten, Ihr Kind könnte im Getümmel verloren gehen – egal, ob auf dem Markt oder im Urlaub –, schreiben Sie ihm mit Marker Ihre Handynummer auf den Innenarm. Selbst wenn das Kind die Nummer eigentlich auswendig kann. Wenn man Angst hat, versagt das Gedächtnis.

Wollen Sie keinen Marker verwenden, verwenden Sie ein mit Kuli beschriftetes Pflaster.

[539] Bringen Sie Ihrem Kind Ihre Adresse und Telefonnummer bei; das ist wichtiger als das ABC.

Weniger Angst, mehr Aufmerksamkeit

[540] Krimis spielen immer wieder mit der Urangst von Eltern um ihre Kinder. Dramaturgisch lässt sich leicht Spannung erzeugen, wenn Kinder von Unbekannten entführt, missbraucht, misshandelt werden. Außerdem liest man davon immer wieder in der Zeitung.

Das stimmt, und natürlich ist die Sorge theoretisch nicht unberechtigt. Aber viele Eltern haben übertrieben große Angst davor, ihr Kind z.B. allein zur Schule gehen zu lassen, sind dagegen sehr zufrieden, wenn es mit den Pfadfindern einen Ausflug macht, beim Turnen ist oder das Wochenende bei Onkel Markus verbringt – denn da weiß man es ja in guten Händen.

Leider ist es in Wirklichkeit genau andersherum: Mindestens 75 Prozent aller Täter stammen aus dem sozialen Umfeld der Kinder. Es sind Personen, denen die Kinder vertrauen (sollen). Weit über die Hälfte aller Missbrauchsfälle findet innerhalb der Familie statt. Vera Falck, Geschäftsführerin des Vereins «Dunkelziffer» (www.dunkelziffer.de), rät deshalb: «Wichtig ist es, den Kindern zu vermitteln, dass sie den Eltern alles sagen dürfen und dass sich Eltern Zeit für die Kinder nehmen und ihr Selbstbewusstsein stärken. All das erleichtert es Kindern, potenzielle Übergriffe, auch durch ihnen vertraute Personen, als solche zu erkennen und darüber zu reden.»

Hier ist die elterliche Energie und Aufmerksamkeit viel besser aufgewendet als mit der Sorge um Dinge, die Gott sei Dank selten geschehen und die letztlich auch nur durch die totale Überwachung zu verhindern wären. (Hinzu kommt: Starke, mutige Kinder werden insgesamt seltener Opfer, auch deswegen ist das genannte Vorgehen hilfreich.)

Ungerecht, wie das richtige Leben

[541] Ziehen Sie das Kind, das sich am besten zu benehmen weiß, als Erstes an (oder ziehen Sie ihm als Erstes Schuhe und Jacke an). Dieses Kind behält die Sachen an, statt sie sich wieder runterzureißen, während Sie die anderen anziehen.

Keine Anrufe vor dem Frühstück

[542] Nehmen Sie frühmorgens keine Anrufe entgegen. Sonst wird das Chaos noch größer und die Laune noch schlechter. Wenn Ihre Kinder groß genug sind, dehnen Sie die Regel auf sie aus, selbst wenn die beste Freundin Ihrer Tochter anruft. Sind die Kinder ausgezogen, behalten Sie die Gewohnheit bei (oder Sie legen sie sich ganz ohne Kinder zu). Anrufe vor dem Frühstück bringen immer nur alles durcheinander.

Der medienfreie Sonntag – und wohin er führen könnte

NIKOLAI KARO ist Regisseur und Autor (www.nikokaro.de)

[543] «Der medienfreie Sonntag. Sehr schwer umzusetzen. Vor allem mit Teenagern im Haushalt. Er darf freilich nicht von oben verordnet, sondern muss durch eigene Einsicht gefunden werden. Das Handy bleibt aus, das Internet lockt nicht mehr, und das TV schweigt … Bald schon wird ein neuer Friede in das Leben Einzug halten, so man den ‹Medienentzug› erst einmal verkraftet hat. An diesen Tagen kommt man aber wieder tiefer im Denken und spürt sich und andere wieder deutlicher. Insgesamt könnte nach und nach ein ketzerischer Gedanke aufkommen wie z. B: Friede durch Verzicht. Dieser Gedanke hat freilich weitreichende Konsequenzen im Innen wie im Außen.

In Indonesien habe ich erlebt, dass eine 15-Minuten-Meditation vor Unterrichtsbeginn wahre Wunder bewirkt für die Konzentration und Disziplin. Das klappt schon bei den ganz jungen Kindern. Von den Teenagern im Hormonsturm ganz zu schweigen. Es gibt also eine Reihe von nützlichen Ritualen, die für die weitere Organisation des Zusammenlebens in einer globalen Welt hilfreich wären, aber auch schon in der ganz kleinen Welt funktionieren.

Abschließend vielleicht noch ein hoffnungsvoller (möglicherweise naiver) Gedanke ... Würde gerne mit den geistigen Führern der israelischen und palästinensischen Seite ein Meditationsretreat im Katharinenkloster am Berg Sinai durchführen, und zwar über die Geschichte der Brüder ‹Esau und Jakob› (der Teller Linsensuppe!) aus dem Alten Testament. Die einzige Hoffnung für diesen unlösbaren Konflikt ist nämlich das Anerkennen der eigenen Bruderschaft und vor allem ... Vergebung!»

Rückblickend ungelogen

[544] Sagt man Lehrern vorab, welche Kinder besonders begabt sind, bringen diese Schüler auch Top-Leistungen, weil sie entsprechend gefordert und gefördert werden. Das klappt sogar dann, wenn die Kinder zuvor eher unterdurchschnittliche Noten hatten. Die Erwartungshaltung prägt das Handeln – und somit auch das Ergebnis. Diese Tatsache können Sie sich leicht zunutze machen. Indem Sie dem Lehrer Ihrer Kinder einfach erzählen, Ihre Sprösslinge wären ganz besonders begabt. Und indem Sie im neuen Job ganz frech einfließen lassen, dass Sie bisher immer Glanzleistungen aller Art geliefert hätten. Man wird Ihnen und Ihrer Familie viel zutrauen und Sie nach Kräften dabei unterstützen, auch ambitionierte Ziele zu erreichen. Insofern werden die Behauptungen rückblickend betrachtet noch nicht einmal gelogen gewesen sein.

Neue Regeln für die Welt

[545] Die Welt ist anders als noch vor 100 oder auch nur 50 Jahren. Mädchen spielen Fußball und sind Cracks in Mathe, Informatik, Politik – klassischen Männerdomänen. Endlich gelten andere Regeln! Für Ihre Tochter, für Ihre Frau, für Sie. Nutzen Sie die Chancen, auch wenn es sich vielleicht anfangs noch «verboten» anfühlt.

Fördermittel fürs (Auslands-)Studium beantragen

[546] Nichts macht die Welt schneller besser als mehr Bildung für mehr Menschen. Manchmal ist aber eine deutsche Uni nicht die erste Wahl (oder will den Interessenten nicht). Dann geht es ab ins Ausland! Ein Studium woanders ist Gott sei Dank nicht mehr den Kindern reicher Eltern vorbehalten. Wer gute Leistungen bringt, darf z. T. sehr günstig oder sogar umsonst an die Uni. Gute Startpunkte, um sich (rechtzeitig, mindestens ein Jahr vor Studienbeginn!!) zu informieren:

www.studium-ratgeber.de/finanzierung-foerderprogramme.php

www.htwm.de/ausland/Deutsches_Web/Outgoings/Studenten/foerderprogramme_der_eu.htm

www.eu.daad.de/eu/

Ein abgeschlossenes Studium (fast egal, in welchem Fach) wird heute – weil mehr Bewerber auf eine Stelle kommen – immer wichtiger, ebenso wie Fremdsprachenkenntnisse. Mit einem Auslandsstudium schafft man beides auf einmal.

Nicht für die Schule, für das Leben lernen wir

[547] «Durch eine gute Schul- und Hochschulausbildung standen mir in meinem bisherigen Leben viele Wege offen.

Diese Chancen sollten wir allen Kindern in unserem Land eröffnen und deshalb mehr Ressourcen zur Verbesserung unseres Bildungssystems von der frühkindlichen Bildung über Schule und Ausbildung bis zur berufsbegleitenden Weiterbildung bereitstellen.»

ANDREAS STORM, CDU, war von 2005 bis 2009 Parlamentarischer Staatssekretär bei der Bundesministerin für Bildung und Forschung

Kultur kostenlos

[548] «So viele Kinder haben gar keinen Zugang zur Kultur, zur Welt der Kunst, Theater und Musik. Häufig, aber bei weitem nicht immer, ist das eine Frage des Geldes. Wie wäre es, wenn alle Schulen regelmäßig altersgerechte Ausstellungen, Theaterstücke und Konzerte besuchen würden – kostenlos für die Eltern?! Die Finanzierung müsste doch über Vergünstigungen, Spenden und öffentliche Haushalte machbar sein, damit künftige Generationen Kultur erleben. Ich bin davon überzeugt, dass die Welt dadurch ein bisschen besser würde.»

SWEN SCHULZ, SPD, ist Mitglied des Deutschen Bundestages

Jeder kann Kindern helfen

[549] «Jeder Einzelne kann etwas tun, damit es Kindern bessergeht. Schenken wir ihnen doch einfach mehr Aufmerksamkeit, Zeit und Liebe. Nur Kinder, die mit dem Gefühl aufwachsen, geliebt und respektiert zu werden, können dies ihrerseits später weitergeben. Helfen wir Kindern, die zu Hause nicht die nötige Geborgenheit bekommen. Die Stiftung Mittagskinder in Hamburg (www.stiftung-mittagskinder.de) tut dies mit ihrer Arbeit: Kindern aus sozial benachteiligten Stadtteilen bietet sie regelmäßige warme Mahlzeiten. Nicht nur das: Die Stiftung gibt ihnen auch die Möglichkeit, mal in ein Konzert zu gehen, Sport zu treiben, oder ihnen wird Lust aufs Lesen gemacht.

THORSTEN SCHRÖDER ist Journalist, Moderator und «Tagesschau»-Sprecher

Seien wir toleranter, wenn Kinder mal etwas lauter sind und toben. Das haben die Kleinen dringend nötig! Wohl jeder Erwachsene hat als Kind mal Krach gemacht; daran sollten wir uns erinnern. Kinder brauchen die Möglichkeit, sich zu entfalten und sich dadurch zu entwickeln. Wenn wir das unterstützen, verbessern wir die Welt der Kinder – und schaffen damit zugleich die Grundlage, dass die Welt durch sie künftig noch besser wird.»

Toleranz von Anfang an

[550] «Andere so zu akzeptieren, wie sie sind, ist wichtig zu lernen, vor allem für junge Kinder. Ich halte es für sehr wichtig, Vorurteile auf der Basis von Hautfarbe, Religion, Geschlecht oder Ansichten abzulegen. Zu oft lassen Kinder ihre Handlungen und Beziehungen durch Stereotypen beeinflussen. Sie übernehmen solche Verallgemeinerungen einfach blindlings, ohne je darüber nachzudenken. Schulen und Eltern sollten versuchen, für eine offenere Weltsicht zu plädieren, denn nur, wenn junge

HALLIE EISENBERG ist eine amerikanische Schauspielerin («The Insider»)

Kinder bereits verstehen, wie wichtig es ist, einander zu verstehen und zu tolerieren, können wir eine ausgeglichenere und harmonischere Welt erreichen.»

Kommunikation als Früh-Schulfach

[551] «Vom Amoklauf bis zur landstrichweiten Ausländerfeindlichkeit: Unzählige Übel unserer schönen Welt lassen sich auch auf mangelhafte oder erst gar nicht stattfindende Kommunikation zurückführen. Ein Problem, das schon in frühen Kinderjahren in Elternhaus, KiTa, Vorschule, Grundschule angelegt wird: Kinder lernen zwar in der zweiten Klasse Englisch, aber Reden, Zuhören, Argumentieren, Konflikte ausdiskutieren oder sogar mit gutem Ausgang zu streiten wird nicht explizit trainiert. Ich schlage vor, auch als einen Beitrag zu größerer Chancengleichheit, ein Vor- oder Frühschulfach Kommunikation einzurichten, vielleicht auch für die weiterführenden Schulen, und träume von viel mehr viel offeneren Kindern, bevor sie sich mit dem iPod hinter dem eisernen Vorhang der Pubertät verschanzen …»

CONSTANTIN KALOFF ist Texter und Creative Director. Er erfand u.a. (für die Agentur Jung von Matt) den Slogan «Geiz ist geil»

Zu Fuß zur Schule

[552] Bringen Sie Ihre Kinder zu Fuß zur Schule, solange die Sie mitgehen lassen. Sie haben ein wenig Bewegung – und erfahren immens viel über Ihr Kind. Außerdem stärken Sie seine Verkehrssicherheit, was Ihnen Leid und der Gesellschaft Geld erspart.

Ich will ein Pony!

[553] Tiere sind kein Geburtstags- oder Weihnachtsgeschenk. Kinder kümmern sich nie allein um das Tier. Dessen Anschaffung sollte daher immer eine Familienentscheidung sein – und kein Überraschungspräsent.

Essen für die Familie

[554] «Jede Familie sollte mindestens einmal in der Woche gemeinsam essen. Das gemeinsame Essen stärkt nicht nur den Familiensinn, sondern auch den Bezug zu einer gesünderen und ausgewogenen Ernährung. Das gilt sowohl für die Kinder als auch für die Eltern. Natürlich fördert das gemeinsame Essen auch den Spaß beim Essen.»

RALF ZACHERL ist Koch; u.a. ist er als «Küchenchef» auf VOX und in «Planet Cook» auf Kika zu sehen

Das kleine Glück am Abend

[555] «Die Kindheit verblasst im Laufe des Lebens. Aber eines bleibt: die kuschelig-wohlige Erinnerung ans Zubettgehen, wenn Vater, Mutter, Oma, Opa oder Tante eine Geschichte vorgelesen oder erzählt haben. Umso schlimmer fand ich es beim letzten bundesweiten Vorlesetag in einem Kindergarten. Auf meine Frage an die 20 Kinder, wem denn regelmäßig eine Geschichte erzählt oder vorgelesen wird, meldeten sich sieben.

Das beidseitige Glück des Vorlesens – es lässt sich nicht verordnen, aber vielleicht wecken: im Kindergarten, in der Schule, in der Nachbarschaft. Früher haben Eltern erzählt und vorgelesen, weil es den Kindern guttat; sie wussten wahrscheinlich gar nicht genau, dass Vorlesen die Phantasie beflügelt, Neugierde weckt, Denken und Sprechen schult. Heute ist dies eine wissenschaftliche Erkenntnis und längst Allgemeingut. Trotzdem ist Vorlesen leider aus der Mode.

GARRELT DUIN, SPD, ist Vorsitzender der SPD in Niedersachsen

Doch es geht um mehr, viel mehr als um Gehirntraining. Meine Frau oder ich lesen unserem siebenjährigen Sohn jeden Abend eine Geschichte vor, obwohl er einige Texte selbst lesen kann. Aber wir alle lieben dieses feste Ritual vorm Einschlafen. Es ist ein kleines Glück am Abend mit der nicht unwesentlichen Folge, zur Ruhe zu kommen. Mir gibt das Vorlesen zu Hause und anderswo das wunderbare Gefühl zu spüren, wie sich Kinder auf die Geschichte einlassen, sich konzentrieren, mitgehen, mitsprechen, wenn sie die Geschichte fast auswendig können, oder tadelnd korrigieren, wenn man vom Text abweicht – und am Ende sagen: ‹Nochmal.›»

Die Welle

[556] «Wie schwer ist es doch schon, uns selbst zu verbessern. Wenn wir jedoch an uns arbeiten und uns zu lieben lernen, werden wir auch anderen reine, unverfälschte Liebe schenken können. Und indem wir in unserem Mikrokosmos Familie, Freunde, Bekannte etwas Positives bewirken, kann dies der Beginn einer riesigen Welle sein, die schließlich alle Kontinente erfasst. Alles ist möglich, selbst eine scheinbar unverbesserliche Welt zu verbessern. Es liegt an uns.

ANDREAS FRANZ ist ein erfolgreicher deutscher Krimiautor (u.a. «Jung, blond, tot»). Er hat fünf Kinder und zwei Enkel

Und seien wir Kindern die besten Vorbilder, indem wir sie die besten Werte nicht nur lehren, sondern sie ihnen auch vorleben. Nicht die Kinder sind verantwortlich für die Zukunft, sondern wir. Sie führen nur fort, was wir begonnen haben. Und damit entscheiden wir über die Lebensqualität der kommenden Jahre und Jahrzehnte.»

Egal, ob Promi oder Putzfrau

[557] «Respektvoll, tolerant und freundlich: Wenn man den Menschen so begegnet – egal, ob Promi oder Putzfrau –, dann geschieht Unglaubliches. Die Menschen lächeln und sind offen. Meinen Töchtern gebe ich das mit auf den Lebensweg. Und ich versuche ihnen vorzuleben, dass man konsequent und entscheidungsfreudig sein sollte, Träume und Ziele haben muss, um glücklich zu sein. Und nur, wer glücklich ist, ist zufrieden und kann das auch weitergeben an alle anderen.»

MARCO HEINSOHN ist Fernsehmoderator (zzt. Sat1) und Journalist

Opa weiß Bescheid

[558] «Werte von Großeltern annehmen und versuchen, sie umzusetzen und weiterzugeben. Großeltern sind liebend und weise.»

ANGELIKA GELLER ist Inhaberin des Einrichtungsladens «Stadthaus» in Hamburg

Selbsterkenntnis in der Puppenecke

[559] Achten Sie darauf, wie Ihr Kind mit seinen Puppen, Stofftieren oder Actionfiguren spricht. So sprechen Sie mit Ihrem Kind. Wenn Ihnen nicht gefällt, was Sie hören, ändern Sie sich.

Kinder sind unsere Chance

[560] «Mein Vater hat mir die folgende Regel mit auf den Weg gegeben, als ich mit 18 mein Elternhaus verlassen habe: ‹Wir zeigen immer, wer wir sind.›

Dieses Zitat von Rilke schreibe ich mir alljährlich in jeden neuen Organizer: ‹Sie müssen denken, dass das Leben Sie nicht vergessen hat; dass es Sie in der Hand hält; es wird Sie nicht fallen lassen.›

ANJA CHARLET ist Moderatorin der Nachrichtensendung «heute» (ZDF)

Und die dritte Weisheit versuche ich immer bei meiner Tochter zu beherzigen: ‹Ein Kind gibt dir jeden Tag die Chance, ein besserer Mensch zu werden.›»

Kinderfragen

[561] Die meisten Kinder antworten auf die Frage «Wie war XXX?» (bitte einsetzen: die Schule, der Kindergarten, die Geburtstagsfeier, der Ausflug …) bloß: «Gut.»

Wollen Sie mehr wissen, fragen Sie stattdessen: «Was war das Tollste in der Schule, an der Feier …?»

Auf Ohrenhöhe

[562] «Hören Sie hin und wieder mit Liebe und Geduld singenden und musizierenden Kindern zu. Schauen Sie dabei in ihre Augen – Sie gewinnen einen positiven Blick in die

[559]

Zukunft. Beschäftigen Sie sich öfters aktiv und ausdauernd mit Kindern, spielen Sie mit ihnen. Erkunden Sie die Welt auf ihrer Augenhöhe. Ihre Sicht auf die wesentlichen Dinge des Lebens wird sich dauerhaft verändern.»

ROLF ZUCKOWSKI ist Musiker, bekannt wurde er vor allem durch seine Kinderlieder («In der Weihnachtsbäckerei», «Wie schön, dass du geboren bist»). Seine Stiftung «Kinder brauchen Musik» engagiert sich für eine musikalisch aktive Kindheit

Langweilen Sie Ihre Kinder

[563] «Mir ist langweilig!» – die meisten Eltern schalten bei diesem Satz sofort in den Panikmodus und suchen hektisch nach einer Beschäftigung für den Nachwuchs oder schalten zumindest den Fernseher an. Gerade Kinder, die viele Spielzeuge haben und deren Tage oft verplant sind, wissen bei

Leerlauf nicht weiter. Dabei ist Langeweile gut, sie regt die Phantasie an und bringt das Kind nach einiger Zeit dazu, eigenständige Entscheidungen zu treffen. Dabei können Sie gern helfen, Sie dürfen natürlich auch mitspielen, wenn Sie Lust und Zeit haben. Aber verzichten Sie darauf, der Langeweile-Vertreiber zu sein. Im Gegenteil: «Prima, langweil dich noch ein wenig – mal sehen, was passiert», ist eine wunderbare Antwort.

Kindern weniger bieten

[564] «Wir versuchen so oft, unseren Kinder etwas ‹zu bieten› – sie werden überhäuft mit Konsumgütern, sei es Markenkleidung, elektronisches Equipment, Ferienreisen, Musik, Sport und Nachhilfe, oder dem schnell zugesteckten Geld für Kino, Fastfood usw. Nicht zuletzt, um uns selber ein besseres Gewissen zu verschaffen, wenn wir mal wieder keine Zeit für unsere Sprösslinge haben. Nach meiner eigenen Erfahrung sind die ‹übersättigten› Kinder jedoch die unzufriedensten. Langeweile, Bewegungsfaulheit, das längst zur Sucht verkommene ‹Rumhängen› vor den viereckigen Kästen nehmen schon den jungen Menschen die Lebenslust.

HERA LIND ist vierfache Mutter und Schriftstellerin (über 12 Millionen verkaufte Bücher, u.a. «Ein Mann für jede Tonart», «Das Superweib»)

Dabei kann weniger mehr sein! Eltern, schiebt euren Kindern nicht noch mehr Ersatzbefriedigungen in den Allerwertesten! Es kostet Zeit und Energie, sich mit ihnen wirklich zu befassen. Eine gemeinsame Wanderung im Wald, das Besteigen eines Berges, ein intensives Gespräch, eine selbsterzählte Geschichte aus der eigenen Kindheit, dabei etwas zusammen erarbeiten – und wenn es ein gemeinsamer Hausputz oder eine zusammen durchgebüffelte Mathematikprüfung ist –, gibt den jungen Menschen letztendlich das gewünschte Erfolgserlebnis. Und man wächst wieder ganz intensiv mit ihnen zusammen. Ein ‹Danke, Mama, ich liebe dich› habe ich jedenfalls immer nach solchen Erlebnissen gehört.»

Vormachen statt einfordern

[565] Manchmal verlangen wir von unseren Kindern, sie sollen endlich ruhig sein – und tun das mit sehr lauter Stimme. Ein anderes Mal drängen wir den Kollegen, gründlicher zu arbeiten – weil wir kopflos vor Stress sind und keine Zeit mit Nachbessern verlieren wollen. Im ersten Fall machen wir genau das vor, was die Kinder nicht tun sollen. Im zweiten Fall wollen wir selbst keine Gründlichkeit leisten – und verlangen sie genau deshalb von jemand anders (wobei wir zugleich die gegenteilige Botschaft senden, er oder sie solle *schneller* arbeiten).

Oft leben wir exakt das vor, was wir von anderen nicht wollen. Und wir wollen es von anderen nicht, damit wir selbst so sein können – obwohl es uns stört und obwohl wir uns dafür vielleicht sogar ein wenig verachten. Wenn Ihre Ermahnungen, Vorschläge oder Anweisungen wenig bringen, überlegen Sie: Passt zusammen, was Sie fordern und wie Sie sich verhalten?

Reden hilft

[566] Forscher der Universität Tucson in Arizona haben herausgefunden: Je offener die Alltagskommunikation in einer Familie abläuft, desto optimistischer sind die Kinder gestimmt und desto besser fühlen sie sich aufgehoben. Dieser Faktor war doppelt so wichtig wie die Frage, ob es sich um biologische Familien oder Patchwork-Familien handelte. Also: Reden Sie miteinander – auch wenn es manchmal schwerfällt.

[567] Hinzu kommt: Eltern, die keine starren Zukunftsvorstellungen für ihre Kinder hegen, fühlen sich ihnen 14 Prozent intensiver verbunden und haben es 19 Prozent leichter, intime Gespräche mit ihnen zu führen, ermittelte man an der Universität Lexington in Kentucky. Verabschieden Sie sich von dem Traum, Ihr Sprössling müsse unbedingt Arzt oder Anwalt werden, und eröffnen Sie allen Beteiligten eine emotional zufriedenere Zukunft.

Herzlich willkommen

[568] Machen Sie Ihr Haus zum Treffpunkt aller Freunde Ihrer Kinder. Füllen Sie den Kühlschrank mit Softdrinks und Snacks und seien Sie nachsichtig, wenn die Musik zu laut dröhnt oder das Bad ewig besetzt ist. Solange sie bei Ihnen sind, wissen Sie wenigstens, wo die Brut steckt.

Gummis statt Gummibonbons

[569] Stellen Sie eine Schale mit Kondomen (in möglichst bonbonbunten Packungen) ins Badezimmer. Es müssen genügend drin liegen, sodass es nicht auffällt, wenn eins fehlt – nur dann bedienen sich Ihre Kinder und deren Freunde. Dadurch ersparen Sie ihnen den peinlichen Verhütungsmittelkauf und verhindern vielleicht eine ungewollte Schwangerschaft oder eine Infektion mit HIV oder Hepatitis.

Schenken Sie sich das Zeitschriften-Recycling

[570] Kinder wollen das Geschenkpapier sowieso nur zerfetzen. Also verwenden Sie alte Zeitschriftenseiten zum Einpacken und lassen Sie der Freude ihren Lauf, statt die ganze Zeit zur Ordnung zu mahnen.

Schluss mit Müllbergen aus Wegwerfwindeln

[571] Wegwerfwindeln sind praktisch. Sie sind aber auch teuer – 4000 Windeln verbraucht jedes Baby im Durchschnitt! Selbst mit Billigwindeln kommt man da leicht auf 800 Euro. Außerdem sind 1,3 Prozent des weltweiten Abfalls Einwegwindeln; in deutschen Städten liegt der Anteil bei knapp zehn Prozent. Das heißt, für die Müllentsorgung der Windeln zahlt man pro Kind noch einmal anteilig etwa 250 Euro, denn die Windeln belegen viel Platz in der Tonne. Hinzu kommt: Der Auslaufschutz der Windeln versiegelt nach dem Wegwerfen praktisch die Exkremente darin – viele tausend Kilo Babykot werden so auf Müllkippen für nachfolgende Generationen aufbewahrt.

Geben Sie Mehrweg-Wickelsystemen wenigstens eine Chance. Lassen Sie sich im Krankenhaus beraten, fragen Sie in Ihrem Naturkostladen, oder schenken Sie der Tochter zur Geburt das Einsteigerset. Manche Kommunen (z. B. Starnberg) geben sogar Zuschüsse, um Müll zu vermeiden. Und keine Angst: Sie müssen keine vollgeschissenen Windeln mit Ihren Handtüchern zusammen als Kochwäsche durch die Maschine jagen. Viele neue Mehrweg-Windeln haben einen kleinen Einsatz, der jeweils entsorgt und ersetzt wird. Und/oder Sie buchen einen Waschservice. Es gibt viele Varianten – alle sind umweltschonender und hautverträglicher, die meisten auch noch kostengünstiger als Wegwerfwindeln, und kaum eine ist unkomfortabler.

Unbeachtetes entdecken

KATRIN GÖRING-ECKARDT, Bündnis 90 / Die Grünen, ist Präses der EKD-Synode und seit 2005 Vizepräsidentin des Deutschen Bundestages

[572] «Fahrrad fahren und zu Fuß gehen lässt Unbeachtetes entdecken, und man braucht kein Erdöl. Kartoffeln und Äpfel schmecken vom Biobauern nebenan am besten und Erdbeeren im Winter sowieso nicht. Jemandem, der stirbt, die Hand halten. Einem Kind dazu verhelfen, gehört zu werden.»

Technik für Ältere

[573] Verstecken Sie sich nicht hinter technischem Unwissen. Lassen Sie sich notfalls von Ihrem Kind das Internet erklären, damit Sie mitreden können. Oder, wenn das garantiert nicht gutgehen kann bzw. Sie keine Kinder haben, von einem Nachbarsjungen. Anschließend revanchieren Sie sich. Erläutern Sie Ihrem Sprössling die wichtigsten Online-Regeln: nie persönliche Daten (Name, Adresse, Geburtsdatum, Telefonnummer) an Unbekannte geben und sich nie mit jemandem treffen, den man nur aus dem Netz kennt.

Patenkinder für die «Silver Generation»

PROF. PETER WIPPERMANN ist Trendforscher und Gründer des «Trendbüros»

[574] «Wir sind länger alt als jung. Das ist phantastisch! Allerdings ist die Jugend dabei, in Deutschland zur Minderheit zu werden – das ist unvorstellbar. Nach wie vor aber zahlen Kinder die Rente fremder Leute. Die Frage wird sein, können sie sich übermorgen überhaupt noch Eltern leisten?

Die ‹Babyboomer› von gestern leben auf Kosten der Ungeborenen von morgen. Abwrackprämien zur Sicherung der Autoindustrie, Entschuldung von systemrelevanten Banken (Hypo Real Estate, IKB, HSH Nordbank u.a.) oder staatliche Bürgschaften für den Druck von Versandhauskatalogen (Bayern für Quelle) sind aktiver

Raubbau an der Lebensqualität kommender Generationen. Zukunftsinvestitionen für die Bildung wurden zwar bewilligt, allerdings unter dem Vorbehalt der realen Finanzierbarkeit. Ein Schelm, wer sich Böses dabei denkt.

Bei der Bundestagswahl 2009 war die Hälfte der Wählerinnen und Wähler über 60 Jahre, und die Stimmberechtigten zwischen 18 und 20 Jahren stellten noch etwa vier Prozent der Stimmberechtigten. Politiker müssen nach Mehrheiten suchen, und sie finden sie bei den ‹Babyboomern› und der ‹Silver Generation›. Das Wahlgeschenk für die Mehrheit in unserem Land heißt nicht etwa ‹Mehr Geld für Familien mit Kindern›, sondern ‹Keine Rentenkürzung›. Aus Demokratie wird schleichend eine Gerontokratie. Die stille Machtübernahme der ‹Neuen Alten› hat begonnen.

Was tun?

Die gute Idee ist, dass jeder Dauerjugendliche, solange er gesundheitlich fit ist, eine Patenschaft für ein Kind oder eine(n) Jugendliche(n) übernimmt. Persönliche Begegnungen und aktive Lebenshilfe von Alt zu Jung. Wer eigene Kinder hat, lebt dieses Prinzip schon jetzt bewusst, aber wer – aus welchen Gründen auch immer – alleine oder kinderlos geblieben ist, suche sich ein Patenkind. Es geht nicht um eine neue Steuer, nicht um Geld. Es geht um Zuneigung, Anerkennung und praktische Unterstützung. Wärme braucht das Land.»

Pädagogen aufwerten

[575] «Als Vater wünsche ich mir sehr, dass man Kindergarten- und Grundschulpädagogen einen höheren gesellschaftlichen Stellenwert, eine bessere Ausbildung und mehr Lohn zugesteht. Als Designer wünsche ich mir, dass das Fach ‹Kommunikation› an den Schulen gelehrt wird. Wenn bereits Kinder lernen, wie man mit-

JOHANNES ERLER ist Partner der Designagentur factor design

einander spricht und wie man richtig mit den vielen neuen Medien umgeht, wird später so mancher Konflikt vermieden werden können.»

Ganze Sätze in der Schule des Lebens

BARBARA RÖRTGEN und **TIM PRELL** beraten als «Entwicklungshelfer» Firmen und Privatpersonen (www.entwicklungshelfer.com)

[576] «Wir gründen in jeder großen Stadt in Deutschland eine SCHULE DES LEBENS. Dort lernen Kinder, wie man selbstbewusst mit anderen zusammen leben kann, ohne dem/den anderen zu schaden. Und alle reden in ganzen Sätzen miteinander. Das fördert den gegenseitigen Respekt, die Fähigkeit zum Zuhören wird geschult, die Konzentration aufs Thema geschärft – und wer nicht in ganzen Sätzen spricht, hat die Möglichkeit zu schweigen.»

Überraschung!

JÜRGEN LOHR ist Trainer und Berater (u.a. «teta-Seminare»)

[577] «Da ich mich mit dem Thema ‹Bewusstsein› beschäftige, schlage ich vor: Unterricht in ‹bewusst-sein› soll Hauptfach an allen Schulen werden! Die Idee dabei ist: Wenn es dem Einzelnen bessergeht, dann geht es auch der Gemeinschaft besser!

Und: Überrasche jeden Tag einen Mitmenschen!

Und: Singe jeden Tag ein Lied!»

Urlaub & Reise

Allein verreisen

[578] «Jedes Jahr ein paar Tage alleine verreisen! Ohne TV, Internet, Telefonate. Ohne die modernen Möglichkeiten der Zerstreuung und Ablenkung. Tür im Kopf aufmachen und durchpusten lassen! Unterwegs mit jedem Menschen sprechen, der einem vom Augenblick zugetrieben wird – unabhängig von Alter, Status, Geschlecht und Aussehen. Einzig ein Kriterium ansetzend: Herzensbildung. Zuhören, erzählen, austauschen und Neues aufnehmen. Dann Gleiches mit sich selber machen. Baue deine Dämme ab und nimm teil am Strom der Welt. Das Prinzip Panta rhei: Alles fließt ...»

CARMEN HENTSCHEL ist Moderatorin und Schauspielerin (www.carmen-hentschel.de)

Ziel erreicht

[579] Schicken Sie Freunden ein Fax ins Hotel, nur um sie willkommen zu heißen und einen schönen Urlaub zu wünschen.

Hauptsache, Tomatensaft

[580] «Erst letzte Woche ist mir im Flugzeug aufgefallen, dass es immer noch Plastikbecher gibt. Warum eigentlich? Altpapierbecher wären auch total okay, sind für die Umwelt besser, und dem Verbraucher ist es am Ende doch egal, aus welchem Becher er seinen Tomatensaft schlürft!»

SANDRA BLESSER ist Model und Moderatorin

Ökofliegen

[581] Noch eine Suchmaschine für Flüge – diese aber dient einem guten Zweck: www.oekoflug.de vergleicht zahlreiche Fluglinien und kassiert bei Buchung statt der üblichen «Agenturpauschale» eine «Ökoflugpauschale». Ein Großteil davon wird an Klimaschutzprojekte abgeführt. Da die meisten Online-Reisenden sowieso die Angebote mehrerer Buchungsportale vergleichen, kann man ja hier auch nochmal vorbeisurfen. Vielleicht ist ja ein Schnäppchen dabei. Gutes Gewissen im angezeigten Endpreis inklusive.

Vorsicht sorgt für Übersicht

[582] Achten Sie darauf, wo sich die Notausgänge befinden. Nicht nur im Flugzeug, auch im Hotel, im Einkaufszentrum, im Büro. Dann können Sie z.B. bei einem Brand sogar noch anderen helfen!

[581]

Metallfreie Hosenträger und Gürtel

[583] «Jemand muss metallfreie Hosenträger und Gürtel erfinden, damit der Durchlauf an den Sicherheitsschleusen beschleunigt wird und viele Kontrollen nicht erfolgen müssen. Da fünf Prozent der Fluggäste betroffen sein dürften, wären fünf Prozent Beschleunigung der Abfertigung die Folge – und das weltweit!»

HANS-JOACHIM FUCHTEL, CDU, ist Mitglied des Deutschen Bundestages

Lehrreicher Zeitvertreib

[584] Nehmen Sie die «Trivial Pursuit»-Fragekarten mit auf lange Reisen, befragen Sie Ihre Familie.

Tankstelle anzünden und über das Viertel fliegen

[585] Wenn eine 747 startet, ist das laut einem Boeing-Techniker so, «als würde man die Tankstelle um die Ecke in Brand stecken und dann damit über das Viertel fliegen». Und Dan Imhoff, Autor von «Paper or Plastic», veranschaulicht dasselbe auf andere Weise: Allein während des zwei Minuten dauernden Startvorgangs benötigt eine 747 so viel Benzin wie 2,4 Millionen Rasenmäher in 20 Minuten. Experten befürchten, dass der Luftverkehr im Jahr 2050 für 10 bis 17 Prozent des Kohlendioxidausstoßes verantwortlich sein wird (2008 waren es noch zwei Prozent), weil immer mehr Menschen mit dem Flugzeug reisen.

Wenn Sie also nicht fliegen müssen, sondern stattdessen mit dem Kollegen eine Videokonferenz abhalten oder sich am Wochenende im Garten sonnen statt auf Mallorca, dann ist das eine gute Entscheidung. Muss es doch sein, beruhigen Sie Ihr Gewissen mit einer CO_2-Ausgleichszahlung an Klimaschutzprojekte, z.B. über www.myclimate.org. Für München–Mallorca und zurück werden beispielsweise pro Person rund 13 Euro fällig. Aber selbst, wenn Sie das finanziell nicht juckt: Es ist wie beim Kranksein – sich das Bein brechen und einen Gips kriegen ist nicht so gut wie kein Beinbruch. Entsprechend ist kein Flug auch besser für die Umwelt als Flugreise und Ablasszahlung.

Erst pinkeln, dann starten

[586] Gehen Sie auf die Toilette, bevor Sie abheben. Jeder Spülvorgang an Bord eines Flugzeugs verbraucht einen Liter Flugzeugbenzin. Außerdem werden, um Wasser und damit Gewicht zu sparen, fäulnishemmende Chemikalien (meist blau gefärbt) benötigt.

Über den Wolken an die Erde denken

[587] Wenn Sie die Erdnüsse oder Brezeln im Flugzeug sowieso nicht essen, winken Sie gleich ab, sonst werden sie am Ende nur weggeworfen.

[588] Auf vielen Billigflügen können Sie Snacks und warme Gerichte kaufen. Bringen Sie sich stattdessen ein Sandwich mit – schmeckt besser, ist billiger, spart Plastik- oder Alu-Verpackung.

[589] Falls es doch noch ein Gericht gibt: Bestellen Sie die veganische oder vegetarische Option. Schmeckt meist ausgezeichnet und verfügt über die günstigste Ökobilanz. Außerdem wird sie meist zuerst serviert, sodass Sie sogar nach dem Essen noch als Erste Hände waschen gehen können, während die anderen noch vor dem halbvollen Tablett sitzen.

Mein Kopf gehört mir

[590] Nehmen Sie Ihre eigenen Kopfhörer mit ins Flugzeug. Kaufen Sie ggf. vorher einen Adapter für den bei Airlines beliebten Doppelstecker (Technikkaufhaus oder Flughafenshop). Dann sparen Sie ein für alle Mal das Geld für die Schrottkopfhörer, die Ihnen die Stewardessen andrehen sollen, und schmeißen die hinterher auch nicht immer wieder weg (nur um nächstes Mal neue zu kaufen).

Abstürzen verboten, weil zu teuer

[591] Wenn Sie im Flugzeug sitzen, haben Sie immer insgeheim ein wenig Angst, dass der Pilot unausgeschlafen ist oder die Maschine nicht ausreichend gewartet wurde?

Tatsächlich tun die Airlines alles, damit Sie sicher landen. Und zwar nicht (nur) aus moralischen Gründen (auf die wäre ja nicht unbedingt Verlass). Sondern aus schierem Kommerz.

Wenn so ein Flugzeug runterfällt und alle tot sind, ist das nicht nur schlecht fürs Image – es kostet auch richtig Geld! Eine kleine Boeing 737-600 schlägt schon mit knapp 60 Millionen Dollar zu Buche, eine 747 gibt's ab etwa 250 Millionen. Es ist also schlicht und ergreifend billiger, das Flugzeug ordentlich in Schuss zu halten und dem Personal ausreichend Pausen zu gönnen, als die Kiste abschmieren zu lassen.

Darauf kann man also sehr wohl vertrauen.

Mir geht es gut, wie geht es dir?

[592] Rufen Sie Ihre Eltern an, wenn Sie gut gelandet sind; auch wenn Sie schon lange nicht mehr zu Hause wohnen.

Pack (nur) die Badehose ein

[593] Nehmen Sie weniger Gepäck mit in den Urlaub. Je schwerer das Flugzeug, desto mehr Sprit verbraucht es. Erleichtert zudem das Einchecken und den Transfer. Man braucht im Urlaub nie so viel, wie man denkt, und was man doch braucht, kann man vor Ort kaufen.

Urlaub im Grünen

[594] Wenn mehrere Ferienhotels zur Auswahl stehen, wählen Sie ein ökologisch orientiertes «grünes» Hotel. Eine Übersicht – mit Schwerpunkt auf den USA, aber auch einigen Anbietern in Europa – finden Sie unter www.greenhotels.com/members.php.

Raus aus dem All-inclusive-Ghetto

[595] «Wer in einem Land, wo wirkliche Armut herrscht, einen Traumurlaub unter Palmen verbringt, sollte dem All-inclusive-Touristen-Ghetto für ein paar Tage entfliehen und erleben, unter welchen Umständen die Menschen dort wirklich leben – oft kein fließendes Wasser, immer wieder lang anhaltende Stromausfälle, zehn Menschen oder noch mehr in einer baufälligen Hütte, kein Brot, weil dem Bäcker das Mehl ausgegangen ist, und anderes mehr. Dann denkt man möglicherweise darüber nach, dass die Selbstverständlichkeiten unseres Alltags eigentlich nicht selbstverständlich sind. Gleichzeitig lernt man schätzen, dass die Menschenwürde und die Lebensfreude trotz der existenziellen Alltagsnöte nicht verloren gehen.»

DR. MARITA HAIBACH ist Beraterin für Fundraising und Management; sie wurde mit dem Bundesverdienstkreuz ausgezeichnet

[596] All-inclusive-Hotels haben noch einen weiteren Nachteil. Normalerweise würden Sie im Ort wenigstens mal einen Kaffee trinken, Kitsch kaufen oder sogar essen gehen. Das stärkt die Wirtschaft im Urlaubsland. Bleiben Sie dagegen bloß im Hotel und hauen sich dort den Wanst voll, konsumieren Sie höchstwahrscheinlich weit mehr, als gut für Sie ist, und der Großteil des Gewinns bleibt beim Reisekonzern hängen.

Seife und Shampoo im Hotel verweigern

[597] Verwenden Sie die aufwendig einzeln verpackten Mini-Seifen und -Shampoos in Hotels nicht, sondern beschweren Sie sich darüber. Mit Hilfe nachfüllbarer Seifen- und Shampoobehälter im Bad könnten ohne Komforteinbuße Millionen Tonnen Müll weltweit gespart werden.

Beruhigend eingekeilt

[598] Falls Sie zu denjenigen gehören, die im Hotel schlecht schlafen, weil sie Einbrecher fürchten, oder auch nur dauernd daran denken müssen, dass das Hotelpersonal einen Generalschlüssel hat: Nehmen Sie einen kleinen Holzkeil mit und versperren Sie damit die Tür von innen.

Urlaubsbudget zu Hause nutzen

[599] Wir verbringen weit mehr Zeit zu Hause als im Urlaub. Wäre ein Teil des Geldes für einen Edel-Urlaub nicht vielleicht besser angelegt für Verschönerungen daheim? Oder zumindest das Geld für den Zweit- oder Dritt-Urlaub? Ein neuer Lieblingssessel, ein toller Gartentisch – mit einem Urlaubsbudget kommt man ganz schön weit (und belastet die Umwelt weniger)! Und wenn etwas übrig bleibt, können Sie's immer noch sparen oder spenden.

[599]

[600] Oder Sie machen mal richtig Ferien zu Hause. Das Ziel besteht darin, hinterher wieder zu wissen: Ach ja, deswegen lebe ich da, wo ich lebe.

Nie wieder

[601] Besuchen Sie eine KZ-Gedenkstätte (es gibt ja leider genug davon): Dachau, Buchenwald, Neuengamme, Bergen-Belsen …

Busfahren bildet

[602] Klar sind Busse langsamer als die U-Bahn oder ein Taxi. Aber auch auf nur ein paar Stationen sehen Sie mehr von Tokio, New York oder Wanne-Eickel als mit jedem anderen Verkehrsmittel. Nicht immer ungefährlich, aber immer spannend: mit dem Bus bis zur letzten Haltestelle fahren.

Kein Theater im Ausland

[603] Besuchen Sie eine Veranstaltung vor Ort: ein Konzert, eine Oper, ein Fußballspiel (oder noch besser eine regional beliebte Sportart). Auch wenn Sie kein Wort verstehen und die Regeln nicht kennen, wird es ein unvergesslicher Abend werden – sogar, wenn Sie daheim noch nicht mal wissen, auf welchem Sender Sport übertragen wird. Aber meiden Sie Theater, es sei denn, Sie sind der Landessprache mächtig.

Experimentell reisen, auch daheim

[604] Experimentelles Reisen macht den Urlaub interessanter, aber auch zu Hause kann man so unerwartete Einblicke erhalten:

- Schlagen Sie im Stadtplan die erste Straße mit A nach und die letzte mit Z. Versuchen Sie, zu Fuß auf einer möglichst geraden Linie von A nach Z zu gelangen.
- Oder: Gehen Sie zu Fuß aus dem Haus oder Hotel. An jeder Kreuzung werfen Sie eine Münze, um zu entscheiden, ob es nach links oder nach rechts geht. Mal sehen, wo Sie landen.

Macht nicht nur Spaß, sondern bringt Sie auch auf neue Ideen – und wer weiß, vielleicht lernen Sie sogar jemand kennen, der denselben Weg hat …

Reiserücktrittskostenversicherung

[605] Planen Sie mit einem neuen Partner keine Urlaube, die weiter in der Zukunft liegen, als sie schon zusammen sind. Beispielrechnung: Nach drei Monaten Beziehung können Sie in einem Monat abreisen, aber nicht in einem halben Jahr.

Schuhschachteln zu Schulschachteln

[606] Wenn Sie Ihren Urlaub nicht auf Mallorca am Strand verbringen und auch nicht in einer Blockhütte in Finnland, sondern in einem der ärmeren Länder dieser Welt, dann packen Sie eine Schuhschachtel voll mit Schulsachen ein: Bleistifte, Buntstifte, Kreide, Papier, Radiergummis, Klebestifte, Kinderscheren usw. Halten Sie vor Ort Ausschau nach Schulgebäuden, oder fragen Sie danach. Wenn es sich nicht gerade um eine stinkreiche Privatschule handelt, geben Sie Ihre Schachtel einem Lehrer oder dem Direktor.

Ging schnell, und Sie haben noch was gesehen, oder?

Genießen Sie den Rest Ihres Urlaubs.

Aus eins mach zwei

[607] Sparen Sie sich die Strandtasche! Schlagen Sie das eine Ende eines großen Strandhandtuchs etwa 10 bis 15 Zentimeter um und steppen Sie es an den Seiten fest. Dann steppen Sie zwei oder drei Trenn-Nähte, sodass drei bis vier Taschen für Bücher, MP3-Player, Sonnenbrille, Snacks usw. entstehen. Ans andere Ende des Handtuchs nähen Sie je zwei Bänder, um es – voll beladen und aufgerollt – zu verknoten.

Pudern statt duschen

[608] Packen Sie eine Flasche Babypuder in die Strandtasche. Denn wenn es Zeit ist, zu gehen, und Sie die kleinen Sandburgenbaumeister ausgegraben haben, sind garantiert alle Duschen besetzt oder gar keine in der Nähe. Pudern Sie sich und Ihre Kinder ein, dann können Sie den Sand einfach abklopfen.

So kriegen Sie auch vor einem Snack den Sand von den Händen ab.

Auslands-Gebühren für Bargeld sparen

[609] Im Ausland Bargeld aus dem Automaten zu ziehen kostet richtig Gebühren. Manche Banken haben jedoch Kooperationen geschlossen, so können z.B. Deutsche-Bank-Kunden in den USA kostenfrei die Geldautomaten der weitverbreiteten Bank of America nutzen. Zu einem überraschend guten Umrechnungskurs. Also vor dem Abflug bei der Hausbank fragen. Und wenn man dort nicht weiterkommt, hilft vielleicht ein neues, kostenloses Sparbuch mit einer automatenfähigen «Sparcard» bei der Konkurrenz ... Holen Sie jedoch nie mit der Kreditkarte Bargeld – teurer geht's gar nicht.

Adressen der Kinderfreunde mitnehmen

[610] In Ihrem Adressbuch stehen die Adressen Ihrer Freunde. Wenn allerdings Ihre Kinder aus dem Urlaub Karten an die Schulkameraden schreiben wollen, sind Sie aufgeschmissen. Nehmen Sie eine Kopie der Klassenliste mit (oder scannen Sie die Liste und speichern Sie sie online oder auf Ihrem Handy), notieren Sie ggf. Daten von Freuden, die nicht in der gleichen Klasse sind. Macht Ihrem Kind eine Freude, den Freunden auch, und wirkt auf andere Eltern beeindruckend umsichtig.

Im Urlaub Zweithandykarten verwenden

[611] Handytelefonate im europäischen Ausland sind billiger geworden – aber immer noch deutlich teurer als daheim. Wer nicht angerufen werden will, sollte deshalb noch zu Hause alle Anrufe auf die Mailbox umleiten (und ggf. eine Urlaubsabwesenheitsnachricht aufsprechen). SMS können wie gewohnt empfangen und verschickt werden (wobei der Versand natürlich auch teurer ist; der Empfang bleibt kostenfrei).

Bei einigen Prepaidkarten jedoch ist die Komplettumleitung

gesperrt, und manche Urlauber wollen sehr wohl telefonieren – aber nur mit ausgewählten Gesprächspartnern, zum Beispiel mit den Miturlaubern vor Ort, nicht mit Tante Uschi aus Oberstdorf.

In diesem Fall: Kaufen Sie für alle Beteiligten vor dem Urlaub zusätzliche Prepaidkarten (www.blau.de hat z.B. recht gute Konditionen dafür), tauschen Sie Ihre normale SIM-Karte gegen die Zweitkarte. Lohnt sich vor allem im nichteuropäischen Ausland, z.B. in den USA (vorher prüfen, ob das Handy im entsprechenden Netz funktioniert, was inzwischen üblich ist, und ob das Ladegerät mit der Auslandsspannung klarkommt; ggf. Adapterstecker mitnehmen).

Geben Sie die Nummer wirklich nur denen, die Sie erreichen sollen. Schicken Sie, wenn irgend möglich, SMS untereinander. So kommen Sie mit 10 bis 20 Euro pro Person über einen mehrwöchigen Urlaub, und im Notfall – wenn sich mal einer verlaufen hat oder bei Unfällen – sind Sie erreichbar. Meist bleiben Nummer und SIM-Karte ein halbes Jahr gültig, danach verfallen sie.

Preiswert nach Hause telefonieren

[612] Aus dem Hotel im Ausland nach Hause zu telefonieren kostet oft ein kleines Vermögen. Da helfen «Calling Cards» – gibt's in Supermärkten oder Telefonshops. Nicht zu Hause kaufen, sondern erst im Urlaubsland, denn von dort aus wollen Sie ja telefonieren. Lassen Sie sich eine Karte empfehlen, die einen besonders günstigen Tarif in Ihre Heimatregion hat (es gibt z.B. Karten speziell für Europa, für Afrika, für Asien usw.). Man muss dann eine kostenfreie Nummer anrufen, eine Geheimzahl eingeben und danach die Zielrufnummer. Aufwendig, aber so kann man es sich leisten, mal in Ruhe mit Mama oder der Freundin zu plaudern. Vorher im Hotel klären,

ob kostenlose Rufnummern auch wirklich kostenlos sind oder trotzdem berechnet werden (denn Hotels finden Calling Cards natürlich blöd).

Webmailer vorab ausprobieren – und wie Sie sonst noch von unterwegs an Ihre elektronische Post kommen können

[613] Sie betreiben Ihre eigene Website und nutzen die zugehörige E-Mail-Adresse (also z. B. www.meinewebsite.de und mein.name@meinewebsite.de)? Wahrscheinlich fragen Sie Ihre Mails dann mit einem Programm wie Outlook, Mail oder Thunderbird ab, das auf Ihrem Rechner installiert ist. Für Urlaubsreisen stellen die meisten Anbieter von Webseitenspeichern (wie T-Online, 1&1 oder Strato) sogenannte «Webmailer» zur Verfügung – Sie können Ihre Mails dann in jedem Internetcafé über das Internetzugriffsprogramm abrufen. Zugriffsadresse und die benötigten Log-in-Daten einfach in der Anleitung nachschlagen oder beim Kundenservice erfragen – und unbedingt vor dem Urlaub testen!

Webmailer T-Online: http://email.t-online.de
Webmailer 1&1: http://emailhttp.1und1.de
Webmailer Strato: http://communicator.strato.de

Achtung: Viele Hotels und Wifi-Anbieter beschränken die Zugriffsmöglichkeiten, z.B. können aufwendig programmierte Webseiten (wie die Webmailer) nicht angezeigt werden, oder das Mailprogramm Ihres Laptops ist gesperrt, im Internet surfen können Sie aber. Das liegt nicht an Ihnen, sondern an denen – deswegen ist es hilfreich, vorab möglichst viele Zugriffsmöglichkeiten auf das eigene Mailkonto zu testen.

Wenn Sie Mails nur lesen, aber keine selbst verschicken müssen, sind Sie auch mit der Site mail2web.com gut bedient.

Alternativ können Sie Ihre Mails im Urlaub auch zu einem «Freemailer» wie GMX (www.gmx.de) oder Googlemail (http://mail.google.com) umleiten und dort lesen, das ist meist komfortabler. Allerdings antworten Sie dann ggf. von einer dem Absender unbekannten Adresse aus, was nicht besonders seriös wirkt. Umgekehrt können Sie die meisten Freemail-Konten auch anweisen, Ihre regulären E-Mails auf dem Server abzuholen, dann müssen Sie keine Umleitung einrichten (Sie müssen aber mehr Nutzerdaten kennen, um es einzustellen).

Ausweiskopien weltweit

[614] Urlaub in New York, São Paulo oder auch nur Fuerteventura bedeutet: Pass oder Personalausweis, Kreditkarten, Reiseunterlagen mitnehmen. Großer Mist, wenn das alles geklaut wird oder verloren geht. Eine echte Hilfe bedeutet im Krisenfall wenigstens der Zugriff auf Kopien. Das lässt sich weltweit leicht realisieren: per Internet. (Ist übrigens auch sehr hilfreich bei einem Brand- oder Wasserschaden.)

Vor Reiseantritt scannen Sie die relevanten Ausweise und Bank-/Kreditkarten aller Familienmitglieder bzw. Reiseteilnehmer. Am besten mit einer Auflösung von «300 dpi» oder «300 ppi». Abspeichern, wenn möglich, im Format PDF. Notfalls geht auch JPG. Dateien sinnvoll benennen, z. B. «NAME_Reisepass», «NAME_Personalausweis», «NAME_Visum_USA» usw.

Dann laden Sie die Dateien in einen kostenlosen, geschützten Bereich im Internet, z. B. das MediaCenter von www.gmx.de oder auf eine Onlinefestplatte von www.adrive.com oder www.humyo.com. Zugriff ist nur möglich mit Ihrem Benutzernamen und Passwort. Wenn Sie aber irgendwo festsitzen, können Sie ins nächste Internetcafé gehen und die Dokumentkopien herunterladen und ausdrucken.

Auch Reiseunterlagen lassen sich auf diese Weise sichern, ebenso wie die Buchungsbestätigungen von Onlinebuchungen: E-Mail als PDF abspeichern und online sichern. Alternativ Bestätigungsmail ausdrucken und scannen.

[615] Bonus-Tipp: Wenn Sie ein Smartphone oder einen Multimediaplayer haben (z. B. ein iPhone, einen iPod touch oder ein Blackberry), können Sie die Daten zusätzlich auf dem Gerät sichern und anzeigen. So haben Sie Ihre Buchungs- oder Ausweisnummern immer zur Hand.

Auto & Verkehr

Der Lack muss ab

[616] «Die Autoindustrie sollte auf die Lackierung von Stoßstangen bei sämtlichen PKWs und LKWs verzichten. Dadurch wird die Umweltbelastung deutlich verringert, und es schont den Geldbeutel der Verbraucherinnen und Verbraucher.»

OMID NOURIPOUR, Bündnis 90/Die Grünen, ist Mitglied des Deutschen Bundestages

Parkplatzparty

[617] Die Städte sind voller Autos und werden doch immer lebloser. Feiern Sie dagegen an: Stecken Sie Kleingeld für eine Stunde in eine ganze Reihe Parkuhren, stellen Sie einen Ghettoblaster auf und feiern Sie mit Ihren Freunden auf den Parkplätzen eine Party. Wenn Sie Lust haben, verteilen Sie Flugblätter an Passanten – oder laden Sie diese spontan zur Parkplatzfete ein. Jeder, der vorbeigeht, kann sehen, dass der Raum besser genutzt ist als für Blechkarossen.

Keine Strafzettel

[618] Werfen Sie Geld in eine abgelaufene Parkuhr und helfen Sie dem Parkenden, einen Strafzettel zu vermeiden.

Sparen beim Fahren

[619] Denken Sie voraus. Wenn die Ampel vor Ihnen schon auf Rot schaltet, nehmen Sie den Fuß vom Gas und rollen Sie gelassen ans Ende der Schlange, statt weiter zu beschleunigen und dann stärker zu bremsen.

[620] In einem möglichst hohen Gang zu fahren, spart bis

zu 25 Prozent Sprit. Wenn Sie einen Wagen mit Automatikgetriebe haben, wählen Sie die normale Schaltart, nicht «Sport».

[621] Klimaanlagen und Scheibenheizungen verbrauchen Benzin – schalten Sie sie daher ab, wenn sie nicht (mehr) benötigt werden.

[622] Kofferraum leer räumen. Extragewicht benötigt extra Kraftstoff.

[623] Offene Sonnendächer und Fenster sowie Dachgepäck- und Heckträger erhöhen den Luftwiderstand. Die Lösung ist leicht: ungenutzte Gepäckträger abnehmen und bei höheren Geschwindigkeiten Fenster und Dach schließen.

[624] Fahren Sie keinen Umweg für billigeres Benzin. Es ist wie mit Investmentsparplänen: Wenn Sie regelmäßig zu unterschiedlichen Preisen kaufen, gleicht es sich auf die Dauer aus.

[625] Und nur, wenn es ausdrücklich in der Bedienungsanleitung steht, braucht Ihr Wagen teures Supermegaüberfliegerbenzin – für die meisten Autos reicht das billigste (aber nicht versehentlich Diesel tanken!).

Autostopp lohnt sich doch

[626] Leider ist es noch immer ein Glaubenskrieg, ob man den Automotor beim Anhalten (z.B. an Ampeln oder Bahnübergängen, aber auch im Stau) ausschalten soll. Dabei ist das längst erforscht: Je nach Motor lohnt es sich bereits ab wenigen Sekunden. Wenn Sie ein ganz normales Auto mit einem ganz normalen Motor haben, spätestens bei einer anzunehmenden Wartezeit über 30 Sekunden. (An der Ampel Zündung anlassen, damit Blinker und Licht funktionieren und man schnell wieder starten kann – die Zündung ist sozusagen die «erste Raste» des Zündschlosses.)

Das rechnet sich sogar: In der Stadt spart man auf diese Weise 13,4 Prozent Benzin, bei Überlandfahrten mit weniger Haltepunkten immer noch 3,4 Prozent. Hochgerechnet auf einen Staat wie die Schweiz wären das 280 000 Liter Benzin und 120 000 Liter Diesel jährlich. Viele neuere Wagen haben eine Start-Stopp-Automatik bereits eingebaut. Das oftgehörte Argument, die Zündung oder der Motor litten unter dem ständigen An/Aus, ist schlicht falsch, betont der ADAC.

Mal richtig abschalten

[627] «Fahrrad fahren, Treppen steigen und Abkehr vom Stand-by-Modus. Das Erste ist das Fortbewegungsmittel für die Stadt schlechthin, schnell von A nach B, das Zweite ist die Abkehr von ständigem Aufzugfahren in den Büros. Treppensteigen hält fit, und es ist auch viel dynamischer, als wartend vor einer Stahltür zu stehen. Und bedachter die ‹Devices› nutzen: Die Heimelektronik braucht nicht den ganzen Tag in Bereitschaft zu sein, und auch für die Kommunikationsdevices schadet ein bedachter Umgang keinesfalls. ‹Always on› – warum denn?»

STEFAN WEIL ist Geschäftsführer Kreation der Werbeagentur Atelier Markgraph

Langsam Leben retten

[628] Wie schnell fahren Sie in der 30-Zone? 40? 50? Schneller? Besonders Eltern haben es oft eilig – schließlich sollen die Sprösslinge pünktlich zur Schule, und Papa muss nach dem Abwurf im Kindergarten zack, zack ins Meeting. Aber sind diese Leute gegen 30-Zonen? O nein – denn ihre eigenen Kinder sollen natürlich nicht überfahren werden!

Was man in der Alltagseile gern verdrängt:

- Fährt man 30 km/h, beträgt der Reaktionsweg (also die Strecke, die man fährt, bis man aufs Bremspedal tritt) 9 Meter, der Bremsweg weitere 9 Meter. Bis der Wagen steht, ist man 18 Meter weit gefahren. Das alles unter Optimalbedingungen (sprich: Straße trocken, und man sucht nicht grade einen neuen Sender im Radio).
- Bei 40 km/h fährt man in der gleichen Reaktions*zeit* natürlich einen weiteren Reaktions*weg*, nämlich etwa 12 Meter. Danach braucht das Auto aber auch länger zum Abbremsen, nämlich 16 Meter – macht zusammen 28 Meter.
- Bei 50 km/h ist der Reaktionsweg bereits 24 Meter lang, der Bremsweg beträgt 64 Meter, der gesamte Anhalteweg ist 88 Meter lang.

Sieht man also 15 Meter vor dem eigenen Auto ein Kind vom Fahrrad kippen, kann man selbst mit 30 km/h einen Unfall nicht mehr vermeiden, ist aber beim Aufprall bereits sehr langsam. Mit 50 km/h hingegen hat man nach 15 Metern noch die volle Geschwindigkeit. Wenn man jemand anfährt, ist die Wahrscheinlichkeit, dass der Unfall tödlich endet, mit 50 km/h zehnmal so groß wie mit 30 km/h. Das wäre doch ein scheiß Gefühl, oder? Selbst wenn es nicht das eigene Kind ist.

Wozu sind eigentlich diese gelben Leuchten da?

[629] Blinken Sie, wenn Sie abbiegen wollen – machen leider immer weniger Fahrer.

Platz für alle

[630] «Parke nicht auf unseren Wegen» stand auf einem vor 20 Jahren weitverbreiteten Aufkleber, darunter waren die Zeichen für Fußgänger, Radfahrer und Rollstuhlfahrer abgebildet. Sieht man heute seltener, und oft verhindern bereits bauliche Maßnahmen gezielt z.B. das Parken von Autos auf Radwegen. Aber wo es möglich ist, passiert es immer noch. Und das Stehen auf Behindertenparkplätzen wird oft gerechtfertigt mit: «Ist doch nur für fünf Minuten» oder «Wenn wirklich grade jetzt jemand kommt – weiter hinten sind noch Plätze frei.»

Besser: sich freuen, dass man selbst nicht auf Behindertenparkplätze angewiesen ist. Sich erinnern, wie sehr einen selbst parkende Autos beim Radfahren oder Spazierengehen stören und z.T. sogar gefährden. Und dann einmal mehr um den Block und einen Parkplatz finden, der anderen nicht im Weg ist. Im Zweifelsfall hat man sogar noch ein paar Schritte Richtung Fitness getan.

Keine Sitzerhöhungen ohne Nasen

[631] Meiden Sie die einfachen Sitzerhöhungen aus Styropor (billig zu kaufen in jedem Baumarkt). Sie sind zwar in der EU zugelassen, schützen aber nicht so gut wie vollwertige Kindersitze. Bei einem Unfall können sie einfach nach vorn unter dem Kind herausrutschen, was die Verletzungsgefahr noch erhöht. Dagegen helfen die «Nasen» (offiziell «Gurtführung» genannt) von besseren Sitzen/Sitzerhöhungen, unter denen der Gurt durchgezogen wird. Kaufen Sie daher lieber einen älteren, gebrauchten vollwertigen Sitz als eine neue (aber schlechtere) Sitzerhöhung. Das gilt gerade auch für «Zweitsitze» in Papas oder Omas Auto. Denn die meisten Unfälle geschehen auf den kürzesten Wegen (zum Kindergarten, zur

Schule, zum Einkaufen), weil diese viel häufiger gefahren werden.

Darüber hinaus gilt: Nur richtige Kindersitze mit Rückenlehne und Kopfstütze bieten auch Schutz im Falle eines seitlichen Aufpralls – also wenn z.B. jemand aus einer Ausfahrt geschossen kommt oder die Vorfahrt nicht beachtet.

Auf der Autobahn, wir sind wieder auf der Autobahn

[632] Jedes Kind (und jeder nervige Beifahrer) bekommt bei Reisebeginn eine Rolle Zehn-Cent-Stücke. Für jedes Mal «Wann sind wir da?» und «Wie lange noch?» muss ein Zehner abgegeben werden. Den Rest kann derjenige behalten.

Schafft Raum für sinnvolle Gespräche (oder notfalls Hörbücher) auf der Fahrt.

Am Zebrastreifen anhalten, nicht nur verlangsamen

[633] Kinder lernen im Verkehrsunterricht, dass sie am Zebrastreifen warten sollen, bis «alle vier Räder» des Autos stehen. Das heißt für uns Autofahrer: nicht langsam ranfahren, sondern richtig anhalten. Das ist auch sinnvoll, beugen Sie sich mal auf Augenhöhe eines Erstklässlers herunter – man kann ganz schlecht erkennen, ob einer bremst, rollt oder das Kind gar nicht bemerkt hat.

Anhalten gibt den Kindern Sicherheit!

Das geht wie gelackt

[634] Käferleichen, Teerspritzer und Dreck bekommen Sie mühelos und kratzerfrei vom Autolack, wenn Sie zum Entfernen ein wenig Backpulver (oder Küchennatron) auf einen feuchten Lappen geben. Spart viel Geld und ist umwelt-

freundlicher als Spezialreiniger, die meist mehr versprechen, als sie halten. Hinterher Lack abspülen.

Essig gegen Scheiben-Eis

[635] Mischen Sie Essig (der billigste tut's) und Wasser 1:1. Füllen Sie das Gebräu in eine Sprühflasche und benetzen Sie Ihre Windschutzscheibe. Voilà – am nächsten Morgen ist sie nicht vereist. Vorteil: keine kalten Finger vom Kratzen, kein Chemiekeulen-Enteiser.

Sonnige Starthilfe

[636] Wenn Sie Ihren Wagen nicht in eine Garage stellen können, parken Sie im Winter möglichst so, dass die Sonne morgens auf die Motorhaube fällt. (Oder die Nachmittagssonne, wenn Sie schon wissen, dass Sie dann erst wieder losfahren.) Ihre Strahlen wärmen die Batterie, sodass der Wagen leichter anspringt.

Licht an – auch am Tag

[637] Wenn die Scheinwerfer leuchten, sind Autos besser zu sehen, und man kann besser einschätzen, wie weit herankommende Fahrzeuge noch entfernt sind. Andere Verkehrsteilnehmer können besser – und früher – reagieren. In einer niederländischen Studie wurde zudem ermittelt, dass auch Fußgänger und Fahrradfahrer besser erkannt werden: Weil die Autos dank «Licht am Tag» früher sichtbar sind, bleibt den entgegenkommenden Autofahrern mehr Zeit, um die übrigen Verkehrsteilnehmenden wahrzunehmen.

Eine Studie der Bundesanstalt für Straßenwesen besagt, dass sich durch das Fahren mit Licht am Tag etwa drei Prozent aller Unfälle vermeiden ließen. Das wären dann nicht nur weniger Blechschäden, weniger Versicherungskosten, weniger Verletzte, sondern auch 130 Verkehrstote weniger.

Wer keine sogenannte «Tagfahrleuchte» hat (die besonders wenig Energie verbraucht), sondern das reguläre Abblendlicht verwenden muss, benötigt zwar etwa ein bis zwei Prozent mehr Sprit. Das ist aber nur halb so viel, wie für den Betrieb der Klimaanlage benötigt wird – und die rettet keine Menschenleben.

Zwei Räder weniger tun's auch

DEON MEYER ist der erfolgreichste Krimiautor Südafrikas. U.a. erhielt er für «Das Herz des Jägers» und «Weißer Schatten» den deutschen Krimipreis

[638] «Fahren Sie, wenn möglich, Motorrad statt Auto. Motorräder verbrauchen deutlich weniger Benzin, erzeugen viel weniger Abgase, haben somit eine erheblich bessere CO_2-Bilanz und beeinflussen Ökologie und Umwelt weniger negativ. Außerdem macht es viel mehr Spaß!»

2008 verglich die Zeitschrift «Motorrad» Autos mit entsprechenden Zweirädern, also Smart mit Vespa, Kawasaki mit Golf, Triumph mit Mercedes, BMW mit Audi und Suzuki mit Porsche. Ergebnis: Der Benzinverbrauch der Autos ist zwei- bis dreimal höher. Die Motorradbauer der Firma Triumph betonen zudem im Interview: «Der Bau von Motorrädern verbraucht viel weniger natürliche Ressourcen als die Herstellung eines Autos. Auch ist später der Grad der Straßenschäden geringer und die Staugefahr nicht so gegeben. Das sind alles Argumente, den Einsatz von Motorrädern im Alltag zu fördern.»

Weitere Tipps zum umweltschonenden Motorradfahren:
[639] gleich nach dem Anlassen mit niedriger, schonender Drehzahl losfahren.

[640] Lieber im größeren Gang mit niederer Drehzahl beschleunigen als im kleineren mit hoher. Beim Überholen allerdings gilt aus Gründen der Sicherheit: so schnell wie möglich vorbei.
[641] Flatternde Jacken kosten Sprit, ebenso wie nicht benötigte Koffer und Top-Cases.
[642] Doppeltes Tempo auf der Autobahn bedeutet vierfachen Luftwiderstand und fünf- bis sechsfachen Leistungsbedarf. Deshalb: runter vom Gas, das spart deutlich Benzin.

Meiden Sie Biosprit

[643] Bio-Kraftstoff ist keineswegs ein «Bio-Produkt» (im Sinne von: biologisch angebaut), sondern wird bloß aus Pflanzen erzeugt statt aus Öl. Klingt hilfreich, schadet aber mehr, als es nützt: Könnte man reinen Bio-Sprit an der Tankstelle zapfen, müsste für eine einzige 120-Liter-Füllung eines Geländewagen-Tanks eine Getreidemenge verspritet werden, von der sich ein Mensch ein ganzes Jahr lang ernähren kann. Wird ein solcher Wagen alle zwei Wochen getankt, könnten von den dafür aufgewendeten Grundnahrungsmitteln 26 Personen ein Jahr lang leben!

Zudem steigen durch die erhöhte Nachfrage die Preise für Mais und Getreide, sodass Bauern in ärmeren Ländern ihre Feldfrüchte an Benzinkonzerne verkaufen, statt ihre Nachbarn damit zu ernähren. Somit kommt es zu einer Konkurrenz «zwischen Tank und Teller». Und weil mehr Getreide angebaut wird, werden auch mehr Düngemittel auf Feldern verspritzt – die letztlich in Flüssen oder im Grundwasser enden und z.B. im Golf von Mexiko bereits eine 15 000 Quadratkilometer große sauerstoffarme «Todeszone» erzeugt haben, Tendenz steigend.

Den meisten Kraftstoffen wird inzwischen Biosprit beigemischt, weil es die Regierungen so vorschreiben oder es chic klingt. Für die Umwelt und uns alle besser ist es jedoch nicht, möglichst viel Pflanzen-Benzin zu verbrauchen, sondern möglichst wenig Auto zu fahren – und das in einem Modell mit einem möglichst geringen Verbrauch.

Einmal prüfen, doppelt sparen

[644] Prüfen Sie einmal die Woche, spätestens aber beim Tanken, den Reifendruck. Leicht platte Reifen fahren sich schneller ab, müssen also früher ersetzt werden – ein Recycling-Albtraum. Und Sie verbrauchen bei gleichem Tempo drei Prozent mehr Sprit. Bei 20 000 Kilometer Laufleistung im Jahr sparen Sie fast eine ganze Tankfüllung, wenn Ihr Reifendruck stimmt.

Teilwagen rechnen sich

[645] Das Auto komplett abzuschaffen kann durchaus unvorstellbar schwierig erscheinen. Carsharing-Angebote stellen einen guten Mittelweg dar – man teilt sich sozusagen ein Auto mit anderen. Ideal zumindest, um den Zweitwagen in Rente gehen zu lassen. Vorteile von Carsharing statt eigenem Auto:

- neue Wagen, deshalb neue Motoren mit optimierter Abgasreinigungstechnologie; Carsharing-Fahrzeuge emittieren pro gefahrenem Kilometer 16 Prozent weniger klimaschädliches CO_2 als private deutsche Neufahrzeuge
- ein Carsharing-Wagen ersetzt in Deutschland durchschnittlich vier bis acht private Pkws
- Carsharing-Teilnehmer fahren weniger als Pkw-Besitzer, weil die Kosten jeder einzelnen Fahrt auf der Monatsrechnung ausgewiesen werden und das Sparpotenzial so deutlicher wird.

Anbietersuche vor Ort auf www.carsharing.de («Ortsliste» anklicken).

Sex statt Geländewagen

[646] Selbst wenn Sie von Zeit zu Zeit einen Anhänger mit einem Segelboot oder einen Oldtimer ziehen müssen, haben Sie Auswahl beim Autokauf. Ein Porsche Cayenne schluckt bei Vollgas 66,7 Liter auf 100 Kilometer und bei normalem Tempo im Schnitt immer noch um 15 Liter je 100 Kilometer. Ein Hummer verbraucht gute 20 Liter, ein VW Touareg «nur» deutlich über 10. (Zum Vergleich: Ein VW Golf liegt bei etwa 5 Liter/100 Kilometer.)

Nicht vergessen sollte man dabei, dass die Nützlichkeit dieser Spritschlucker überschätzt wird. Die Leute, die Geländewagen tatsächlich im Gelände fahren (Förster, Bauern, Extremsportler), haben keine Hochglanzmodelle von Edelherstellern, sondern verschrammte Kombis von Ford oder Mitsubishi.

Psychologen behaupten zudem, PS-starke Autos kompensierten Potenzängste. Dabei ist das beste Mittel gegen Unsicherheit im Bett kein Neuwagen, sondern mehr Sex – reden Sie doch einfach mal wieder mit Ihrer Frau. Oder legen Sie sich eine Geliebte zu. Ist billiger und besser für die Umwelt.

Lehnen Sie den nächsten Firmenwagen ab

[647] Bei jeder Beförderung gibt's einen größeren Firmenwagen? Schön, schön – bloß nicht unbedingt für die Umwelt. Verhandeln Sie, bieten Sie Alternativen an: Wenn Sie den Wagen nicht brauchen, oder jedenfalls keinen größeren, schlagen Sie eine Monatskarte für den öffentlichen Nahverkehr vor oder einen Zuschuss zu Ihrem Rennrad. Ein (teureres) Hybrid-Auto statt der nächstgrößeren Variante. Mehr vermögenswirksame

Leistungen, eine Urlaubswoche extra oder ganz schlicht ein höheres Gehalt (oder vielleicht eine Spende an eine Ihnen nahestehende Organisation, wenn Sie schon genug verdienen). Solange Firmen ihre Anerkennung durch dicke Autos zeigen und Chefs (mit Vorbildfunktion) dies annehmen – wie könnte man erwarten, dass das Fußvolk es besser macht?

Taxifahren ohne schlechtes Gewissen

[648] Sie wohnen nur ein paar Minuten von der Bahn entfernt – haben aber keine Lust, auf den Bus zu warten oder zu laufen. Vielleicht nieselt es auch noch, oder Sie hatten einen langen Tag. Eindeutig geregelt ist: Auch wenn Sie nur um die Ecke wollen, ein Taxifahrer muss Sie dorthin bringen. Manchmal aber fragt man sich: Die armen Hunde haben da jetzt eine halbe Stunde gewartet, die ärgern sich doch ganz zu Recht, wenn ich eine Drei-Euro-Fahrt einfordere. Was tun?

Gehen Sie zum Ende der Schlange, die anderen Fahrer wissen dann, dass es sich um eine Kurzfahrt handelt. Die letzte Taxe wartet noch nicht so lange auf eine gute Tour, deshalb ist eine Ministrecke für den Fahrer weniger frustrierend (und Sie haben sowieso das Recht, sich auszusuchen, mit wem Sie fahren, und müssen nicht den nehmen, der vorne steht).

Klimaschutz tut fast nicht weh

PROF. DR. FELIX EKARDT ist Jurist, Philosoph und Soziologe

[649] «Fahrt Rad statt Auto, nehmt die Bahn statt das Flugzeug, esst kein Fleisch und wenig tierische Produkte, dreht die Heizung runter oder dämmt eure Häuser. So reduzieren wir die CO_2-Emissionen in Industrieländern auf einen Schlag um rund 50 Prozent – Klimaschutz ist also weder teuer noch technisch schwierig, und wir leben sogar gesünder.»

Beruf & Karriere

Den Bürotag mit dem richtigen Dreh beginnen

[650] Betreten und verlassen Sie Gebäude im Zweifelsfall durch die Drehtüren. Sie sparen Energie, weil weniger Luftaustausch stattfindet – die kalte (oder heiße) Luft bleibt draußen, die aufwendig klimatisierte Luft bleibt drinnen.

Positiv durchstarten

[651] Das Erste, was Sie im Büro sagen, sollte anderen den Tag versüßen.

Bewusst die Seiten wechseln

[652] «Wir haben für BP-Manager vor einigen Jahren die Teilnahme an sogenannten Seitenwechsel-Projekten (www.seitenwechsel.com) eingeführt. Dabei gehen Manager für eine Woche in ein soziales Projekt. Ziel ist vor allem, mal über den Tellerrand des eigenen Arbeitsalltags hinauszusehen. Natürlich habe auch ich als Vorstandsvorsitzender mitgemacht. Ich habe mich bei meinem Einsatz bewusst für eine Drogenklinik entschieden. Denn ich habe drei Kinder und wollte besser verstehen, wie und warum junge Menschen drogenabhängig werden. Die erschütternden Eindrücke dieser Woche haben mich lange beschäftigt und begleiten mich noch heute. Sie machen aber auch Mut und zeigen, dass in diesem Bereich wirklich viel getan wird.»

DR. UWE FRANKE ist Vorstandsvorsitzender der Deutsche BP AG

Profis sind keine Freunde

[653] Wenn Sie professionellen Rat brauchen, fragen Sie Profis, nicht Ihre Freunde.

Bald grünt's so grün

[654] Die Luft in Büroräumen ist oft ungesünder als die Luft draußen auf der Straße (hängt natürlich von der Straße ab). Topfpflanzen agieren als natürliche Filter. Testreihen ergaben, dass sie Müdigkeit, Husten und Halsschmerzen um 30 Prozent senken können, was zu geringeren Fehlzeiten wegen Erkrankungen führt. Außerdem mindern Büropflanzen den Stress. Bringen Sie einen kleinen grünen Freund mit ins Büro – oder regen Sie eine rabattierte Sammelbestellung der ganzen Abteilung an (im Idealfall noch finanziell gesponsert durch den Arbeitgeber, dem das Ganze genauso dient).

Aufpassen statt ausdrucken

[655] Die Schrift auf Powerpoint-Slides ist riesengroß – Ausdrucke sind Papierverschwendung. Liefern Sie deshalb keine Handouts zu Ihrem Vortrag, sondern bitten Sie die Teilnehmer, sich Notizen zu machen. Zusatzvorteil: Wer mitschreiben muss, hört besser zu.

Leben in der Nische

[656] «Konzentrier dich auf eine Nische, ein Projekt, an das du glaubst. Steck alle Energie in dieses Projekt und sei dort der Beste. Bist du der Beste in deiner Nische, hast du Erfolg.»

MARTIN THEBEN ist Geschäftsführer des Outdoor-Anbieters Bergfreunde.de und wurde als «Start-up» für den Gründerpreis 2009 nominiert

Mit 90 Prozent ans Ziel

[657] Verwenden Sie zehn Prozent der Zeit auf das Problem und 90 Prozent auf die Lösung.

Wider die Stümper

[658] «Wenn Menschen, die nicht dazu befähigt sind, Gutes (Kunst, Musik, Literatur, Gedanken, Konzepte, Ideen) zu produzieren, aufhören würden, zu versuchen, es trotzdem zu tun, wäre die Welt schon ein wesentlich besserer Ort.»

STEFAN VONDERSTEIN ist Creative Director der Werbeagentur BBDO Düsseldorf

Mehr Multitasking

[659] «Der Industrie- und Maschinentakt (und damit der Taylorismus) hat im Medien- und Kommunikationszeitalter ausgedient, denn er ist wenig effektiv. Jeder Computer macht vor, was der Mensch während des vergangenen Jahrhunderts vergessen hat: ‹Multitask›. Das bedeutet für unsere analoge, menschliche Welt: statt Hintereinander und Stille Post viel mehr Miteinander und Gemeinsamkeit, das gilt vor allem auch für die Ökonomie. So gesehen wird aus der digitalen eine wirklich schöne neue Welt.»

PROF. RICHARD JUNG ist Professor für ganzheitliches Kommunikationsdesign und Corporate ID an der Hochschule Niederrhein

Mailalarm abschalten

[660] Wann immer Ihnen irgendwer einen Einzeiler per E-Mail schickt, vibriert Ihr Blackberry, und Ihr Mailprogramm macht «bing». Deaktivieren Sie diese Standardeinstellung und sehen Sie alle paar Stunden mal nach, ob Sie neue Mails haben. Dringender ist es nie.

Mittwochs ist Mailsperre

LARS HARMSEN ist Geschäftsführer und Creative Director der Werbeagentur Magma Brand Design

[661] «Mittwochs können keine E-Mails versendet werden. Alle Server ruhen weltweit. Zeit, sich auf die Arbeit und das Wesentliche zu konzentrieren, Meetings zu machen, zu telefonieren. Durch das Mailen haben wir verlernt, miteinander wie Menschen zu kommunizieren.»

Leiser ist ruhiger

[662] Schreien Sie nicht durchs Haus oder über den Büroflur; wenn Sie was mit jemand besprechen wollen, gehen Sie hin. Gut für den Informationsfluss, gut für die Stimmung (und die Stimme).

Weniger Druck

[663] Fügen Sie die folgenden Zeilen in die Signatur Ihrer E-Mails ein:

> Bitte schützen Sie unsere Umwelt.
> Drucken Sie diese E-Mail nur, wenn unbedingt notwendig.

Und halten Sie sich auch selbst daran.

[664] Sie können Mails auch als PDF-Dateien auf dem Rechner abspeichern, statt sie auszudrucken, z.B. mit dem PDF Creator (de.pdf24.org; kostenlos) oder FreePDF XP (freepdfxp.de; kostenlos). Auf vielen Firmenrechnern ist ohnehin schon Adobe Acrobat installiert, damit geht es auch. Außerdem haben etliche Office-Programme PDF-Filter bereits eingebaut.

Waschen mit Cyberseife

[665] 83 Prozent aller Personalverantwortlichen googeln mögliche Job-Kandidaten vorab im Internet, ergab eine Umfrage von ExecuNet.com. Deshalb ist es unerlässlich, mit den eigenen Daten vorsichtig umzugehen und das eigene Cyber-Image sauber zu halten. Überprüfen Sie, was man finden wird – und versuchen Sie ggf., Ihr Online-Image aufzubessern.

- Registrieren Sie sich bei Google und geben Sie bei www.google.de/alerts Ihren Namen als Suchbegriff ein. Dann werden Sie automatisch informiert, sobald neue Seiten oder Meldungen auftauchen.
- Wenn Ihnen eine Veröffentlichung nicht passt, bitten Sie schnellstmöglich per Mail um Löschung oder Korrektur. Hilft überraschend oft, denn viele Lästerer sind sich des Schadens nicht bewusst, den sie anrichten.
- Achten Sie darauf, was Sie posten. Eine unter Ihrem Namen gestartete Hilfs-Anfrage zum Cracken eines illegalen Spiele-Downloads in einem Forum kann noch Jahre später über Suchmaschinen zugänglich sein.
- Geben Sie in Communities wie Xing (www.xing.de) oder LinkedIn (www.linkedin.de) nur die benötigten Daten ein oder frei. Wozu muss die ganze Welt Ihre Privatnummer und Ihren Geburtstag erfahren?
- Veröffentlichen Sie private Inhalte oder z.B. Urlaubsfotos in sozialen Netzwerken wie Flickr, Twitter, Facebook, Last.fm,

MySpace usw. wenigstens nicht mit derselben Mailadresse wie Ihre Businessprofile, am besten aber gar nicht.

- Löschen Sie veraltete Fotos von Studi-Besäufnissen, Junggesellenpartys etc. aus Ihrem Profil, sie sind dann immerhin schwerer zu finden.
- Für Profis: Firmen wie Reputation Defender (www.reputationdefender.de) übernehmen das Monitoring und versuchen, schädliche Posts löschen zu lassen (ab zehn Euro/Monat).
- Begraben Sie schlechte Nachrichten unter guten. Dazu gibt es zwei Wege: Sie leisten ab jetzt Beachtliches, über das nonstop geschrieben wird – schon bald sind die unangenehmen Treffer auf Seite zwei oder drei der Suchergebnisse verschwunden. Oder Sie nutzen Managementsysteme wie ClaimID (www.claimid.com) oder Naymz (www.naymz.com); beide kostenlos – auf Englisch und nicht ganz einfach, kann aber viel bringen.

Unmissverständlich Telefonzeit sparen

[666] Stellen Sie Ihren Anrufbeantworter und Ihre Handy-Mailbox so ein, dass sie nur 30 Sekunden aufzeichnen (und weisen Sie die Anrufer in der Ansage darauf hin). Die Anrufer kommen auf den Punkt, sodass weniger Missverständnisse auftreten, und Sie sparen Stunden beim Abhören.

Das neueste Statussymbol auf dem Schreibtisch

[667] Kaufen bzw. bestellen Sie keinen neuen Stiftehalter, sondern nehmen Sie einen der zahllosen Becher, die Sie zu Hause oder in der Büroküche rumstehen haben (oder z. B. eine alte Teedose).

Einer für alles

[668] Egal, ob online, auf dem PC, im Handy oder traditionell auf Papier: Führen Sie nur *einen* Terminkalender! Wenn Sie einen elektronischen Kalender führen, besteht die Möglichkeit, Online, Computer und Handy automatisch zu synchronisieren (IT-Abteilung oder befreundete Teenager fragen). Sie verpassen weniger Termine und haben Ihr Leben wieder im Griff.

Im Büro einfach mal abschalten

[669] Sind Ihre Tage auch so atemlos? Ein kleiner Trick hilft: Machen Sie früher Schluss mit der echten Arbeit, aber breiten Sie Papier auf dem Schreibtisch aus, damit jeder glaubt, Sie würden etwas überprüfen. Dann träumen Sie in aller Ruhe vor sich hin. Ab und zu die Zettel von rechts nach links schieben. Erstaunlicherweise sinkt dadurch in Bürojobs die Produktivität fast nie (weil die Zufriedenheit und damit Elan und Konzentration zunehmen). So kommen Sie zudem entspannter nach Hause.

Der Blickwinkel bringt's

[670] Wenn Sie nicht kündigen, können Sie genauso gut nach den guten Seiten Ihres Jobs suchen.

Jeden Tag ein neuer Weg

[671] Wenn es Ihnen schwerfällt, den Job hinter sich zu lassen und abzuschalten, biegen Sie unterwegs einfach irgendwo ab und suchen Sie sich einen neuen Weg nach Hause. Darauf müssen Sie sich konzentrieren, statt den Autopilot übernehmen zu lassen, und schon denken Sie nicht mehr an Ihre Arbeit.

Kurze Rast am Wegesrand

[672] Ihr Boss war heute wieder gnadenlos, Sie sind dementsprechend spät aus dem Büro rausgekommen, und zu Hause gibt's bestimmt wieder Ärger deswegen. Halten Sie auf dem Nachhauseweg kurz an, im Auto am Straßenrand, oder bleiben Sie an Ihrer Endhaltestelle einfach ein paar Minuten auf einer Bank sitzen. Fünf Minuten, in denen Sie zu sich kommen und umschalten können, reichen oft schon.

Morgen planen, um es zu vergessen

[673] Damit Ihnen nicht den ganzen Abend Arbeitssorgen durch den Kopf geistern: Planen Sie, bevor Sie das Büro verlassen, den nächsten Tag. Schreiben Sie auf, was Sie erledigen müssen. Lassen Sie den Zettel auf Ihrem Schreibtisch zurück – Sie können jetzt beruhigt sein, dass Sie sich morgen um alle wichtigen Angelegenheiten kümmern werden.

In Zukunft wird alles gut

[674] Gehen Sie Ihren Tagesplan für morgen durch. Bei jeder Aufgabe stellen Sie sich vor, dass sie gut gelingt. Kreieren Sie eine sich selbst erfüllende Prophezeiung.

Männermode leichtgemacht

[675] Die meisten Männer können ins Büro immer denselben Anzug anziehen, am besten in Anthrazit-Grau. Kaufen Sie einen mit zwei Hosen (die sind schneller hin als die Jacketts). Dazu fünf verschiedenfarbige Hemden und Krawatten, fünf gleiche Paar Socken, zwei Paar Schuhe (dürfen gern identisch sein). Spart Geld, spart Zeit, und es merkt kein Mensch.

Rechtschreibung online

[676] Eine Art Publikumsjoker: verschiedene Schreibweisen eines Wortes mit Google suchen – rechts oben wird die Gesamtzahl der Treffer angezeigt. Weicht sie stark voneinander ab, spricht das für eine richtige und eine falsche Schreibweise. Oder unter www.pons.eu oben «Deutsche Rechtschreibung» wählen.

Handy bildet

[677] Weiterbildung ist wichtig, soll aber möglichst schnell gehen und Spaß machen. Unter www.berlitz.de/sms können Sie einen kostenlosen Vokabeltrainer in Englisch, Deutsch, Französisch, Spanisch und Italienisch bestellen. Zur Wahl stehen unterschiedliche Sprachsituationen wie «allgemein», «geschäftlich» oder «Fun und Slang». Sie erhalten täglich zur gewünschten Uhrzeit eine Nachricht mit einer Vokabel und der richtigen Übersetzung; das Abo kann unter derselben Internetadresse jederzeit geändert oder beendet werden.

Langeweile zu Höchstleistungen nutzen

[678] Langweilt Ihr Job (oder die Hausarbeit) Sie manchmal? Versuchen Sie, an einem solchen Tag eine Aufgabe derart gut zu erledigen, wie es überhaupt nur menschenmöglich ist. So schaffen Sie sich Ihre eigene Herausforderung – und erleben hoffentlich auch die Befriedigung, es geschafft zu haben. Selbst wenn es sonst kein anderer merkt: Sie wissen jetzt wieder, was Sie können. Das macht Sie weniger gereizt und lässt Sie auch andere Dinge wieder motivierter erledigen.

Schöne Aussichten

[679] Sie sollten immer etwas Schönes im Blick haben, notfalls ein Bild oder ein Gänseblümchen im Wasserglas.

Routine mit Erfindergeist besiegen

[680] Viele wirklich gute Ideen begrüßen wir mit den Worten oder dem Gedanken: Ja, natürlich! Irgendwer hat irgendetwas ganz einfach in Frage gestellt und eine bessere Lösung gefunden – die oft im Rückblick so naheliegend erscheint, dass man sich fragt, warum man nicht selbst darauf gekommen ist. Betrachten Sie alle Routinetätigkeiten unter diesem Aspekt: Könnte man sie nicht mit einfachsten Maßnahmen verbessern, vereinfachen, erleichtern? Vertreibt die Langeweile – und wer weiß, vielleicht erfinden Sie den nächsten Walkman oder Rollkoffer?

Umgang mit Schichtarbeit

[681] Lange ging man davon aus, der Körper könne sich an Schichtarbeit gewöhnen. Mediziner der Harvard Medical School haben jedoch nachgewiesen, dass die verschobenen Schlaf- und Wachzeiten nur schwer zu verkraften sind. Hormonhaushalt und Blutzuckerwerte verschlechtern sich deutlich. Deshalb: keine Schichtarbeit leisten, wenn möglich. Falls doch: Seien Sie stolz und zufrieden, klopfen Sie sich geistig auf die Schulter. Sie leisten mehr als andere. Und egal, zu welchen Zeiten Sie selbst arbeiten: Wenn Sie auf Menschen treffen, die Schichtdienst leisten (besonders häufig an Kundendienst-Schaltern und z.B. in Krankenhäusern), seien Sie extra-freundlich – und dankbar, dass Sie den Job gerade nicht machen müssen.

Hauptsache, die Arbeit wird gemacht

[682] «Wir sollten uns nicht fragen: ‹Was will ich?› oder ‹Was sind meine Ziele?›, sondern: ‹Was würde mich begeistern?› Dann müssen wir heute den ersten kleinen Schritt in diese Richtung tun. Dinge, die wir ‹morgen› anfangen wollen, machen wir am Ende nie.

MARKUS ALBERS ist Journalist und Autor («Morgen komm ich später rein»)

[683] Wir können heute arbeiten, wann und wo wir wollen – Hauptsache, die Arbeit wird gemacht. Sich von der Tyrannei des Schreibtischzwangs im Büro zu befreien ist der erste Schritt in ein selbstbestimmtes Leben.»

Lob strahlt zurück

[684] Sagen Sie etwas Nettes über jemand hinter dessen Rücken.

Unabhängigkeit von Florida-Rentnern

[685] «Die Welt wäre ein besserer Ort, wenn wir den Wachstumsirrsinn stoppen könnten. Jede Religion, jede Kultur lehrt uns, dass die Welt atmet wie eine Ziehharmonika: sieben gute Jahre, sieben schlechte Jahre.

STEFAN SCHMIDT ist Chief Creative Officer der Werbeagentur TBWA\Germany

Wenn wir uns weiterhin dazu zwingen, Wachstum zu produzieren auf Teufel komm raus, dann zaubern wir regelmäßig ein künstliches Wachstum. Blasen. Fakes. Schaumschlägerei.

Gründen Sie Ihre eigene Firma. Bestimmen Sie selbst, wie viel Profit und wie viel Wachstum diese Firma bringen soll. Sobald Ihre Firma Leuten gehört, die nicht operativ verantwortlich sind, werden Ihnen unrealistische Wachstumspläne reingesungen. Und dann geht das Malheur von vorne los. Machen Sie sich unabhängig von den Rentner-Aktionären aus Florida. Erlauben Sie der Welt ihr Auf und Ab.»

Versuch macht kluch

[686] Wenn es *so* nicht funktioniert, versuchen Sie es doch mal anders.

Blöde Jobs, nicht blöde Leute

[687] «Man sollte alle anderen so behandeln, wie man es selbst erleben möchte. Viele Leute glauben, das zu tun, aber unterscheiden letztlich doch. Beispielsweise gehen sie mit Kellnern, Mitarbeitern von Fastfood-Restaurants oder Verkäufern ganz anders um als mit einem Fremden im Anzug. Es kostet nichts, nett zu sein, und jeder von uns hat doch mal in so einem blöden Job gearbeitet, oder?»

KARIN SLAUGHTER ist eine US-Krimiautorin («Gottlos», «Zerstört»); ihre Auflage beträgt weltweit über 13 Millionen

Ablehnung ist Ehrensache

[688] «Ich wurde von einigen der bekanntesten Magazine und Verlage in den Vereinigten Staaten abgelehnt, und mittlerweile ist mir klar geworden, dass Ablehnungen – egal, welcher Art – Ehrenabzeichen sind. Ablehnungen zeugen davon, dass man sich hinauswagt in die Welt und etwas Neues probiert. Sie zeigen, dass man Selbstbewusstsein hat und an sich glaubt, an seine Arbeit, sein Hobby, sein Können. Ablehnungen sind nur dann schlecht, wenn man sich durch sie von etwas abbringen lässt, was man liebt. Deshalb: durchhalten, Kopf hoch, weitermachen – egal, was Sie vorhaben.»

DAVID BALDACCI ist ein US-Bestsellerautor (u.a. «Im Takt des Todes», «Das Labyrinth»)

Das große Ganze

[689] Bei akuter Sinnkrise im Alltag: Treten Sie geistig einen Schritt zurück und vergegenwärtigen Sie sich, wovon Sie gerade ein Teil sind. Reibungsloses Familienleben, Produkteinführung in der Firma, Versicherungsschutz für viele Millionen Menschen … Sie mögen nur ein kleines Rädchen sein, aber Ihr Beitrag ist wichtig. Sollte er das nicht sein – beginnen Sie sofort zu überlegen, was für einen Positiv-Beitrag Sie zur Welt leisten können.

Sprechen Sie langsam

[690] Personen, die langsam sprechen, vermeiden Missverständnisse, denn sie sind leichter zu verstehen. Sie werden als 38 Prozent kompetenter wahrgenommen als diejenigen, die schnell sprechen. So können Sie zugleich mehr aus Ihrem Wissen machen, denn es reicht länger. Und Sie kriegen öfter Ihren Willen, denn auf kompetente Sprecher hört man.

Präzision schafft Klarheit

[691] Egal, ob Sie einen neuen Job suchen, eine Wohnung oder eine neue Liebe. Egal, ob Sie den Urlaub planen oder im Büro ein Projekt vorstellen sollen – seien Sie präzise. Wursteln Sie sich nicht mit unscharfen Schlagworten durch, sondern sagen Sie ganz genau, was Sie wollen, was Sie brauchen, was Sache ist. Dazu müssen Sie zuvor gründlich überlegen. Aber es bringt Sie Ihrem Ziel einen großen Schritt näher (und zeigt manchmal auch auf, dass Sie eigentlich ein ganz anderes Ziel haben). Wenn Sie präzise formulieren, wissen auch alle anderen, woran sie sind – und können die benötigte Unterstützung liefern, von Ohren offen halten bis zu konkreter Zuarbeit.

Pünktlich (weiter-)kommen

[692] Kommen Sie pünktlich. Unpünktliche Menschen sind 23 Prozent unzuverlässiger und zehn Prozent unzufriedener mit ihrem Leben. Gehen Sie zu einem normalen Termin zehn Minuten früher aus dem Haus, als Sie für nötig halten. Verlassen Sie Ihr Büro für ein Meeting fünf Minuten eher, als Sie es sonst täten. Das allein wird einen großen Unterschied machen. Ihr Zufriedenheitsgewinn wird Sie freuen, der Zuverlässigkeitsschub bringt vielleicht sogar eine Beförderung.

Keine Karriere machen

[693] Eigentlich gehen wir alle davon aus, eine Beförderung sei eine tolle Sache und würde das Selbstbewusstsein heben. In Wahrheit leiden jedoch z.B. fast 50 Prozent aller beförderten Manager in Technologie-Branchen an Selbstzweifeln und Unsicherheit, weil sie nicht mehr zu den besten unter ihren gleichrangigen Kollegen gehören, sondern sich jetzt an erfolgreicheren Mitarbeitern messen lassen müssen. Wenn Sie also gerade keine Lust auf Psychostress haben: Bleiben Sie Zweitbester unter den Kollegen und lassen Sie jemand anders befördert werden.

Vorbereitet sein – und auf das Gegenteil hinarbeiten

[694] Suchen Sie stets nach dem Guten, auch wenn Sie sicherheitshalber auf das Schlechte vorbereitet sind.

Work hard, play hard – aber nicht mischen

[695] Trennen Sie Arbeit und Privates. Personen, die Arbeitssorgen mit nach Hause nehmen (oder private Probleme mit an den Arbeitsplatz), sind 32 Prozent unzufriedener mit ihrem

Leben und haben mit einer 44 Prozent höheren Wahrscheinlichkeit das Gefühl, nichts im Griff zu haben. Erheblich besser geht es Menschen, die Arbeit und Freizeit strikt trennen.

Das läuft dem Trend entgegen, ständig erreichbar zu sein, sogar im Urlaub, und die Kollegen als eine Art Ersatzfamilie zu betrachten, mit denen man umgekehrt auch jedes private Dilemma diskutieren kann. Treffen Sie die unpopuläre Entscheidung und separieren Sie die Bereiche. Keine Sorge: Sie werden nicht zum Außenseiter – wenn es Ihnen gutgeht und Sie alles unter Kontrolle haben, zeigt sich das auch im Arbeitsoutput.

Profis durchschauen (oder selbst einer werden)

[696] Kennt jeder: Man hat das Gefühl, im Restaurant immer den schlechtesten Tisch zu kriegen. Der Callcenter-Mitarbeiter gibt einem nicht die richtige Auskunft, und am Ende hat man auch noch irgendeine Zusatzoption gebucht. Und Autoverkäufer lügen sowieso, oder? Auf www.berufsgeheimnisse.de lassen sich Profis in die Karten schauen. So ist man für die nächste Begegnung besser gewappnet – oder kann für den eigenen Job lernen.

Weltverbesserer-Rundmail im Büro initiieren

[697] Stellen Sie eine Mail mit Anregungen (z.B. aus diesem Buch) zusammen und bitten Sie Ihren Chef, diese Infos an alle Mitarbeiter zu schicken (wirkt beeindruckender, von je weiter oben es kommt). Verwenden Sie folgende Vorlage, wenn Sie möchten, und ergänzen Sie sie nach Belieben.

Ein paar einfache Maßnahmen, die ich als hilfreich empfinde. Ich werde auch selbst versuchen, diese konsequent umzusetzen:

- Bitte erst denken, dann drucken. Es liegen oft stapelweise unabgeholte (offenbar also auch nicht wirklich notwendige) Ausdrucke herum. Nicht jede Mail muss ausgedruckt werden, und Papier hat zwei Seiten.
- Kappen auf die Stifte, statt sie austrocknen zu lassen und dann wegzuschmeißen.
- Vereinbart Fahrgemeinschaften, das spart Sprit und fördert den abteilungs- oder projektübergreifenden Dialog.
- Akkuladegeräte nach dem Laden aus der Steckdose ziehen, keine Geräte im Stand-by-Betrieb lassen, nach Arbeitsende Rechner runterfahren; «Ruhezustand» (nicht Stand-by) nach zehn Minuten automatisch starten.
- Reden statt mailen. Mindert Missverständnisse, ist netter und sorgt für mehr Bewegung.
- Licht aus, wann immer es geht (z.B., wenn man eh im Konferenzraum sitzt).
- Treppe statt Aufzug.

Kaffee kostenfrei warm halten

[698] Kaffee nicht in der Glaskanne auf der Warmhalteplatte energieaufwendig verdampfen lassen, sondern gleich in einer Thermoskanne brühen – oder wenigstens nach dem Durchlaufen in eine Warmhaltekanne umfüllen.

Weniger ist das neue Mehr

[699] Werbematerial, aber auch innerbetriebliche Infos, sollten Sie so kurz und präzise wie irgend möglich fassen. Das spart Papier und Druckerfarbe – aber es kommt beim Empfänger auch gut an. Kaum ein Kunde will wirklich eine dicke Broschüre mitnehmen, kaum ein Kollege zehn Blatt lesen, wenn eine Doppelseite es getan hätte.

Arbeitgeberzuschüsse für ÖPNV nutzen

[700] Bezuschusst Ihr Arbeitgeber Monatskarten für den öffentlichen Nahverkehr? Wenn nicht, bei der nächsten Mitarbeiterversammlung anregen. Wenn ja, Angebot nutzen! Bringt Zeit zum Lesen und ein gutes Ökogewissen zum Sonderpreis.

Schneller pendeln

[701] Mit dem Auto zur Arbeit zu fahren hat genug Nachteile, man muss nicht auch noch dumm rumstehen. In den USA werden jedes Jahr im Stau 23 Milliarden Liter Benzin *zusätzlich* verbraucht. Experimentieren Sie mit Ihrem Arbeitsweg – was das Navigationssystem für den «schnellsten Weg» hält, muss unter Realbedingungen nicht der schnellste sein. Experimentieren Sie mit gleitender Arbeitszeit – wenn Sie eine Viertelstunde früher oder später losfahren, kommen Sie vielleicht

[701]

deutlich besser durch. Experimentieren Sie mit öffentlichen Verkehrsmitteln, ggf. in Kombination mit einer abendlichen Taxifahrt – ist manchmal schneller und nicht teurer.

Ich bleib im Bett

[702] Viele Gründe sprechen für Telearbeit. Man schafft mehr, weil die Kollegen nicht dauernd stören. Man kann in Unterhose oder Pyjama arbeiten und zwischendurch mal einkaufen gehen. Solange der Output stimmt, ist für den Arbeitgeber alles in Ordnung. Umweltvorteile der Heimarbeit: weniger Make-up-Verbrauch, weniger Abgase (weil kein Arbeitsweg), weniger Anzugverschleiß (spart Ressourcen).

Einziger Nachteil: Sie müssen die Technik daheim (meist: Internetanschluss, PC) selbst zahlen. Und es ist oft aus Sicherheitsgründen nicht einfach, Zugriff auf das Firmennetzwerk zu erhalten.

Arbeitsoptimierungsexperte Timothy Ferriss («Die Vier-Stunden-Woche: mehr Zeit, mehr Geld, mehr Leben») rät: Schlagen Sie Ihrem Boss vor, es mit einem Tag pro Woche zu versuchen. Am besten Dienstag, Mittwoch oder Donnerstag. Sieht dann nicht so aus, als würden Sie ein langes Wochenende wollen. Und Montag und Freitag sind im Büro ohnehin die entspanntesten Tage.

Der Arbeit so nah

[703] Falls Sie einen Tapetenwechsel brauchen: Ziehen Sie näher an Ihren Job heran. Pro 15 Kilometer Arbeitsweg steigt der Stresspegel um fünf Prozent.

Wissen schenken

[704] Verschenken Sie bei der Weihnachtsfeier im Büro ein umweltfreundliches Produkt. Und legen Sie einen Zettel dazu, der die Philosophie hinter dem Präsent erläutert. So schenken Sie noch ein wenig Wissen obendrein.

Nahrhafte Öko-Konferenzen

[705] Irgendwer in der Firma bestellt das Essen und die Getränke für Bürofeiern, Konferenzen usw. Finden Sie heraus, wer es ist. Empfehlen Sie derjenigen oder demjenigen umweltfreundliche Cateringunternehmen oder Restaurants. Am besten welche, von denen Sie schon mal was probiert haben, zum Beispiel auf einer Hochzeit. Und noch besser gleich mit Flyer oder Visitenkarte, die stehen meist am Rand vom Büfett.

Zulieferern die Zukunft signalisieren

[706] Wenn Sie Angebote für die nächste Firmenfeier oder eine Konferenz einholen, bitten Sie um eine umweltfreundliche Alternative: Bio-Schnittchen, fair gehandelter Kaffee, Mehrweggeschirr etc. Selbst wenn Sie das Angebot nicht annehmen, signalisieren Sie den Anbietern Interesse. Tun das erst einmal genug Firmen, werden die Angebote besser (und annehmbarer). Außerdem haben Sie so mehr Infos zur internen Argumentation. Und vielleicht können Sie ja mal mischen, einen Teller Bio, einen konventionell. Mal sehen, was besser ankommt.

Feiern für eine bessere Welt

[707] «Beim nächsten Geburtstag oder Firmenfest sozial denken. Musikprojekte machen Obdachlose und andere Menschen in sozial schwierigen Lebenslagen wieder fit für die Bewältigung ihrer Alltagsprobleme. Denn Musik bewegt viel. Schon beim Zuhörer, wie wir alle selbst bereits erfahren haben. Ganz besonders aber bewegt Musik etwas beim Musizierenden! Musik bringt Erfolgserlebnisse und Anerkennung, sie gibt Kraft und motiviert zu neuen Aktivitäten, sie fördert die Lernfähigkeit. Gemeinsames Musizieren fördert das Sozialverhalten. In Hamburg kann man z.B. die ‹Schattenlichter› buchen (www.schattenlichter.com).»

HELGE ADOLPHSEN war 18 Jahre lang, bis 2005, Hauptpastor an der St.-Michaelis-Kirche (dem «Michel») in Hamburg

Ungelesene Medien abbestellen

[708] Stopft Ihnen die Büro-Assistenz jede Woche oder jeden Monat alle möglichen Magazine und Newsletter ins Postfach, die Sie nie eines Blickes würdigen? Zugegeben, es ist nicht Ihr Geld – aber wenn Sie abbestellen (lassen), was Sie sowieso nicht lesen, tun Sie Ihrem Arbeitgeber und zugleich der Umwelt etwas Gutes.

Schubumkehr

[709] Wenn etwas schiefgeht, blasen Sie nicht Trübsal, sondern nutzen Sie die entstandene Negativ-Energie (Wut, Frust, Trotz) und machen Sie die Sache erst recht klar. Beispiel: Der Chef, der Kollege oder der Kunde zerschießt Ihnen mit blöden Möchtegern-Argumenten den Plan, das Konzept, den Deal. Darüber können Sie sich nun ärgern, solange Sie lustig sind (und nicht umsonst heißt es ja: *ich* ärgere *mich*). Oder Sie münzen Minus in Plus um und lassen sich – jetzt erst recht! – eine Idee einfallen, bei der allen der Mund offen stehen bleibt. Klappt erstaunlich oft.

Ins Nichts zielen

[710] Eishockeytrainer Wayne Gretzky hat in seiner aktiven Zeit als Spieler einmal zugegeben, er sei weder größer noch schneller oder stärker als andere. Warum also zählte er zu den besten Spielern der Welt? Er erklärte es so: Während die meisten anderen dahin skaten, wo der Puck ist, sauste er bereits an die Stelle, an die der Puck unterwegs war. Er konnte besser als jeder andere abschätzen, wie sich der Puck verhalten und wann er wo sein würde.

Anderes Beispiel: Wenn kurz vor Ihnen auf der Autobahn ein Wagen ins Schleudern gerät, haben Sie die besten Überlebenschancen, wenn Sie dorthin steuern, wo der Wagen *jetzt gerade ist* – denn bei den hohen Geschwindigkeiten wird er dort nicht mehr sein, wenn Sie kommen. Fahren Sie hingegen stur geradeaus, besteht höchste Crashgefahr.

Versuchen Sie, bei Entscheidungen zukünftige Entwicklungen mit einzubeziehen – nachweislich eine der Schlüsselqualifikationen unter Erfolgsmenschen.

Gleich und Gleich bringt keinen weiter

[711] Im Job sind Teams aus Mitarbeitern mit unterschiedlicher Persönlichkeit um 14 Prozent produktiver als Teams, die sich menschlich unheimlich gut verstehen. Wenn Sie gute Leistungen bringen und vorankommen wollen, suchen Sie also die Nähe von Leuten, die Sie nicht sonderlich mögen (oder fragen Sie sie zumindest um Rat). Schließlich sind Sie ja nicht (nur) zum Klönen da.

Erfolg macht blind

[712] Finanzmanager bleiben zu 95 Prozent dem Investmentsektor treu, mit dem sie ihre ersten Erfolge feiern konnten. Diese Tendenz führt letztlich dazu, dass sie an diesen Bereich unrealistisch hohe Erwartungen haben und zugleich Kauf-Chancen in anderen Feldern schlicht übersehen. Wir alle würden gern vergangene Erfolge wiederholen. Meist gelingt das aber nur dann, wenn wir genauso offen an die Sache herangehen wie beim ersten Mal – und eben nicht versuchen, es immer wieder genauso zu machen. (Das könnten sich ruhig auch mal diejenigen Bestsellerautoren zu Herzen nehmen, bei denen man das Gefühl hat, sie schreiben immer wieder dasselbe Buch noch einmal.)

Rampenlicht für andere

[713] Wenn die Kollegin vom Wochenende erzählt – hören Sie interessiert zu. Mehr nicht. Statt direkt hinterher mit Ihrem (natürlich viel erzählenswerteren) Wochenende auf-

zutrumpfen («Also, bei mir auf dem Balkon war es noch viel heißer ...»). Keine Konter-Storys mehr, um anderen das Rampenlicht zu stehlen. Wenn Sie wirklich selbst auch etwas zu erzählen haben, dann später. Schließen Sie es nicht an den Bericht eines anderen an.

Offiziell länger Urlaub machen

[714] Aus dem Urlaub zurück, 20 000 Mails im Posteingang, und das Telefon klingelt wie verrückt? Bleiben Sie – ohne dafür einen Extratag zu verbrauchen – offiziell einen Tag länger im Urlaub. Wenn Sie z.B. tatsächlich am 15. Ihren ersten Arbeitstag haben, sprechen Sie auf Ihren Anrufbeantworter, dass Sie erst ab dem 16. wieder erreichbar sein werden. Gleiches gilt für die Abwesenheitsnotiz Ihrer E-Mail. Ist für alle anderen letztlich egal, hilft Ihnen aber, aufzuholen.

Durch dieses Vorgehen steigt die Produktivität deutlich,

denn wenn Sie dann wieder voll im Einsatz sind, haben Sie bereits alle nötigen Infos und sind ganz bei der Sache. (Sie müssen den ersten Bürotag natürlich auch nutzen und nicht bloß Ihre Urlaubsfotos auf Flickr und Facebook hochladen.) Informieren Sie ggf. Ihren Chef, Ihre Kollegen oder Ihre Assistenz, dass Sie offiziell noch weg sind. Sie werden sehen, bald machen das alle so.

Goldene Regel

[715] Eins nach dem anderen. Fällt im Büro manchmal noch schwerer als privat, ist aber genauso wichtig.

Krisenzeit zum Wachstum nutzen

WOLFRAM und **EVA-MARIA ZURHORST** sind Bestsellerautoren («Liebe dich selbst, auch wenn du deinen Job verlierst»); www.liebedichselbst.de

[716] «Jeder von uns beiden hat vor Jahren auf sehr schmerzliche Weise seinen alten Job verloren und anschließend eine existenzielle Lebenskrise erlebt. Unser Resümee: So schmerzhaft es auch im ersten Moment war – rückblickend betrachtet war der Jobverlust für jeden von uns beiden das Beste, was ihm passieren konnte.

Auch wenn alle etwas anderes sagen: Genau jetzt ist die Zeit, um endlich Freude und Erfolg ins Berufsleben zu bringen. Zeit für eine neue Qualität im Arbeitsleben und in der Wirtschaftswelt. Die aktuelle Krise hilft – jeder kann jetzt persönlich wachsen. Es ist die Zeit, sich herauszufordern, vertraute, aber oft beengende Sichtweisen hinter sich zu lassen. Stellen Sie sich Ihrer Angst, hören Sie auf zu kompensieren und eine perfekte Rolle zu spielen. Hören Sie stattdessen wieder auf Ihr Herz und wagen Sie sich heraus aus der Komfortzone hin zu Ihrer Berufung. Wenn Sie ehrlich sind und sich ein paar tiefe Atemzüge Ruhe gönnen, wissen Sie, was Ihnen Freude macht, wonach Sie sich sehnen. Sie wissen, dass Sie viel zu oft funktionieren und vieles nur für Sicherheit und Anerkennung tun. Aber so bleiben Sie und Ihr Leben auf der Strecke.

Wenn Sie diese Krise nutzen, um Ihr Leben aufzuräumen, dann werden Sie authentischer und gestärkter, lernen sich selbst besser kennen und wissen nach hundert frustrierten Fehlschlägen besser, was Sie wirklich können und wollen. Rückblickend auf unser berufliches Aus vertreten wir mittlerweile aus voller Überzeugung die These, dass Arbeitslosigkeit, Kündigung, Konkurs und Burn-out manchmal äußerst hilfreich sein können. Dass sie uns oft genau den Schubs liefern, den wir brauchen, um endlich unseren eigenen Weg zu gehen und unsere wahren Fähigkeiten zu entdecken und ins Leben zu bringen. Um endlich wieder Spaß bei der Arbeit zu haben und wahren ganzheitlichen Erfolg zu erleben.

Wir alle können berufliche Tiefschläge mit dem richtigen Verständnis, Mut und Engagement in großartige Möglichkeiten persönlicher Entwicklung verwandeln. Aus unserer Sicht kann gerade der weltweite Zusammenbruch der alten, auf Druck, Angst, Gier und Machtstreben basierenden Wirtschaftsstrukturen die Geburtswehen für neue Wertesysteme und neuen Wohlstand mit sich bringen. Wir sind überzeugt, dass es jetzt Zeit für neue Netzwerke ist, in denen Menschen zusammenwirken, die persönlichen Erfolg nicht mehr länger vom Wohl anderer trennen.»

Computer & Internet

Rechenkraft für die Wissenschaft

[717] Wenn Sie mal aufs Klo gehen, mit Kollegen plaudern, am Telefon hängen – dann können Sie den schnellsten Rechner der Welt haben, der steht bloß rum und frisst Strom.

Diese ungenutzte Rechenleistung lässt sich Wissenschaftlern für aufwendige Simulationen zur Verfügung stellen. Laden Sie ein kostenloses Programm (Windows, Mac, Linux) von der Website boinc.berkeley.edu/download.php herunter. Es richtet Ihren Rechenknecht für sogenanntes «Grid Computing» ein – das heißt, ein Problem wird in viele kleine Rechenaufgaben zerlegt, die auf das «Grid» (das Netzwerk-Gitter) aus Computern verteilt werden. Das Programm springt nur dann an, wenn Ihr Rechner im Leerlauf vor sich hin brummt; sobald Sie wieder mit der Arbeit beginnen, schaltet es sich automatisch ab. Und keine Sorge: Zugriff auf Ihre gespeicherten Daten bekommt dadurch niemand.

Zugute kommt die weltweite Rechenpower u.a. dem Kampf gegen Aids, der Krebsforschung, der Entwicklung nährstoffreicherer Reis-Sorten, der Klimaforschung (wer will, kann sich aussuchen, welchen Projekten er Rechenzeit zur Verfügung stellt). Falls Sie Ihren Bürorechner nutzen wollen, holen Sie unbedingt vorab die Genehmigung Ihres Arbeitgebers ein! (Und wenn der einverstanden ist, können Sie vielleicht die Software auch gleich von der EDV-Abteilung auf allen Rechnern installieren lassen.)

Endlich Ruhe

[718] Dass man Computer nicht einfach laufen lassen oder nur in Stand-by versetzen soll, wissen inzwischen die meisten – immerhin 40 Prozent des Bereitschaftsstromverbrauches bei Bürogeräten gehen auf das Konto von PCs. Aber den Rechner jeden Morgen (und dann nochmal nach der Mittagspause) neu zu starten dauert so lange! Wessen Zeit wirklich zu kostbar dafür ist, der kann als Mittelweg den «Ruhezustand» wählen. Dabei wird der aktuelle Stand inklusive aller geöffneten Programme und Dateien auf der Festplatte gespeichert, danach wird der Rechner richtig abgeschaltet – er startet aber hinterher viel schneller, und man kann weiterarbeiten, wo man aufgehört hat.

Aufrufen kann man den Ruhezustand (unter Windows Vista) über das «Start»-Menü und dann den Ausschalt-Pfeil.

Sollte «Ruhezustand» nicht angeboten werden, rufen Sie die «Kommandozeile» über das Suchmenü auf, indem Sie

«cmd» eingeben. Ggf. müssen Sie mit einem Administrator-Passwort bestätigen. In dem neuen Fenster geben Sie ein: «powercfg –h on» (ohne die Anführungszeichen) und drücken Enter/Return. Laptop-Nutzer stellen in der Systemsteuerung/Energieverwaltung am besten ein, dass der Rechner beim Zuklappen nicht in den Stand-by-Betrieb wechselt, sondern der Ruhezustand eingeleitet wird. Alle Computernutzer sollten ihren Rechner so konfigurieren, dass er nach maximal zehn Minuten Nichtstun den Ruhezustand einleitet (statt in Stand-by-Betrieb zu gehen, was leider immer noch der Standard ist).

Digital-Kleber

[719] Schreiben Sie auch jede Notiz auf Klebezettel und pappen Ihren Schreibtisch und den Rand des Computerbildschirms damit zu? Oft wäre das gar nicht nötig – und Sie könnten Papier, Klebstoff und Geld sparen. Verwenden Sie

einseitig bedrucktes Papier als Notizzettel (wenn Ihnen A4 zu groß ist: In fast jedem Kopierraum oder der Poststelle einer Firma gibt es eine Papierschneidemaschine). Oder machen Sie Ihre Notizen digital: zum Beispiel als «Aufgaben» in Outlook, als «Stickies» auf dem Mac oder unter Windows mit der kostenlosen «Post-it Software Notes Lite» vom «Post-it»-Hersteller 3M (www.cnet.de/downloads/windows/370/post_it+software+notes+lite.htm).

Gesundheits-Infos aus dem Internet mit Vorsicht genießen

[720] 60 Prozent aller Internetuser suchen bei Bedarf auf Webseiten nach gesundheitlichen Infos – und über 90 Prozent von ihnen halten die gefundenen Ratschläge für vertrauenswürdig und zuverlässig. Stimmt bloß leider nicht: Bei einer Auswertung von 194 Internetseiten fanden sich auf 90 Prozent davon sachliche Fehler. Surfen Sie sich ruhig schlau, um ein informiertes Gespräch mit Ihrem Arzt zu führen. Aber glauben Sie nicht alles, was im Internet steht.

Senioren ins Netz holen

[721] Bringen Sie Ihren Eltern oder anderen älteren Menschen bei, wie man mit einem PC und dem Internet umgeht. Oder bitten Sie Ihre Kinder darum. Dann ist es leichter, miteinander in Kontakt zu bleiben – und Senioren, die mit Computern umgehen können, verfügen über messbar mehr Selbstbewusstsein und Lebenszufriedenheit.

Bonus-Tipp: Falls Sie sich gerade fragen, was Sie Ihrer Mutter oder Oma zum Siebzigsten schenken – wie wäre es mit dem Rundum-sorglos-PC-Paket? Rechner, Aufbau, Installation, Einrichtung, Anschluss und persönlicher Computerkurs.

Macht viel Arbeit (und kostet auch eine Menge; legen Sie mit den Geschwistern zusammen), lohnt sich aber.

Nicht so persönlich wie ein Brief, aber immerhin

[722] Für 14,95 US-Dollar erzeugt «YourFonts» (www.yourfonts.com) aus der eingescannten eigenen Handschrift (Druckbuchstaben) eine 200 Zeichen umfassende Schriftart. Macht Blogs, Webseiten oder Familienrundbriefe endlich wieder wenigstens ein bisschen individueller.

Nur noch zahlen, solange Sie wollen

[723] www.abo-stop.de erinnert (nachdem man die Daten bei Vertragsabschluss eingegeben hat) rechtzeitig an mögliche Kündigungstermine von Magazinen und Handyverträgen.

Datenschutz gerade nach dem Tod

[724] Kennen Sie noch den Grundsatz, dass man immer frische Unterwäsche anziehen soll, falls man einen Unfall hat? Aus demselben Grund empfiehlt es sich, erotische Dateien verschlüsselt abzulegen (also ... nur für den Fall, dass Sie möglicherweise noch Fotos Ihrer letzten Freundin auf dem Rechner haben oder ein paar entspannende DVD-Kopien für die Mittagspause). Sonst fallen Sie eines Tages tot um, und Ihre Lebensgefährtin muss sich auf der Suche nach der Nummer Ihrer Schwester erst mal durch tonnenweise Pornoschnipsel wühlen. Das ist auch nicht besonders gut für das Image des Dahingeschiedenen.

Geht ganz einfach: billigen USB-Stick mit möglichst viel Speicherplatz besorgen, pikante Daten rüberschieben und Laufwerk mit Truecrypt (englisch, aber kostenlos für Windows,

Mac, Linux: www.truecrypt.com) verschlüsseln (geht viel einfacher, als Verzeichnisse zu sichern).

Achtung: hilft nur im privaten Umfeld. Gegen Ermittlungen (zum Beispiel von Polizei oder vom Finanzamt) hilft der Trick nicht – die Beamten können bei begründetem Verdacht verlangen, dass Daten entschlüsselt werden, oder dies auf Ihre Kosten durchführen lassen.

Was Google alles kann

Fast jede Suche im Internet beginnt heutzutage bei Google. «Google» gilt als der wertvollste Markenname der Welt, sogar noch vor «Coca-Cola» und «Microsoft». Google kann aber viel mehr als suchen. Zwar entwickelt die Firma so auf verschiedenen Gebieten eine unerwünschte Monopolstellung – aber etliche der vielen kostenlosen Angebote sind hervorragend. Darunter:

[725] Landkarten und Fahrtrouten: http://maps.google.de – Bonustipps: Wenn Sie einen anderen Weg fahren wollen (z.B., weil Sie die aktuellen Baustellen kennen), ziehen Sie die Route einfach an der entsprechenden Stelle mit der Maus auf den neuen Weg, der Rest wird automatisch neu berechnet. Und mit Hilfe der Funktion «Streetview» können Sie sich Aufnahmen der gewünschten Gegend aus dem fahrenden Auto ansehen und so z.B. Hotels oder Stadtviertel vorab überprüfen (aktiv z.B. in den USA; für Deutschland umstritten, aber geplant)

[726] Volltextsuche in zahllosen Büchern: http://books.google.de

[727] Suchprogramm für den eigenen PC: http://desktop.google.com

[728] Globus und Sternenhimmel: http://earth.google.de – Bonustipp: Ebenso wie in Google Maps können Sie z.B. Ihren Urlaubsort oder Ihr Tagungshotel nachschlagen und sich

dann Restaurants, Läden, Parks usw. in der Umgebung anzeigen lassen

[729] Produktsuche und Preisvergleich: www.froogle.de – Bonustipp: Hier ist Google nicht der beste Anbieter, Sie sollten daher immer noch bei weiteren Preissuchmaschinen nachsehen, z. B. www.guenstiger.de oder www.preissuchmaschine.de

[730] Diskussionsgruppen zu unterschiedlichsten Themen: http://groups.google.de

[731] Bildbearbeitungsprogramm: http://picasa.google.de

[732] Telefonprogramm (Sprache und Video): http://talk.google.com

[733] Text, Internetseite oder Dokument übersetzen: http://translate.google.de – klingt meist wie ein überlanger Glückskeks, aber den Inhalt kann man begreifen.

Vollständige Liste der Google-Dienste: www.google.de/intl/de/options

Finden statt suchen

[734] Google (www.google.de) und auch alle anderen Internetsuchmaschinen führen viel schneller zum Ziel, wenn man die Suchanfrage mit folgenden Zusätzen präzisiert:

+ Sorgt dafür, dass ein Wort unbedingt im Ergebnis vorkommen muss, auch wenn die Suchmaschine es normalerweise ignoriert, wie «der» oder «und».

– Mit dem Minuszeichen kann man Wörter oder Ausdrücke ausschließen (z. B. findet *Paris –Hilton* Seiten über Frankreichs Hauptstadt, nicht über die Hotelerbin).

«» Anführungszeichen sagen: Dieser Text «soll in dieser Reihenfolge» komplett vorkommen.

. Der Punkt steht für ein beliebiges einzelnes Zeichen, hilfreich bei unterschiedlichen möglichen Schreibweisen. *T.Mobile* findet *T Mobile* und *T-Mobile*.

- ***** Der Stern steht für eine beliebige Zeichenfolge. *DIES * DAS* findet *dies und das* ebenso wie *dies oder das*.
- **OR** Mit dem Oder-Befehl kann man z. B. nach Konzerten einer Band in Stuttgart OR München suchen oder mehrere mögliche (Falsch-)Schreibweisen in die Suche einschließen.
- **()** Wie früher in Mathe kann man auch bei Suchmaschinen innerhalb der Klammern Kombinationen zusammenstellen, die man dann mit Elementen außerhalb der Klammer kombiniert: *(Bio OR Öko) Banane* findet Bio- oder Ökobananen, aber keine Bioorangen und keine Ökobauern.

Es gibt noch etliche weitere Verfeinerungsmöglichkeiten, aufgelistet z. B. auf www.uni-koeln.de/suche/google/user_help.html

Alternativen zu großen Namen

[735] Die Website www.alternativeto.net listet Alternativen zu kostenpflichtigen Programmen wie Office, Photoshop, Sharepod, Nero usw. auf. Die sind meist in Englisch, oft gibt es aber eine Zusatzdatei mit einer deutschen Benutzeroberfläche.

Geld sparen bei der Büroarbeit

[736] Das Softwarepaket «Microsoft Office» enthält meist Word, Excel, Powerpoint, Outlook und je nach Version noch alle möglichen anderen Programme. Sie sind heutzutage der Standard in den meisten Büros. Es gibt aber eine ausgezeichnete kostenlose Alternative: «Open Office» (de.openoffice.org) ist kompatibel mit den Microsoft-Programmen (d. h., Sie können Dateien so abspeichern, dass sie sich in Word, Excel etc. öffnen lassen). Nur ein Mail- und Terminverwaltungspro-

gramm wie Outlook fehlt. Wenn Sie eins brauchen, nehmen Sie Windows Live Mail (mit Kalender; http://download.live.com/wlmail) oder Thunderbird (kein Kalender; www.mozilla-europe.org/de/products/thunderbird).

Wer eine schnelle und stabile Internetverbindung hat, kann sich die Office-Programme auch ganz sparen. Denn für die meisten gibt es online Ersatz. Vorteil: kostenlos und von überall aus verfügbar. Die wichtigsten drei:

[737] Textverarbeitung: http://buzzword.acrobat.com

[738] Präsentationen: www.280slides.com

[739] Tabellenverarbeitung (kann auch Textverarbeitung und Präsentationen): http://docs.google.com

[740] «Sumo Paint» (www.sumopaint.com) ersetzt fast schon das teure Graphikprogramm Photoshop.

(Web-)Seiten zu PDFs

[741] Der «Acrobat Reader» – das Programm, mit dem man PDF-Dateien ansehen und ausdrucken kann – ist auf den meisten Rechnern bereits vorinstalliert. Aber wenn Sie selbst PDFs erzeugen wollen, benötigen Sie die kostenpflichtige «große Schwester» Adobe Acrobat. Allerdings gibt es dazu Freeware-Alternativen wie «FreePDF» (www.freepdfxp.de) oder PDFCreator (http://en.pdfforge.org/pdfcreator).

[742] Speziell zum Abspeichern mehrerer Webseiten in einem PDF eignet sich das kostenlose Miniprogramm der Firma Drawloop (addons.mozilla.org/en-US/firefox/addon/4738) für den Internetbrowser Firefox – einmalig registrieren, beliebige Webseite aufrufen, hinzufügen, am Ende das PDF mit allen gesammelten Seiten herunterladen. Leider können dynamisch erzeugte Seiten (also z. B. das Ergebnis einer Suchabfrage) und passwortgeschützte Seiten nicht immer korrekt eingefügt werden.

Googles dunkle Seiten

[743] Auf dem Computerbildschirm die Farbe «Weiß» darzustellen kostet mehr Strom als «Schwarz» (oder überhaupt dunkle Töne). Google ist mittlerweile häufig als Startseite voreingestellt – und knalleweiß. «Blackle» (www.blackle.com) hingegen lässt Schwarz bei Google suchen. Die Seite als Homepage einzustellen spart also Strom, sie ist aber verdammt schwer zu bedienen. Mittelweg: «The Greenspider» (www.thegreenspider.com) kommt nicht ganz so düster daher und ist konfigurierbar. Bis Herbst 2009 wurden durch dieses Angebot so circa 1,3 Millionen Kilowattstunden gespart – genug, um eine 60-Watt-Lampe 261 Tage nonstop brennen zu lassen. (Kein Wahnsinnserfolg, aber ohne weiteren Stress kann man's ja einfach mitnehmen: Webseite aufrufen und das kleine Symbol auf das «Häuschen»-Bild direkt daneben ziehen.)

[Beide Sites werden nicht von Google selbst betrieben.]

[744] Die Suchmaschine Ecocho (www.ecocho.com) will ebenfalls ein grünes Internet: 70 % des Gewinns wird in Baumpflanzungen investiert, sodass pro 1000 Suchanfragen eine Tonne Kohlendioxidausstoß neutralisiert wird. Die Suchergebnisse stammen von Yahoo.

Mehr Suchmaschinen im Schnellzugriff

[745] Die meisten aktuellen Internetzugriffsprogramme (wie «Firefox», «Internet Explorer» oder «Safari») haben rechts oben ein Suchfeld. Sie können den Standardanbieter (meist «Google» oder Microsofts «Bing») ändern und vor allem auch weitere Suchmöglichkeiten hinzufügen, von Wörterbüchern über Amazon bis zu Blogs und Infosites.

Einfach Feld ausklappen und die Möglichkeit zum Hinzufügen anwählen.

Größer ist wichtiger

[746] Dauernd passiert irgendwas. Schwer, den Überblick zu behalten (oder zu erlangen). Die «Google News» aus aller Welt (oder wählbaren Teilen und Themenbereichen, z.B. Europa oder Deutschland bzw. Sport, Politik usw.) werden auf Newsmap (www.newsmap.jp) nach gewohnter Print-Logik graphisch aufbereitet: je größer die Überschrift, desto «wichtiger» die Nachricht. (Genau genommen reflektiert die Größe nur die Zahl der Medien, die eine bestimmte Information veröffentlichen.)

Besser wissen erwünscht

[747] Wikipedia (www.wikipedia.de) ist die größte kostenlose Enzyklopädie der Welt. Sie wird von Freiwilligen erstellt und gepflegt – 7000 Personen arbeiten regelmäßig unentgeltlich

allein an der deutschen Version. Viele Wikipedia-Beiträge sind vorbildlich. Andere aber weisen gravierende Lücken oder sprachliche Mängel auf. Wenn Sie sich also über etwas ärgern, was Sie lesen: Klicken Sie auf die Zeile «Seite bearbeiten» ganz oben, oder auf den Link «Bearbeiten» neben einer Abschnittsüberschrift, und machen Sie es besser. Sie müssen sich dazu noch nicht mal anmelden oder registrieren, sondern können einfach loslegen. (Nicht wundern: Manche Artikel sind gesperrt, um Missbrauch vorzubeugen, dann werden keine Bearbeitungsmöglichkeiten angezeigt.)

[748] Das «Open Directory Project» (www.dmoz.de) strebt an, das größte von Menschen erstellte Webseitenverzeichnis der Welt zu werden. Auch hier können Sie mithelfen: «Werde Editor» unten auf der Homepage anklicken, Anleitung lesen, Fachgebiet auswählen und Infos eintragen.

Dem Radiofrust entgehen

[749] Tollen Song im Autoradio gehört – aber von wem? Titel und Interpreten werden meist nicht mehr angesagt. Merken Sie sich eine Zeile – notfalls ein paar (möglichst ungewöhnliche) Schlüsselworte – und suchen Sie im Internet nach «lyrics» plus den Worten (z.B. «lyrics Sonderzug Pankow»). Und keine Sorge: Wenn's bereits im Radio läuft, hat mit Sicherheit schon jemand den Text online gestellt.

Neutral bloggen

[750] Computer verbrauchen Strom. Auch die, auf denen Webseiten gespeichert werden. Je mehr Webseiten es gibt, desto mehr Strom wird verbraucht. Das erhöht den Kohlendioxidausstoß und trägt zur Erderwärmung bei.

Wer bloggt, kann diesen Umweltschaden jetzt begrenzen

– kostenlos. Die Website «kaufDA» (eine Übersicht von Sonderangeboten in der Nähe) führt die Aktion «Mein Blog ist CO_2-neutral!» durch. In Kooperation mit «I Plant a Tree» wird pro Blog ein Baum gepflanzt. Der neutralisiert die CO_2-Emissionen eines Blogs angeblich bis zu 50 Jahre lang. Voraussetzung: Man schreibt einen kurzen Blogpost über die Aktion und bindet einen Button ein, den man auf www.kaufda.de/umwelt/co2-neutral/ findet. Anschließend schickt man den Link zum Blog an CO2-neutral@kaufda.de.

Und wenn Sie noch gar kein eigenes Blog (eine Art Internet-Tagebuch) haben, um es CO_2-neutral zu betreiben, erfahren Sie alles, was Sie zum Start wissen müssen (logisch), im Internet: www.blogpiloten.de/2007/03/01/die-besten-blog-tipps/.

TV für einen guten Zweck

[751] Holen Sie sich eine Internetadresse mit der Endung «.tv» (wie z.B. www.viva.tv), und Sie unterstützen die Wirtschaft einer winzigen, von Überflutung bedrohten Inselgruppe im Südpazifik (etwas oberhalb von Australien).

«.tv» ist nämlich eigentlich die Abkürzung für «Tuvalu», so wie die Endung «.de» für Deutschland steht, «.ch» für die Schweiz und «.at» für Österreich. Wenn Sie eine TV-Internetdomain beantragen, geht ein Teil des Gewinns an die Tuvalunesen. Und die können das Geld brauchen: Der höchste Punkt der Inseln liegt nur fünf Meter über dem Meeresspiegel – die friedliche Nation Tuvalu (hat kein eigenes Militär) wird wahrscheinlich eines der ersten Opfer der Erderwärmung.

Lochschrift

[752] Die kostenlose Schriftart «Ecofont» hat kleine runde Löcher – so klein, dass man sie in Schriftgrößen bis 10 Punkt nicht sieht. Spart aber bis zu 20 Prozent Tinte oder Toner und funktioniert auf Mac und PC. Runterladen, installieren (Anleitung auf der Webseite) und statt z.B. «Arial» oder «Verdana» benutzen.

ecofont®

www.ecofont.eu

Ausreichend Rufzeichen

[753] Ein Ausrufezeichen reicht!!!!!!! (Auch in E-Mails und auf Postern!!!!!!!)

Text erkannt, Dateienfrust gebannt

[754] Manchmal hat man eine Graphik- oder PDF-Datei, braucht aber nur den Text. So was kommt aber viel zu selten vor, um dafür Texterkennungssoftware zu kaufen (international «OCR» genannt, «optical character recognition»). Dennoch müssen Sie den Text nicht abtippen: Bei «OCR Terminal» (www.ocrterminal.com) können Sie bis zu 20 Seiten pro Monat kostenlos «lesen» lassen. Die Website ist auf Englisch und deshalb nicht ganz firm in deutscher Rechtschreibung.

Konversation à la Kafka

[755] Dateien haben immer das falsche Format. Entweder bekommen Sie den E-Mail-Anhang nicht auf, oder der Geschäftspartner hätte es gern für seine Software mundgerecht serviert. Ach ja, und besonders beliebt: Das Handy spielt nur Musikdateien in einem anderen Format. Zamzar (www.zamzar.com) wandelt alle bekannten Formate in alle möglichen anderen Formate um. Kostenlos. (Der Name des Konvertierungsprogramms basiert übrigens auf der Hauptfigur von Franz Kafkas «Die Verwandlung». Gregor Samsa.)

Zwei Menschen, zwei Adressen

[756] E-Mail-Adressen gibt's umsonst wie Sand am Meer. Lebenspartner müssen also keine gemeinsame Familienadresse haben, bei der man nie weiß, wem man nun schreibt und ob der lässige Ton angemessen ist (denn meist ist man ja nur mit einem der Partner wirklich befreundet).

Machen Sie keine Schlagzeilen

[757] Schreiben Sie nur das in eine E-Mail, was auch auf einer Postkarte oder der Titelseite der Bildzeitung stehen dürfte – E-Mails sind nicht «abhörsicher».

Text automatisch im richtigen Format in Word einfügen

[758] Haben Sie auch schon mal Stunden damit verbracht, einkopierte Textbröckchen umzuformatieren, statt kreativ zu sein und die Welt zu retten? Word behält stolz auch die komplexesten Originalformatierungen bei, wir wollen aber meist, dass alle Textteile gleich aussehen. Das geht mühsam

einzeln über «Einfügen» / «Inhalte einfügen» / «Unformatierten Text».

Oder Sie speichern ein «Makro» ab, mit dessen Hilfe Sie den oft benötigten Befehl auf eine beliebige Tastenkombination legen. In Word 2007 geht das so (Sie müssen weder wissen noch verstehen, was das ist, einfach machen):

Rufen Sie mit Alt+F11 den «VBA-Editor» auf. Im Editor-Fenster sehen Sie links oben den «Projekt-Explorer», sonst aktivieren Sie ihn über Strg+R. Wählen Sie den Eintrag «Normal». Wählen Sie dann im Menü den Eintrag «Einfügen/Modul». Es öffnet sich ein leeres Eingabefenster, in das Sie folgenden Text eingeben:

Sub TextUnformatiertEinfügen()

Drücken Sie auf die Eingabetaste. Nun wird die Schreibmarke in die nächste Zeile gesetzt und darunter automatisch die Zeile *End Sub* eingefügt. In die leere Zeile zwischen diesen beiden Markierungen tippen Sie:

Selection.PasteSpecial DataType:=wdPasteText

Speichern Sie das Makro mit einem Klick auf das Disketten-Symbol, schließen Sie das Editor-Fenster.

Klicken Sie auf das bunte Microsoft-Office-Bällchen links oben, wählen Sie dann rechts unten «Word-Optionen», anschließend in der Spalte links «Anpassen». Wählen Sie dann – unten in der Mitte – «Tastenkombinationen: Anpassen». Wählen Sie im linken Fenster Eintrag «Makros».

Wählen Sie im rechten Fenster Makro «TextUnformatiert-Einfügen». Klicken Sie jetzt in das leere Feld «Neue Tastenkombination» und drücken Sie die Tasten, mit denen Sie das Makro in Zukunft aufrufen möchten, zum Beispiel Strg+Alt+V. Jetzt noch ein Klick auf die Schaltfläche «Zuordnen», dann schließen Sie alle Dialogfenster und können zu Word zurückkehren.

Ab sofort können Sie Text in Ihre Dokumente mit Formatierung (Strg+V) oder ohne Formatierung (Strg+Alt+V) einfügen.

Bäume retten ohne neuen Drucker

[759] Man kann auch ohne «Duplexeinheit» doppelseitig drucken – das spart Papier und oft auch Porto. In Word geht das, indem Sie zunächst alle Vorderseiten und anschließend alle Rückseiten drucken. Wählen Sie dazu im Menü Datei den Befehl Drucken. Klicken Sie in dem folgenden Dialog unter Druckauswahl die Einstellung Ungerade Seiten an und bestätigen Sie mit OK, um zunächst diese Seiten zu drucken. Legen Sie dann die soeben gedruckten Seiten erneut in Ihren Drucker ein und wiederholen Sie die Druckausgabe mit der Einstellung Gerade Seiten. Testen Sie diese Druckmethode mit zwei oder drei Blatt Papier, damit Sie wissen, in welcher Richtung und mit welcher Seite nach oben Sie die Bögen einlegen müssen. Generell sollte man nicht mehr als 50 Seiten (25 Blatt) auf einmal drucken. Denn wenn der Drucker versehentlich zwei Blätter einzieht, sind alle folgenden Seiten mit der falschen Rückseite bedruckt.

Wer so auch nur ein Paket Papier weniger benötigt (500 Blatt), spart 7,5 Kilo Holz, 130 Liter Frischwasser, 26,8 Kilowattstunden und 2,6 Kilogramm Kohlendioxid (Treibhausgas). Wenn Sie als Standard Recyclingpapier verwenden, stehen Sie etwas besser da, retten aber immer noch 2,8 Kilo Altpapier, 51 Liter Frischwasser, 10,5 Kilowattstunden und vermeiden den Ausstoß von 2,2 Kilogramm Kohlendioxid. Plus: Sind die Umschläge dünner, passen mehr davon in den Post-Laster, dann müssen weniger Laster fahren, das senkt den Feinstaub- und CO_2-Ausstoß.

Automatisch doppelseitig

[760] Wenn Sie einen Duplex-Drucker haben, stellen Sie Ihre Programme so ein, dass als Standard doppelseitig gedruckt wird. Dann sparen Sie ab sofort automatisch. Haben Sie einen Duplex-Drucker in der Firma, bitten Sie die EDV-Cracks, diesen Standard auf allen Rechnern einzustellen oder mit dem nächsten Update einzuspielen. (Immerhin verbraucht ein durchschnittlicher Arbeitnehmer fast 10 000 Blatt Papier pro Jahr.) Wer einseitig drucken muss, kann das immer noch anwählen.

Marginaler Trick

[761] Je mehr Sie drucken, desto mehr Papier können Sie sparen, indem Sie den Seitenrand schmaler einstellen. Bis zu fünf Prozent Ersparnis sind durch diese Änderung möglich – das sind 1,14 Bäume pro Tonne Papier. In Word 2007 geht das so: Reiter «Seitenlayout» wählen, Symbol «Seitenränder» anklicken (auch «Marginalien» genannt). Dann entweder «schmal» wählen oder «benutzerdefinierte Seitenränder».

Wollen Sie die Änderung für alle zukünftigen Dokumente festlegen, müssen Sie die «Dokumentvorlage» verändern. Für leere Seiten ist das «normal.dotm». Klicken Sie auf die Schaltfläche «Microsoft Office» (den «Ball» oben links), dann auf «Öffnen», «Vorlagen», «Normal.dotm». (Wenn das nicht klappt, nutzen Sie das Suchfeld von Windows, um «Normal.dotm» zu finden, und öffnen Sie die Datei mit einem Doppelklick.) Um sicherzustellen, dass Sie in der Standarddokumentvorlage arbeiten, prüfen Sie, ob in der Titelleiste von Word «Normal.dotm» angezeigt wird. Ändern Sie nun die Seitenränder und speichern Sie die Dokumentvorlage.

[762] Schlagen Sie auch Ihren Kollegen vor, dies zu tun. Noch

besser: Bieten Sie an, es schnell für sie zu erledigen, das ist nett und erfolgversprechender.
[763] Auf der Website www.changethemargins.org können Sie zudem eine Petition unterzeichnen, die Microsoft auffordert, die Seitenränder automatisch schmaler einzustellen. Die Seite ist auf Englisch, wählen Sie den Menüpunkt «Sign the Microsoft Petition» rechts oben und tragen Sie in der Mitte der Seite Ihren Namen in das freie Feld ein.

Tintenstandsmeldungen ignorieren

[764] Wenn Druckerdisplay oder Druckertreiber melden, dass die Tinte oder der Toner «alle» sind – nehmen Sie die Kartusche heraus und schütteln Sie sie kräftig. Dann drucken Sie einfach weiter, bis das Ergebnis nicht mehr zufriedenstellend ist. Meist sind noch zehn bis 100 Seiten drin, bevor die Kartusche tatsächlich ausgewechselt werden muss. Das Nochmaldrucken der fehlerhaften Seite kostet 2 bis 20 Cent – das haben Sie durch die längere Druckzeit locker eingespart. Auf die Lebenszeit des Gerätes gerechnet, entsteht so auch weniger Plastikmüll.

Vergessen Sie Bluetooth

[765] Bluetooth – eine Funktechnik zur Verbindung technischer Geräte, z.B. Computer mit Drucker oder Handy – ist Schrott. Vergessen Sie's einfach. Macht viel Arbeit und funktioniert nur selten. Einzig sinnvoller Einsatz (der meist auch klappt): Handy-Headsets. Darüber hinaus wird Bluetooth Sie aus Frust mehr weinen lassen als das Ausscheiden Ihres Vereins aus der Bundesliga.

Mini-Steuer auf E-Mails

[766] «Alle verschickten E-Mails sollten mit 0,001 Euro pro Empfänger besteuert werden. Die Steuer wird vom E-Mail-Anbieter beim Absender eingezogen. Das beendet Spam und vermindert unnötige Kommunikation. Das Geld kann man für Entwicklungshilfe verwenden; das ist viel besser als die Tobin-Steuer.»

PROF. CHARLES GOODHART zählt zu den wichtigsten Wirtschaftsfachleuten der Welt

Die Tobin-Steuer wurde 1972 vom US-Wirtschaftswissenschaftler James Tobin vorgeschlagen. Sie sollte auf internationale Devisengeschäfte erhoben werden, um Spekulationen auf Währungsschwankungen einzudämmen.

Weltweit werden täglich (!) rund 183 Milliarden Mails verschickt, davon rund 70 Prozent Spam (illegale Werbemails). Für die regulären Mails (ca. 53 Milliarden) betrüge die Steuereinnahme 53 Millionen Euro täglich.

Lebenslange E-Mail-Adresse einrichten

[767] Mit jedem Internet-Anschluss bekommen Sie eine neue E-Mail-Adresse. Die sollten Sie aber nicht benutzen, denn wenn Sie irgendwann mal den Internetanbieter wechseln, müssen Sie allen Ihre neue Mail-Adresse mailen, die Hälfte der Leute vergisst, die Änderung im Adressbuch abzuspeichern, Mails an Sie kommen als unzustellbar zurück ... Legen Sie sich eine kostenlose Mail-Adresse bei einem unabhängigen Anbieter zu (z.B. www.gmx.de, www.web.de, www.aol.de, http://mail.google.de). Oder, wenn Sie eine eigene Website betreiben, verwenden Sie die zugehörigen Mail-Adressen. So oder so müssen Sie im Idealfall nie wieder Ihr elektronisches Postfach ändern. Spart Ihnen und allen Ihren Brieffreunden Zeit, Nerven, Arbeit.

Keine Angst vor Mailverlust

[768] Wer einen Webmailer wie web.de oder GMX nutzt, kann von jedem Internetterminal aus auf die elektronische Post zugreifen. Das ist praktisch. Aber vollwertige Mailprogramme bieten noch mehr Komfort. Blöd nur, wenn man z. B. zwei Rechner hat und immer überlegen muss, was nun wo ist oder ob man eine Mail löschen kann oder nicht. Abhilfe schaffen «Imap-Konten». Die meisten Mailanbieter erlauben den Zugriff per «POP-Protokoll», aber auch über «Imap». Bei Imap bleiben die Mails auf dem Server des Anbieters liegen. Man lädt sich selbst nur eine Kopie herunter. Wenn einem dann der Laptop runterfällt, ist er zwar kaputt, die Mails sind aber noch verfügbar, weil sie ja anderswo gespeichert sind. Und man kann von jedem Rechner aus an sie ran. Wer ein normales Mailkonto einrichten kann, kommt auch mit Imap klar. Wird inzwischen sogar von vielen Webmailanbietern (z. B. Gmail) unterstützt.

E-Werbemüll reduzieren

Neunzig Prozent aller E-Mails weltweit sind sogenanntes «Spam» – also unerwünschter Werbemüll für Potenzmittel, Penisverlängerungen und angeblich sichere Geldanlagen.

Auch Sie hatten sicher schon solche Mails in Ihrem elektronischen Postkorb. Experten befürchten mittlerweile, dass das Internet irgendwann praktisch zum Stillstand kommen wird, weil die Spamlawine wie klebriger Schlamm die Datenleitungen verstopft. Außerdem müssen immer mehr Netzwerkknotenpunkte eingerichtet und Leitungen verlegt werden, nur damit Betrüger diese Mails verschicken können. Dadurch werden Internetzugänge teurer werden. Was also kann jeder tun, um nicht noch mehr Spam zu erhalten?

[769] Nicht antworten! Wenn Sie zurückschreiben «Ich will keine Werbung mehr», dann wissen die Absender, dass die Mails gelesen werden. Dadurch wird Ihre Mail-Adresse sofort wertvoller, und Sie bekommen noch mehr Spam.
[770] In Chaträumen und anderswo die eigene Mailadresse absichtlich falsch schreiben, zum Beispiel: h@ans.muster mann@web.de oder hans.mustermann[ät]web.de. Menschen begreifen das sofort und korrigieren den Fehler mühelos, aber für Datensuchroboter ist die Adresse wertlos.
[771] Falls es sich um einen inländischen Versender handelt, beschweren Sie sich beim Verband der deutschen Internetwirtschaft (www.eco.de, info@eco.de), der dann eine Sperrung der entsprechenden Absender bei deutschen Internetprovidern beantragen kann.

Kettenbriefe stoppen

[772] Wenn die nächste Panik-Rundmail kommt, bitte nicht sofort «an alle» weiterschicken. Sondern beim «Hoax-Info-Service» der TU Berlin den Wahrheitsgehalt prüfen (www.hoax-info.de). Die meisten Mails, mit denen angeblich schnelles Geld zu machen ist oder in denen um Spenden für todkranke Meerschweinchen gebettelt wird, aber gerade auch viele besonders dramatische Warnungen vor Computerviren, sind erstunken und erlogen. Und man muss sich ja nicht damit blamieren (und den Empfängern die Mailbox zumüllen), dass man auch den letzten Mist noch glaubt. Selbst lustige Fotos, rührende Gedichte und die besten Blondinenwitze will nicht jeder ungefragt bekommen. (Wenn Sie dazu gehören, ist es auch okay, das dem Absender freundlich mitzuteilen.)

Erst mailen, dann lesen

[773] *Schreiben* Sie die E-Mails, deretwegen Sie den Rechner überhaupt hochgefahren haben, bevor Sie anfangen, andere Mails zu lesen. Sonst beantworten Sie alles, klicken auf ein paar Links, schauen nochmal nach dem Wetter und fahren das Gerät zwei Stunden später wieder herunter – nur damit Ihnen kurz vor dem Einschlafen plötzlich siedend heiß einfällt, dass Sie ja noch diese E-Mail schreiben wollten …

Engagieren Sie sich automatisch

[774] Wenn Sie sich für (oder gegen) etwas engagieren wollen, nutzen Sie die neuen Medien. Fügen Sie einen Hinweis auf eine Info-Website in Ihre Signatur ein, die automatisch am Ende jeder E-Mail erscheint.

E-Mail an alle – und die Antwort darauf

[775] Sie wollen Ihr Fahrrad verkaufen oder haben ein Baby bekommen? Grund genug für eine Rundmail an alle Freunde, Verwandten, Bekannten und Kollegen. Schnell ist das halbe Adressbuch in die «An:»-Zeile kopiert. Doch das ist unschön, denn so können alle Empfänger die Mail-Adressen aller anderen sehen. Und das will vielleicht gar nicht jeder. Daher: Mail-Adressen für Rundmails immer ins Feld «Bcc:» eintragen (steht für «blind carbon copy», also Blindkopie) und die Mail an sich selbst adressieren. Nicht alle Mailprogramme zeigen das Feld standardmäßig an, es lässt sich dann aber über die «Optionen» einblenden.

Das Versenden an «Bcc»-Listen hat noch einen weiteren Vorteil: Will Ihnen einer zum Baby gratulieren oder noch mehr Infos zum Fahrrad anfordern, kann er oder sie nicht versehentlich wieder an alle mailen.

[776] Umgekehrt: Wenn Sie auf eine Mail antworten, die auch noch an alle möglichen anderen Empfänger ging, drücken Sie «Antworten», nicht «Allen antworten» – sonst schreiben Sie ihrerseits auch wieder an alle, und die interessiert das höchstwahrscheinlich gar nicht. (Obwohl derartige Mailwechsel ja oft von unfreiwilliger Komik sein können, siehe Matt Beaumonts superlustiges Buch «E-Mail an alle».)

Bilder bewegen, ohne (zu viel) Speicherplatz zu belegen

[777] Lustige Videos nicht per Mail verschicken (verstopft das Postfach und zeigt, dass Sie E-Mail-Anfänger sind), sondern hochladen und Link verschicken (z.B. auf video.gmx.net). Bei selbstgedrehten Filmclips gilt außerdem: Status des Videos unbedingt auf «privat» setzen und Zugangsbeschränkungen vergeben, damit nicht die ganze Welt über Ihr Urlaubsvideo lacht oder Freunde fürchten, dass nun ihre Kinder entführt

werden! Nach einer Woche Video löschen und den Adressaten mitteilen.

E-Grußkarten zu Festtagen

[778] Ja, ja, ein handgeschriebener Brief ist natürlich eine schöne Sache. Aber Weihnachten oder Ostern (oder zum Geburtstag) versenden Sie ruhig E-Grußkarten. Die können genauso von Herzen kommen und schön aussehen (wenn Sie sich ein wenig Mühe geben oder sich von einem talentierten Teenager helfen lassen) – sparen aber Papier, Farbe, Porto, Benzin für die Zustellung.

Immer antworten

[779] «Beantworte immer höflich E-Mails, die an dich persönlich gerichtet sind, auch wenn du in der Antwort die an dich gestellte Bitte abschlägig bescheiden musst.»

JAMIRI alias Jan-Michael Richter ist Zeichner und Cartoonist (www.jamiri.com)

Festplatten als Kassettenersatz

[780] Musikkassetten hatten einen großen Vorteil: Kinder kriegten sie nicht so schnell kaputt wie CDs. Die haben nach ein paar Tagen bereits metertiefe Kratzer und sind unspielbar. Deshalb: Kinder-CDs vor dem ersten Abspielen auf den PC kopieren. Wer genug Festplattenplatz hat, speichert verlustfreie Flac-Dateien (aus denen sich eine CD in Originalqualität brennen lässt), sonst wählen Sie die bekannten MP3s. Beides kann der CD-Ripper aus dem kostenfreien Softwarepaket dbPoweramp (www.dbpoweramp.com).

Stimmungsmusik

[781] Den Tag mit einem Streit begonnen, aber trotzdem Lust auf neue Musik? www.musicovery.com spielt Songs, die zur gewählten Laune passen, von «Dance» bis «Dark».

Videoprobleme auf dem PC lösen

[782] Videodateien – von Filmschnipseln im Internet bis zu Spielfilmen und DVDs – sind technisch sehr komplex. Zum Abspielen sind drei Schritte nötig: Das Bild muss ausgelesen und angezeigt werden, der Ton muss ausgelesen und abgespielt werden – und zudem müssen Ton und Bild synchronisiert werden, also zur gleichen Zeit starten und im gleichen Tempo laufen.

Das Problem: Es gibt zahllose «Codecs», mit denen die Dateien komprimiert werden. Es ist wie mit Schlüssel und Schloss: Man benötigt den richtigen «De-Coder», um die Datei zu entschlüsseln. Theoretisch kann man jeden benötigten Decoder einzeln herunterladen. Doch dazu muss man erst mal herausfinden, welchen man braucht und wo man ihn kriegt.

Einfacher geht's mit einem sogenannten «Codec-Pack». Darin haben Profis die wichtigsten Dateien zusammengestellt. Es gibt viele, aber zu den besten zählt die mit 8 MB recht schlanke Sammlung (in der trotzdem alles Wichtige drin ist) auf www.xpcodecpack.com. Kostenlos und inklusive Abspielprogramm.

CDs und DVDs recyceln

[783] CDs und DVDs sind keine Verpackungen (sondern Verpackungsinhalt) und bestehen auch aus anderen Kunststoffen als die meisten Verpackungen. Daher dürfen sie nicht in den

«gelben Sack» bzw. die «gelbe Tonne» geworfen werden. Dennoch sind sie im Recycling besser aufgehoben als im Restmüll, da sie aus wertvollem Kunststoff bestehen. Sammelbehälter für CDs und DVDs stehen in vielen Computerfachgeschäften. Auch die meisten Recycling- und Wertstoffhöfe nehmen CDs und DVDs an. Noch besser: Wenn Musik, ein Film oder Programme drauf sind, schenken Sie die Datenträger interessierten Freunden oder Bekannten zu Weihnachten.

Alles auf Handy

[784] «Ich wünsche mir eine Technologie, die alle Geldströme auf dem Mobiltelefon bündelt. Bevor man einen Zahlungsvorgang einleitet, kann man nach ‹privat› oder ‹geschäftlich› sortieren. Die Daten werden aggregiert und als Protokolle unmittelbar an das Finanzamt durchgefunkt. Die monatliche Umsatzsteuererklärung entfällt, ebenso wie die Einkommensteu-

HOLM FRIEBE ist Geschäftsführer der «ZIA» (Zentrale Intelligenz Agentur; www.zentrale-intelligenz-agentur.de)

ererklärung am Jahresende. Das Freiberuflerleben wäre ein glücklicheres.»

Online-Back-up: billiger und sicherer

[785] Sicherungskopien müssen sein. Das lernt man spätestens, wenn die eigene Festplatte zum ersten Mal unvermittelt ihren Geist aufgibt und alle Daten weg sind. Aber: Wenn Sie nicht gerade Spielfilme schneiden, sondern nur ein paar Briefe, Fotos und Musikstücke auf der Platte haben, sind die Datenmengen gar nicht so groß, wie man denkt. Deshalb lohnt sich die passwortgeschützte Sicherung im Internet. Es gibt zahlreiche Anbieter für kostenlosen (aber begrenzten) Webspace. Komfortabler geht es auf dem S3-Speicherplatz von Amazon (http://aws.amazon.com/s3/); Sie können dafür Ihre vielleicht schon vorhandene Amazon-Kundenkennung nutzen und mit Kreditkarte zahlen. Die ersten 50 GB kosten 18 US-Cent pro GB und Monat, wenn Sie also z.B. 10 GB sichern (und das ist schon ganz schön viel), liegen Sie bei knapp 2 Dollar pro Monat für Amazon (aktuell umgerechnet etwa 1,50 Euro). Der Dienstleister Jungledisk (www.jungledisk.com) bietet zusätzlich für 2 Dollar pro Monat eine Software an, mit der Sie von beliebig vielen Rechnern und unter verschiedenen Betriebssystemen (PC, Mac, Linux) sichern können, was Ihnen wichtig ist. Wählen Sie dafür nur die Daten-Dateien (Texte, Bilder, Musik etc.) – Programme lassen sich aus einem Backup heraus ohnehin nicht wieder installieren.

Funktioniert allerdings (sinnvoll) nur mit einer DSL-Flatrate, sonst dauert das Hochladen zu lange, und/oder die Kosten für den Datentransfer sind zu hoch.

Virtuelle Faxgeräte

[786] Faxgeräte müssen immer an sein, sonst können sie ja keine Faxe empfangen. Sie befinden sich somit die meiste Zeit automatisch in einer Art Stand-by-Betrieb und verbrauchen Strom. Außerdem nehmen sie Platz weg. Die Lösung ist ein Online-Fax-Konto. Damit kann man Faxe per Computer verschicken und empfangen. www.fax.de beispielsweise bietet verschiedene Lösungen für Firmen und Privatanwender an, auch der Freemail-Service von www.web.de lässt das Verschicken und Empfangen zu. Sie können die Faxe zudem weltweit per E-Mail abrufen und bei Bedarf gleich papierlos und platzsparend abspeichern.

Die Gebühren sind allerdings höher, als wenn man ein Fax selbst durch die Telefonleitung jagt – finanziell lohnen sich solche Dienste daher nur, wenn man eher selten faxt, was dank E-Mail ja mittlerweile der Fall ist. (Wenn Sie ein Papierdokument faxen wollen, müssen Sie es jedoch zuvor scannen; die oben genannte Lösung spart Ihnen also nur Geld/Strom/Platz, wenn Sie ohnehin schon einen Scanner haben und diesen nicht extra anschaffen müssen.)

Alles auf einmal umrechnen

[787] Rezept aus den USA, Mengenangaben in Unzen (oz.) und Tassen (cups)? Backofentemperatur in Fahrenheit? Wie viel Kilometer sind eine Meile (oder gar eine Seemeile)? Und wie viele Byte hat ein Yotabyte? Kann man problemlos online umrechnen. Und zwar alles auf einer einzigen Site: www.einheiten-umrechnen.de.

Alltags-Abkürzungen entschlüsseln

[788] Das Leben an sich ist schon schwierig genug. Aber warum piepst der Computer, wenn man ihn anschaltet? Welche Bedeutung hat der SAR-Wert Ihres Handys, und was verbirgt sich hinter dem Code auf einem Hühnerei? Jede Menge Ausführungen zu den Abkürzungen des Alltags finden Sie auf www.code-knacker.de.

Lesezeichen online sichern und synchronisieren

[789] Das kostenlose Programm «Xmarks» (www.xmarks.com) sichert Ihre «Lesezeichen» (auch «Bookmarks» genannt) aus Internetzugriffsprogrammen wie Internet Explorer, Firefox oder Safari. Funktioniert auf PC, Mac und Linux – und stellt außerdem die Lesezeichen noch online zur Verfügung (z. B. im Internetcafé im Urlaub), synchronisiert sie über mehrere Computer und zeigt Usermeinungen und Empfehlungen zu den gespeicherten Seiten an.

Adressbuch sichern

[790] Plaxo (www.plaxo.com) betrachtet sich als soziales Netzwerk wie Facebook oder StudiVZ; es ist kompatibel mit Flickr, YouTube, Digg, Picasa usw. In dem ganzen Trubel kommt aber eine der praktischsten Eigenschaften zu kurz: Mit einem kleinen Zusatzprogramm kann man alle Kontakte, Termine, Aufgaben etc. aus Outlook automatisch online bei Plaxo sichern – und zwar kostenlos. Man hat dann von jedem Internetrechner aus Zugriff darauf und kann auch Änderungen vornehmen. Außerdem lassen sich so mehrere Outlooks (auf verschiedenen Rechnern) synchronisieren – und mit den üblichen Webmailkonten funktioniert's natürlich auch (der Sync-Service kostet zwar 42,95 Euro pro Jahr, aber wer je ver-

sucht hat, Kalender und Adressbuch auf mehreren Rechnern einheitlich zu halten, zahlt die nur zu gern).

Große Dateien ohne Risiko per Internet übertragen

[791] Es gibt zahlreiche kostenpflichtige Programme, mit deren Hilfe man z.B. ein Gigabyte «per E-Mail» verschicken kann. In Wahrheit (und dafür muss man dann eben bezahlen) lädt man die Datei auf den Firmenserver hoch, von dem aus der Empfänger sie runterlädt. Eine Alternative sind Dienste, die mit «P2P»-(peer-to-peer-)Netzwerken arbeiten, aber hier kann man nie sicher sein, wer die Datei nebenbei «mitschneidet». Haben Sender und Empfänger stabile und schnelle Internetverbindungen, gibt es jedoch eine sichere Lösung: Jetbytes (www.jetbytes.com) erstellt einen einmaligen «Wegwerflink», den man per Mail oder Messenger an den Empfänger schickt. Per Klick lädt der die Datei dann direkt vom Sender-Computer herunter.

Weniger ist praktischer

[792] Internetadresse zu lang für eine E-Mail oder einen Artikel? TinyURL (www.tinyURL.com) und SnipURL (www.snip URL.com) machen kurzen Prozess damit, sogar mehrere URLs auf einmal lassen sich eindampfen.

PC in den Wolken

[793] Wer öfter an verschiedenen Rechnern arbeitet (im Büro und zu Hause, bei Freunden, im Urlaub, in der Uni usw.), kennt das Problem: Die Datei, die man gerade braucht, ist immer auf einem anderen Rechner. Man schickt sich dauernd selbst Mails mit Dateien, um daran auf anderen Rechnern weiterzuarbei-

ten, und dann sind die Versionen der Anwendungsprogramme natürlich nicht kompatibel. Es gibt eine Reihe Online-Speicherplätze, wo man die Dateien ablegen kann, und zahlreiche Online-Programme, um sie zu bearbeiten, aber man muss sich alles mühsam zusammenstückeln. ICloud (www.icloud.com) will Abhilfe schaffen: Die Firma bietet drei GB Speicherplatz, Programme, Desktop – alles aus einer Hand und kostenlos. Der Umfang der Programme ist begrenzt, aber die meisten Nutzer benötigen ohnehin nur wenige Funktionen.

Ein Passwort, das immer passt

[794] Im Internet verwenden die meisten von uns für alle Seiten das gleiche Passwort. Und meist auch noch ein super unsicheres wie «123456» oder «Passwort».

Abhilfe schafft ein Trick:

- Ein kurzes, aber sicheres Master-Passwort erstellen. Das heißt, es muss Großbuchstaben, Kleinbuchstaben und Zahlen enthalten und mindestens sechs Stellen lang sein. Dazu einen Satz überlegen und zum Passwort verkürzen: *Fischers Fritze liebt 4 frische Fische* wird zu *FFl4fF.*
- Die ersten beiden Buchstaben der jeweiligen Internetadresse davorsetzen, fertig ist das individuelle Passwort. Auf GMX also *GMFFl4fF*, auf Web.de *WeFFl4fF*, auf eBay *eBFFl4fF.* (Sie müssen selbst entscheiden, ob und inwieweit Sie die Groß- und Kleinschreibung der Seite berücksichtigen wollen – «ebay» z.B. wird im Logo klein geschrieben, als Firmenname aber mit großem B.)

Körper & Gesundheit

Ganz entspannt im Hier und Jetzt

[795] «Vor ein oder zwei Jahren litt ich an chronischem Erschöpfungssyndrom (Burn-out). Sechs Monate lang saß ich zu Hause im Rollstuhl und hatte nicht die geringste Ahnung, ob – und wenn ja, wann – ich mich erholen würde. Glücklicherweise bin ich jetzt wieder gesund, aber die Erfahrung hat mich trotzdem etwas erkennen lassen. Die meisten Menschen – mich eingeschlossen – verbringen viel zu viel Zeit damit, über die Vergangenheit zu brüten oder sich Sorgen um die Zukunft zu machen, was meist auf Kosten der Gegenwart geht. Die verliert man leider leicht aus den Augen, und ich will ganz sicher auch nicht dem reinen Hedonismus das Wort reden. Aber ich glaube, es würde den meisten von uns guttun, sich weniger zu sorgen um Dinge, die wir ohnehin nicht ändern können oder die vielleicht nie geschehen werden, und sich stärker darauf zu konzentrieren, zu genießen, wie unser Leben hier und jetzt gerade ist.»

SIMON BECKETT ist ein britischer Krimi-Bestsellerautor (u. a. «Die Chemie des Todes», «Leichenblässe»)

Verhältnis zum Behältnis überdenken

[796] Ihr Körper ist die Garage, in der Sie Ihre Seele parken.

Dem Stress davontoben

[797] «Jeder sollte sich die Zeit nehmen für etwas Bewegung. Das dient nicht nur der körperlichen Fitness, sondern schafft auch Zufriedenheit und Ausgeglichenheit. Und damit lässt sich alltäglicher Stress viel besser meistern!»

LENA SCHÖNEBORN ist Moderne Fünfkämpferin und gewann bei den Olympischen Spielen 2008 in Peking Gold

Fitness ist umsonst

[798] Sparen Sie Geld und Ausreden: Mit Hilfe von Walking oder Jogging sowie Fitnessübungen ohne Geräte erreichen Sie dieselben gesundheitlichen Erfolge wie im Sportstudio. Statt zu hoffen, durch das Zahlen der Mitgliedsbeiträge magisch muskulös zu werden, kündigen Sie besser, verwenden das Geld sinnvoller und ziehen am Wochenende die Laufschuhe an.

Druck rauslassen statt runterschlucken

[799] Lassen Sie Dampf ab, bis Sie nicht mehr können – mit einem Urschrei oder einem Marathon.

Frühaufsteher leben länger

[800] Joggen Sie früh am Morgen, um die Feinstaubbelastung gering zu halten – Lungenkrebsgefahr.

Schmerzfrei meditieren

[801] Meditieren hilft gegen (vor allem chronische) Schmerzen. Tests haben ergeben: Sie müssen das noch nicht mal glauben, es hilft trotzdem. Wenn Sie Ihre Schmerzen satthaben, folgen Sie dem Ratschlag von US-Meditationslehrer Jon Kabat-Zinn: Besorgen Sie sich ein Lehrbuch, eine CD, oder besuchen Sie einen Kurs und meditieren Sie mindestens sechs Wochen lang sechs Tage die Woche. Wenn es Ihnen danach nicht bessergeht, können Sie ja immer noch wieder aufhören. Aber wenn es Ihnen bessergeht, ersparen Sie Ihrer Krankenkasse eine Menge Geld und sich die Schmerzmittel – und die Schmerzen.

Schritt für Schritt nach oben

[802] Faulheit, lass nach: Zehn Minuten Treppensteigen pro Tag führen im Laufe eines Jahres zu fünf Kilo Gewichtsverlust (und sparen Strom für Aufzüge). US-Behörden raten Unternehmen daher, die Treppenhäuser attraktiver zu gestalten und z.B. Kunst auszustellen. Dadurch nimmt die Treppennutzung um 14 Prozent zu. Regen Sie bei der nächsten Teambesprechung an, das auch bei Ihnen in der Firma zu tun, um gemeinsam zu einer neuen Leichtigkeit zu finden.

Sieh an, sieh an

[803] Beim Gehen hochzuschauen, statt nur auf den Weg, bessert die Laune um elf Prozent.

Zehn Prozent mehr Power

[804] Erhöhen Sie die Intensität Ihres Work-outs um zehn Prozent – nicht die Dauer, die Intensität. Laufen Sie also z.B. ein wenig schneller, stemmen Sie ein wenig mehr Gewicht. Die gewünschte Grenze ist, dass die Belastung gerade eben unangenehm wird. Bei einem 20-Minuten-Lauf können Sie z.B. einen einminütigen Sprint einlegen. Dasselbe gilt auch außerhalb des Sports: Wenn Sie vom Auto zum Büro gehen, tun Sie das so zügig, dass Sie ein wenig außer Atem kommen. Das ist zu schaffen, sodass man nicht gleich am eigenen Ehrgeiz scheitert. Und kaum fühlen Sie sich mit dem neuen Leistungsniveau wohl, nehmen Sie sich weitere zehn Prozent vor. Sie werden sich weit mehr als zehn Prozent fitter fühlen – und auch so aussehen!

Hunger macht klug

[805] Wer 30 Prozent weniger isst, bei dem steigen nachweislich Hirntätigkeit und Merkfähigkeit. Forscher vermuten: Leichter Hunger lässt Menschen aufmerksamer werden (biologisch betrachtet, weil sie stetig auf Nahrungssuche sind). Hinzu kommt: Weniger Nahrung senkt das Entzündungsrisiko – Entzündungen können Auslöser für den Abbau geistiger Fähigkeiten sein. Bei einem bisherigen Konsum von 2500 Kilokalorien pro Tag muss man 750 Kilokalorien weglassen (das sind z. B. zwei Scheiben Graubrot mit Butter und Käse).

Strecken Sie sich nach dem Gefühl, gesund zu sein

[806] Studien haben ergeben, dass Menschen über 50 sich elf Prozent gesünder fühlen, wenn sie regelmäßig Stretching-Übungen machen. Beginnen Sie einfach damit, sich morgens ausgiebig im Bett zu räkeln, zu recken und zu strecken, dann

[802]

haben Sie schon die Hälfte geschafft. Kleiner Einsatz, große Wirkung.

Der Freund im eigenen Bett

[807] Betrachten und behandeln Sie Ihren Körper als Freund.

Italienisch altern

[808] Fünf Portionen Tomaten (je ca. 80 Gramm) pro Woche – egal, ob aus der Dose, frisch, gekocht, als Soße, Ketchup oder Saft – enthalten genug Lycopin, um das Risiko von Krebs- und Herzkrankheiten zu halbieren und den Zustand von Lunge, Augen und Haut zu verbessern. Das dürfte keinem schwerfallen: Spaghetti, Pizza, Salat … Guten Appetit!

Gar nicht blöd

[809] «Jeder sollte versuchen, so spät wie möglich zu verblöden. Also nicht vorzeitig durch Arroganz, Selbstgefälligkeit, Faulheit oder gar Gleichgültigkeit. Täglich sollte man sich selbst überraschen, sich modifizieren, sich fortschreiben, sich neu erfinden. Und ab und zu einfach die Klappe halten.»

THOMAS FEICHT ist Geschäftsführer von INSTANT Corporate Culture

Denken Sie sich (oder Ihre Eltern) fit

[810] Regelmäßige Freizeitaktivitäten, die das Gehirn anregen – z. B. lesen, ein Spiel spielen, mit Freunden sprechen –, reduzieren das Alzheimer-Risiko für Menschen über 65 um 38 Prozent. Bleiben Sie selbst aktiv, und wenn Sie noch jung sind: Unternehmen Sie etwas Interessantes mit Ihren Eltern, damit sie gesund bleiben.

Schnell zum Arzt

[811] Bei der Terminvereinbarung bedenken: Am Morgen oder direkt nach der Mittagspause ist die Wartezeit beim Arzt kurz.

Ginkgos sparen

[812] Ginkgo-Biloba-Präparate sollen das Denkvermögen und die Erinnerungsfähigkeit stärken – tun dies aber nicht, wie ein Versuch an der «Memory Clinic» in Bennington, Vermont, ergeben hat. In standardisierten Lern-, Aufmerksamkeits- und Konzentrationstests schnitten diejenigen, die Placebo-Pillen bekamen, genauso gut ab. Allein in den USA wurden Ende der neunziger Jahre für über 310 Millionen Dollar Ginkgo-Präparate gekauft. Mit dem Geld ließe sich Besseres anfangen – vergessen Sie das nicht.

Wundermittel für Senioren

[813] Ältere Menschen, die zwei Jahre lang täglich eine Aspirin-Tablette einnehmen, senken damit die Wahrscheinlichkeit, an Demenz zu erkranken, um 55 Prozent, die Wahrscheinlichkeit eines Herzschlags um 44 Prozent und die Wahrscheinlichkeit des Auftretens einiger Krebsarten um 50 Prozent. Und weniger Kopfweh haben sie vermutlich auch. Aber Vorsicht: Wird zugleich ein Schmerzmittel mit dem Wirkstoff Ibuprofen eingenommen, verliert das Aspirin seine Wirkung.

Lachen ist die beste Medizin

[814] Der erste Sonntag im Mai ist Weltlachtag. Anlass genug, mal einen Lachclub oder einen Lachyoga-Kurs zu besuchen. (Komisch: kann man auch an anderen Tagen machen.) Denn wer lacht, lebt länger und gesünder – das ist medizinisch erwiesen. Auch das Schmerzempfinden nimmt durch Gelächter um bis zu ein Drittel ab. Lachen hilft sogar bei Kopfschmerzen, Krebs, Aids, Herzerkrankungen, Depressionen.

Infos unter www.lachclub.info.

Selbstheilung in Gang setzen

[815] Vergeben Sie sich, und Sie sind frei.

Langsam aufstehen kann Leben retten

[816] Die meisten Herzinfarkte und Herzschläge ereignen sich zwischen sechs Uhr morgens und zwölf Uhr mittags. Wenn wir abrupt geweckt werden und uns sofort eifrig ins Tagesgeschehen stürzen, steigt der Blutdruck steil an. Das strapaziert den Körper – und die Wände der Arterien.

Stehen Sie in aller Ruhe auf, kommen Sie langsam in Schwung, recken und strecken Sie sich. Dann ist es mit höherer Wahrscheinlichkeit nicht Ihr letzter Morgen.

[817] Noch weiter erhöhen können Sie Ihre Überlebenschancen durch einen täglichen Mittagsschlaf von mindestens 30 Minuten – mindert Herzprobleme um 30 Prozent.

Schlafenszeit ist gar nicht leicht

[818] Experimentieren Sie mit Ihren Schlafenszeiten, bis Sie erfrischt aufwachen.

Keine Angst vor Krebs

[819] Am meisten Angst haben Menschen vor Krebserkrankungen. Denn sie sind überzeugt, dass sich deren Auftreten nicht verhindern oder beeinflussen lässt. Das ist jedoch falsch. Die Hälfte aller Krebsfälle lässt sich direkt auf persönliche Verhaltensweisen zurückführen – übermäßiges Essen, zu wenig Bewegung, Sonnenbrand, Rauchen.

Deshalb: Schluss mit der Angst vor Krebs, tun Sie lieber was dagegen, ihn zu kriegen: besser essen, Sport, Sonnencreme, nicht rauchen. *So* schwierig ist das gar nicht, oder?

Sonne auf der Haut

[820] Sonne tut gut, Sonnenschein hellt das Gemüt auf und ist wichtig zur Vitamin-D-Produktion. Doch die Haut vergisst nichts, jeder Sonnenbrand hinterlässt Spuren im Gedächtnis der Körperoberfläche. Ganz besonders schädlich sind dabei die Strahlungsschäden, die man sich als Kind oder Jugendlicher zugezogen hat. Sie können der erste Schritt hin zu einer erst Jahrzehnte später auftretenden Hautkrebserkrankung

sein. Manche Experten warnen gar: Jeder Sonnenbrand verdreifacht die Chance auf Hautkrebs. Deshalb unbedingt Sonnencreme mit hohem Lichtschutzfaktor verwenden. Lieber nicht so braun aus dem Urlaub zurückkommen.

Sonnenschutz in der Handtasche

[821] Im Sommer eine kleine Tube Sonnencreme in der Handtasche dabeihaben, dann ist die Haut auch beim spontanen Sonnenbad in der Mittagspause geschützt.

Sand zwischen den Zehen

[822] Hilft (zumindest, wenn es draußen warm genug ist) überraschend gut gegen Erschöpfung oder Frustration: Nächsten Spielplatz ausfindig machen (oder spontan Freunde mit Kindern besuchen), Schuhe ausziehen, barfuß in die Sandkiste. Sofort fühlt man sich wie im Urlaub am Strand.

Nicht mehr im Bett lesen

[823] Früher konnte man wenigstens vor dem Testbild aufwachen – wer heutzutage beim Fernsehen einschläft, wird stundenlang mit bizarren Botschaften bestrahlt. Dass das nicht gut sein kann, ist nachvollziehbar. Fachleute bezweifeln mittlerweile aber sogar, dass Lesen vor dem Einschlafen zu empfehlen sei. Weil Lesen die Phantasie anregt und man sich viel intensiver auf die Story (oder die Gedanken eines Sachbuches) konzentrieren muss, nehmen wir das jeweilige Thema mit ins Traumland. Und kein gutes Buch – egal, ob Sachbuch oder Roman – kommt ohne Konflikte aus. (Das gilt natürlich auch für Hörbücher, die mittlerweile viele von uns einlullen. Und für Hörspiele als Einschlafhilfe bei Kindern.)

Testen Sie es einfach eine Woche lang: Wenn Sie unruhig schlafen oder komisch träumen, lesen Sie abends auf der Couch, aber legen Sie die Bücher eine halbe Stunde vor dem Zubettgehen beiseite. Konzentrieren Sie sich auf das Gute des vergangenen Tages, oder machen Sie Entspannungsübungen. Schlafen Sie dann ruhiger und tiefer, behalten Sie die Änderung bei.

Klare Sache: Brillen schützen die Welt

[824] Eine Brille zu tragen ist aktiver Umweltschutz. Kontaktlinsen müssen nach jedem Tragen chemisch gereinigt und dann in einer Flüssigkeit aufbewahrt werden. Das bedeutet: mehr Chemie, mehr Verpackungsmüll, mehr Transportwege. Nutzer von Tages-Kontaktlinsen werfen jeden Morgen zwei kleine Plastikbehälter, in denen die Linsen waren, in den Müll. Eine Brille hingegen nutzt man mehrere Jahre lang.

Patienten als Partner

[825] «An alle Behandler: Macht den Patienten zum Partner, klärt angemessen auf, sodass Patienten Behandlungsentscheidungen gemeinsam mit dem Arzt fällen und sie mit Überzeugung tragen. Dies sorgt u.a. dafür, dass die Medikamentenberge, die jedes Jahr in die Apotheke zurückgebracht werden, schrumpfen und dass die Patienten womöglich schneller gesunden.»

PATRICIA MARTIN ist Geschäftsführerin von klarigo – Verlag für Patientenkommunikation (www.klarigo.eu)

Stark gegen Süchte

DR. PETER SCHMITZ ist stellvertretender Fraktionsvorsitzender der FDP im rheinland-pfälzischen Landtag sowie Sprecher für Sozialpolitik und Multimedia

[826] «Süchte sind die schlechten Angewohnheiten schwacher Menschen. Persönlichkeiten stärken, Süchte verhindern!»

Kneten für Große

[827] Lassen Sie sich massieren. Ohne schlechtes Gewissen. Erscheint zwar immer furchtbar teuer, ist das Geld aber wert, weil Sie sich wieder leichter fühlen, Frust loswerden, gelassener mit Problemen umgehen, letztlich produktiver werden – und das Geld so wieder reinholen. Oder Sie üben sich darin, Ihren Partner liebevoll darum zu bitten, Sie zu massieren.

Gute Laune, kein Arzt und weit weg

[828] «So selten wie möglich zum Arzt gehen,
[829] so wenig wie möglich Medikamente schlucken,
[830] so oft wie möglich gute Laune haben,
[831] so (qualitativ) gut wie möglich essen und trinken,
[832] so häufig wie möglich so weit weg wie möglich verreisen.
[833] Und sich damit abfinden, dass es in Wirklichkeit gar nicht möglich ist, die Welt mit Hilfe von guten Vorsätzen zu verändern oder gar zu ‹verbessern›.»

ERICH RAUSCHENBACH ist Cartoonist («Sex ist doof», «Frauen sind echt stark»)

Woodstock ist wieder da

[834] «Meditieren, beten, innehalten – verlangsamen. Der Planet, fürchte ich, ist nur noch durch einen radikalen Paradigmenwechsel zu retten, wir müssen neue Bescheidenheit einüben. Das übrigens war bereits eines der Motive der Woodstock-Generation.»

MATTHIAS MATUSSEK ist Journalist (u.a. «Spiegel») und Buchautor (u.a. «Wir Deutschen. Warum die anderen uns gernhaben können»)

Un-Fall-Verhütung

[835] Die meisten Todesfälle und Unfälle durch Stürze basieren nicht auf dramatischen Situationen, sondern werden ausgelöst durch «Stolperfallen» im Haushalt. Sie verlängern Ihr Leben (oder sparen der Krankenversicherung viel Geld und sich ein paar Wochen Bettruhe), wenn Sie das Licht im Flur per Bewegungsmelder automatisch angehen lassen, ein (zweites) Treppengeländer montieren, in der Dusche/Badewanne Anti-Rutsch-Matten auslegen, Mini-Teppiche entfernen, Möbel aus dem Weg rücken und keinen Kleinkram auf dem Boden rumstehen/-liegen lassen.

Hausnummer für den Notfall

[836] Falls Sie einen Krankenwagen rufen müssen, geht es oft um Minuten, manchmal sogar Sekunden. Bringen Sie an der Front Ihres Hauses und/oder vorn an Ihrer Einfahrt Ihre Hausnummer in großen Ziffern an, damit die Fahrer leichter zu Ihnen finden. Bonus: Sie bekommen dann auch mehr Post und Pakete.

Erste Hilfe für Freunde und Verwandte

[837] Frischen Sie Ihre Erste-Hilfe-Kenntnisse auf. Wir hoffen natürlich, das Wissen nie zu benötigen. Aber wenn doch, ist der Verunglückte höchstwahrscheinlich ein Freund oder Verwandter (denn mit denen verbringen wir die meiste Zeit). Ein Kurs in «Sofortmaßnahmen am Unfallort» dauert vier Doppelstunden à 90 Minuten, ein umfassenderer «Erste-Hilfe-Lehrgang» kommt auf acht Doppelstunden à 90 Minuten. (Kurse z. B. bei den Maltesern, www.malteser-kurse.de, den Johannitern, www.johanniter.de, oder dem Roten Kreuz, www.drk.de). Für Sofortstarter: Online-Infos gibt's auf www.drk.de/angebote/erste-hilfe-und-rettung/erste-hilfe-online.html, die wichtigsten Handgriffe auf Video zeigt www.focus.de/gesundheit/erstehilfe/.

Notfallnummer leicht auffindbar im Handy speichern

[838] Speichern Sie einen Notfallkontakt in Ihrem Handy unter dem Namen «ICE» – das internationale Kürzel für «In Case of Emergency». Sollten Sie einen Unfall haben und bewusstlos werden, können die Sanitäter so z. B. Ihren Partner oder einen engen Freund kontaktieren. (Manchmal wird in Kettenmails behauptet, über diesen Eintrag könnten sich «Handy-Viren» verbreiten, deshalb sollten Sie ihn löschen. Das ist Quatsch!) In Deutschland sollte die Abkürzung «IN» («im Notfall») eingeführt werden, hat sich aber nicht durchgesetzt. Mit ICE sind Sie auch im Auslands-Urlaub auf der sicheren Seite.

Mehrere Einträge können Sie durchnummerieren oder z. B. als «ICE Ehemann», «ICE Firma» usw. bezeichnen. Optimal, aus Sicht des Rettungspersonals, wäre es zudem, wenn jeder zusätzlich einen kleinen Zettel mit Notfallnummern im Portemonnaie trägt, weil Handys bei Unfällen schnell verloren oder kaputtgehen.

Telefonieren ohne Blumenkohlohr

[839] Handys und schnurlose Telefone strahlen. Ist ja auch logisch, wie soll sonst die Info zur Basis oder zum Sendemast kommen? Eindeutig ist: Intensive Handynutzer weisen häufiger (ungefährliche) Knoten in Hirn und Ohr auf. Welche Gefahren darüber hinaus bestehen und ob es überhaupt welche gibt, ist noch unklar.

Auf die sichere Seite kommen Sie jedoch einfach und preiswert: Vielen Handys liegt inzwischen ein Kopfhörer mit Mikro bei, verwenden Sie den (aber legen Sie das Mobiltelefon bei der Nutzung dann nicht in den Schoß). Und für die meisten schnurlosen Telefone gibt es ebenfalls Headsets. Entlastet zugleich Arm- und Schultermuskulatur.

(PS: Schnurlose Bluetooth-Headsets müssen nicht so weit funken und sind daher besser als gar nichts, aber dann bitte wenigstens nach dem Gespräch abnehmen. Sieht sonst außerdem lächerlich aus.)

Laden Sie Ihr Handy nicht im Schlafzimmer und nutzen Sie es auch nicht als Nachttisch-Wecker. Falls beides doch mal sein muss: Schalten Sie das Gerät aus oder (je nach Modell) auf Flug-Modus.

Immer in Bewegung

[840] «Achten Sie darauf, wie Ihr Körper sich anfühlt – jeden Tag. Entscheiden Sie sich jeden Tag für Bewegungen, welche die natürliche Verbindung Ihres Körpers zu der umfassenden Freude an der Bewegung berücksichtigen. Betrachten Sie jede Bewegung als Gelegenheit, Ihren Körper zu heilen, statt ihm zu schaden oder ihn zu zerstören.

Achten Sie auf angenehme Körpergefühle, vermeiden Sie Bewegungen, die Schmerzen verursa-

ANN CHRISTIANSEN ist Nia-Lehrerin (www.anniann.de) und war 1998 dreifache Schwimm-Weltmeisterin

chen. Tanzen Sie durch das Leben und teilen Sie die Freude, die Sie empfinden und spüren, mit der Welt. Werden Sie zum Botschafter der Freude an der Bewegung, unserer globalen Sprache – jeder Körper auf der Welt ist in Bewegung. Wenn wir alle uns in Verbindung zu Freude und Vergnügen bewegten, würde der Planet eine andere Schwingung verspüren.

Nutzen Sie Ihre vier Verbündeten bei der täglichen Interaktion mit Mitmenschen:

1. Sprechen Sie nur die Wahrheit. Finden Sie heraus, wann Sie nichts sagen sollten.
2. Setzen Sie nichts voraus. Weder über die Personen noch die Situation.
3. Nehmen Sie nichts persönlich. Kein Selbstmitleid, kein Egotrip.
4. Geben Sie immer Ihr Bestes.»

Die einzigartige Kraft des Sports

[841] «Mit seinen Werten – Leistung, Fairplay, Miteinander – trägt der Sport eine universelle Botschaft und hat dadurch die Kraft, völkerübergreifend politische und persönliche Barrieren zu durchbrechen. Diese einzigartige Kraft des Sports sollte genutzt werden.»

MICHAEL TEUBER ist Radrennfahrer; er ist inkomplett querschnittsgelähmt und gewann u.a. eine Gold- und eine Silbermedaille bei den Paralympics 2008 in Peking sowie zwei Goldmedaillen bei den Paralympics 2004 in Athen

Let's talk about sex, baby

[842] «Sex, Sex, Sex, wo das Auge hinblickt. An jedem Kiosk springen einen Hochglanzbilder von nackten Menschen an. Kolumnen, Talkshows und das Internet quellen über von Klatsch und Tratsch über das Intimleben irgendwelcher Leute. In Filmen und Berichten wird bis zum Abwinken geknutscht, gezüngelt, gesaugt, gespreizt, gerieben, geknabbert, gelechzt, gebissen, geschleckt und gesteckt. Doch im Realleben der Paare sieht es anders aus: Im Schlafzimmer bleibt oft alles stumm und still. Vielleicht wird ein wenig gestöhnt, gesäuselt, im besten Fall gejauchzt.

MAYA ONKEN ist Geschäftsführerin des Frauenseminars Bodensee (www.frauenseminar-bodensee.ch) sowie Autorin von «Hilfe, ich bin eine emanzipierte Mutter» und «Heissssss: Eine Lustreise zur Sexgöttin»

Frauen! Das sollten wir ändern! Let's talk about sex, baby! Hören wir auf, wortlos um den heißen Brei herumzutanzen! Schluss mit vorgetäuschten Orgasmen! Machen wir uns auf den Weg einer Frau, die nicht mehr bereit ist, auf ihre Kraftquelle zu verzichten, starten wir die Laufbahn einer Sexgöttin. Nehmen wir uns Zeit, entdecken wir unsere heimlichen Bedürfnisse und Sehnsüchte! Geben wir ihnen eine Sprache: Sag, was du willst, und du bekommst, was du möchtest. Damit wir echt werden und auch unserem Partner im lebendigen Austausch begegnen. Let's talk about sex, baby.

Selbstbestimmte Frauen überlassen das Glück nicht dem Zufall, sondern nehmen die Verantwortung dafür selbst in die Hand. In allen Lebensbereichen, auch im Bett. Denn wenn Frauen glücklich sind, dann ist es die beste Voraussetzung dafür, dass auch der Partner glücklich sein kann, und wenn es die Eltern gut miteinander haben, dann wirkt sich dies auch positiv auf die Kinder aus. Sexgöttinnen verändern nicht nur ihr eigenes Leben, sondern auch die Welt! Let's talk about sex, baby!»

Power-Kosmetik nicht mischen

[843] Viele Frauen (und immer mehr Männer) nutzen die jeweils effektivsten Produkte aus unterschiedlichen Kosmetikserien. So kriegt man am meisten Ergebnis fürs Geld, möchte man glauben. Stimmt aber nicht. Die Inhaltsstoffe der einzelnen Produkte einer Serie sind aufeinander abgestimmt und arbeiten synergetisch miteinander für maximalen Effekt bei minimalen Nebenwirkungen. Mischt man Power-Produkte mehrerer Serien, ist das kontraproduktiv, die Haut wird übermäßig gereizt. Vorsicht vor allem bei «aktiven Bestandteilen» wie Retinoiden, Fruchtsäuren, Hydrochinon und Salicylsäure – bei gleichzeitiger Anwendung sind sogar Entzündungen und Ausschlag möglich.

Schritt für Schritt zur Bio-Schönheit

[844] Vor der Regalwand mit Bio-Make-up kann man glatt in Ohnmacht fallen – leider nicht (nur) wegen der immer größeren Auswahl, sondern auch ob der stolzen Preise. Statt sich entsetzt abzuwenden, gehen Sie Schritt für Schritt vor (wie bei Bio-Lebensmitteln, vgl. Vorschlag 112). Kaufen Sie nicht gleich Kosmetika für ein ganzes Jahr, sondern erst mal nur Shampoo, Duschgel oder Hautcreme. Die reichen ja eine Weile. Wenn Sie zufrieden sind, nehmen Sie beim nächsten Shopbesuch ein weiteres Produkt mit. So ersetzen Sie ohne großes Risiko Stück für Stück Ihre Standards durch umweltfreundliche, chemieärmere Alternativen, und der Preisschock hält sich wenigstens in Grenzen.

Schminken Sie es sich ab, immer geschminkt sein zu müssen

[845] Es gibt immer noch Frauen, die gehen nicht ungeschminkt aus dem Haus. Der Kassiererin im Supermarkt ist es aber echt total egal, ob Sie Lippenstift draufhaben oder nicht. Kein Make-up mehr zum Einkaufen am Wochenende (oder nicht nachschminken zum Shoppen nach Feierabend), schon haben Sie mehr Geld für Bio-Lippenstifte. Spart außerdem Ressourcen und Verpackung. Und wenn Sie sich mit Freundinnen zum Kaffeeklatsch treffen, muss es auch nicht die volle Ladung Chemie im Gesicht sein – die mögen Sie auch so.

Im Schlaf Potenziale realisieren

[846] 40 Prozent aller US-Bürger berichten von Fehlern bei der Arbeit aufgrund von Müdigkeit. Innovatives Denken wird durch Schlafmangel um 60 Prozent eingeschränkt, Flexibilität in der Entscheidungsfindung immerhin noch um 39 Prozent. Außerdem sinkt die Abwehrkraft des Immunsystems um bis zu ein Drittel. Genug Schlaf (ca. sieben Stunden pro Nacht) ist also entscheidend, um Ihre Fähigkeiten ausschöpfen zu können.

Künstliche Gefühle

[847] Man kann uns Gefühle ansehen. Wir erkennen sofort, ob jemand betrübt oder gut gelaunt ist – am Ausdruck und der Körperhaltung, auch ohne Worte. Jedem Gefühl sind also Mimik und Haltung zugeordnet. Diese Verbindung ist so intensiv, dass sie auch andersherum funktioniert. Wer sich schlapp aufs Sofa fläzt, fühlt sich auch antriebslos. Wer die Stirn runzelt und die Mundwinkel herunterzieht, wirkt nicht

nur miesepetrig, sondern fühlt sich auch so. Wer hingegen schwungvoll geht oder freundlich schaut, empfindet nach kurzer Zeit auch die entsprechenden Emotionen. Anfangs fühlt sich das etwas gekünstelt an, aber das geht schnell vorbei.

Probieren Sie es aus: Grinsen Sie sich fünfmal am Tag im Spiegel auf der Toilette breit an, so richtig von Ohr zu Ohr. Ob Ihnen danach ist oder nicht. Innerhalb weniger Tage werden die ersten Freunde oder Kollegen erstaunt schauen und fragen, ob Sie im Lotto gewonnen haben.

Die Revolution kommt per Rad

NEIL MELLOY ist leitender Redakteur bei der Tageszeitung «The Courier Mail» in Queensland, Australien

[848] «Obwohl ein Großteil Europas schon fahrradfreundlich ist und obgleich China scheinbar das Rad nicht mehr liebt, bleibt es doch eines der besten Fahrzeuge, um die Welt zu verändern. In armen Ländern Afrikas bringt es Hoffnung und ermöglicht kostengünstige Transporte. In westlichen Ländern hilft Radfahren beim Kampf gegen Übergewicht und mindert die Belastung der Umwelt. Das heißt, man lebt nicht nur selber länger, sondern die Welt ebenfalls.

Vor allem aber verschafft Radfahren ein Gefühl der Freiheit. Schon wenn man als Kind draufsteigt, genießt man die wunderbare Möglichkeit, der eigenen Welt schnell und einfach entkommen zu können. Man saust durch seine Welt und kann einkaufen, arbeiten, sich befreien und einfach überallhin, wo der Weg einen hinführt. Diese Erfahrung ist extrem befreiend. Und genau deshalb wird sie die Welt zum Besseren verändern.»

«Fahrt alle mit dem Fahrrad zur Arbeit. Man wacht richtig auf, der Teint wird besser, der Kreislauf angeregt, und das alles bei 0,0 Milligramm CO_2-Ausstoß! Und Firmenparkplätze können zu Parks umgewandelt werden!»

JOHANNES KREMPL ist Inhaber der Werbeagentur glow

Nicht koksen für eine bessere Welt

[849] Kokain ist nicht nur schlecht für die Nase. Sondern auch für die Umwelt. Oder haben Sie schon mal von biologisch-organisch hergestelltem «Fairtrade»-Kokain gehört? Das Zeug wird von Verbrechern unter unmenschlichen Bedingungen hergestellt. Und auch nicht umweltfreundlich gedüngt. Gleiches gilt für andere Drogen, aber bei Koks ist es besonders schlimm. Noch ein Grund, clean zu werden oder, besser noch: zu bleiben.

Kleinmüll ist auch Mist

[850] Sie wissen, dass Sie nicht (mehr) rauchen sollten. Gesundheit und so. Aber wenn Sie doch (noch) rauchen, dann stehen Sie dabei ja vermutlich noch öfter als bisher draußen. Tun Sie sich und allen anderen einen Gefallen: Schmeißen Sie Ihre Zigarettenstummel nicht auf die Straße oder ins Grüne, sondern sammeln Sie sie auf oder drücken Sie die Glut gleich am Rand eines Mülleimers aus. Es dauert nämlich bis zu zwölf Jahre, bis eine Kippe sich zersetzt hat.

Immer wieder schön glatt

[851] Zwei Milliarden Wegwerfrasierer landen allein in den USA jedes Jahr im Müll, eine unfassbare Menge Plastik. Wofür Sie Ihren Rasierer auch nutzen, wählen Sie einen mit Wechsel-

klingen. Ist anfangs teurer, langfristig aber preiswerter – und auf alle Fälle umweltschonender. Die Stiftung Warentest hat zudem ermittelt: Mehrwegrasierer rasieren besser und reizen die Haut weniger.

In der Regel umweltfreundlich

[852] Bio-Tampons und -Slipeinlagen sind aus ökologisch angebauter Baumwolle (= weniger Chemie beim Anbau) und ungebleicht (= weniger Chemie bei der Herstellung). Gibt's in Biomärkten und immer mehr Drogerien.

Hinhören statt zuhören

[853] Oft bekommen wir geraten, besser zuzuhören. Diesmal geht es darum, aufmerksamer hinzuhören. Ob im Restaurant oder im Meeting, am Arbeitsplatz oder auf dem Weg nach Hause – fast immer und überall gibt es alle möglichen Geräusche zu hören, die wir normalerweise einfach ausblenden, weil sie für uns keine Bedeutung haben. Hundebellen, das Knarren des Stuhls, das kuriose Handyklingeln vom Nebentisch, das Rauschen der Blätter auf der anderen Straßenseite.

Achten Sie einmal darauf, was alles unser Ohr erreicht. So wird uns bewusst, wie reich unsere Welt ist. Aber auch, wie sehr unsere Gehörgänge überfrachtet werden – ein ganz normaler Tag ist wie ein Heavy-Metal-Konzert in Zeitlupe. Kein Wunder, dass wir danach manchmal kaputt und ausgelutscht sind. Genau hinzuhören kann uns auch ablenken von den im Grunde unwichtigen Problemchen, die unseren Geist belegen.

Experimentieren Sie damit. Macht Spaß und mobilisiert die Sinne.

Zeitunglesen beruhigt die Nerven

[854] «Good news are bad news» heißt es in der Medienbranche so schön: «Nur schlechte Nachrichten sind gute Nachrichten.» Oft hat man das Gefühl, die Welt würde nur aus Unfällen und Katastrophen bestehen. Besonders krass ist der Schwerpunkt auf schlechten Nachrichten im Fernsehen, weil ein Unglück eben viel spannender aussieht als die meisten positiven Ereignisse. Wenn Sie das mitnimmt und Ihre Weltsicht düster prägt, Sie aber trotzdem auf dem Laufenden bleiben wollen: Lesen Sie Zeitung, statt TV-Nachrichten zu schauen. Zusatzvorteil: Sie bekommen weiter gehende Analysen und viel mehr unterschiedliche Themenbereiche als in einer atemlosen Fernsehsendung.

Das Unterbewusstsein ent-sorgen

[855] Sorgen lassen uns schlecht schlafen. Und wer schlecht geschlafen hat, kommt mit seinen Sorgen schlechter klar.

Notieren Sie vor dem Einschlafen drei Dinge, die Sie am nächsten Tag unternehmen können, um Ihre Sorgen zu lindern. Danach kann Ihr Unterbewusstsein sich entspannen.

Weniger Fleisch essen

[856] «Früher war es üblich, dass es nur einmal pro Woche Fleisch zu essen gab. Das lag zwar vor allem daran, dass sich nur wenige Menschen mehr als eine Fleischmahlzeit leisten konnten, aber es hatte mehrere gute ‹Nebeneffekte›. Fleisch ist ein Luxusartikel. Der Wohlstand hat uns die Möglichkeit gegeben, wenn wir wollen, täglich Fleisch zu essen. Doch auch wenn es möglich ist, ist es deshalb nicht gut: Die Produktion von Fleisch

PETRA GERSTER ist Nachrichtenmoderatorin («heute») und Buchautorin («Reifeprüfung»)

verbraucht ein Vielfaches an pflanzlichen Nahrungsmitteln, d.h., viel mehr Menschen könnten vom Ertrag einer Ernte satt werden, wenn man diesen Ertrag nicht an Tiere verfüttern, sondern den Menschen als Nahrung zur Verfügung stellen würde. Höherer Produktionseinsatz bedeutet aber auch stärkere Klimabelastung durch höheren CO_2-Ausstoß.

Dazu kommt, dass durch die Haltung der Tiere die Umwelt massiv belastet wird. Und schließlich ist ein zu großer Fleischkonsum auch nicht gut für die Gesundheit, weil er bei vielen Menschen zu einem höheren Harnsäurespiegel (Gichtgefahr) oder zu höherem Blutdruck (Gefahr von Herz-Kreislauf-Erkrankungen) führt.

Kurzum, weniger Fleisch zu essen, ist nicht nur besser für die Umwelt, es ist auch besser für die Gesundheit. Auch die der armen Tiere übrigens, die ihr kurzes, freudloses Leben eingepfercht in überfüllten Ställen zubringen müssen, ohne je die Sonne oder das Gras zu sehen. Deshalb: zurück zur guten alten Tradition, nur einmal in der Woche Fleisch auf den Tisch zu bringen!»

Metallfische vermeiden

[857] Große Fische fressen mittelgroße Fische. Die fressen kleine Fische. Und die fressen Algen und Mikroben. In den großen Fischen (Thunfisch, Schwertfisch) reichern sich daher die gesammelten Schadstoffe aus der ozeanischen Nahrungskette an. Je kleiner der Fisch war, den Sie essen, desto weniger Schwermetalle und Giftstoffe nehmen Sie zu sich. Für Zuchtfische und -tiere gilt das nicht, weil die ja Futter vom Bauern bekommen. Ganz grundsätzlich empfehlen Fachleute aber durchaus eine Besinnung auf den Beginn der ländlichen Nahrungskette: Bohnen, Gemüse, Obst, Nüsse, Samen.

Vegetarischer Mahlzeitenstart

[858] Essen Sie zu Beginn jeder Mahlzeit Obst oder Gemüse (statt als Beilage oder Nachtisch). Sie nehmen dadurch mehr davon zu sich – und essen im Folgenden weniger von den anderen Nahrungsmitteln. Außerdem senken die Ballaststoffe die glykämische Last der Mahlzeit, sodass der Blutzuckerspiegel nicht so stark in die Höhe schnellt (und anschließend auch nicht so rapide abfällt).

Obst und Gemüse in jeder Form

[859] Erleichtert Körper, Geist und Haushaltskasse: Legen Sie einen Fruchttag pro Woche ein. Trinken Sie Wasser und Obst- bzw. Gemüsesäfte, auch Smoothies sind erlaubt (zu Drinks püriertes Obst), und essen Sie rohes Obst und Gemüse bzw. gedämpftes Gemüse. Ist gesund und spart Zeit. Und selbst wenn Sie zu denen gehören, die so zu essen langweilig finden: Einen Tag lang schafft man's schon.

Obst statt Eis

[860] Super-Snack für heiße Tage: kernlose rote Weintrauben abzupfen, waschen, in einen Tiefkühlbehälter füllen, einfrieren. Kann man direkt aus der Schachtel naschen.

Diät fürs Klima

[861] Dicksein ist ungesund, das wissen wir alle. Es schadet der Gesellschaft, weil übergewichtige Menschen häufiger krank sind, Diabetes entwickeln usw. – und die Behandlungskosten über die Krankenkassen auf alle umgelegt werden. Dicksein schadet aber auch der Umwelt: Das amerikanische «Center for Disease Control» (die Seuchenbekämpfungsbehörde) hat

errechnet, dass allein in den USA pro Jahr 1,5 Milliarden (!) Liter Benzin zusätzlich verbraucht wurden, weil jeder Bürger (statistisch gesehen) fünf Kilo schwerer war als noch Anfang der Neunziger. Das macht 3,8 Tonnen Kohlendioxidausstoß, die ausschließlich durch Übergewicht bedingt sind.

Ist ja auch logisch: Wenn ein Auto mit Urlaubskoffern vollgestopft ist, verbraucht es mehr Sprit, als wenn der Kofferraum leer bleibt. Das Gleiche gilt für das Gewicht der Passagiere. Wer abnimmt, spart also Benzingeld und schont die Umwelt.

Faustregel ohne Raum für Ausreden: Ihr Bauchumfang sollte maximal die Hälfte Ihrer Größe betragen, sonst sind Sie zu klein für Ihr Gewicht. (Rechenbeispiel: Größe – 172 Zentimeter, maximaler Bauchumfang 86 Zentimeter.) Gilt für Männer und Frauen jeden Alters.

Fit, obwohl man gar nichts macht

MARTIN PROSS ist Partner und Vorstand der Werbeagentur Scholz & Friends Group

[862] «Versuche mal, nicht ständig an Essen zu denken. Das hält fit, obwohl man gar nichts macht.»

Halbe Sache

[863] Wir alle wissen, welche Ess-Fehler wir begehen. Aber sie zu ändern ist eine überwältigende Aufgabe. So geht's leichter: Halbieren Sie Ihre schlimmste Essgewohnheit. Wenn Sie z.B. einmal die Woche eine ganze XL-Pizza verschlingen, essen Sie ab sofort nur eine halbe. Schaufeln Sie einen kompletten Becher Eiscreme in sich hinein? Ab sofort muss der zwei Wochen reichen. Das ist alles. Diese eine Veränderung wird Sie bereits

abnehmen lassen – und stärkt Ihr Selbstbewusstsein, sodass die nächsten Schritte leichter sind.

Schnulzen helfen abnehmen

[864] Dass man mehr isst, wenn man dabei TV schaut, ist bekannt. Aber auch Musikkonsum beeinflusst die Nahrungsaufnahme: Hören wir flotte Musik, essen wir fünf Mundvoll pro Minute – ohne Musik sind es vier. Hören wir langsame Balladen, sind es nur drei Mundvoll. Wo ist nur diese Celine-Dion-CD?!

Weniger und dafür länger

[865] Die meisten Hundertjährigen weltweit haben sich ihr Leben lang kalorienarm ernährt. Ärzte haben herausgefunden, dass sie der «Dreiviertel-Regel» folgen – sie hören zu essen auf, wenn sie sich etwa «drei Viertel voll» fühlen (und nicht erst, wenn nichts mehr reingeht). Bei Tieren führt eine verminderte Kalorienzufuhr nachweislich zu einer erhöhten Lebensdauer – vieles spricht dafür, dass es bei Menschen genauso ist. Wäre doch schön, noch zu erleben, ob das stimmt …

Mit dem Rotstift das Gewicht reduzieren

[866] Kaufen Sie Kästchenpapier (oder fertigen Sie am Computer ein Diagramm an). Kleben Sie den Zettel über Ihrer Waage an die Wand. Wiegen Sie sich jeden Morgen und tragen Sie Ihr Gewicht mit Rotstift in die Graphik ein. Sie werden automatisch den Tag über darauf achten, weniger zu essen, wenn Sie z.B. nach einem Festmahl am Vortag 500 Gramm mehr wiegen. Sich nur zu wiegen reicht nicht (sonst vergisst

man immer ganz geflissentlich, wie viel man gestern oder vorgestern wog), ebenso wenig wie das reine Aufschreiben der Zahlen – die Entwicklung muss deutlich sichtbar werden. Deshalb sollte der Stift auch rot sein.

Ein Pfund abnehmen durch eine entspannende Grundsatzentscheidung

[867] Ja, ja, man soll weiter weg parken oder eine Station vor dem Ziel aus dem Bus steigen. Aber wer hat schon die Zeit dazu? Eine Mini-Variante dieser Idee ist aber machbar – und besser als nichts. Statt vier Straßen weit weg zu parken, wählen Sie auf dem Parkdeck des Einkaufszentrums oder dem Parkplatz Ihrer Firma den vom Eingang am weitesten entfernten Platz.

Wenn man davon ausgeht, dass die meisten Menschen täglich mindestens zweimal irgendwo parken, dann laufen

[867]

sie allein durch diese Mini-Änderung gut 50 Kilometer mehr im Jahr – und verbrennen auf diese Weise 3500 Kilokalorien, nehmen also ein Pfund ab (oder nicht zu). Zugleich sparen Sie sich Entscheidungs-Stress: Der US-Psychologe Barry Schwartz fand heraus, dass uns das konstante Bemühen, stets die beste Entscheidung zu treffen, ungeheuer stresst. Auch deshalb ist eine Grundsatz-Entscheidung für einen unbeliebten und daher immer freien Parkplatz zuträglich.

Begründete Sorgen

[868] Wenn Sie sich nicht alljährlich beim Arzt durchchecken lassen, dann höchstwahrscheinlich, weil Sie sich vor dem möglichen Ergebnis fürchten. Machen Sie noch heute einen Termin!

Vorsorge ist besser als Nachsorge

[869] Krankenkassen sind Wirtschaftsunternehmen. Wenn die eine Vorsorgeuntersuchung bezahlen, dann, weil es günstiger ist, eine Krankheit auf diese Weise zu verhindern, als sie hinterher zu behandeln. Durch Vorsorgeuntersuchungen werden also viele Krankheitsausbrüche verhindert, sonst würden sie nicht übernommen. Nutzen Sie das Angebot und bleiben Sie gesund. Die folgenden Vorsorgeuntersuchungen werden von allen Kassen übernommen, aber fragen Sie ruhig mal bei Ihrer Versicherung nach, was sie noch zusätzlich im Angebot hat:

- Früherkennungsuntersuchungen beim Neugeborenen
- Früherkennungsuntersuchungen bei Kindern und Jugendlichen
- Zahnprophylaxe bei Kindern und Jugendlichen
- Krebsfrüherkennung für Frauen: gezielte Anamnese, Abstrich vom Gebärmutterhals, Untersuchung der inneren und äußeren Geschlechtsorgane
- Chlamydien-Screening: Untersuchung auf genitale Chlamydia-trachomatis-Infektionen bei Frauen, die sexuell aktiv sind
- erweiterte Krebsfrüherkennung für Frauen: Fragen nach Veränderung von Haut oder Brust; zusätzliches Abtasten von Brust und Achselhöhlen, Anleitung zur regelmäßigen Selbstuntersuchung der Brust
- Brustkrebsfrüherkennung durch das Mammographie-Screening
- Gesundheits-Check-up für Männer und Frauen mit Schwerpunkt Früherkennung von Herz-Kreislauf- und Nierenerkrankungen sowie von Diabetes: Anamnese, körperliche Untersuchung, Überprüfung von Blut- und Urin-Werten, Beratungsgespräch

- Hautkrebsscreening für Männer und Frauen
- Krebsfrüherkennung für Männer: Tastuntersuchung der Prostata und der äußeren Genitalorgane
- Darmkrebsfrüherkennung für Männer und Frauen: Untersuchung auf verborgenes Blut im Stuhl oder
- maximal zwei Früherkennungs-Darmspiegelungen (Koloskopien)
- Früherkennung von Krankheiten bei Schwangeren gemäß den Mutterschafts-Richtlinien.

Zahnseide benutzen

[870] Hat Ihr Zahnarzt bestimmt auch schon mal gesagt, oder? Und, tun Sie's? Sollten Sie aber! Dr. Sabine Köhler, Präsidentin des Medizinischen Beratungsdienstes der Zahnärzte, erklärt: «Dass die gründliche und regelmäßige mechanische Reinigung der Zähne sehr viel zu deren längerem oder dauerhaftem Erhalt beiträgt, hat sich in den letzten vierzig bis fünfzig Jahren herumgesprochen. Doch obwohl die Zahnbürste technisch enorm weiterentwickelt wurde, bleibt allen Bürsten gemein, dass die Zahnzwischenräume mehr oder minder schlecht erreicht werden.

Immer schon haben die Menschen Nahrungsreste, die sich in den Zahnzwischenraum eingebissen hatten, mit Hilfe eines Garnfadens entfernt: die Geburt der Zahnseide. Und da die Karies vorzugsweise zwischen den Zähnen ihren Anfang nimmt, wo eine Sichtkontrolle ohne den Einsatz von technischem Gerät wie z. B. Röntgen nicht möglich ist, ist ein Utensil zur effizienten Zahnzwischenraumpflege schon eine Idee, die die Welt ein wenig besser gemacht hat.»

Guten Argumenten zum Trotz liegt jedoch der Verbrauch von Zahnseide in Deutschland bei gerade einmal drei Metern pro Jahr und Kopf (in den USA sind es bereits fünfmal so viel). Dabei verbergen sich gerade zwischen den Zähnen bis zu 40 Prozent des Zahnbelags, der letztlich Parodontitis und Karies auslösen kann. Und auch der Atem profitiert von der Interdentalpflege, weil geruchsbildende Bakterien beseitigt werden. Das amerikanische «Journal of Periodontology» veröffentlichte zudem zwei Studien, die darauf hindeuten, dass die Bakterien, die Plaque verursachen, auch die Gefahr eines Herzinfarkts messbar erhöhen.

Wichtig: Benutzung vom Zahnarzt zeigen lassen, sonst reinigen Sie recht wenig, könnten aber stattdessen das Zahnfleisch verletzen. Ach ja, und natürlich täglich mindestens zweimal zwei Minuten Zähne putzen, aber wenigstens das tun Sie doch wohl jetzt auch schon. Oder??

Viel hilft wenig

[871] Viele Vitaminpillen enthalten zu hohe Mengen einiger Vitamine und Mineralstoffe, und viele Nutzer nehmen dann auch noch zwei oder drei – nach dem Motto: Viel hilft viel.

Stimmt aber nicht: Überdosen von Vitamin A, Kupfer, Eisen, Magnesium und Zink können den Körper schwächen und sogar Krebserkrankungen begünstigen. Präzise Empfehlungen – untergliedert nach Männern und Frauen sowie nach Alter – finden Sie bei der Deutschen Gesellschaft für Ernährung e.V. unter www.dge.de/modules.php?name=Content&pa=showpage&pid=3&page=1.

Wasser reinhalten

[872] Abgelaufene oder nichtverbrauchte Medikamente nicht ins Klo schütten oder in den Müll schmeißen. So oder so landen die Wirkstoffe im Wasserkreislauf (bei der Müllverbrennung über den Umweg des Rauchs, auf den Regen fällt),

weil weder Wasser- noch Rauchfilter sie zu fassen bekommen. Und so reichern wir letztlich unser Wasser mit immer mehr Chemikalien an – in den USA konnten bereits Spuren von Medikamenten in Trinkwasser und Tafelwasser nachgewiesen werden. Bringen Sie den Arzneimittelmüll deshalb in die Apotheke zurück oder zum Recyclinghof.

[873] Auch anderer Müll – von Essensresten bis zu Tampons, Kondomen und Make-up-Pads – gehört nicht in die Toilette. Diese Dinge verstopfen die Abflussrohre (= teurer Klempnerbesuch) und müssen später in der Wasseraufbereitungsanlage aufwendig (= teuer) ausgefiltert werden. Essensreste können zudem (in seltenen Fällen, wenn Sie regelmäßig Reste ins Klo entsorgen) Ratten aus der Kanalisation bis in Ihre Kloschüssel locken.

[874] Werfen Sie Einmal-Kontaktlinsen («Tageslinsen», «Dailies») in den Müll, nicht ins Waschbecken oder die Toilette. Weil sie so klein sind, können sie den Wasserfiltern durchrutschen und sogar im Meer enden. Weitsichtige bemerken sofort: Gilt natürlich entsprechend auch für Monatslinsen und reguläre Haftschalen.

Kämpfen Sie gegen die Superviren

[875] Engagieren Sie sich gegen «Superviren»: Nehmen Sie Antibiotika nur, sofern es wirklich nötig ist, statt bei jedem Husten gleich den Arzt darum anzubetteln. Und wenn, dann nehmen Sie die Medikamente zu Ende – sonst sterben die Viren nicht, sondern «gewöhnen» sich lediglich an das Arzneimittel und werden auf die Dauer immun. Verwenden Sie außerdem keine antibakteriellen Seifen und Reiniger, sie haben den gleichen Effekt: Auf die Dauer werden die Krankheitserreger resistent, außerdem töten sie für den Menschen nützliche Bakterien auf der Haut gleich mit ab.

Biofleisch gegen Killerbakterien

[876] Biofleisch ist nicht nur unmittelbar gesünder für denjenigen, der es isst. Sondern auch indirekt für uns alle. Damit die in Massen gehaltenen Tiere nicht krank werden und wegsterben, bekommen nämlich viele vorsorglich Antibiotika (in den USA werden bereits über 40 Prozent der produzierten Antibiotika an Tiere verfüttert). Doch die werden am Ende von den Tieren (oder uns Menschen) ausgeschieden – und tragen zum Entstehen von «resistenten Stämmen» bei, also Krankheitserregern, die gegen die Arzneimittel immun sind.

Ein weiterer Grund, in organische Aufzucht zu investieren.

Insekten statt Menschen vernichten

[877] Meiden Sie Insektenvernichtungsmittel. Kinder, die in Haushalten aufwachsen, wo Pestizide eingesetzt werden, erkranken mit deutlich höherer Wahrscheinlichkeit an Leukämie. Und für Erwachsene ist das Zeug dann sicher auch nicht gut: Die giftigen Gase aus nur einem einzigen Sprühstoß lassen sich noch nach 72 Stunden in der Luft nachweisen. Personen, in deren Haushalt regelmäßig Pestizide zum Einsatz kamen, litten zudem später mit einer 70 Prozent höheren Wahrscheinlichkeit an der Parkinson-Nervenkrankheit. Selbst wenn es Mühe macht: Weichen Sie auf ungefährliche Alternativen aus.

Nase laufen lassen

[878] Je öfter und heftiger erkältete Personen sich die Nase putzen, desto länger hält die Erkrankung an. Sich die Nase nur abzuwischen, hat hingegen keinerlei Auswirkungen auf den Verlauf der Erkältung. Charles Gerba, Mikrobiologe an der

Universität Arizona, erklärt warum: «Bei jedem Naseputzen blasen Sie virusinfizierten Schleim in die Nebenhöhlen, was die Angelegenheit verschlimmert. Daher gilt: Je undramatischer das Verhalten, desto besser. Am besten lassen Sie Ihre Nase laufen und wischen nur hin und wieder den Schleim weg. Das ist aus medizinischer Sicht das Beste.» (Ganz besonders schlimm sind übrigens Stofftaschentücher, denn die Viren überleben die Wäsche und verteilen sich auf allen anderen Kleidungsstücken.)

Sieben Tage – oder eine Woche

[879] Für manche Krankheiten oder Zipperlein finden Sie im Internet zig verschiedene Heilmöglichkeiten. Davon funktioniert garantiert keine; bestenfalls dauert der Schnupfen dann sieben Tage statt einer Woche. Sparen Sie Zeit, Geld, Hoffnung.

Liebesfilme gegen Laufnase

[880] Liebesfilme zu gucken schützt vor Erkältungen. Das ergab ein medizinischer Feldversuch: Das Ansehen von Filmen, die uneigennütziges Handeln oder Romantik in den Mittelpunkt stellten, erhöhte den Anteil des Immunglobulins A (IgA) im Blut – ein guter Schutzwall gegen Erkältungs- und Grippeviren. Jemand zu lieben (und zwar nicht nur sexuell, sondern überhaupt) hat denselben Effekt und senkt zudem das Herzinfarkt-Risiko.

Ach, deshalb haben wir zwei Hände

[881] Wenn Sie erkältet U-Bahn fahren, halten Sie sich beim Husten die Hand vor den Mund. Und greifen Sie dann mit der *anderen* Hand zum Haltegriff. Wenn doch nur alle so rücksichtsvoll wären wie Sie! (Aber keine Panik – Ärzte haben festgestellt: 20 Sekunden Händewaschen mit Wasser und Seife nach Fahrtende reichen für die Gesundheit.)

Aids noch immer keine Chance geben

[882] «Gib Aids keine Chance» – den Spruch kennt jeder, aber erfreulicherweise ist Aids ja ein alter Hut, die Zahl der HIV-Neuinfektionen ist vernachlässigbar, und betroffen sind vor allem homosexuelle Männer. Leider (bis auf die Bekanntheit des Verhütungs-Spruchs) lauter Vorurteile:

In den neunziger Jahren kam es in Deutschland jährlich zu etwa 2000 Infektionen mit dem HI-Virus – aktuell sind es etwa 3000 im Jahr. In Österreich liegt die Zahl der Neuinfektionen bei gut 500/Jahr, in der Schweiz um 700. Betroffen sind tatsächlich zu circa zwei Dritteln schwule Männer. Das heißt umgekehrt aber auch: Allein in Deutschland infizieren sich 1000 Frauen und Heteros pro Jahr ebenfalls, entweder beim Geschlechtsverkehr oder durch infizierte Spritzen beim Drogenkonsum.

Darum: Kondome verwenden (gibt's auch in Banane und Erdbeer), bis man einander sicher treu ist (und wenn es doch mal anders kommt, sollte der Fremdgänger wenigstens einen Überzieher benutzen bzw. die Fremdgängerin sollte auf dessen Verwendung bestehen – dann kommt zum schlechten Gewissen nicht noch das gesundheitliche Risiko). Und (obwohl man natürlich gar keine Drogen nehmen sollte) beim Drogenspritzen immer sterile Nadeln verwenden und sie nie mit jemand anders teilen. Wer sich an die zwei Regeln hält, erhöht die eigene Überlebenschance ganz erheblich. (Wenn Sie Teenager haben oder kennen: Lassen Sie sie den Text oben lesen. Und drücken Sie ihm oder ihr ein Päckchen Kondome in die Hand.)

Politik & Gesellschaft

Nichts passiert

[883] «Was man nicht macht, passiert nicht.»

BEN BECKER ist Schauspieler («Schlafes Bruder», «Comedian Harmonists»), Sänger und Kinderbuchautor («Bruno. Der Junge mit den grünen Haaren»)

Partygespräche

[884] «Mein Punkt, an dem man die Welt etwas besser machen könnte: Partygespräche. ‹Und, was machst du so, beruflich?› ‹Ich bin Kreativdirektor, also ich mache Werbung.› ‹Aha, interessant! Und deine Frau?› ‹Die ist zu Hause mit den drei Kindern.› ‹Oh ...› Nach einer gewissen Zeit wird eines immer wieder deutlich: Wer keine (bezahlte) Arbeit hat, muss sich früher oder später rechtfertigen, und man hat das Gefühl, dies wäre irgendwie weniger wertvoll für die Gesellschaft im Allgemeinen. Und das ist ein Problem.

CHRISTOPH EVERKE ist Geschäftsleiter Kreation bei Serviceplan Campaign

Ein Problem, das übrigens faktisch gar nicht zu lösen ist, denn es gibt immer weniger bezahlte Arbeit in unserer postindustriellen Gesellschaft. Eine Vollbeschäftigung ist vollkommen unmöglich. Und auch gar nicht notwendig, wirtschaftlich gesehen.

Das Problem ist also ‹nur› in unserem Kopf. Wir definieren uns und unseren Wert über unsere Arbeit. Besser: über bezahlte Arbeit. Noch besser: über besser bezahlte und ‹hochwertigere› Arbeit. Das ist aber nicht nur realitätsfern (s. o.), sondern auch unfair.

Meine Utopie wäre nun: eine Gleichstellung von nichtbezahlter und bezahlter Arbeit. Nicht bloß ein anerkennendes oder, schlimmer noch, abschätziges Lächeln. Sondern das Verständnis dafür, dass ohne nichtbezahlte Arbeit unsere Gesellschaft nicht denkbar wäre. Dass es also nicht nur gleichwertig, sondern ‹systemrelevant›, also auch zu fördern, zu unterstützen und wertzuschätzen ist. Nicht als unfreiwillige Alternative mangels anderer Möglichkeiten, sondern als unbedingt notwendiges Engagement, um anderen Möglichkeiten zu geben: Kindern, Senioren, Kranken, Gesunden, durch Kunst, Bildung, Wissenschaft, durch die Vermittlung von Werten, sozialen Kompetenzen, kurzum also dem, was unsere Gesellschaft im Innersten zusammenhält.

Ich finde, die Welt wäre ein bisschen besser, wenn wir zumindest damit anfingen, den Wert eines Menschen nicht nach seiner Arbeit, sondern seiner Tätigkeit, seinem Engagement zu beurteilen. Das wäre nicht nur fair, sondern auch angemessen. Und es würde auch das Problem lösen, das ich am Anfang beschrieben habe: Partygespräche. Denn eines ist sicher: Menschen engagieren sich nur für das, was sie wirklich bewegt. Auch ohne Bezahlung. Und darüber lässt sich stundenlang großartig reden.»

Problembewusstsein für männliche Gewalt wecken

LISA FITZ ist Kabarettistin, Schauspielerin und Sängerin (www.lisafitz.de)

[885] «Der Kriminalforscher Prof. Dr. Joachim Kersten sagt: ‹Gewalt ist männlich dominiert.› Der Anteil der Frauen an der weltweiten Gewalt und bei globalen Kriegsgeschehen ist vernachlässigbar. Es gilt, mit vereinten Kräften dafür zu sorgen, dass man die Männer lehrt – vor allem junge Männer, die oft wandelnde Zeitbomben sind, wenn ihre Energie nicht frühzeitig positiv kanalisiert und ausgerichtet wird; aber auch die alten Männer, die im Fallen gern alles mit sich reißen –, dass man sie von klein auf lehrt und dazu erzieht, ihre Aggression in den Griff zu be-

kommen. Die ist mit dem hohen Testosteronspiegel nicht zu entschuldigen, eher mit sozialer Schieflage und gesellschaftlichen Missständen. Ich habe bis dato nicht gehört, dass Frauen in diesem Ausmaß Kriege anzetteln oder voller Machtgier ihre Verantwortung missbrauchen und Gelder missverwalten – aber sie denken sich zu schwach, und sie interessieren sich viel zu wenig für Politik.

Da Weltfrieden und globale Gleichstellung der Frau in unerreichbarer Ferne zu sein scheinen, braucht es eine Weltregierung, die per Gesetzeserlass dafür sorgt, dass Männer sowohl in ihrer Kriegsbereitschaft wie auch ihrem martialischen Denken und in ihren patriarchalischen Sicht- und Verhaltensweisen limitiert und gebremst werden. Da nicht zu erwarten ist, dass das durch Freiwilligkeit geschieht, muss zuerst das Problembewusstsein gefördert werden, indem man das Problem benennt und eingrenzt, also nicht sagt: die ‹Gewalt in der Welt›, sondern die ‹*männliche* Gewalt›. Das Streben nach Weltfrieden darf man nicht als Öko- und Müslifresser-Gequatsche abtun, wir sollten es so ernst nehmen, wie es nur geht.»

Schon im Antrag liegt die Kraft

[886] «Die internationale Staatengemeinschaft (UNO) sollte beschließen, dass bei Kriegen, Terror-Anschlägen oder ihrer Bekämpfung die Zivilbevölkerung nicht attackiert werden darf. Denken wir an Tausende getötete, verletzte und auf Lebzeit traumatisierte Kinder, Frauen, Männer (die sogenannten Kollateralschäden) in Afghanistan, im Irak, in Palästina–Israel, Nordafrika etc. Alle verantwortlichen Politiker und Militärs sowie auch die Täter selbst müssen wie gewöhnliche Verbrecher vor einem internationalen Gericht verurteilt werden. Die Ausrede, auf Befehl oder in Notwehr gehandelt zu haben, darf nicht als mildern-

CARLOS OBERS ist Werbetexter

der Umstand gelten. Es gibt keine Notwehr gegen unbewaffnete Zivilisten, und Kriegsverbrechen sind grundsätzlich nicht befehlbar.

Da die globale Finanz- und Warenwirtschaft zunehmend für alle Staaten lebensnotwendig wird, können Sanktionen heute mehr denn je durchgesetzt werden. Interessant wäre, zu erleben, welche Staaten sich einer solchen UNO-Resolution widersetzen. Ich fürchte: nicht nur Nordkorea, vielleicht sogar die USA und Russland. Der Weltbevölkerung dies vor Augen zu halten, wäre aber schon der erste Schritt zum Erfolg.»

DIETER KÜRTEN ist «Mr. Sportstudio» – er moderierte das «aktuelle Sportstudio» im ZDF 375-mal

Wenn man Frieden haben will, muss man ihn selber tun

[887] «Vielleicht hilft dieser Liedtext, den ich einem Kirchengesangbuch entnommen habe:

Vom Frieden reden hilft nicht viel,
auch nicht, dass man marschiert.
Er kommt wie Lachen, Dank und Traum,
schon wenn man ihn probiert.
Der Friede wächst, wie Rosen blühn,
so bunt, so schön, so still.
Er fängt bei uns zu Hause an,
bei jedem, der ihn will.
Die Angst vor Streit und Hass und Krieg
lässt viele oft nicht ruhn.
Doch wenn man Frieden haben will,
muss man ihn selber tun.
Man braucht zum Frieden Phantasie
und Liebe und Verstand,
und wo es was zu heilen gibt:
Da braucht man jede Hand.»

Natur nah

[888] «Unser Kinderbuch ‹Kleines Wunder im Wald› widmeten wir ‹all denjenigen, die wilde Orte schützen und sich um wilde Wesen kümmern›. Wir fänden es großartig, wenn sich alle Länder zusammentäten, um Steuererleichterungen oder Unterstützungen zu vereinbaren, die kleine Grünflächen schützen, Waldstückchen oder Marschen, wo Vögel, Tiere und Menschen in dieser wilden Welt zur Ruhe finden können. Es sind diese ganz besonderen Orte, an die wir fliehen können, um das Wunder Natur ganz in der Nähe unseres Zuhauses zu erfahren.»

CARL R. SAMS II & JEAN STOICK sind Autoren der preisgekrönten Kinderbücher «Das Geheimnis im Winterwald» und «Kleines Wunder im Wald»

Kicken: ja; talken: nein

[889] «Ein generelles Verbot von Fußballerinterviews – ach, was sage ich: Sportlerinterviews! – kann die Welt schon erheblich verbessern.»

DR. STEPHAN VOGEL ist Executive Creative Director bei Ogilvy & Mather

Verbal abrüsten

[890] «Ich schlage vor, dass wir Politiker ein Beispiel für faire und sachliche Diskussionen geben sollten, indem wir auch anderen Meinungen mit Respekt begegnen. Dazu ist es erforderlich, bei der Wortwahl ‹abzurüsten›. In den neunziger Jahren (um nicht ins aktuelle Geschehen einzugreifen) gab es beispielsweise Ausdrücke wie ‹Asylantenschwemme› oder ‹Die Lehrer sind faule Säcke› aus dem Munde hochrangiger Politiker. Es müsste doch möglich sein, den eigenen Standpunkt durchaus pointiert, aber nicht verletzend zu formulieren.»

DR. MAX STADLER ist FDP-Abgeordneter im Deutschen Bundestag

Und das müsste doch nicht nur Politikern möglich sein, sondern im Grunde jedem von uns.

Weniger Gesetze

PROF. DR. CLAUS HIPP ist geschäftsführender Gesellschafter der Firma Hipp (Babynahrung)

[891] «Die Überregulierung belastet und behindert uns. Für jedes neue Gesetz muss mindestens ein altes beseitigt werden.»

Zehn Prozent Freiheit

DIETMAR DAHMEN ist Creative Director

[892] «Wir nähern uns ÜBER-Strukturierung. Wir brauchen mehr FREIRÄUME. Deshalb ist mein Vorschlag: die Zehn-Prozent-Chaos-Regel. Mindestens zehn Prozent des Landes soll wild, unstrukturiert, unverplant sein. Und mindestens zehn Prozent des Meeres. Und zehn Prozent der Arbeitzeit. Und zehn Prozent des Lebens. Zehn Prozent von allem. Das verbessert Artenvielfalt. Ideenvielfalt. Lebensvielfalt.

BrUMMm 43§$ Jodel SaMstag fett»

Die eigenen Augen

OLAF CZESCHNER ist Geschäftsführer Kreation bei Neue Digitale/Razorfish

[893] «Klatsche nur im Notfall mit, wenn der Typ auf der Bühne in die Menge ruft: ‹Und jetzt alle!› Das ist eine Philosophiefrage: Klar, es gibt immer Autoritäten im Leben. Das ist gut so – diese Autoritäten prägen unsere persönliche Denkweise, inspirieren und eröffnen neue Perspektiven. Aber die Welt wird ein besserer Ort, wenn man Autoritäten hin und wieder hinterfragt und Dinge niemals tut, nur, weil es alle tun.»

Weltweite Währung

[894] «Wir sollten eine eigene Währung schaffen für die Region mit der stärksten Wirtschaftskraft: das Internet. Es wäre die härteste Währung der Welt, und alle anderen Währungen würden im Verhältnis 1:1 dazu gewechselt. Dies würde vielen Menschen auf diesem Planeten eine Kaufkraft bescheren, die sie im normalen Leben nie hätten, und einigen Ländern ungeahnte Möglichkeiten von wirtschaftlichem Wachstum ermöglichen.»

AMIR KASSAEI ist CCO der Werbeagentur DDB

Wir brauchen überirdische Energie

[895] «Die Welt besser machen muss heute zwingend bedeuten: Verabschieden wir uns unverzüglich von der Atomenergie! Da aber ohne Energie nichts geht, bedeutet das: Machen wir mobil für den umfassend angelegten Wechsel zu erneuerbaren Energien! Diese sind die nichtfossile Alternative zur Atomenergie: reichlich und überall vorhanden. Keine Importabhängigkeit, keine Erpressbarkeit, Energie für alle und für alle Zeiten. Keine Emissionen, kein Atommüll, keine Treibhausschäden, kein Gestank, keine Gesundheitsschäden, kein Waldsterben, keine Übersäuerung der Gewässer, keine energetische Meeresverschmutzung.

Keine Energiemonopole mehr mit ihren willkürlichen Preissteigerungen! Nur noch Kosten für die Technik, mit der wir die kostenlose Primärenergie ernten und umwandeln. Die technologische Revolution ist der Ansatz dafür, mit ihr senken wir durch Optimierung und Massenproduktion der Anlagen laufend die Kosten. Die Spielräume dafür zu öffnen ist die Aufgabe der Politik.

Das ist der Weg von der unterirdischen zur überirdischen Energie: der Abschied von Öl als der ‹Träne des Teufels›, wie

DR. HERMANN SCHEER, SPD, ist Mitglied des Deutschen Bundestages. 1999 wurde ihm der Alternative Nobelpreis für sein Engagement für Solarenergie verliehen

einst der Ölmagnat Rockefeller in einem weisen Moment sagte, von der Kohle, vom Erdgas und dem Uran. Erneuerbare Energien durchströmen die Atmosphäre des Erdballs. Wir können uns die Sonnenwärme, das Sonnenlicht, den Wind, die Laufwasserkräfte, die fotosynthetischen Zuwächse an organischen Substanzen, die Wellenkräfte aneignen – ohne Förderlizenzen, ohne Fördertechniken, ohne Pipelines und Tankschiffe, ohne Brennstoffkosten. Die Zivilisation hat nur noch eine Chance, wenn sie dieselbe Energie nutzt wie die sonstige Natur auch – der Unterschied zwischen Zivilisation und Natur ist unsere Fähigkeit zur Entwicklung und zum Einsatz von unterstützenden Technologien. Aber gleichzeitig sind wir verpflichtet, die Naturgesetze zu respektieren. Das ist nur möglich mit erneuerbaren Energien.»

Gründergeist für alle

[896] «Verbinden wir unser Engagement für eine bessere Gesellschaft mit der Lust zu einem sparsamen, ideenreichen, kreativen Umgang mit Ressourcen. Ein eigenes Unternehmen zu gründen ist heutzutage nicht länger etwas völlig Außergewöhnliches. Gute Konzepte sind viel wichtiger als Kapital. Außerdem kann man viel radikaler als bisher Arbeitsteilung auch auf dem Gebiet der Unternehmensgründung anwenden. Gründer müssen nicht in allen Bereichen ihres Unternehmens einschlägig ausgebildet sein. Statt alles von Grund auf selbst aufzubauen, ist es heute möglich, Ihr ‹Ideenkind› aus bereits vorhandenen Bausteinen zusammenzusetzen. Damit sind Sie von Anfang an professionell, hocheffizient, virtuell und global. Ökonomie kann die schönste aller Künste sein: schöpferisches Gestalten, das zu Ort, Zeit und Person passt und eine tragfähige, dauerhafte ökonomische Perspektive eröffnet.»

PROF. GÜNTER FALTIN ist Volkswirtschaftler und lehrt an der FU Berlin; 2009 erhielt er den Sonderpreis des «Deutschen Gründerpreises»

Sport fördern

[897] «Ich habe in meiner Jugend erfahren, dass Sport einen Menschen positiv prägt. Man lernt Teamfähigkeit und Fairness, den Umgang mit Erfolgen ebenso wie mit Niederlagen – um nur einige Beispiele zu nennen. Inzwischen hat die medizinische Forschung sogar herausgefunden, dass Sport schlauer macht. Da müssen wir alle gemeinsam anpacken und vor allem diejenigen unterstützen, die sich ehrenamtlich im Jugendsport engagieren. Wer sich ehrenamtlich in der Jugendarbeit engagiert, leistet einen unverzichtbaren Dienst an unserer Gesellschaft.»

DIETMAR HOPP ist Mitbegründer der Softwarefirma SAP, Sportförderer und Stifter (Dietmar Hopp Stiftung)

Reparaturoffensive für das Handwerk

[898] «Schon lange träume ich von einer Reparaturoffensive. Damit mein Lieblings-Kfz-Klempner Scholz in Hünfeld wieder seine Hauptkunst ausspielen kann: wie früher mit ein paar Handgriffen den Motor wieder in Gang, den Fensterheber hinten wieder in Schwung zu bringen. (Dafür würde ich in Kauf nehmen, Schiebedach und Fenster wieder mit der Hand zu kurbeln. Und dafür vielleicht ein paar Kilojoules weniger in der Fitness-Bude verbrennen.) Also: Endlich mit einem gesetzlichen Kraftpaket das von der Abwrackprämie gebeutelte Handwerk stärken, kulturell das Reparaturbewusstsein stärken und eine Vielzahl von Produkten auf Reparaturfreundlichkeit checken. Das heißt dann: nicht mehr bloß Elemente ‹austauschen›, den hochverzinkten, nicht recycelbaren Müll dann irgendwo deponieren, in der Hoffnung auf Müllpiraten im nächsten Morgengrauen. Statt konzernpatentierter roboterverschweißter Aggregate, die mit gigantischem CO_2-Ausstoß auf der rechten Autobahnspur von LKW-Schlangen über Tausende von Kilometern geschippert werden, bringt Reparatur neue Arbeitsplätze!

DR. DIETHER DEHM ist europa- und mittelstandspolitischer Sprecher der Fraktion Die Linke im Deutschen Bundestag sowie Musikproduzent und Songschreiber («Tausendmal berührt»)

Dafür müsste der Staat Maschinen-, Unterhaltungstechnik- und Kfz-Bau-Konzerne gesetzlich zwingen, endlich reparaturfreundlich zu produzieren. Weg und Ziel wären identisch: ein von Warentest-Instituten, Handwerkskammern oder elektronischen Kundennetzwerken vergebenes Zertifikat (Vorschlag meinerseits: ‹IRREparabel›), um sofort vor dem Kauf zu warnen. Läuft die Reparaturoffensive, kommt das Label: ‹handwerk-freundlich-reparabel› drauf. Als Aufkleber in staatlicher Lizenz. Dazu: auf sieben Prozent ermäßigte Mehrwertsteuer fürs Reparaturhandwerk (laut EU durchaus möglich!), Ein-Prozent-Zins für ‹Start-ups/Jungunternehmen›, Steuerstundung bei drohender unverschuldeter Insolvenz.

Anzuregen wäre kulturell ein Unterhaltungs-TV-Format über die neuen Daniel Düsentriebs im Reparaturhandwerk, neue Arbeitsplätze und die finanziellen und ökologischen Spareffekte – das hilft, gesellschaftlich ein Klima zu schaffen, damit Müll vermieden, Stoff geschont und CO_2 gespart werden kann.»

Streikende unterstützen

[899] «Wenn in Ihrer Nachbarschaft, in Ihrem Ort die Belegschaft eines Betriebes streikt, dann gehen Sie doch einfach mal hin und erkundigen sich, für was die Kolleginnen und Kollegen streiken. Bieten Sie dann Ihre Unterstützung an, Sie haben dazu viele Möglichkeiten: Sie können z. B. eine Solidaritätsadresse schreiben, sich an die örtlichen Medien wenden, Ihre Bekannten von den Anliegen der Streikenden unterrichten. Es gibt viele Möglichkeiten, Streikende zu unterstützen und für ihre Forderungen mehr öffentliche Aufmerksamkeit zu erzeugen.»

KLAUS ERNST ist stellvertretender Partei- und Bundestags-Fraktionsvorsitzender von Die Linke

Wahlrecht für Kinder

[900] «Als man mir in der Schule zum ersten Mal erklären wollte, was Demokratie ist, schrieb die Lehrerin diesen einen Satz an die Tafel: ‹Jeder Mensch hat eine Stimme.› Ich glaube, ich war damals 14 Jahre alt. Und ich glaube mich auch daran zu erinnern, dass mein Banknachbar Florian damals fragte: ‹Aber warum darf ich dann erst in vier Jahren wählen?›

Die Antwort, die Florian daraufhin bekam, habe ich längst vergessen. Wahrscheinlich, weil sie schon damals so selbstherrlich und langweilig klang, wie es

DR. DOMINIK WICHMANN ist Chefredakteur des «Süddeutsche Zeitung Magazins»

auch heute fast immer klingt, wenn uns Politiker und Beamte erklären, warum sie so vieles besser zu wissen glauben als das Volk, das ihnen ihre Gehälter zahlt.

Säuglinge, Kinder und pubertierende Jugendliche haben Rechte und haben Pflichten. Sie können zum Beispiel ein Konto besitzen, eine Villa in Hamburg-Blankenese oder beides zusammen – selbst wenn sie noch nicht mal einen Löffel halten können oder jeden Tag besoffen an der Haustür stehen (in beidem unterscheiden sie sich übrigens nicht immer von den Erwachsenen). In solchen Fällen nehmen die Eltern stellvertretend für das Kind dessen Rechte als Eigentümer wahr – und niemand wundert sich darüber. Wählen dürfen sie jedoch nicht, solange sie nicht volljährig sind – und auch darüber wundert sich niemand.

Was aber würde passieren, wenn in Zukunft auch Kinder wahlberechtigt wären – und ihr Wahlrecht bis zum 18. Geburtstag stellvertretend von ihren Eltern ausgeübt werden würde? Zunächst einmal hätten wirklich alle Bürger dieses Staates eine Stimme; kinderreiche Familien stellten unversehens eine ziemlich attraktive Klientel dar – und zwar für alle Parteien; mit den neuen Wählergruppen rückten unmittelbar auch jene Themen ins Zentrum der politischen Auseinandersetzung, die für die Zukunft unseres Gemeinwesens so wichtig sind: der Umweltschutz, die Bildungspolitik, die Sanierung der Staatsfinanzen und die Gerechtigkeit zwischen den Generationen. Den derzeit etwa 20 Millionen Wahlberechtigten über 60 Jahre stünden plötzlich ungefähr 14 Millionen Wähler unter 18 Jahre entgegen. ‹Die fehlende Fähigkeit, ein Recht auszuüben›, schreibt dazu der Verfassungsrechtler Paul Kirchhof, ‹hindert nicht die Berechtigung.›

Mehr Wettbewerb um diese Stimmen wäre das Ergebnis. Mehr Diskurs innerhalb der Familien. Mehr Zukunft im Alltag. Mehr Chancen für alle.»

Demokratie braucht Demokraten

[901] «Demokratie braucht Demokraten. Nur wer Demokratie und Politik versteht, setzt sich dafür engagiert ein. Deshalb muss Politik in die Schule gehen und jungen Menschen Demokratie nahebringen.»

KATJA MAST, SPD, macht in ihrem Schulprojekt «Junger Rat für Mast» Jugendliche zu Politikberatern (www.katja-mast.de)

Wählen gehen

[902] Wir verbringen Stunden damit, auf eBay und Preisvergleichsportalen Schnäppchen hinterherzujagen. Handys zu vergleichen. Bedienungsanleitungen für Spielekonsolen durchzuackern. Da müssen dann auch mal ein paar Minuten für Politik übrig sein. Sich vor einer Wahl über die wichtigsten Positionen zu informieren, um kompetent zu entscheiden, dauert nicht lange: Für www.wahl-o-mat.de stellt die Bundeszentrale für politische Bildung den Parteien konkrete Fragen zu aktuellen Sachverhalten. Man kann dann die eigenen Ansichten anklicken und erhält eine Wahlempfehlung nach Übereinstimmung. Und wer zu faul ist für einen Spaziergang am Wahlsonntag, beantragt Briefwahl. Denn Politik ist überall, und je mehr mitmachen, desto lebensnäher muss sie werden.

Nicht meckern, mitmachen

[903] «Weniger Politik an die Politikprofis delegieren – mehr Politik selber machen und sich einmischen!»

THOMAS KRÜGER ist Präsident der Bundeszentrale für politische Bildung/bpb (www.bpb.de)

Zum Beispiel kann jeder konkrete Verbesserungsvorschläge machen. Der «Petitionsausschuss des Deutschen Bundestages» ist verpflichtet, sie zu prüfen (und nicht einfach abzuheften), und leitet sie ggf. an die zuständige Stelle weiter oder lässt sie im Bundestag beraten. Der Antrag geht kurz und schmerzlos elektronisch unter www.bundestag.de/ausschuesse/a02/onlinepet/. Eine Übersicht mit Siegen und Niederlagen gibt's unter http://epetitionen.bundestag.de/.

Das Gute aussprechen

[904] «Öfter mal positiver über unsere Demokratie reden – bisher hat noch keiner eine bessere Staatsform entwickelt.»

CHRISTIAN CARSTENSEN, SPD, war Mitglied des Deutschen Bundestages (2005 bis 2009)

Partei nehmen

[905] «Engagieren Sie sich bei einer politischen Partei, am besten bei den Liberalen. Dann können Sie Ihre Ideen einbringen und Ihre Zukunft konstruktiv mitgestalten.»

DIRK NIEBEL, FDP, ist Bundesminister für wirtschaftliche Zusammenarbeit und Entwicklung

Modische Veränderung

[906] Vor Ort kann man am meisten bewegen. Schreiben Sie Leserbriefe an Ihre Lokalzeitung. Senden Sie E-Mails an Ihren Abgeordneten. Richten Sie eine Website ein mit allen Fakten zu Ihrem Anliegen und verweisen Sie in den Briefen darauf. Lassen Sie für sich und alle Ihre Freunde z.B. bei Spreadshirt (www.spreadshirt.de) oder Vistaprint (www.vistaprint.de) T-Shirts mit der Internetadresse darauf drucken (achten Sie darauf, dass die URL nicht zu lang ist). Sie können die Shirts auch an Unterstützer verkaufen, um Geld für Ihr Ziel zu sammeln.

Ministerium für eine bessere Welt

[907] «Ich selber habe beruflich jeden Tag mit Kreation und Ideen zu tun. Ich stelle aber immer wieder aufs Neue fest, dass es hier in Deutschland eine Kultur gibt, die neue Ideen eher versucht zu verhindern, als sie zu unterstützen, damit sie irgendwann auch verwirklicht werden können. Ich finde, das sollten wir ändern, da kreative Ideen nötig sind, um die Welt zu verändern.

KAI RÖFFEN ist Executive Creative Director und Managing Director der Werbeagentur TBWA

Deshalb: Jeder Mensch ist aufgefordert, seine Ideen für eine bessere Welt an das neugeschaffene ‹Ministerium für eine bessere Welt› zu schicken. Das Ministerium prüft und gibt dann Projekte frei, die mit der Unterstützung von Staatsmitteln verwirklicht werden. Um die Menschen zum Mitmachen zu motivieren, werden Ideen, die in die Tat umgesetzt werden, mit Steuerbonis/.vorteilen belohnt. So ist in Zukunft jeder involviert, wenn es darum geht, die Welt ein Stückchen besser zu machen.»

Talentscouts in die Schulen

[908] «Unsere Gesellschaft braucht alle Fähigkeiten, nicht nur die schultypisch erkannten und geförderten. Deshalb sollten ‹Talentscouts› bereits in den Schulen die Veranlagungen der jungen Menschen erkennen und ihnen Tipps geben, wie sie sich ihren Interessen und Fähigkeiten entsprechend weiterentwickeln können. Schafft man zusätzlich eine bessere Vernetzung der staatlichen und privaten Initiativen und Förderungen, könnten die jungen Menschen über ihre gesamte Schulzeit sehr erfolgreich begleitet werden. Was für ein Mehrwert für den Einzelnen und die Gesellschaft!»

DR. AXEL SCHROEDER ist Vorstandsvorsitzender der MPC Capital Stiftung

Bedingungsloses Grundeinkommen

[909] «Das Bedingungslose Grundeinkommen bezeichnet die Idee, dass jeder Mensch in jedem Land das Recht hat auf ein Grundeinkommen, das gesellschaftliche Teilnahme garantiert. Im Unterschied zu den bestehenden sozialen Leistungen wird ein Grundeinkommen an jeden Menschen einzeln ausgezahlt, ohne dass er seine Bedürftigkeit beweisen muss, ohne dass geschaut wird, wer mit wem zusammenlebt, und ohne Zwang zur Arbeit.

In einer Grundeinkommensgesellschaft haben Armut und Existenzangst keine Chance mehr. Die Beschäftigten sind nicht mehr so erpressbar. Heute wirkt die schlimme Situation der Erwerbslosen disziplinierend auf all jene, die noch einen Job haben. Ein Grundeinkommen wirkt als Katalysator für Arbeitszeitverkürzung. Wer ein Grundeinkommen von sagen wir 1000 Euro hat, kann leichter seine Arbeitszeit reduzieren.

So entsteht mehr Souveränität über das eigene Leben, mehr Zeit für Familie, Freunde, politisches Engagement und für die Muße, die heute so sträflich vernachlässigt wird. Nicht zuletzt wirkt ein Grundeinkommen als Demokratiepauschale. In einer Demokratie muss schließlich jeder und jede in der Lage sein, sich politisch einzubringen, z.B. eine Bürgerinitiative zu gründen oder zu einer Demo zu fahren – und das unabhängig von ihrem Erfolg oder Misserfolg auf dem Arbeitsmarkt.»

KATJA KIPPING ist stellvertretende Bundesvorsitzende der Partei Die Linke und Mitglied des Deutschen Bundestages

Behinderte Kinder in normale Schulen integrieren

[910] «Eine junge Frau aus meinem Wahlkreis, die mit dem Parlamentarischen Patenschafts-Programm des Bundestages ein Jahr in den USA war, berichtete mir von ihrem Aufenthalt in ihrer Gastfamilie. Eine interessante Erfahrung für die

Schülerin, und besonders eindrücklich war für sie eines: Der Sohn der Gasteltern war mehrfachbehindert und ging auf die örtliche Highschool. Mit Assistenz, aber gemeinsam mit allen anderen Schülern. Ganz normal. Diese Normalität hat den Schülern das Gefühl vermittelt: ‹Ich bin okay so, wie ich bin!› Die Austauschschülerin war sehr beeindruckt, und bei dem Bericht ist mir schlagartig klar geworden, wie eigenartig die Situation bei uns eigentlich ist.

Natürlich gibt es auch bei uns Beispiele von integrierten Schulen und Kindergärten, in meinem Wahlkreis zum Beispiel die Integrative Kindertagesstätte Andernach. Aber es ist noch längst nicht die Regel. Ich denke, hier ist ein politischer Ruck nötig, integrative Erziehung auch bei uns zum Normalfall zu machen. So wird ein selbstverständliches und gleichwertiges Miteinander aller Kinder gefördert. Sie lernen ganz nebenbei, dass es normal ist, verschieden zu sein. Und damit wird auch der Grundstein für eine spätere Integration ins Arbeitsleben gelegt.

ANDREA NAHLES ist Generalsekretärin der SPD

Für die Schülerin ist es seit ihrem USA-Aufenthalt jedenfalls normal, dass behinderte und nichtbehinderte Menschen gemeinsam leben, lernen und arbeiten. Ich denke, in diesem Fall sollten wir auch in Deutschland sagen: ‹Yes, we can!›»

Offenheit statt Angst

[911] «Genieße die kulturelle Vielfalt in unserer Gesellschaft, spüre sie auf und fördere sie. Denn die bedeutet Bereicherung für unser aller Leben. Wer will schon immer nur Sauerbraten oder Rippchen mit Sauerkraut essen? Multikulturalität ist keine Bedrohung für die Gesellschaft, sondern ein riesiges Potenzial – ein Gewinn.»

HÜLYA ÖZKAN ist Moderatorin des Nachrichtenmagazins «heute in europa» und Kriminalschriftstellerin («In deiner Hand»)

Keine Aggression, keine Verteidigung

[912] «Statt uns zu öffnen und einander wirklich zuzuhören, suchen wir oft danach, unser Urteil zu bestätigen, und die Gründe, warum wir so geurteilt haben, zu verteidigen. Wahrscheinlich tun wir dies, weil wir dann glauben können, wichtig zu sein, und es uns stolz macht, die damit verbundene Anerkennung zu erhalten. Was wir dabei oft nicht erkennen, ist, dass diese Anerkennung von denen kommt, die genauso denken wie wir, wir somit anders Denkende einfach nicht wahrnehmen und uns in letzter Konsequenz anderen Sichtweisen nicht stellen.

LOTHAR ROSENKRANZ ist President & CEO der Firma Kautex (einer der 100 umsatzstärksten Automobilzulieferer der Welt)

Das Erreichen eines komplexen Ziels wird jedoch im Wesentlichen dadurch gewährleistet, dass die Menschen vernünftig und verständnisvoll miteinander umgehen. Das ist der Gedanke der ‹diversity› oder ‹inclusion›. Natürlich sind definierte Prozesse, Regeln und Zielvorgaben notwendig. Aber der Erfolg in der Umsetzung wird durch das Wechselspiel von Verhalten und Engagement der Beteiligten bestimmt.

Dabei habe ich für mich als wichtigsten Punkt erkannt, dass unser Verhalten fast ausschließlich durch unsere (Vor-) Urteile geprägt wird. Das heißt, wir selbst bestimmen durch unser Verhalten anderen gegenüber, ob wir erfolgreich sind oder nicht, oder mit anderen Worten: Einer jeden Aggression geht ein Urteil voraus. Kein Urteil, keine Aggression. Keine Aggression, keine Verteidigung. Ist keine Verteidigung notwendig, haben wir mehr Zeit und Energie für ein konstruktives Miteinander! Natürlich funktioniert das nicht immer – aber wenn man es versucht, immer öfter.»

Leben und leben lassen

[913] «Freiheit leben und Freiheit leben lassen: jeden Tag aufs Neue die Menschen für Bürgerrechte begeistern und den Wert der Freiheit hochhalten und verteidigen.»

GISELA PILTZ ist stellvertretende Fraktionsvorsitzende der FDP im Deutschen Bundestag

Quell des Wissens

[914] «Geh an den Ursprung der Dinge, um den Zustand der Dinge zu verstehen.»

JOY DENALANE ist eine deutsche Soul- und R&B-Sängerin («Born & Raised»)

Beistand vertraglich sichern

[915] «Meine Vision: Verbindliche, vor dem Standesamt geschlossene Verträge auf Gegenseitigkeit zwischen beliebig vielen Volljährigen – unabhängig von Alter, Geschlecht oder sexueller Orientierung – garantieren den Beteiligten Beistand in schwierigen Situationen wie Krankheit oder Arbeitslosigkeit. Der Staat erkennt diese Verantwortungsgemeinschaften an und belohnt sie, etwa mit Steuererleichterungen. So tun wir etwas für das Gemeinschaftsgefühl – und retten die Sozialsysteme.»

THOMAS ÖSTREICHER ist Journalist und war Redenschreiber der schleswig-holsteinischen Ministerpräsidentin Heide Simonis

Sieg des Sozialismus

[916] «Ich glaube, dass in Zeiten des allgemeinen Krisengejammers ein paar grundsätzliche Worte nicht schaden können. Zum Thema Weltverbessern hat sich schon Rosa Luxemburg Gedanken gemacht. Sie sagte: Am Ende wird der Sieg des Sozialismus stehen, oder es wird überhaupt keine Zukunft mehr geben.

DORIS GERCKE ist Schriftstellerin, sie erfand u.a. die Ermittlerin «Bella Block»

Dem schließe ich mich an, auch wenn's altmodisch klingt. Manchmal haben Wahrheiten das so an sich …»

Lesen bringt Frieden

EVA JUNG ist Kreativdirektorin der Werbeagentur ps145

[917] «Mahatma Gandhi sagt: ‹Ihr Christen habt in eurer Obhut ein Dokument mit genug Dynamit in sich, die gesamte Zivilisation in Stücke zu blasen, die Welt auf den Kopf zu stellen, dieser kriegszerrissenen Welt Frieden zu bringen. Aber ihr geht damit so um, als ob es bloß ein Stück guter Literatur sei, sonst weiter nichts.› Darum mein Vorschlag zur Weltverbesserung: einmal im Leben die Bibel durchlesen.»

Rechtzeitig umdenken

PROF. GESINE SCHWAN, SPD, ist Politikwissenschaftlerin; sie kandidierte 2004 und 2009 für das Amt der Bundespräsidentin

[918] «Versuche, in jedem Gegner den möglichen Partner zu entdecken.»

Der Blick zurück

[919] «Wer die Welt wirklich besser machen will, wird regelmäßig einem bestimmten Blick begegnen. Man kennt ihn von Fernsehmoderatoren und deren Gastexperten, trifft ihn aber auch in Coffeeshops und am Zeitungsstand, und man sieht ihn sogar vor sich, wenn man zynische Kommentare in einem Blog liest. Es ist der Überhebliche Blick, ein Zeichen ultimativer Herablassung, der sagt: ‹Glaub mir, du unwürdiger Wurm, ich weiß viel mehr darüber als du.›

Durch diesen Blick lasse ich mich oft von Dingen abbringen, deren ich mir ganz sicher bin. ‹Überlass das Denken mir›, befiehlt er, und ich gebe nach.

Aber wir müssen dem Überheblichen Blick Einhalt gebieten. Er ist tödlich, vor allem, wenn er von Experten ausgesandt wird. Ich habe überhaupt nichts gegen Experten, aber ich habe begonnen, mal darauf zu achten, was sie eigentlich sagen. Und so viel sie auch wissen mögen – einige dieser Experten haben uns Kriege eingebrockt, Umweltkatastrophen, Finanzkatastrophen, eigentlich auch jede andere von Menschen gemachte Katastrophe, die man sich einfallen lassen kann. Und sie haben sich den Weg geebnet mit Hilfe moralischer und intellektueller Einschüchterung durch den Blick, sodass wir Nicht-Fachleute von entscheidenden Fakten ferngehalten wurden.

JACOB SLICHTER ist Drummer der Band Semisonic («Closing Time») und Autor («So You Wanna Be A Rock & Roll Star»)

Welche Fakten wollte der Überhebliche Blick verbergen? Vielleicht die Tatsache, dass der Experte die Beweise deutlich übertrieben einschätzt, oder dass er ein vitales Interesse daran hat, von Gegenbeweisen abzulenken. Oder dass Experte A die Erkenntnisse von Experte B verdreht oder geflissentlich ignoriert, oder vielleicht auch die Tatsache, dass, wenn die Experten A bis Y bloß wiederholen, was der sogenannte Experte Z behauptet hat (erinnert sich noch jemand an die Massenvernichtungswaffen?), es sich nicht um Einigkeit unter Fachleuten handelt, sondern um frechen Pfusch.

Ich habe als einziges Mittel gegen den Blick die Bereitschaft entdeckt, mich zum Narren zu machen – genau die Fragen zu stellen, von denen alle möglichen Leute finden, dass man sie nicht stellen soll, und dann das Ergebnis aufmerksam zu begutachten. Und wenn die Tatsachen es mir nahelegen, dann wähle ich den peinlichsten Schritt von allen und melde mich zu Wort – etwas, das mir am leichtesten fällt mit anderen zusammen, möglichst vielen, am besten mit möglichst vielen

möglichst wortgewandten Leuten. Aber es gibt Momente – beim Plaudern im Coffeeshop oder bei einer Kommunalversammlung –, in denen man ohne Verbündete dasteht. Dann vergegenwärtige ich mir, dass der Blick nicht unbesiegbar ist, vor allem, wenn man bereit ist, direkt zurückzustarren.»

Mal was wegdenken

[920] «Selbst ein kluger Fisch wäre überfordert damit, sich eine Weltanschauung zu machen, in der Wasser nicht vorkommt. Fische sind daher mäßige Philosophen, wir hingegen können mit unserem kühnen Geist nach den Sternen greifen. Und sollten das gelegentlich mit einer einfachen Übung tun, die den Geist erschaudern lässt. In Momenten, in denen uns die Welt unerklärlich ist (oder das Verhalten ihrer Bewohner), führt diese Übung zu jenen neuen Perspektiven, die wir benötigen.

[920]

Wir sind Gefangene unserer Systeme – unserer Sprache, unserer Moral, unserer Definitionen, unserer nie hinterfragten Überzeugungen. Es ist daher ausgesprochen erfrischend für Seele und Geist, ebendiese Fesseln gelegentlich zu testen. Das Gemeine an diesen Fesseln ist, dass sie nicht etwa klein und fast unsichtbar sind, sondern so riesig und allgegenwärtig, dass wir sie gar nicht als solche erkennen.

SVEN BÖTTCHER
ist Autor (u.a. Buch und Drehbuch: «Ein Kuckuckskind der Liebe»); www.quintessenzen.net

Das Vorhandene ist selbstverständlich, aber nicht selbsterklärend. Es enthüllt nur dem seine Bedeutung, der es sich wegdenkt. Die Übung ist simpel. Entferne eine fundamentale Selbstverständlichkeit aus dem System, in dem du lebst. Nicht eine Selbstverständlichkeit wie den Bus in die Stadt oder den Käse im Kühlschrank, sondern zum Beispiel den Begriff ‹rot›, fließendes Wasser aus der Wand oder alle Telefone.

Stell dir vor, du lebtest am Nordpol. Ohne Begriff für Blumen. Ohne das Wissen um den Duft einer frisch gemähten

Wiese oder den eines Waldes nach dem Sommerregen. Wäre dein Denken und Fühlen genauso wie jetzt?

Stell dir vor, du lebtest in einer Gesellschaft, die aus philosophischen Gründen die Existenz der ‹Null› verbietet, weil diese keine Zahl ist. Sei doch nun bitte so nett und versuch die vergleichsweise simple Rechenaufgabe 12 x 4156 schriftlich zu lösen. Fast unmöglich? Wohl wahr.

Eben waren wir für einen Augenblick alte Römer, denn unter den römischen Ziffern fehlt die Null tatsächlich. Aus den genannten Gründen. Können die Römer gedacht haben wie du und ich, im *Wissen*, dass es keine Null gibt? Und konnten sie wissen, was sie alles nicht mal ahnen?

Stell dir vor, du glaubtest, dass die Sonne um die Erde kreist. Dem Augenschein nach ist das ja auch so. Verändert das deine Wahrnehmung? Nur deine Wahrnehmung des Sonnenaufgangs oder auch die deiner Rolle im Universum, deiner Aufgehobenheit, deiner Bedeutung? (Und nun stell dir vor, dass einer beweist, dass das nicht so ist, dann bist du bei der Unerhörtheit, die Kopernikus damals beging. So unerhört war das, dass noch 150 Jahre später Shakespeare, immer noch verzweifelnd, in Richtung des zerstörten Systems schrieb: ‹Es gibt Dinge zwischen Himmel und Erde, die unsere Schulweisheit sich nicht träumen lässt›. Auch Genies tun sich schwer mit dem Verlassen ihres Elements.)

Tu's gelegentlich spaßeshalber. Denk dir hin und wieder ein paar selbstverständliche Dinge weg, wenn du die Welt, einen Menschen oder dich selbst nicht verstehst. Raus aus dem warmen Mantel, ab ins kalte Wasser. (Und keine Sorge, es geht dir nur bis zum Bauch.)»

Jedem Morgen Möglichkeiten geben

[921] «Versuche jeden Morgen, dir die Möglichkeit zu geben, etwas zu bewegen und Gutes zu tun. Auch eine Reise von tausend Meilen beginnt immer mit dem ersten Schritt.»

THOMAS ANDERS ist Musiker (u.a. «Modern Talking»; mit über 120 Millionen verkauften Tonträgern gehört er zu den erfolgreichsten deutschen Sängern aller Zeiten

100 Prozent ab 1 Million

[922] «Chancengleichheit und Leistungsgerechtigkeit sind im Kapitalismus ein frommer Wunsch. Reichtum ist erblich, und Armut ist es auch. Wer in Hartz-IV-Verhältnisse hineingeboren wird, braucht weit überdurchschnittliche Energie und Fähigkeiten, um nicht als Erwachsener zum gleichen Elend verdammt zu sein. Wer als Spross einer Milliardärsfamilie das Licht der Welt erblickt, muss der Gesellschaft zeitlebens keinen Nutzen bringen und wird dennoch im Luxus und ohne finanzielle Sorgen leben können.

SAHRA WAGENKNECHT, Die Linke, ist Mitglied des Deutschen Bundestages

Schlimmer noch: Altes Geld gibt Macht über Menschen. Die Kämpfe der Clans Porsche und Piëch bestimmen über das Schicksal zentraler Bereiche der deutschen Automobilindustrie. Falsche Entscheidungen eines von der Milliardenerbin Schickedanz eingesetzten Managements sind verantwortlich für den Untergang von Karstadt und das drohende Aus für 50 000 Arbeitsplätze. Die Unternehmenserbin Schaeffler hat das von zahllosen Beschäftigten über Jahrzehnte erarbeitete Betriebsvermögen in einem Handstreich verspekuliert.

Diese Missverhältnisse ließen sich durch eine einfache Maßnahme beenden: Die Erbschaftssteuer sollte bei Vermögen oberhalb von 1 Million Euro 100 Prozent betragen. Dabei sollte Betriebsvermögen oberhalb dieser Freigrenze ins Eigentum der Belegschaften übergehen, Privatvermögen in

einen speziellen Zukunftsfonds des Staates, der ausschließlich für Investitionen in Bildung, Gesundheit, Infrastruktur und Innovation verwendet werden darf. Das wäre ein vernünftiger Schritt hin zu einer Gesellschaft, die den Namen ‹Leistungsgesellschaft› tatsächlich verdienen würde.»

Kein Kinderzynismus mehr

[923] «Zwei Dinge, die wir abschaffen sollten:

MICHAEL KREBS ist Kabarettist (www.michaelkrebs.de)

1. Kinderarbeit in Indien. Das können doch auch deutsche Kinder machen.
2. Zynismus.»

[926]

Europa ernst nehmen

[924] Die Europäische Union (EU) ist längst Realität, weit über eine (weitgehend) gemeinsame Währung hinaus. Nationale Gesetze müssen zum EU-Recht passen, die Grenzen werden immer durchlässiger. Natürlich bringt das Nachteile mit sich, davon liest man ja genug.

Aber auch Vorteile: Frieden, Reisefreiheit, freie Wahl des Wohnortes und Arbeitsplatzes und in vielen Ländern auch ganz schlicht noch eine Sicherung der demokratischen Freiheit.

Höchste Zeit also, die EU ernst zu nehmen – sie zu erleben und zu erfahren, vielleicht auf einer Urlaubsreise in ein noch unbekanntes Land. Oder Sie fragen die neue Kollegin in der Mittagspause mal, wo sie eigentlich groß geworden ist und wie man dort so lebt.

Die EU besteht aus 27 Staaten mit 23 offiziellen Sprachen. Hier einige der wichtigsten Wendungen:

Europäisch für Anfänger

Deutsch	Hallo	Entschuldigung	Danke
Englisch	Hello	Excuse me	Thank you
Bulgarisch (Aussprache)	Здравей (sdraßti)	Извинявайте (Isvinete)	Благодаря (blagodarja)
Dänisch	Hej	Beklager	Tak
Estnisch	Tere	Palun vabandust	Aitäh
Finnisch	Hei	Anteeksi	Kiitos
Französisch	Bonjour	Excusez-moi	Merci
Griechisch (Aussprache)	Γεια σου (Gia sou)	Με συγχωρείτε (Me sigchorite)	Ευχαριστώ (Efcharisto)
Irisch	Dia dhuit	Gabh moleithscéal	Go raibh maith aga
Italienisch	Ciao	Scusi	Grazie
Lettisch	Sveiki	Piedod	Paldies
Litauisch	Labas	Atsiprašau	Ačiū
Maltesisch	Bonġu	Jiddispjaċini	Grazzi
Niederländisch	Hallo	Sorry	Bedankt
Polnisch	Bonġu	Przepraszam	Dziękuję
Portugiesisch	Olá	Desculpa	Obrigado
Rumänisch	Bună ziua	Mă scuzaţi	Mulţumesc
Schwedisch	Hej	Förlåt	Tack
Slowakisch	Ahoj	Prepáčte	Ďakujem
Slowenisch	Živijo	Oprostite	Hvala
Spanisch	Hola	Perdón	Gracias
Tschechisch	Ahoj	S dovolením	Děkuji
Ungarisch	Szia	Elnézést	Köszönöm

Ja	Nein	Auf Wiedersehen	Ich liebe dich
Yes	No	Goodbye	I love you
Да (da)	Не (ne)	Довиждане (dowischdane)	Обичам те (obitscham te)
Ja	Nej	Farvel	Jeg elsker dig
Jah	Ei	Tšau	Ma armastan sind
Kyllä	Ei	Moi	Minä rakastan sinua
Oui	Non	Au revoir	Je t'aime
Ναι (Ne)	Όχι (Ochi)	Γεια (Gia)	Σ' αγαπώ (S' agapo)
Is ea	ar bith	Slán leat	Táim i ngrá leat
Sì	No	Ciao	Ti amo
Jā	Nē	Atā	Es tevi mīlu
Taip	Ne	Viso gero	Aš tave myliu
Iva	Le	Saħħa	Jien inħobbok
Ja	Nee	Daag	Ik hou van jou
Tak	Nie	Do widzenia	Kocham cię
Sim	Não	Adeus	Amo-te
Da	Nu	La revedere	Te iubesc
Ja	Nej	Hej då	Jag älskar dig
Áno	Nie	Ahoj	Ľúbim Ťa
Da	Ne	Adijo	Ljubim te
Sí	No	Adiós	Te quiero
Ano	Ne	Tak ahoj	Miluji tě
Igen	Nem	Viszlát	Szeretlek

Glaube verbindet

[925] «Vor allem durch meine Arbeit im Menschenrechtsausschuss des Bundestages ist mir eines sehr bewusst geworden: Wenn es gelingen könnte, dass die Menschen die Religion als verbindendes und nicht nur als trennendes Element begreifen würden, könnte das 21. Jahrhundert ein Jahrhundert des Friedens und der Toleranz werden.»

UTE GRANOLD, CDU, ist Mitglied des Deutschen Bundestages

Religionen sollen wie Märchen sein

[926] «Endlich Selbstdenker werden! Denn wenn wir weiterhin glauben und blind folgen, anstatt selbst zu denken und verantwortlich zu handeln – wenn wir uns also weiterhin in religiöse Auslegungen flüchten, sehe ich keine Hoffnung auf Besserung. Religionen sollten wie Märchen sein, jedoch kein Leitmotiv für das Leben. Also: Lasst uns endlich ZUSAMMEN leben und uns als Selbstdenker gegenseitig respektieren. Dieses auch im pragmatischen Sinne – denn wem haben Götter schon geholfen, außer denjenigen, die sich eh nur durch Ausübung von Macht definieren können, sprich den Fundamentalisten?»

BEATE DÖLLING ist Jugendbuchautorin («Sommerglück und Idiotenpech»)

Beziehung & Miteinander

Die Nächstenliebe in den Zeiten der Globalisierung

[927] «Ich denke, dass Nächstenliebe nie so wichtig war wie in den Zeiten der Globalisierung. Wenn man gibt, wird man sich seiner Rolle im Geschehen bewusst und muss nicht in virtuellen Welten nach Hoffnung suchen. Meistens hilft reden.»

LAITH AL-DEEN ist Sänger («Bilder von dir», «Keine wie du»)

Religionsrundgang

[928] «Wenn du Christ bist, lass dir mal von einem Muslim eine Moschee zeigen und seinen Glauben beschreiben. Zeig du ihm im Gegenzug einmal deine Kirche und erkläre ihm deinen Glauben. Mach das einmal im Jahr.»

FLORIAN GRIMM ist Geschäftsführer Kreation der Werbeagentur Grimm Gallun Holtappels

Da geht immer was

[929] Ihre Fähigkeit, Gutes zu tun, ist unbegrenzt.

Toleranz für Neuigkeiten

[930] «Seid toleranter! Tabus, Konventionen und Kategorisierungen sind in manchen Lebenslagen vielleicht wichtig, aber nicht so wichtig, dass sie immer wichtig und richtig sind. Wer sich nicht öffnet, wird nichts Neues erfahren. Wer nichts Neues erfährt, wird sich nicht weiterentwickeln.»

JULIA ZIEGLER ist Art-Directorin bei Jung von Matt/Alster

Hinterher ist man immer klüger

[931] Machen Sie keine Vorwürfe, vor allem nicht sich selbst. Im Nachhinein wissen immer alle alles besser – seien Sie die rühmliche (und entspannende) Ausnahme.

Menschenwürde im Alltag ernst nehmen

FRANZISKA DROHSEL ist Bundesvorsitzende der Jusos

[932] «Eine gute Idee für diese Welt wäre für mich, wenn die Menschenwürde für jeden Menschen auch tatsächlich gelten würde. Dabei denke ich besonders an Flüchtlinge oder auch an die sogenannten ‹Illegalen› in diesem Land, die kaum eine Möglichkeit zu gesundheitlicher Versorgung haben. Dabei denke ich an Menschen, denen ihr geringes ALG-II-Existenzminimum zusammengekürzt wird und die nicht wissen, wovon sie im Monat leben sollen. Dabei denke ich an Menschen, die nicht in das Bild von Rechtsextremen passen und in permanenter Angst und Bedrohung leben müssen. Ändern kann man in dieser Gesellschaft viel. Es kommt nur darauf an, dass wir alle – und sei es nur an einer ganz kleinen Stelle – jeden Tag damit beginnen.»

Aufeinander aufpassen

ANTJE TILLMANN, CDU, ist Mitglied des Deutschen Bundestages

[933] «Aufeinander aufpassen – in Familie, Nachbarschaft und Sportverein – ist der beste Schutz gegen soziale Probleme.»

Zittern bemerken

[934] «‹Alles, was lebt, zittert und verdient daher unser Erbarmen›, sagt sinngemäß der großartige Philosoph E. M. Cioran. Nachdem unser Leben noch dazu so erbärmlich kurz ist, sollten wir es uns gegenseitig weniger schwer machen. Also:

mehr das Zittern bemerken und Menschen sein lassen.»

HANNES MARTSCHIN ist Geschäftsführer der Werbeagentur Martschin & Partner in Wien

Helfer sind Gewinner

[935] Je mehr Sie anderen helfen, desto besser geht es auch Ihnen – eine Win-win-Situation.

Carpe diem statt Carport und Carpaccio

[936] «Nach buddhistischem Verständnis bedeutet zu lieben, gegenwärtig zu sein. Wenn wir uns selbst nicht lieben, sind wir nicht gegenwärtig und laufen Gefahr, gleichgültig im Umgang mit Mitmenschen, Natur und Tieren zu sein. Lernen wir also, uns selbst zu lieben und daraus ein Gefühl der Achtsamkeit zu entwickeln. Dann werden wir auch nicht mehr gedankenlos Fleisch essen, die Umwelt verpesten oder Mitmenschen lieblos behandeln.

GABRIELLA ENGELMANN ist Autorin («Inselzauber») und Literaturscout in Hamburg; www.gabriella-engelmann.de

Stellen Sie sich in regelmäßigen Abständen folgende Fragen:

- Besitze ich die Fähigkeit, anderen Freude zu schenken und sie glücklich zu machen?
- Bin ich in der Lage, andere wirklich zu verstehen? Kann ich von mir selbst ablassen?
- Kann ich echtes Mitgefühl empfinden und die Natur des Leidens anderer erkennen?
- Lasse ich anderen genug Raum, gewähre ich Freiheit, und respektiere ich Grenzen?

Wenn Sie diese Fragen mit ‹ja› beantworten können, haben Sie tief in das Herz der Dinge geschaut und werden diese Haltung künftig in die Welt tragen.»

Das Falsche ist das Richtige

[937] «Ich werde versuchen, so viel wie möglich falsch zu machen. Meine Annahme ist: Das Falsche ist das Richtige, und das Richtige ist das Falsche. Darum lasst uns viel falsch machen, denn eine falsche Welt wäre eine richtige Welt, oder ist das falsch?»

Einen für mich, einen für dich

JÜRGEN WOLF ist Künstler. Er lebt in Köln

[938] Rufen Sie – heute noch – jemand an, der Ihnen bei Ihrem größten Traum helfen kann; und rufen Sie außerdem jemand anders an, der sich einfach freut, von Ihnen zu hören.

Liebenswelt

LINUS REICHLIN schrieb den Kriminalroman «Die Sehnsucht der Atome»

[939] «Die Welt würde besser, wenn alle, die sie verbessern wollen, sie lieben würden.»

Ärger im Zaum halten

[940] Sie haben das Recht, wütend zu sein, aber nicht das Recht, gemein zu werden.

Niemand muss die ganze Welt auf einmal retten

[941]

- «Menschen stets in die Augen sehen. Allen Menschen, sooft es geht.
- Als Erster lächeln, auch ohne Grund. Die Welt wird dadurch wärmer.

- Mitmenschen nicht mehr mehr blockwartsmäßig erziehen (‹Sie da! Es ist aber Rot!›), sondern auf den Ton achten; der Kleinkrieg auf den Straßen ist unnötig.
- Mit Kritik geizig sein, mit Lob aber stets verschwenderisch. Wir sind zu knickrig in guten Worten und glauben Kleinmachern mehr als Bewunderern – wieso eigentlich?
- Nicht mehr das Wort ‹liebe› im Satz ‹Ich dich auch› weglassen.
- Den Rucksack im Bus abnehmen, statt ihn anderen in die Schnute zu stoßen.
- NGOs (Non Government Organisations) in Afrika direkt unterstützen – da weiß man, wo das Geld hingeht.
- Ein kleines Ehrenamt annehmen oder einen jungen Menschen in seinen Talenten und Neigungen fördern mit Wissen, mit Geld, mit Zuhören und Ernstnehmen.
- Nestlé und Coca-Cola boykottieren: Sie graben in wasserarmen Ländern wie z.B. Indien den Bewohnern das Wasser für ihre Flascheninhalte ab und verkaufen es teuer.
- Niemand muss die ganze Welt auf einmal retten. Es reicht, wenn man für einen einzigen Menschen da ist und für ihn die ganze Welt ist.
- Saisonprodukte essen, anstatt z.B. Erdbeeren im Frühwinter ankarren zu lassen – weniger Transport quer durch die Welt minimiert den CO_2-Ausstoß.
- Lesen. Lesen gefährdet die Vorurteile.»

NINA GEORGE ist Schriftstellerin und Journalistin. Sie schreibt unter dem Pseudonym Anne West Sachbücher über Sexualität und Partnerschaft, als Nina Kramer Wissenschaftsthriller; www.ninageorge.de

Coca-Cola baute 1998/1999 eine Abfüllanlage im indischen Plachimada. Über 60 Tiefbrunnen ließen den Grundwasserspiegel in der Umgebung gefährlich absinken – ein Problem für die Bauern dort. Von Aktivisten wurde das Vorgehen des Konzerns als «Wasserpiraterie» bezeichnet.

Dem Konzern Nestlé wird u.a. vorgeworfen, die natürlichste Ernährungsform für Kleinkinder – das Stillen – zu behindern und zu verdrängen durch aggressive sowie subtile Vermarktungspraktiken für seine Flaschennahrung. Gerade in Entwicklungsländern sinken die Stillraten, doch dort ist das Wasser oft verunreinigt, und so steigt durch kontaminierte Flaschennahrung die Säuglingssterblichkeit (Fachleute schätzen, dass so etwa 1,5 Millionen Kinder jährlich umkommen). Darüber hinaus wird Nestlé vorgeworfen, den öffentlichen Zugang zu sauberem Trinkwasser zu erschweren. Der Konzern fülle Wasser in Flaschen ab, dadurch sinkt der Grundwasserspiegel – und das Flaschenwasser ist für Arme unerschwinglich.

Wer nett ist, hat recht

[942] Wenn Sie recht haben oder nett sein können, entscheiden Sie sich fürs Nettsein.

Gegen den Strom denken

[943] «Die Welt, jedenfalls die vor unserer Haustür, wäre schon mal schöner, wenn man gelegentlich lustvoll und ohne Ächtung gegen das gängige Mainstreamblabla verstoßen dürfte.

HELGA BEYERSDÖRFER schrieb u.a. «Die Frau im blauen Kostüm» und «Die Sammlerin»

Dann könnte man –

- einem Jungen sagen, dass er ein toller Junge ist, auch wenn er sich nicht benehmen mag wie ein Mädchen mit Pimmel;
- bei der einhundertsiebenundzwanzigsten Literaturveranstaltung in Serie den einhundertsiebenundzwanzigmal gehörten Satz ‹Deutsche Autoren können keine Geschichten

erzählen› endlich mal kontern mit faulen Eiern oder vielleicht sogar mit Argumenten;

- Kabarettisten vorschlagen, sich nicht nur an Personen abzuarbeiten, von denen sie garantiert nichts zu befürchten haben;
- Kinder vor Eltern in Sicherheit bringen, denen Erziehung zu anstrengend ist;
- Schönredner auspfeifen, die Jugendliche ohne Regeln, Ziele und Vorbilder im Regen stehenlassen;
- zugeben, dass man Amerikaner kennt, die nicht oberflächlich sind.»

Selbstkritik

[944] Kritisiere nicht andere, wenn du wütend auf dich selbst bist.

Mitbringseln

[945] «Deutlich, pragmatisch, kostengünstig und potenziell viral wird die Welt besser schlicht dadurch, wenn ein jeder das ganz klein bisschen Extramühe und Aufmerksamkeit nicht scheut, seinem engeren und näheren Bekanntenkreis unnötige, unerwartete und schrullige kleine Freuden zu machen. Ein Buch, von dem man denkt, Heidewitzka, das würde doch X interessieren, X zu schenken. Eine Postkarte, die an einen gemeinsamen Running Gag gemahnt, dem jeweiligen Scherzpartner schicken, auch wenn er um die Ecke oder in derselben Wohnung wohnt. Obskure Mitbringsel aus exotischen Ländern mitbringseln. Obskure Mitbringsel auch aus gänzlich unexotischen Gegenden mitbringseln. Akut Genervten einen lustvoll-boshaften MP3-Track (Empfehlung: «Tourettesyndrom am Telefon» von

TINA UEBEL ist Schriftstellerin («Die Wahrheit über Frankie»)

Stermann & Grissemann) mailen und damit gleichzeitig die Laune heben und den Wortschatz erweitern. Verdienstvollen Freunden den Goldenen Ehrenmolch am Band verleihen. Frisch Verlassene auf den Schießstand einladen. Und dergleichen mehr.

Macht Spaß, da Kreativität gefordert, entstresst Zwangsgeschenkgelegenheiten wie Weihnachten und Geburtstage, überrascht den Empfänger und bereitet ihm Freude – denn es macht froh, zu wissen, es wird aktiv und liebevoll an einen gedacht. Und frohe Menschen lächeln, verklagen ihre Nachbarn und schlagen ihre Kinder nicht, beginnen Fair-Trade-Produkte zu kaufen, singen auf den Straßen, wählen Roland Koch ab, frottieren nasse Kätzchen, schalten RTL aus und sorgen schlussendlich für den Weltfrieden. So ist das.»

Erfolgsrezept

[946] «Gutes Essen macht glücklich. Schon aus wenigen Zutaten werden Erfolgsrezepte. Wer das Kochen liebt, dem sind auch die Zutaten nicht schnuppe. Das hilft allen, die Lebensmittel nicht industriell herstellen. Kochende Menschen haben auch gerne Gäste. Am Tisch entstehen Gespräche, Ideen, enge Beziehungen. Noch mehr Zutaten für eine bessere Welt.»

BRITTA POETZSCH ist Executive Creative Director bei McCann-Erickson

Singen hilft

[947] «Ich denke, wir sollten mehr singen. Denn Singen macht glücklich, und glückliche Menschen sind besser drauf, und Menschen, die besser drauf sind, sind freundlicher zu anderen – und toleranter. Geht mir jede Woche nach einer Session so. Wir treffen uns regelmäßig, um munter drauflos zu musizie-

WILBERT HIRSCH ist Komponist, Musiker und Spezialist für akustische Markenführung (www.acoustic-branding.com)

ren und natürlich zu singen – am liebsten mehrstimmig. Das macht die Welt jedes Mal ein kleines Stückchen besser.»

Lebensschule

[948] Schreiben Sie einem Ihrer ehemaligen Lehrer und bedanken Sie sich. Er oder sie hat entscheidend zu Ihrem aktuellen Ich beigetragen.

Weniger TV

[949] «Schaut weniger Fernsehen ... Redet mit euren Eltern, Kindern, Freundinnen, Freunden, Nachbarn, Lehrern, Schülern, Kunden, Händlern etc. Schaut euch die Natur an und genießt die Bäume im Wald und das Zwitschern der Vögel. Lest Bücher oder geht ins Kino. Aber bitte schaut weniger Fernsehen.»

CEM ÖZDEMIR ist Bundesvorsitzender von Bündnis 90/Die Grünen

Wer wird denn gleich in die Luft gehen?

[950] «In Hermann Hesses Roman ‹Das Glasperlenspiel› mahnt sich der Held, wenn ich mich recht entsinne, in Konfliktsituationen zur Ruhe und nimmt kräftige Atemzüge, ehe er Entscheidungen trifft. Seitdem ich dies las – es muss über zwanzig Jahre zurückliegen –, rufe ich mir diese Maßnahme in Erinnerung, sobald ich in kurzfristige Erregung zu geraten drohe.

Wenn ein Autofahrer den Radweg blockiert, ein Mailschreiber pampig wird, einer sich an der Supermarktkasse nach vorne drängelt, irgendjemand mir telefonisch Sondertarife meines Handyanbieters andrehen könnte, meine Frau das Salzfass mal wieder an den falschen Regalplatz stellt, das Kind partout nicht einsehen will, dass Schlafenszeit ist ... dann mühe ich mich redlich, atme tief durch, zähle bis siebzehn und hoffe, dass der erste Ärger verraucht. Spüre ich keine Besserung, wiederhole ich den Vorgang – meist mit großem Erfolg.

DR. RAINER MORITZ ist Leiter des Literaturhauses Hamburg

Es schadet nichts, um Magengeschwüren vorzubeugen, sich zu erregen, wo es nottut, doch niemandem ist damit gedient, sich von null auf hundert zu echauffieren und seinen Zorn am Erstbesten abzureagieren. Vielleicht hatten der Autofahrer, der Mailschreiber und der Supermarktdrängler ja ihre mir unbekannten, lebenswichtigen Gründe ... Früher griff das HB-Männchen zur Zigarette. Da man das ja nicht mehr empfehlen darf, rate ich dazu, häufiger durchzuatmen.»

Entspannung ist ansteckend

[951] Sobald Ihnen der eigene Stress auffällt, tun Sie etwas dagegen. Ziehen Sie Ihre Schultern hoch und lassen Sie sie langsam heruntersinken; atmen Sie tief durch; lächeln Sie über sich, die anderen, die Situation; stemmen Sie sich nicht

mehr gegen den Fluss der Dinge, sondern geben Sie sich ihm hin.

Unbewusst und automatisch wird sich Ihre Aura ausbreiten. Statt die arme Tickettante zur Schnecke zu machen, werden Mitflieger ruhig um einen besseren Platz bitten; statt Randale auf der Fanmeile gibt's hinterher ein Bier auf den nächsten Sieg.

Der kleine Unterschied

[952] «Nimm das, was du tust, wichtig – aber dich selbst nicht so ernst.»

SEBASTIAN FITZEK ist ein erfolgreicher deutscher Krimiautor («Das Kind», «Splitter»)

Neid positivieren

[953] «Es wäre schön, wenn es weniger Neid in der Welt gäbe und die Leute all diese nutzlose Energie in etwas Konstruktives stecken würden.»

BETTINA KEIL ist Geschäftsführerin der Literaturagentur Keil + Keil in Hamburg

Ruhe im Karton

[954] Unterbrechen Sie andere nicht. Lassen Sie sie ausreden. Führen Sie auch nicht Ihre Sätze zu Ende. Es ist unhöflich und hindert Sie daran, gut zuzuhören. Vor allem aber lässt es alle Beteiligten immer schneller und schneller reden (und denken), was sehr anstrengend ist und der Sache selten nützt.

Über heute ärgern reicht

[955] Wenn Sie jemand kritisieren, fangen Sie nicht bei Adam und Eva an. Konzentrieren Sie sich auf den aktuellen Vorfall. Sagen Sie präzise, was Sie stört – und was Sie fordern.

Vor Wut verstummen

[956] Wenn jemand richtig wütend auf Sie ist – Ihr Kind, Ihr Chef, Ihr Lover –, setzen Sie sich mit demjenigen hin und lassen Sie sich beschreiben, wie der andere sich fühlt, was in ihm vorgeht. Je länger Sie zuhören, ohne sich zu wehren, desto mehr werden Sie erfahren.

Frisches Blut

[957] Laden Sie ab und zu jemand Neues zu Ihrer Kneipenrunde/Skatrunde/Spielgruppe ein.

Liebt!

[958] «Der Sinn des Lebens ist, jemanden zu lieben. Fragt nicht, was jemand ist oder hat, wenn ihr euch verliebt. Entscheidet euch für jemanden aufgrund eurer Liebe. Nur Menschen, die sich lieben, haben die Chance, gemeinsam alt zu werden. Kinder, die bedingungslos geliebt werden, werden nicht zu Tyrannen. Glaubt nicht den Menschen, die behaupten, Streit gehöre zu einer guten Partnerschaft. Zu schnell werden im Streit Dinge gesagt, die man nicht mehr zurücknehmen kann. Zu schnell wird der Ton verletzend. Sprecht rechtzeitig miteinander! Und sprecht mit eurem Partner, eurer Partnerin, euren Kindern nur so, wie ihr möchtet, dass mit euch gesprochen wird.

ANKE GEBERT ist Schriftstellerin und Drehbuchautorin (u. a. «Für alle Fälle Stefanie»); www.ankegebert.de

Trennt euch endlich von Leuten, die euch schaden! Ihr werdet sie nicht zu besseren Menschen erziehen. Und ihre Gegenwart hindert euch am Glücklichsein.

In unzähligen Zeitschriften, Fernsehsendungen und Ratgebern wird darüber debattiert, was eine gute Beziehung ausmachen oder weshalb die Scheidungsrate so hoch sein könnte. In keiner dieser Debatten kommt das Wort LIEBE vor. Keine Beziehung kann ohne Liebe überdauern. Liebt!»

Ernsthaft zuhören

[959] «Einander zuhören und damit wirklich ernst nehmen – das ist ein Beitrag zur Konfliktbewältigung.»

GUDRUN KOPP, FDP, ist Mitglied des Deutschen Bundestages

Keine Gedanken mehr lesen

[960] Sie sind überzeugt, Ihr Mann findet Sie zu dick, oder Ihre Frau ist der Meinung, Sie verdienen nicht genug. Oder Sie verdrehen innerlich die Augen, wenn Kollege X reinkommt, weil Sie sowieso schon genau wissen, was der wieder will. Vergessen Sie's. Keiner von uns kann Gedanken lesen. Also versuchen Sie es gar nicht erst. Wenn Sie unsicher sind, fragen Sie. Wenn Sie etwas erwarten, bitten Sie darum.

Sagen Sie doch, was Sie wollen

[961] Sagen Sie, was Sie wollen. Die meisten Menschen sagen (oft viel zu ausführlich), was sie *nicht* wollen. Wenn Sie zum Ausdruck bringen, worin Ihr Ziel besteht, ist es einfacher für andere, Ihnen gerecht zu werden. Und Sie selbst norden sich nicht aufs Nörgeln ein, sondern werden unbewusst ebenfalls alles tun, um die Lage zu verbessern.

Wer seinen Partner direkt um Hilfe bittet, statt um den Brei herumzureden, ist 61 Prozent zufriedener mit der Unterstützung, die folgt. Und wenn Sie sich bei einem Geschäftspartner beschweren, egal, ob über ein schlechtes Zimmer, miesen Service oder eine Verspätung, sagen Sie am Schluss, was Sie wollen. Ihre Chance auf einen Gutschein, ein Upgrade oder eine Erstattung steigt dramatisch, wenn Sie klar zum Ausdruck bringen, was der andere tun kann, um Sie als Kunden zu behalten.

Rote Karte für notorische Pessimisten

[962] «Wie viele ‹dramatische Entwicklungen›, ‹schwerwiegende Krisen›, wie viele Situationen ‹kurz vor dem Kollaps› wurden in den letzten Jahren verkündet, weiß das noch jemand? Kaum ein Anlass verstreicht, ohne dass er vom Tremolo des Pessimismus unterlegt würde. Das Schlechtreden dominiert die politische und öffentliche Debatte. Die Lieblingsvokabel: Krise. Aber auch im Privaten ist der hohe Jammerton des Missmutes beliebt. So kann man bequem durchs Leben kommen: Immer ist jemand anders an diesem oder jenem Umstand schuld.

FLORIAN TONCAR, FDP, ist Mitglied im Haushaltsausschuss des Deutschen Bundestages

Leider löst sich kein Problem dadurch, dass man es beklagt, sondern nur dadurch, dass es Menschen gibt, die etwas dagegen unternehmen. Um etwas gegen ein Problem zu tun, braucht es Tatkraft und Zuversicht. Meine gute Tat des Tages: Schluss mit dem Gejammer, wer immer nur schwarzsieht, dem muss widersprochen werden. Notorischer Pessimismus, Schwarzmalerei als Lebensstil: Das verdient die Rote Karte.»

Rat macht stark

[963] Viel zu lange sind wir der Meinung, wir müssten alles allein hinbekommen. Schwierigkeiten zuzugeben könnte uns schwach aussehen lassen. Doch Studien haben festgestellt: Eltern mit Erziehungsproblemen gaben zu 99 Prozent an, sie hätten gute Ideen mitgenommen, wenn sie mit jemand sprachen, der eine ähnliche Situation durchlebt hat. Und 94 Prozent von ihnen fühlten sich nach dem Gespräch besser. Natürlich gilt das nicht nur für Eltern. Wann immer Sie in einer Sackgasse stecken – holen Sie sich Rat!

Das ist allerdings nicht dasselbe, wie jeden Abend zu Hause über den Job zu fluchen oder auf der Ladies Night den Freund schlechtzumachen. Überlegen Sie, wer aus Ihrem Bekanntenkreis schon einmal in einer ähnlichen Lage war. Dann suchen Sie gezielt das Gespräch und bitten um Infos.

Um Rat zu bitten hat noch weitere Vorteile: Es ehrt den Befragten, es vergrößert die Erkenntnis des Fragenden, es schafft Perspektiven.

Mund zu, Ohren auf

[964] «Ich plädiere für das sogenannte Redefasten. Jeder Mensch sollte viermal im Jahr je einen ganzen Tag lang (24 h) nichts reden und nichts schreiben. Das Redefasten soll beim Entschlacken des Geistes helfen – so wie das Heilfasten beim Entschlacken des Darmes.

In unserer Welt wird viel zu viel Unausgegorenes geredet und geschrieben. Viele Menschen reden einfach drauflos, ohne nachzudenken. Oder weil sie meinen, immer etwas sagen zu müssen. Wenn ein Mensch einen Tag lang nichts redet, denkt er automatisch mehr nach. Über sich. Über seine Welt. Und vielleicht auch darüber, wie nachlässig er mit Worten umgeht.

STEFAN ZSCHALER ist geschäftsführender Gesellschafter der Werbeagentur Leagas Delaney Hamburg

Umgekehrt merken seine Mitmenschen, wie sehr es ihnen fehlt, wenn der andere nicht mit ihnen spricht. Und wie wertvoll seine Worte und Gedanken für sie sind.

Oder genau das Gegenteil: Sie merken, dass sie auf diesen Menschen komplett verzichten können, weil er ohne Worte genauso wenig zu ihrem Wohlbefinden oder Weiterkommen beiträgt wie mit.»

Tor statt Monitor

ILL-YOUNG KIM ist Musiker, Moderator und Schauspieler

[965] «Es sollte einmal im Jahr einen Tag geben, an einem weltweit festen Termin, an dem sich alle Menschen gegenseitig grüßen. Das heißt, man grüßt jeden Menschen, der einem an dem Tag über den Weg läuft. Ein freundliches ‹Hallo› oder ‹Guten Tag› reicht. Das Gemeinschaftsgefühl aller Menschen zu stärken ist die Message. Der Name des Tages wäre der ‹Greeting day›.

In einer Zeit der digitalen Vernetzung/Freundschaften (Facebook, MySpace) verliert die persönlich-körperliche Sozialisierung an Wert. Der heutige Mensch braucht nicht mehr vor die Tür zu gehen, um aus seiner Isolation zu kommen. Ein Rechner und das World Wide Web ersetzen die ‹körperliche› Gemeinschaft immer mehr. Durch die Möglichkeit zur Anonymität, der Möglichkeit, sich seine eigene Identität/Maske in der digitalen Welt zu schaffen, wird das ‹Ich› verzerrt. Der ‹Greeting day› setzt genau dazu den Gegentrend und macht die Menschen darauf aufmerksam, dass der persönliche Kontakt – sich in die Augen zu schauen – unersetzlich ist. Denn die Augen sind das Tor der Seele, nicht der Monitor.»

Mach mehr draus

[966] «Teile deine Gummibärchen …
dein Käsebrot …
… deine Sonnencreme
oder das Sechser-Pack Bier
Teile dein Wissen …
Teile, was du willst …
aber teile!»

SÖNKE BUSCH ist freier Art-Director

Die berühmten drei Worte

[967] «Ich würde es begrüßen, wenn drei Worte wieder in den aktiven Sprachgebrauch aufgenommen würden, die heute fast vergessen scheinen: ‹Bitte› und ‹Vielen Dank›. Es braucht nicht viel Zeit, sie auszusprechen, macht aber viel aus.»

MICHAEL BOND ist ein britischer Kinderbuchautor («Paddington Bär»)

Aufstehen und helfen

[968] Natürlich kann man sich mit Kopfhörern im Ohr in die Bahn knallen und alles um sich herum ausblenden. Netter ist es aber, alte Tugenden wiederzuentdecken: Aufstehen für ältere Menschen, Schwangere, Eltern mit kleinen Kindern. Denn irgendwann ist man selbst mal darauf angewiesen.

Nähe erzeugt Wärme

[969] Nähe macht die Welt wärmer. Wenn ich der Verkäuferin beim Bäcker sage, dass ich dort auch deshalb so gerne meine Brötchen kaufe, weil sie immer so nett lächelt, stelle ich Nähe her – und sie freut sich. Wenn ich mich beim Automechaniker dafür bedanke, dass er die Reifen an meinem Auto gewechselt hat (auch wenn es natürlich sein Job ist und ich ihn dafür be-

zahle), stelle ich Nähe her und signalisiere ihm, dass ich seine Arbeit wertschätze. Und all diese kleinen Nettigkeiten aus der Nähe, die ich den Tag über mal hier, mal dort austeile, finden im Laufe der Zeit irgendwann ihren Weg zu mir zurück, sodass, indem ich die Welt näher an mich heranlasse, die Welt für mich wärmer wird.

Kleine Geschenke

[970] Kleine Geschenke erhalten die Freundschaft, heißt es. Dabei müssen solche Geschenke nicht einmal viel kosten: Ich schenke der Nachbarin, die ich im Supermarkt treffe, zehn Minuten meiner Zeit und höre ihr zu; ich gebe dem Kind an der Eistheke die 20 Cent, die ihm fehlen, damit es eine zweite Kugel Eis kaufen kann.

Ruhe sanft, schlechtes Gewissen

[971] Meist muss man nicht lange überlegen, bis einen das schlechte Gewissen einholt. Man war unfreundlich, unethisch, unredlich – und weiß es ganz genau. Was tun? Das eigene Gewissen entlasten. Schreiben Sie demjenigen, den Sie beleidigt oder schlecht behandelt haben, einen Brief oder eine E-Mail. (Nur selten empfiehlt es sich, den anderen mit einem Anruf zu überrumpeln.) Übernehmen Sie die Verantwortung und entschuldigen Sie sich. Das funktioniert allerdings nur, wenn Sie es ehrlich meinen und sich nicht bloß Vergebung erschleichen wollen.

Mit etwas Glück erhalten Sie eine nachsichtige Reaktion.

Mit Pech keine – oder sogar eine zornige Antwort. Macht nichts – Sie haben es versucht, haben sich selbst vergeben und sind mit sich im Reinen. Ein gutes Gewissen ist das beste Ruhekissen.

Hochstapler raus

[972] «Schickt alle Hochstapler in den Orbit, dann bleibt mehr Platz für Kreative!»

KAI EBEL ist Kultmoderator bei RTL

Die eigene Weltsicht in Frage stellen

[973] «Mehr lesen. Nett zu Kellnern sein. Nicht lügen – auch nicht bei Kleinigkeiten. Möglichst unterschiedliche Freundschaften pflegen, die die eigene Weltsicht in Frage stellen und einen daran hindern, größenwahnsinnig zu werden. Einen Hund haben und mit ihm wandern gehen. Bourbon trinken – macht einen lockerer. Zugeben, wenn man unrecht hat. Sich oft (und ernst gemeint) entschuldigen.»

GREGG HURWITZ ist ein US-Bestsellerautor («Die Sekte»)

Lass dich überraschen

[974] «Schaue deinem Gegenüber in die Augen und gebe etwas Positives von dir weiter. Übrigens, ein freundlicher Blick entspannt nicht nur deine Mitmenschen! Und sprich auch mal mit Leuten, die dir nicht zusagen, du wirst überrascht sein.»

SVENJA KLEIN ist Schauspielerin und Moderatorin (www.svenjaklein.de)

Schluss mit der Schubladisierung

[975] «Die Zeit der Schubladisierung eines jeden Einzelnen in Schichten wie ‹arm› (der ist schlecht) und ‹reich› (der ist gut) ist vorbei. So scheint es. Doch vor allem heute, in unserer materialistischen Welt, geht das ‹Klassendenken› den meisten nicht mehr aus dem Kopf. Warum sollten sozial Schwache nicht endlich dieselben Chancen haben wie finanziell besser Situierte? Höchste Zeit zum Umdenken! Denn: JEDER MENSCH hat das Recht auf Bildung

PHILIPP ISTEREWICZ ist Moderator bei Radio Feierwerk

und verdient Respekt, völlig gleich, ob er Designerkleidung trägt oder nicht!»

Drei Seiten Wahrheit

HELMUT ZERLETT ist Musiker und Komponist. Er ist u.a. Bandleader bei «Harald Schmidt»

[976] «Jede Geschichte hat drei Seiten: deine eigene, die des anderen und die Wahrheit. Das Interessante dabei ist, dass alle drei wahr sind.»

Wahrheiten anerkennen

SUSANNE KRONZUCKER ist Journalistin und TV-Moderatorin («ML Mona Lisa»)

[977] «Nicht nur die eigenen Wahrheiten, sondern auch die des anderen anerkennen.»

[979]

Es kann jeden treffen

[978] «Geht auch mit dem Schwächsten (Ältere, Kinder, Behinderte usw.) gut um, denn auch du möchtest als Betroffener (es kann jeden treffen) beachtet und respektiert werden.»

MARIANNE BUGGENHAGEN ist Leichtathletin; seit ihrem 23. Lebensjahr sitzt sie im Rollstuhl. Sie gewann insgesamt neun Goldmedaillen bei fünf Teilnahmen an den Paralympics

Universell asiatisch

[979] «Klingt asiatisch – ist aber meiner Meinung nach universell: freundlich und höflich sein! Jeder hat ein Recht auf lächelnden Respekt – die Putzfrau genauso wie der wichtigste Kunde.»

THILO ROTHACKER ist Illustrator (www.thilo-rothacker.com)

Immer mehr, immer mehr, immer mehr

[980] «Wahre Wunder wirken nicht im großen Weltenmaßstab, sondern bei jedem von uns in seiner eigenen kleinen, wunderbaren Welt. Und zwar ganz einfach: Auf jedes Kompliment gib ein schöneres Kompliment zurück. Auf jedes Lob gib ein größeres Lob zurück. Auf jeden Blick gib einen freundlicheren Blick zurück. Auf jedes Lächeln gib ein charmanteres Lächeln zurück. Und auf jede Freude, die dir begegnet, gib die doppelte Freude zurück. Dann wird die Welt mit jedem guten Tag ein gutes Stück besser.»

ANNIKA DE BUHR ist Journalistin und TV-Moderatorin beim NDR, zuvor moderierte sie u.a. «heute» und «heute nacht»

Grundlos freundlich

[981] «Versuche, anderen Menschen nicht nur dann mit Freundlichkeit zu begegnen, wenn du etwas von ihnen willst, sondern auch, wenn sie etwas von dir wollen. Und beharre nicht ständig auf ‹deinem guten Recht› – sondern ‹lass auch mal anderen die Vorfahrt›, selbst wenn sie eigentlich dir Platz machen müssten.»

ELENA RUDOLPH ist Chefredakteurin des Magazins «Junge Familie»

Mosaik statt Skulptur

[982] «Es sind selten die großen Ideen, die großen Entscheidungen oder Visionen, welche die Welt tatsächlich besser machen. Es geht nicht darum, sich vorzunehmen, die Welt zu verbessern, viel wichtiger ist es, in möglichst vielen Situationen Verhaltensweisen zu vermeiden, welche die Welt verschlechtern könnten. Die Welt wird nicht besser, indem wir sie verbessern wollen, sie wird besser, indem wir den Wunsch nach einer besseren Welt in unser tägliches Verhalten, in die Vielzahl der täglichen Entscheidungen umsetzen. Unsere Welt ist

in dem Moment besser geworden, in dem wir zu unseren Mitmenschen freundlicher, hilfsbereiter und verständnisvoller sind.

Wichtiger als die Entscheidung, die Welt zu verbessern, ist daher für mich die kleine Alltagsentscheidung, etwa einem Bedürftigen zu helfen, ein ökologisch nachhaltig erzeugtes Produkt zu kaufen oder einem Menschen freundlich zu begegnen. Die Vielzahl der kleinen Entscheidungen, der kleinen Hinwendungen zu einem besseren Verhalten, sind wie zahllose kleine Bausteine für eine bessere Welt. Das große Ziel einer besseren Welt erreichen wir nicht durch große Entscheidungen und große Beschlüsse, sondern durch das kontinuierliche Bestreben, in jedem Augenblick das zu tun, was gut für uns und unsere Mitmenschen ist. Die bessere Welt ist keine Skulptur, gemeißelt aus einem Stein, sie ist ein Mosaik, zusammengesetzt aus den unendlich vielen Entscheidungen unendlich vieler Menschen. Leisten wir unseren Beitrag!»

DR. VOLKER WISSING ist Mitglied des FDP-Bundesvorstandes

Frauen an die Macht

[983] «Ich versuche meine Welt jeden Tag zu verbessern, indem ich den Menschen, die ihre Kreise um mich ziehen, ein gutes Gefühl gebe. Mein Partner, meine Familie und meine Freunde bekommen dann ein ‹Ich liebe dich›. Mein Team und meine Mitarbeiter hören dann ein ‹Danke, dass ihr für mich da seid und mit mir weiterkämpft›. Generell kann die Welt nur verbessert werden, wenn wir alle Männer, die in Führungspositionen arbeiten, durch Frauen ersetzen.»

MARCEL OSTERTAG ist Modemacher (www.marcelostertag.com)

Lachen im Mikrokosmos

[984] «Mein Einfluss beschränkt sich meist auf mein sehr intimes Umfeld von Freunden. Und in diesem Umfeld denke ich, dass jeder die Möglichkeit hat, in seinem Mikrokosmos zu strahlen und zu begeistern, zu lachen oder einfach nur zu ‹sein›. Ich hatte eine Phase, da habe ich diesen ‹Mikrokosmos› jeden Tag um eine mir unbekannte Person kurzfristig erweitert, einfach indem ich sie so lange angelacht habe, bis diese zurücklachte. Einfach so, ein Lachen von einem Unbekannten, das macht den ganzen Tag speziell.»

TILLMANN LAUTERBACH ist ein Pariser Modedesigner (www.tillmannlauterbach.com) und der jüngere Bruder des Schauspielers Heiner Lauterbach

Rücksicht ist besser als Nachsicht

PETRA HAMMESFAHR ist eine der erfolgreichsten deutschen Krimiautorinnen («Der Puppengräber», «Der stille Herr Genardy»)

[985] «Rücksicht aufeinander zu nehmen, das könnte die Welt um einiges schöner und friedlicher machen. Mein persönlicher Favorit in dieser Hinsicht ist der alte Spruch: ‹Was du nicht willst, das man dir tu, das füg auch keinem andern zu.›»

Einfach, aber wirkungsvoll

HARALD WOHLFAHRT ist mit drei Michelin-Sternen ausgezeichnet und gilt als bester Koch Deutschlands. Er kocht in der «Schwarzwaldstube» im «Hotel Traube Tonbach» in Baiersbronn-Tonbach

«Behandle deine Mitmenschen, wie du selbst behandelt werden möchtest!»

Kant statt Kante

«Ich variiere einen weiß Gott größeren: Was du nicht willst, das man dir tu, das füg auch keinem andern zu. Gilt sowohl für rücksichtslose Autofahrer wie für Terroristen, also insgesamt Kant statt Kante.»

MICHAEL JÜRGS ist Journalist (u. a. Chefredakteur des «Stern» von 1986 bis 1990) und Buchautor («Seichtgebiete»)

Kategorisch ohne Copyright

«HANDELE STETS SO, DASS DEIN HANDELN ALLGEMEINES GESETZ WERDEN KANN! Das ist die Losung zur Weltverbesserung, an die ich mich versuche zu halten. Natürlich ist es Immanuel Kants kategorischer Imperativ – nur für den Fall, dass jemand meint, ich wollte darauf ein Copyright anmelden.»

HERWIG MITTEREGGER ist Musiker («Fandango»); er war u. a. Mitglied der Band Spliff

Sei gut zum inneren Kind

«Behandle Leute so, wie du behandelt werden möchtest, und vergiss nie das Kind in dir.»

ILKA ESSMÜLLER moderiert das «RTL Nachtjournal»

Alt und jung helfen

[986] «Hilf einer alten Dame über die Straße, lach den Kindern ins Gesicht, wenn sie in ihren ‹Wagen› an dir vorüberziehen, und hilf den Müttern dabei, diese die U-Bahn-Treppen hinaufzuwuchten.»

VOLKER LECHTENBRINK ist Schauspieler (u. a. «Die Brücke»), Synchronsprecher, Regisseur, Intendant, Texter und Schlagersänger («Ich mag»)

Wer liest, führt keine Kriege

[987] «Taucht ein in spannende Geschichten! Wer Bücher liest, führt in dieser Zeit keine Kriege, streitet sich nicht mit seinen Nachbarn und macht auch sonst keinen Unsinn. Höchstens die Fingernägel werden etwas kürzer ... wenn man sie abknabbert vor lauter Spannung. Aber das finde ich in Ordnung (die Hersteller von Nagelscheren sehen mir das bitte nach!).»

MARKUS STROMIEDEL ist Autor («Feuertaufe») und Drehbuchautor (u.a. «Tatort», «Stubbe», «Großstadtrevier»)

Schwieriger, als Sie denken

[988] 24 Stunden nicht rummeckern. Man hat das Gefühl, als fehle einem etwas. Aber in Wahrheit bereichert es. Regeln des Meckerfastens: Wenn Sie etwas ändern können, tun Sie's. Wenn Sie etwas nicht ändern können oder wollen, schweigen Sie.

Eiskalt nur im Glas, nicht beim Gefühl

[989] «Verzichten Sie darauf, andere Menschen ändern zu wollen. Bringen Sie andere Menschen auch nicht um. Servieren Sie Coca-Cola niemals ungekühlt.»

MORITZ NETENJAKOB ist TV-Comedy-autor («Stromberg»), Comedian und Autor («Macho Man»)

Stark statt schwach

[990] «Beurteile andere nicht nach ihren Schwächen. Denn dann kannst du jeden Menschen ablehnen. Schließlich ist niemand perfekt, hat jeder etwas, das man an ihm oder ihr nicht gut findet. Stattdessen schätze dein Gegenüber für seine Stärken, für das, was es kann, was du von ihm lernen möchtest.»

TANIA KRÄTSCHMAR ist Schriftstellerin («Seerosensommer»)

Zum Entschuldigen gehören zwei

[991] Wenn sich jemand bei Ihnen ernsthaft entschuldigt, dann nehmen Sie die Entschuldigung an – ernsthaft.

Man muss es nur einmal mit seinen Augen sehn

[992] Tausendmal gehört, tausendmal ist nichts passiert: Wir sollen alle Welt *wegen* ihrer Fehler lieben? So weit kommt's noch! Beim nächsten Ehekrach oder großem Frust über uneinsichtige Chefs und Kollegen: Machen Sie eine kurze Pause. Überlegen Sie: Wie sieht der oder die andere die Situation? Was sind seine oder ihre Interessen? Könnte er/sie auch anders handeln? Finden Sie vielleicht die Eigenschaft, die Sie jetzt gerade so nervt, sonst ganz angenehm/praktisch/liebenswert?

Sie müssen ja keinen gleich wegen (oder trotz) der Fehler lieben. Aber Sie ersparen *sich* auf diese Weise eine Menge Ärger. Und lernen den anderen sogar ein bisschen besser kennen. Und meist verfliegt der Zorn gleich mit, weil einem klar wird: Man selbst hätte anstelle des anderen auch so (oder ähnlich) reagiert.

Beispiel: Ein komplexes Gespräch mit der französischen Freundin stockt, sie ist frustriert und bekommt schlechte Laune. Das kann auch mal nerven – aber gerade dass sie Französin ist, macht doch zumindest einen Teil ihrer Anziehungskraft aus. Oder der Chef fordert bessere Leistung, feuert aber zugleich den halben Flur. Das wirkt auf den ersten Blick widersprüchlich – aber er hat dadurch auch Entschlossenheit gezeigt, sein Planziel zu erreichen (und wird nun alles daransetzen, dass die verbliebene Drei-Personen-Abteilung optimal arbeiten kann).

Agieren, nicht reagieren

[993] «Integration in Deutschland? Leben wir Integration oder reden wir nur drum herum? Als Mensch mit Behinderung wird man in der Gesellschaft meistens durch Unwissenheit und Unsicherheit aller anderen noch mehr behindert.

KIRSTEN BRUHN ist Leistungsschwimmerin und seit 1991 inkomplett querschnittsgelähmt. Sie ist 36fache Deutsche Meisterin und gewann Goldmedaillen bei den Paralympics 2004 und 2008

Warum werden Minderheiten anders behandelt? Ein chinesisches Sprichwort sagt: Sei dir deiner Gedanken bewusst, denn sie sind der Ursprung deines Handelns. Denken wir zu viel? Zu schlecht? Zu kompliziert? Die Urmenschen mussten agieren, um zu überleben. Reagieren wäre oft der sichere Tod gewesen. Meine Botschaft lautet: agieren, nicht reagieren, und jeden Tag mindestens einmal herzhaft lachen, das ist die beste Medizin!»

Jeder, wie er kann

NINA PURI ist freie Kreativdirektorin und Buchautorin («Ü-30-Krankheiten»)

[994] «Frauen: Nörgelt weniger! [995] Männer: Schnarcht weniger! [996] Kinder: Räumt euer Lego abends weg, damit man im Dunkeln nicht barfuß drauftritt! [997] Alle: Macht einen Tag pro Woche internetfrei! Eine einzige Google-Anfrage produziert so viel CO_2 wie eine Stunde Licht.»

Nach Angaben des Internet-Dienstleisters «Strato» verbraucht jede Suchanfrage bei Google so viel Strom, wie eine Elf-Watt-Energiesparlampe benötigt, um eine Stunde lang zu leuchten. Google selbst gibt die Belastung als deutlich niedriger an. Übrigens: je komplexer die dargestellte Seite, desto höher der Rechenaufwand dafür und umso höher der Energieverbrauch. Insgesamt trage die Computerindustrie laut Strato zur CO_2-Belastung ebenso viel bei wie die Luftfahrtindustrie.

Schluss mit dem Dornröschenschlaf

[998] «Ich bin überzeugt, jeder von uns ist wundervoll und kraftvoll weit über das hinaus, was messbar ist. Manchmal müssen wir uns nur wieder daran erinnern, dass unsere Kraft vor allem in dem liegt, was uns ausmacht. Vergiss nie: In deinem wahren Selbst liegt deine Schönheit, wie du dich wertschätzt, ist deine Kraft, und deine Aufgabe besteht darin, tief in die Sehnsucht deines Herzens hineinzuhören, liebend Kontakt zu dir aufzunehmen und den richtigen Ort für deine Teilnahme an dieser grandiosen Erfahrung namens Erde ausfindig zu machen. Man braucht Mut, um ein Leben zu führen, das einem gemäß ist, man muss sich selbst gut zuhören, und man muss manchmal Dinge tun, die wie ein großes Risiko für einen selbst erscheinen.

Jeder von uns ist eine große Schönheit – ein göttliches, machtvolles Wesen, das sich bemüht, seinen oder ihren Potenzialen gerecht zu werden. Es ist Zeit, aus dem Dornröschenschlaf zu erwachen! Wir sind ungeheuer stark, und wenn wir uns mehr lieben, schicken wir automatisch auch mehr Liebe in die Welt und zu allen, die in ihr leben … und so erschaffen wir genau den Ort, an dem wir alle leben möchten!»

TONI CHILDS ist Sängerin («Keep the Faith»), ihr größter Hit in Deutschland war «Stop Your Fussin»

Zaubern lernen

[999] «Mit
einem offenen Ohr –
einem netten Wort –
einem Lächeln –
verzauberst du einen Menschen

ARIANE MUCHA ist Modedesignerin (www.arianemucha.com)

Mit
ganz viel Wärme –
ganz viel Liebe –
ganz viel Zusammenhalt –
verzaubern wir die ganze Welt

Zusammenhalten in liebevoller Art und Weise, nicht nur zu bestimmten Anlässen, nicht nur zu bestimmten Menschen – jeden Tag, in jedem Moment und zu jedem Menschen –, das bedeutet für mich, die Welt zu verzaubern und sie somit zu verbessern.»

Langsam runter vom Holzweg

2RAUMWOHNUNG (Inga Humpe und Tommi Eckart) sind eine deutsche Popband

[1000] «Weltverbessern sollte erst mal sofort ein Schulfach werden. Außerdem sollte es Weltverbesser-Seminare geben und jede Menge Ratgeberbücher, damit man langsam, aber sicher von dem holzwegigen ‹Hauptsache, mir geht's gut – alles andere kommt später oder ist mir egal›-Trip runterkommt. Der ist so schief und kaputt und funktioniert genauso wenig wie der tote Kapitalismus. Denken und fühlen hilft auch beim Weltverbessern – und nicht so viel fernsehen.»

Zum Schluss

Hat dieses Buch Ihre Erwartungen erfüllt? Konnte es Sie informieren, überraschen, überzeugen, anregen?

Nutzen Sie Ihren Forschergeist und machen Sie den «Praxistest»: Sie wollen nicht bloß über die Theorien lesen. Sie wollen losziehen und zumindest die Behauptungen testen, die Ihnen in diesem Buch am besten gefallen haben. Beweisen Sie, was stimmt – wie man die Welt jeden Tag ein bisschen besser machen kann!

Welchen Beitrag wollen Sie leisten, um die Welt besser zu machen? Werden Sie Ihr Verhalten in einem oder mehreren Bereichen ändern? In welchen? Welche Ideen würden Sie gern umsetzen, können es aber im Augenblick nicht? Was hindert Sie daran – und wie ließe sich das ändern? Welche Themen oder Vorschläge haben Ihnen gefehlt? Haben Sie eigene Ideen, um die Welt zu verbessern? Notieren Sie hier Ihre Wünsche und Vorsätze!

Nachwort

Nichts ist mächtiger als eine Idee, deren Zeit gekommen ist.

Wir wollten nicht nur ein Buch schreiben, wir wollten etwas bewirken. Es sollte vollkommen selbstverständlich werden, so zu handeln, dass wir damit die Welt verbessern. Wenn jeder seine Stärken zum Einsatz bringt, dient das allen am meisten.

Denn wir tragen eine größere Verantwortung für den Zustand unserer Gesellschaft und der ganzen Welt als jemals zuvor in der Geschichte der Menschheit. Keiner von uns kann behaupten, er hätte von nichts gewusst, wenn die Sprache auf Armut, Kriege und Naturkatastrophen kommt, auf menschliche Schicksale oder globale Krisen. Ob Kindernot in Deutschland oder Hunger und Vertreibung in Darfur, ob Minenopfer in Afghanistan oder das Abschmelzen der Pole. Wir wissen davon.

Doch wir sind auch die Generation, die wie keine zuvor die Möglichkeit hat, sich zu engagieren. Gutes zu tun. Zu helfen. Wir können heute sowohl im Großen als auch im Kleinen die Welt verändern wie niemand vor uns. Wer will, kann täglich dazu beitragen, dass Menschen ein besseres Leben führen, dass Arten vor dem Aussterben gerettet werden, dass Kinder überleben, dass sich das Weltklima bessert – geophysikalisch wie zwischenmenschlich.

Man kann sich dazu moderner Technik bedienen oder auf alte Tugenden besinnen. Tätige Nächstenliebe ist ein ebenso gutes Mittel wie ein cleveres Weblog, das zum Nachdenken anregt. Man kann sich ehrenamtlich engagieren oder Geld spenden. Man kann sich selbst bewegen – oder andere. Es gibt Millionen von Möglichkeiten, tagtäglich die Welt zu verbessern. Die besten und effektivsten, hoffen wir, sind hier versammelt. Wirklich gute Ideen und praktisch Bedeutsames. Wir wollten möglichst viele neue Ideen zusammentragen, aber auch solche, an die man vielleicht schon länger nicht gedacht hat. Tipps, die global ansetzen, und solche, die mit dem persönlichen Umfeld zu tun haben. Anregungen für jede Generation.

«1000 Ideen, täglich die Welt zu verbessern» soll ein Spiegelbild unserer Gesellschaft sein – und die zahlreichen prominenten Teilnehmer setzen ein Zeichen, dass jeder etwas tun kann und tun sollte.

An einem solchen Buch arbeiten zu dürfen, ist ein Privileg, das die ganze Bandbreite eines großartigen Berufes in sich vereint. Man darf und soll neugierige Fragen stellen und neue Ideen entwickeln. Wir haben versucht, sie so einfach und nachvollziehbar wie möglich darzustellen. Und dabei noch vergnüglich lesbar.

Wir hoffen, wo immer Sie dieses Buch aufschlagen, spüren Sie unser Engagement und unseren Tatendrang. Wir hoffen, Sie werden dieses Buch immer wieder zur Hand nehmen, darin lesen, damit leben, es weiterempfehlen.

Wir sind überzeugt, dass die Zeit für diese Idee gekommen ist. Sie ist in ihrer Einfachheit vielleicht kraftvoller und demokratischer als jede zuvor: Wenn alle mitmachen, dann schaffen wir's!

Vielen Dank für Ihr Engagement im Namen des gesamten Redaktionsteams,

Ulrich Hoffmann

Mein Lieblingsvorschlag: Nr. 1
Besonders interessant: Nr. 94
Mache ich schon: Nr. 447

Dank & Grüße

Shary Reeves

Dieses Buch widme ich allen Kindern dieser Welt, denen ich Liebe, Hoffnung, Glaube, sich erfüllende Träume und eine soziale Gerechtigkeit für eine faire Globalisierung wünsche.
Auch möchte ich dieses Buch meiner Oma Elfriede Tesch und meiner Mom Karin Herzog widmen, zwei besonders liebenswerten und charismatischen Seelen, die mir mit all ihrer Kraft, Stärke, ihrem Mut und ihrer Liebe zu mir immer wieder gezeigt haben, dass man auf allerlei Abzweigungen im Leben mit seinen Entscheidungen, egal ob leicht oder schwer, nie alleine ist. Durch euch habe ich gelernt, dass die Liebe einem die Kraft verleihen kann, selbst seinen ärgsten Feind zu lieben und manchmal auch verzeihen zu können. Ihr habt mir beigebracht, sich selbst zu begegnen und das Leben gerne mal sowohl mit einem lachenden als auch mit einem weinenden Auge zu betrachten – und es zu genießen. Ich liebe euch.

«Unsere Wünsche sind die Vorboten der Fähigkeiten, die in uns liegen.» (J. W. von Goethe)

Ahsante sana! Shary Reeves geb. Nyasani

Ulrich Hoffmann

Für Carolin, die mein Leben besser macht – täglich!

Für Maya, Annika und Felix.

Danke: Meinen Eltern! Mariam & Thomas Montasser, Uwe Naumann und Christof Blome, Lennart Andresen sowie Shary Reeves, Jan Hofer und Dieter Kronzucker für das Vertrauen. Anja-Marie Pache sowie den folgenden Usern der Webseite www.weltverbessern.net: Beni, brummsbrumms, Claas, Crishan, Delt, isalein, lisa, LisaH, loonyvision, nachlik, tona, wirtschaftswunder

Verzeichnis der Ideengeber

Register